Dedico este livro a minhas filhas, Mariana e Helena, que me fazem tentar diariamente ser uma pessoa melhor.

Agradeço ao STF pela disponibilidade de informações em seu portal na internet e pelo farto material de trabalho que oferece para o desenvolvimento de minhas pesquisas na linha de uma jurisdição crítica e cética.

SUMÁRIO

APRESENTAÇÃO 11

PARTE I
BASE TEÓRICA

CAPÍTULO 1
Introdução 15

CAPÍTULO 2
ORIGEM OU REFERÊNCIA 19

CAPÍTULO 3
O MODELO NACIONAL 27

CAPÍTULO 4
QUESTÕES A RESOLVER 37

PARTE II
SÚMULAS VINCULANTES EM ESPÉCIE

SÚMULAS VINCULANTES EM ESPÉCIE 45

CONCLUSÕES 393

REFERÊNCIAS 399

APRESENTAÇÃO

O presente trabalho tem origem em uma pesquisa realizada pelo Autor na UVV/ES, entre os anos de 2008 e 2009, época em que haviam sido publicadas apenas as Súmulas Vinculantes de nºs 01 a 16.

A hipótese que seria investigada era o possível descumprimento das exigências constitucionais de edição das SVs por parte do STF, diante da polêmica gerada com a então recente publicação das Súmulas 11 (algemas) e 13 (nepotismo). Esse era inclusive o problema concreto que havia motivado a produção da pesquisa.

Os critérios avaliados eram de ordem quantitativa (reiteradas decisões em matéria constitucional) e qualitativa (coerência entre os textos das Súmulas e a *ratio decidendi* dos precedentes).

Em 2010 o primeiro Autor deixou os quadros daquela respeitável instituição de ensino e ingressou na Universidade Federal do Espírito Santo (UFES), após aprovação em concurso público para o cargo de Professor Adjunto I, passando a fazer parte do Departamento de Direito, junto ao curso de graduação, e a integrar também o corpo docente do Curso de Mestrado em Direito Processual Civil, em cujo programa organizou um grupo de pesquisa permanente sobre Precedentes Judiciais.

No contexto desse último grupo de pesquisa, a análise das SVs 17 a 32 foi finalizada, quando então foi publicada a primeira edição deste livro, também pela GZ, em 2012, junto com uma pesquisa produzida por Elsa Maria Lopes Seco Ferreira Pepino, sob a orientação do autor, acerca da aplicação da regra contida no art. 52, X, da CF.

Depois disso, e mais recentemente, o STF editou as SVs 33 a 56, muitas delas resultado da conversão de súmulas ordinárias, vindo então o Autor a também comentá-las com base nas mesmas premissas iniciais da pesquisa, agora no contexto de uma licença capacitação, resultado que agora se apresenta em nova publicação, com remissões aos dispositivos correlatos do NCPC.

PARTE I

BASE TEÓRICA

CAPÍTULO 1

Introdução

As súmulas sempre foram consideradas, em termos práticos, um resumo das decisões dos tribunais acerca de determinada matéria discutida em casos concretos. Elas são ordinariamente editadas quando uma matéria jurídica comum a mais de um caso dá origem a interpretações divergentes no âmbito do mesmo tribunal, ou seja, depois de examinados os fatos e os fundamentos jurídicos, tanto no juízo originário (singular) quanto no juízo recursal (colegiado). A constatação de divergência interpretativa entre os julgadores durante o julgamento colegiado ou de divergência de entendimento do órgão julgador com outro órgão interno (turma, câmara ou grupo de câmaras) é a causa determinante da produção das súmulas. No regime do CPC de 1973, a edição ocorria no contexto do incidente de uniformização de jurisprudência (arts. 476 a 479 do CPC de 1973), mas no NCPC, o procedimento de edição das súmulas foi confiado aos regimentos internos dos tribunais (art. 926, §1º). Trata-se portanto do resumo de uma interpretação jurídica inicialmente controvertida.

Em outras palavras, as súmulas são o resultado de um trabalho interpretativo baseado fundamentalmente na repetição de causas e no diálogo entre as várias decisões que se acham possibilitadas nesse círculo argumentativo. A repetição de causas com fundamentos comuns e a proliferação de decisões em juízos diversos é um ambiente propício a conclusões divergentes, que trazem grande insegurança para as partes envolvidas. Referido problema nunca alcançou solução satisfatória na simples sumulação dos entendimentos convergentes, porque o modelo em vigor até a EMC nº 45/2004 foi capaz apenas de otimizar os julgamentos dos casos repetidos nos tribunais. A racionalidade desse modelo em crise estava radicada na compreensão de que a segurança jurídica das partes era proporcionalmente menos importante do que a preservação da autonomia judicial, motivo pelo qual as súmulas não eram vinculantes ou proibitivas de decisões em sentido contrário.

Por outro lado, a inversão daquela proporcionalidade gerada pelas súmulas vinculantes exige agora que a restrição à autonomia judicial seja racionalmente justificada, a fim de que o novo modelo não favoreça o abuso de poder interpretativo por parte do STF, circunstância que estimula o estudo dos limites daquele novo instituto e a pesquisa da suficiência e da fidelidade das súmulas vinculantes aos seus precedentes.

Sempre que se muda um modelo em vigor, alguns efeitos ou danos colaterais são verificados, como, por exemplo, se passa com a teoria das fontes.[1] Nessa teoria, as súmulas eram consideradas fonte secundária do direito, isto é, bases informativas do funcionamento do sistema jurídico, porém desprovidas da força normativa que se reconhece às fontes primárias, aquelas que têm o poder de inovar o ordenamento jurídico, criando, modificando ou extinguindo direitos e obrigações. Tanto assim que o STF recusa a via do controle concentrado e abstrato de constitucionalidade às súmulas em geral, no pressuposto de que são privadas de qualquer carga normativa.[2] Agora, não se

---

[1] A teoria das fontes aqui referida diz respeito à perspectiva formal-dogmática, segundo a qual a escala de importância entre os textos jurídicos é estabelecida por sua origem estatal e pela ordem hierárquica entre eles. Em outra perspectiva, material-axiológica, a prioridade residiria nos antecedentes das fontes formais, como a cultura, a biologia, a ideologia, que alimentam o conteúdo tratado nos textos jurídicos. Numa perspectiva ainda mais remota, a antecedência estaria em uma entidade transcendente do próprio homem e do estado civil (estatal) no qual são forjados os textos jurídicos: o direito divino ou o direito natural. Como se percebe, trata-se de uma teoria não imune a polêmicas, de modo que a perspectiva escolhida neste trabalho (formal-dogmática) serve apenas para simplificar a abordagem do tema aqui tratado. Para maior aprofundamento a respeito das polêmicas que envolvem o assunto, leia-se ADEODATO, João Maurício. As fontes primárias do Direito: o debate europeu cerca de 1850 a 1950. *Revista de Direitos e Garantias Fundamentais*, Vitória, n. 02, p. 99-127, jan-dez 2007. Dentro do mesmo tema (teoria das fontes em relação às SV's), porém com outra abordagem, vejam-se: 1) ZANETI JÚNIOR, Hermes. A Fragilização do Sistema Codificado e a Jurisprudência como Fonte Primária do Direito. In: MADUREIRA, Cláudio Penedo (Org.). *Temas de Direito Público*. Salvador: Juspodivm, 2009, pp. 81-106; 2) PIZZORUSSO, Alessandro. Pluralità Degli Ordinamenti Giuridico e Sistema Delle Fonti del Diritto. *Revista Latino-Americana de Estudos Constitucionais*. Belo Horizonte: Del Rey, n. 6, jul/dez 2005, pp. 21-48. Até mesmo na perspectiva dogmática o conceito é polêmico, porque se se considera que a fonte do direito é a matéria tratada nas leis, elas próprias não podem ser enquadradas como fontes do direito e tampouco a jurisprudência decorrente da aplicação das leis, porque do contrário haveria uma circularidade: direito criando direito (MOUSSALEM, Tárek Moysés. *Fontes do Direito Tributário*. São Paulo: Noeses, 2006. p. 119).

[2] STF-Pleno, ADI 594-DF-Medida Liminar, rel. Min. Carlos Velloso, j. 19.02.92, DJU 15.4.94, p. 8046, 2ª col., em. Tal entendimento, todavia, acabou se tornando contraditório com a força atribuída às súmulas pelo art. 557 do CPC revogado e, inclusive, com a natureza acessória das súmulas do STF relativamente a seu regimento interno (JEVEAUX, Geovany Cardoso. *Teorias do Estado e da Constituição*. Rio de Janeiro: GZ, 2015. p. 286-287, nota 149). No NCPC, as súmulas ordinárias receberam outro tratamento, como se verá adiante, e os precedentes passarão a ostentar grande importância, proibindo-se expressamente a decisão *per incuriam* (que ignora a súmula) e admitindo-se as técnicas do *distinguishing*

pode negar que as súmulas vinculantes possuem uma altíssima força normativa e que, ao menos para os demais juízos, o entendimento sumulado os proíbe de decidir de maneira diversa, funcionando como uma espécie de cartilha constitucional de nível primário ou parte de um bloco de constitucionalidade.

Do ponto de vista dialético, as súmulas representam a conclusão de outras conclusões antitéticas. Em outras palavras, os procedimentos dialéticos na origem (tese da inicial, antítese da contestação e conclusão da sentença) dão margem a conclusões provisórias (sentenças) que são submetidas a recursos nos quais as teses e antíteses são renovadas, agora em torno das primeiras conclusões. A solução dos recursos produz, por sua vez, novas conclusões que, por divergirem entre si, criam novas tese e antítese, que são resolvidas pela sumulação. No modelo atual, a sumulação vinculante pode representar uma espécie de conclusão definitiva ou perene, caso se feche a possibilidade de introdução de novas teses e antíteses.

Sob a ótica da teoria da argumentação jurídica, as súmulas estão para o caso concreto assim como as sentenças e acórdãos estão para os fundamentos jurídicos em discussão, vale dizer, são a norma ou compreensão do que se contém no dispositivo ou enunciado. A conclusão final contém alta dose de violência simbólica,[3] uma vez que as condições ideais do discurso (não contradição, coerência, clareza linguística, ausência de constrição aos participantes, completa informação e liberdade de juízo)[4] não se fazem presentes e o resultado

---

(exceção entre o caso em julgamento e a base fática-jurídica sumulada) e do *overrruling* (revogação por erro de premissa e de resultado da *ratio decidendi*). Mas em um sistema de precedentes também são possíveis outras técnicas, a saber: 1) as variações do *distinguishing*: *restrictive distinguishing* e *ampliative distinguishing*; 2) o *antecipatory overruling*: desconsideração do precedente quando não mais seguido pelos tribunais superiores ou quando adotam a *technique of sinaling*; 3) a *technique of sinaling*: precedente equivocado, mas mantido em nome da segurança jurídica, com sinalização de sua futura revogação; 4) a *transformation*: resultado correto perdoa o erro de premissa contido na *ratio decidendi*; 5) o *overriding*: revogação parcial do precedente por meio de distinção consistente (ATAÍDE JÚNIOR, Jaldemiro Rodrigues de. *Precedentes vinculantes e irretroatividade do direito no sistema processual brasileiro*: os precedentes dos tribunais superiores e sua eficácia temporal. Curitiba: Juruá, 2012. p. 82-84 e 88-99; e SOUZA, Marcelo Alves Dias de. *Do precedente judicial à súmula vinculante*. Curitiba: Juruá, 2011. p. 142-153).

[3] A expressão (cunhada pelo sociólogo Pierre Bourdieu) é utilizada aqui como representação de um resultado não consentido, vale dizer, a finalização do discurso judicial não está aberta ao consenso em nenhuma ocasião e principalmente no fim, após o trânsito em julgado da sentença ou do acórdão. O conceito de símbolo aqui utilizado é o mesmo de Gilbert Durant, segundo o qual o símbolo é um signo do tipo alegórico que representa um objeto ausente ou abstrato (*A Imaginação Simbólica*. São Paulo: Cultrix, 1988, pp. 11-15, 19 e 50).

[4] ALEXY, Robert. Justicia como Corrección. *Cuadernos de filosofía del Derecho*, n. 26, p. 161-173, 2003.

pode ser assim considerado arbitrário. Por essa razão, os sujeitos decisórios envolvidos nesse diálogo têm o compromisso de reduzir as incertezas, unificando os entendimentos com base em consensos interpretativos possíveis. Hoje, a finalização do discurso em súmulas que são vinculantes ou proibitivas de decisões em sentido contrário agrava ainda mais o caráter arbitrário desse instrumento, reforçando a necessidade de abertura do canal comunicativo posteriormente às edições.

Enfim, a matéria em exame contém vários desdobramentos, que serão explorados neste trabalho ao lado de seu objetivo maior: confirmar ou não a hipótese sobre se o STF vem editando súmulas sem precedentes suficientes ou sem fidelidade a eles.

CAPÍTULO 2

ORIGEM OU REFERÊNCIA

A origem das súmulas vinculantes é dupla: internamente, elas têm relação com o expediente da suspensão, pelo Senado, das leis proclamadas inconstitucionais pelo STF em sede de controle difuso; externamente, elas se referem de modo remoto aos assentos do direito português e de forma recente ao *stare decisis* do direito anglo-saxão.

O expediente da suspensão, pelo Senado, das leis proclamadas inconstitucionais pelo STF em sede de controle difuso foi introduzido no Brasil pela primeira vez na CF de 1934, como forma de resolver um dos defeitos desse tipo de controle de constitucionalidade: a proliferação de novos casos com base na mesma lei ou ato normativo questionado diante da CF. Em resumo, o modelo difuso gerava não apenas a repetição de demandas com o mesmo objeto, como decisões contraditórias entre si, até serem unificadas pela repetição de julgamentos de recursos extraordinários nos casos de origem perante o STF. O problema é que essa unificação não era suficiente para inibir seja a renovação dos mesmos casos, seja a edição de novas decisões contraditórias. Assim, depois de alcançada a unificação do entendimento do STF na matéria constitucional tantas vezes a ele submetida via recurso extraordinário, a suspensão dos efeitos da lei ou ato normativo objeto de controle difuso tinha o claro objetivo de impedir a continuidade do espiral de casos fundamentados nos atos normativos já controlados. Referido instituto, todavia, provou-se na prática ser muito pouco eficiente, por duas razões básicas: 1) de ordem teórica, porque a suspensão tem efeito apenas negativo, vale dizer, serve apenas para retirar do mercado jurídico o dispositivo inconstitucional, funcionando como as decisões do STF que reconhecem a inconstitucionalidade no modelo concentrado, portanto sem efeito positivo de proibir decisões das instâncias inferiores em sentido contrário. Desse modo, ainda quando suspenso o dispositivo pelo Senado, nada impede que se renovem as mesmas demandas difusamente, discutindo-se, por exemplo, as consequências materiais da inconstitucionalidade até o momento da suspensão ou inclusive negando-se a inconstitucionalidade até o momento da suspensão; 2) de ordem prática, porque, conforme constatou Elsa Maria Lopes Seco Ferreira Pepino, em pesquisa específica:[5] a) em termos quantitativos, a média anual de comunicações do STF ao Senado para os fins do art. 52, X, da CF é de 16 (dezesseis) ofícios, que se acumulam todavia com ofícios de anos anteriores, dando-se resposta positiva em cerca de apenas 18% deles. Nos demais, ou permanecem sem resposta ou são arquivados por prejudicialidade, quando repetidos; b) em termos qualitativos, o Senado não entra no mérito da decisão do STF e simplesmente a acata, sem exercer a discricionariedade a ele reconhecida pela própria corte[6] e por ele próprio reivindicada.[7] É certo que recentemente, no julgamento da Reclamação nº 4335-5, o STF passou a atribuir ao Senado um papel meramente formal de publicação da decisão acerca da inconstitucionalidade, reservando para a própria decisão o efeito *erga omnes*, mas tal fato reduz ainda mais a importância do instituto, talvez para reforçar a necessidade da súmula vinculante, que visa a cumprir aquele papel positivo que a suspensão nunca teve.

No plano externo, o regime da súmula vinculante nacional impede que se fale propriamente numa origem fidedigna, valendo, quando muito, a referência a institutos semelhantes de outros regimes. Os modelos referentes são os antigos assentos do direito português e o *stare decisis* da tradição anglo-saxã.

Os assentos vinculantes do direito português têm origem nas Ordenações Manuelinas,[8] editadas pela primeira vez em 1514 e

---

[5] PEPINO, Elsa Maria Lopes Seco Ferreira. In: JEVEAUX, Geovany Cardoso (Coord.). *Suspensão, pelo Senado, de leis proclamadas inconstitucionais pelo STF.* Vitória: FDV, 2005, p. 87-88. A pesquisa foi realizada entre 11/2004 e 06/2005 e é um trabalho diagnóstico bastante detalhado sobre a regra do art. 52, X, da CF. Em sua conclusão, Elsa Pepino diz que o instituto se mostrou ineficiente, "...pela incapacidade do mesmo de produzir os efeitos almejados, devido ao fato de que se trata de uma atividade absolutamente discricionária, à inexistência de prazo para a manifestação e à ausência de qualquer tipo de sanção para os casos de omissão. Na verdade...o Senado Federal parece cumprir, sem muito apreço, mera determinação constitucional, sem atentar para a relevância do papel que lhe foi confiado desde 1934, o de suspender a eficácia da norma julgada inconstitucional, estendendo a todos a eficácia de uma decisão judicial que, de outro modo, só produz efeitos *inter partes*" (p. 88).
[6] MI 460-9/RJ, rel. Min. Celso de Mello, DJ de 16.06.94, p. 15509.
[7] Pareceres ns. 154/71, 261/71, 282/71 e RIL 48/265.
[8] Para José Rogério Cruz e Tucci, a origem dos assentos está no Alvará de D. Manuel, de 10.12.1518 (*Precedente judicial como fonte do Direito.* São Paulo: RT, 2004. p. 133 *et seq.*).

consolidadas em 1521. Antes delas havia as Ordenações Afonsinas, de meados do séc. XV, que não foram publicadas e se dirigiam aos executores. As Ordenações Manuelinas foram as primeiras a serem publicadas e difundidas em forma impressa e nelas havia a previsão dos assentos da Mesa Grande ou Casa da Suplicação, que eram decisões acerca de um incidente arguído pelos desembargadores em caso de dúvida sobre a interpretação de algum dispositivo das Ordenações. Tais decisões eram vinculantes dos juízos inferiores e era publicada no pelourinho. Nas Ordenações Filipinas, sancionadas em 1591 e publicadas em 1603, aquele mesmo incidente foi também previsto, mas devia primeiro ser apresentado ao Regedor para posterior submissão à Mesa Grande. Os desembargadores que não submetessem a dúvida ao Regedor ou que decidissem contra a decisão da Mesa Grande ficavam sujeitos à pena de suspensão até a "mercê do Rei". Referido instituto foi renovado pela Lei da Boa Razão, de 1769,[9] e mais recentemente no CPC de 1939 (arts. 768 e 769), no CPC de 1961 (arts. 763 a 770) e no art. 2º do CC de 1966, até a sua eliminação pelo DL nº 329-A/95, que promoveu uma reforma no sistema processual.

No regime mais recente dos assentos, antes de sua revogação, eles eram o resultado do julgamento do Supremo Tribunal de Justiça (STJ) em sede de recurso de uniformização de jurisprudência. A decisão tomada nesse recurso era declarada obrigatória para todos os tribunais enquanto não alterada por outro acórdão do próprio tribunal (CPC de 1939). Em seguida, no regime do CPC de 1961, foi negada essa possibilidade de revisão ou alteração, sendo que o art. 2º do CC de 1966 foi explícito em atribuir aos assentos "força obrigatória geral". Em 1993, contudo, o Tribunal Constitucional proclamou a inconstitucionalidade do art. 2º do CC de 1966 (Acórdão nº 810), no pressuposto de sua contrariedade ao princípio constitucional da separação de poderes, mais precisamente por se considerar que aquele efeito obrigatório geral representava invasão da competência do Poder Legislativo. Referida decisão ficou limitada à força obrigatória dos assentos, que acabou revogado por completo na reforma processual de 1995, sendo substituído pelos acórdãos do mesmo STJ no incidente de uniformização de

---

António Castanheira Neves localiza sua origem nacional na Casa da Suplicação (*O instituto dos "assentos" e a função jurídica dos supremos tribunais*. Coimbra: Coimbra Editora, 2014, p. 6).

[9] SILVA, Nuno J. Espinosa Gomes da. *História do Direito português*. Lisboa: Fundação Calouste Gulbenkian, 2006. p. 360-365.

jurisprudência. Agora, se durante o julgamento do recurso de revista[10] surgir questão em torno da "...possibilidade de vencimento de solução jurídica que esteja em oposição com jurisprudência anteriormente firmada, no domínio da mesma legislação e sobre a mesma questão fundamental de direito" (item 3 do art. 732A do CPC), o julgamento da revista pode ser ampliado ("julgamento ampliado da revista") para que se assegure "...a uniformidade da Jurisprudência" (item 1). Nesse caso, a decisão que uniformiza a jurisprudência somente pode ser tomada quando presentes pelo menos 3/4 do total de juízes, após o que o acórdão é publicado no jornal oficial (itens 4 e 5 do art. 732B), decerto sem qualquer efeito obrigatório geral, em respeito ao histórico daquela decisão do Tribunal Constitucional. Quanto ao efeito vinculante dos demais tribunais e juízos, dele se duvida seriamente, haja vista que a Lei nº 59/98 o recusou de forma expressa, ao menos nos processos penais.

Pode-se concluir, com isso, que, embora os assentos sejam mesmo uma referência para o regime brasileiro das súmulas vinculantes, os atuais acórdãos de uniformização de jurisprudência sequer servem de parâmetro identificatório, já que não têm força obrigatória geral e tampouco vinculante.

A mesma conclusão já não se aplica ao instituto da tripla pronúncia de inconstitucionalidade do Tribunal Constitucional em sede de controle difuso de constitucionalidade, tal como previsto no item 3 do art. 281º da Constituição portuguesa. Conforme esse dispositivo, *verbis*:

> O Tribunal Constitucional aprecia e declara ainda, com força obrigatória geral, a inconstitucionalidade ou a ilegalidade de qualquer norma, desde que tenha sido por ele julgada inconstitucional ou ilegal em três casos concretos.

Ou seja, nem era preciso ir tão longe na história do direito português para perceber que a SV brasileira tem relação recente muito mais estreita com essa figura do que com os antigos assentos. Diante da analgesia da regra do art. 52, X, da CF, as súmulas vinculantes têm o condão de dotar as sucessivas decisões repetidas do STF dos mesmos efeitos das decisões do controle concentrado, muito embora sem um número certo de decisões anteriores e de modo não automático.[11]

---

[10] Tal recurso tem por objeto os acórdãos proferidos em sede de apelação, quando acusados de "...violação da lei substantiva, que pode consistir tanto no erro de interpretação ou de aplicação, como no erro de determinação da norma aplicável..." (art. 721º, 1 e 2, do CPC).

[11] Referidos expedientes não se confundem com a repercussão geral dos recursos extraordinários, introduzida no sistema processual brasileiro pela EMC nº 45/2004, com o texto

A outra referência das SVs nacionais é o *stare decisis* do sistema anglo-saxão, que tem origem nas *Courts of Chancery* inglesas. Nelas, os precedentes eram usados para exame dos casos novos, dando então origem aos primeiros *leading cases*, sendo que no séc. XVIII a *Court* assumiu natureza exclusivamente jurisdicional e a prática passou a se chamar *stare decisis*.[12]

No modelo inglês, o *stare decisis* é tratado na chamada doutrina do precedente (*doctrine of precedent*), que tem por objeto essencial a relação decisória entre as cortes inferiores e superiores, com base em duas formas: 1) *the common law proper*, na qual as leis e os costumes do reino encontram-se juridicamente declarados (*declared to be law*) desde os tempos mais remotos em decisões judiciais tomadas em casos concretos. Nesses casos estão indicados os *habeas corpus* e as ações

---

do §3º do art. 102 da CF. Esse novo mecanismo, de acordo com o Gabinete Extraordinário de Assuntos Institucionais do STF, tem como fins: 1) "firmar o papel do STF como Corte Constitucional e não como instância recursal"; 2) "ensejar que o STF só analise questões relevantes para a ordem constitucional, cuja solução extrapole o interesse subjetivo das partes"; 3) "fazer com que o STF decida uma única vez cada questão constitucional, não se pronunciando em outros processos com idêntica matéria". A longo prazo, esse último fim acabou limitando a edição de súmulas vinculantes, por restringir a repetição e inibir a precedência de julgamentos, como demonstrou Édila Lima Serra Ribeiro em dissertação de mestrado sob minha orientação (*Súmula vinculante e repercussão geral*: uma coexistência (des)necessária?. 2014. 106 pp. Dissertação de Mestrado (Direito Processual) – Universidade Federal do Espírito Santo, Vitória, 2014): 1) entre 2008 e 2013 houve uma redução de 58% no registro, de 79% na distribuição e de 78% no julgamento de REs junto ao STF, com aumento por outro lado de agravos de instrumento, da ordem de 60%, até a adoção do agravo nos autos pela Lei nº 12.322/2010; 2) no mesmo período o percentual de REs com preliminar de repercussão geral subiu de 43,4% em 2008 para 96,7% em 2013 (com impacto neste último ano sobre 54.891 REs, número expressivo quando comparado com o total de casos julgados pelo STF no mesmo ano: 78.441), com uma proporcional redução do número de SVs, que sequer foram editadas entre 2012 e 2013; 3) como resultado, a repercussão geral potencializou a redução do número de súmulas vinculantes. A repercussão geral, em verdade, é um mecanismo duplo: 1) de ordem formal, enquanto pressuposto de admissibilidade dos REs, já que somente são conhecidos quando presente a preliminar de repercussão geral; 2) de ordem material, porque o recurso conhecido e provido pelo STF estabelecerá uma decisão capaz de ser reproduzida nos casos múltiplos com idêntico fundamento (art. 328 do RISTF, na redação dada pela Emenda Regimental nº 21/2007). Contudo, essa decisão não era propriamente vinculante dos tribunais inferiores, aos quais era dada oportunidade de declarar prejudicados os REs até então suspensos ou até mesmo de se retratarem (§3º do art. 543-B do CPC). Caso contrário, ou seja, decidindo os tribunais inferiores pela manutenção de seu entendimento e uma vez admitido o RE para julgamento pelo STF, podia este "...cassar ou reformar, liminarmente, o acórdão contrário à orientação firmada" (§4º do art. 543-B do CPC). No NCPC não há mais a possibilidade de retratação, porque se os recursos afetados não forem considerados prejudicados, os tribunais terão de decidi-los, "...aplicando a tese firmada", portanto de forma peremptória e vinculante (art. 1039), a ponto de não terem sido repetidos os expedientes da cassação e da reforma.

[12] GIUSSANI, Andrea. *Studi Sulle "Class Action"*. Padova: Cedam, 1996. p. 7-10.

ordinárias (*ordinary remedies*) tendentes a proteger os cidadãos contra os atos ilegais das autoridades públicas, assim como as condições dessas ações (*authoritative expositions*). Os *leading cases* mais expressivos dessa forma de precedentes são: a) *Entick v. Carrington* (1765), no qual ficou estabelecido que o Secretário de Estado não tem poder de ordenar busca e apreensão de publicações jornalísticas consideradas sediciosas; b) *Burmah Oil Co v. Lord Advocate* (1965), no qual ficou estabelecido o dever da Coroa de indenizar o proprietário em caso de desapropriação, mesmo quando o ato for praticado em nome de suas prerrogativas; c) *Conway v. Rimmer* (1968), no qual ficou estabelecido que as Cortes têm o poder de determinar a exibição ou a produção de documentos pela Coroa, quando objeto de prova necessária para o julgamento; 2) *interpretation of statute law*, na qual as cortes têm o dever de estabelecer a interpretação correta dos atos do Parlamento (*Act of Parliament*) quando controvertidos nos casos concretos. Nessa segunda forma de precedentes, não é dado às cortes qualquer poder de invalidar os atos do Parlamento, embora possam controlar a validade da legislação inferior. Em resumo, e nas palavras de Bradley e Ewing, "na falta de uma constituição escrita, tais decisões provêm o que tem sido chamado de fundações legais do constitucionalismo Britânico".[13]

Nesse modelo, os precedentes são classificados em absolutos (*binding precedent*) e relativos (*persuasive precedent*). Os primeiros são obrigatórios e imperativos e dizem respeito às decisões dos tribunais superiores (*Supreme Court of Judicature* e *House of Lords*), enquanto que os segundos não são imperativos (*non-imperative precedents*) e funcionam

---

[13] BRADLEY, A.W.; EWING, K.D. *Constitutional and administrative law*. Londres: Longman, 1997. p. 17-18 (no original: "In the absence of a written constitution, such decisions provide what have been called the legal foundations of British constitutionalism"). O sistema constitucional inglês é basicamente jurisdicional, em especial quanto às liberdades civis, sofrendo todavia notável limite em relação às prerrogativas da coroa e aos privilégios do Parlamento (SMITH, Stanley de; BRAZIER, Rodney. *Constitutional and Administrative Law*. Londres: Penguin, 1998. p. 23). Em outras palavras, "a técnica inglesa não visa interpretar fórmulas mais ou menos gerais, estabelecidas pelo legislador. Ela é essencialmente uma técnica de 'distinções'. O jurista inglês, utilizando uma série de 'precedentes' fornecidos pelas decisões judiciárias, procura encontrar a solução para o novo caso a ele submetido... A autoridade reconhecida aos precedentes é, por via de consequência, considerável, pois pode revelar-se como sendo a própria condição de existência de um direito inglês... A obrigação de seguir os precedentes pode ser proclamada com vigor, mas, de fato, combina-se com a possibilidade de estabelecer distinções. O juiz seguramente levará em conta, em sua decisão, decisões judiciárias anteriormente tomadas, nunca dirá que alguma dessas decisões (tomadas por jurisdições de nível superior ou simplesmente igual ao da sua) foram mal proferidas" (DAVID, René. *O Direito inglês*. São Paulo: Martins Fontes, 1997. p. 12-13).

como argumento de persuasão (*persuasive value*), estando radicados nas decisões dos tribunais inferiores. As decisões abrigadas no primeiro tipo criam autênticas regras de direito, que tendem a se estabilizar porque na tradição judiciária inglesa há uma grande resistência às alterações.[14]

Diferentemente do modelo inglês, o modelo americano é caracterizado por uma maior mobilidade dos precedentes, já que nos EUA se atribui à interpretação judicial um papel atualizador do direito diante das mudanças sociais e econômicas. De qualquer modo, os tribunais somente alteram seus precedentes quando a causa a eles submetida for considerada importante o suficiente. Também aqui existem os *binding precedents* e os *persuasive precedents*. Nas palavras de Sèroussi: 1) os primeiros implicam: a) "o respeito de um tribunal às suas próprias decisões"; b) "o respeito às decisões das jurisdições superiores pelos tribunais inferiores da mesma alçada"; c) "o respeito pelos juízos dos Estados, em matéria de direito federal, às decisões judiciárias que emanam das jurisdições federais"; e 2) os segundos implicam que: a) "um tribunal pode não seguir uma decisão tomada por um juízo que lhe é inferior"; b) "um tribunal de um Estado tem o direito de não seguir a decisão tomada por um tribunal de categoria equivalente que pertence a um outro Estado".[15]

Na história jurisprudencial americana, a doutrina dos precedentes ou o *stare decisis*, herdada do direito inglês, foi desenvolvida durante os sécs. XVIII e XIX ao lado de uma grande crise de legitimidade do poder judiciário dos EUA. Vários foram os motivos dessa situação, a saber: 1) reconhecia-se ao judiciário um papel meramente interpretativo das leis; 2) as ordens judiciais dependiam em grande parte do executivo para a sua eficácia; 3) após a crise econômica dos anos 20 do séc. XIX o judiciário se abriu para as causas de natureza política, entrando em conflito com o executivo; 4) baixa produção de regras de procedimento, suficientemente claras e padronizadas. Como resultado, "...a Corte sofreu uma crise em sua legitimidade institucional e decisória, virtualmente com menos poder e sem capacidade de fazer cumprir e

---

[14] Cf. SÈROUSSI, Roland. *Introdução ao Direito inglês e norte-americano*. São Paulo: Landy, 2001. pp. 31-32. Aquela estabilização dos precedentes não significa todavia ausência de poder dos tribunais superiores de mudá-los (*reversal*), em específico quanto à Câmara dos Lordes, que desde a *Practice Statement* de 1966 (declaração do então Ministro da Justiça, *Lord Chancellor*) tem "...a faculdade de se afastar dos seus próprios precedentes, caso considerações imperiosas feitas unicamente no interesse da justiça o exijam".
[15] *Ibidem*, p. 109-110.

de implementar suas decisões no plano material", nos dizeres de James H. Fowler e Sangick Jeon.[16] Em verdade, o *stare decisis* foi usado como uma espécie de resposta àquela crise de legitimidade e passou a expressar princípios legais supostamente neutros de justiça procedimental,[17] com autoridade precisamente nas referências a casos anteriormente julgados na mesma matéria. Por conta disso, os *binding precedents* passaram a ser encarados como a principal fonte do poder da Suprema Corte. A partir da era do *Justice Warren* (Earl Warren/1953-1969), os *leading cases* passaram a receber menos citações de casos anteriores, inaugurando a fase do ativismo judicial ou do poder discricionário da Suprema Corte de decidir questões de importância nacional sem vinculação necessária a decisões anteriores.[18]

De todo modo, "a doutrina [do *stare decisis*] é de aplicação particularmente limitada no campo do direito constitucional",[19] decerto porque a Suprema Corte somente se encontra vinculada a suas próprias decisões enquanto não forem alteradas por ela mesma.

---

[16] The Authority of Supreme Court Precedent. *Social Networks*, n. 30, p. 16-30, 2008 (no original, p. 16: "As a result, the Court suffered a crisis in institutional and decisional legitimacy, virtually powerless without the ability to enforce and implement their substantive decisions").

[17] Em Rawls, por exemplo, a justiça procedimental pura ocorre em "...um modelo de justiça no qual o consenso sempre leva a resultados justos, quaisquer que eles sejam, em contraposição com a justiça procedimental imperfeita, na qual as regras são impostas e, por isso, o resultado é incerto quanto à justiça". Como exemplos desses tipos de justiça procedimental, Rawls cita o jogo e o processo criminal, respectivamente. Entre os requisitos para um consenso constitucional, Rawls inclui a razão pública, que em resumo expressa as convicções morais mais importantes compartilhadas pela sociedade e cuja revelação cabe à Suprema Corte (cf. JEVEAUX, *op. cit.*, p. 479-481 e 499-500). Numa frase: em Rawls, as decisões paradigmáticas da Suprema Corte não expressam apenas um *leading case* obrigatório para as instâncias inferiores (*stare decisis*), mas também um modelo de justiça procedimental pura, baseada no consenso sobre princípios moralmente compartilhados.

[18] *Op. cit.*, p. 16-17 e 28. Essa fase dá origem ao debate entre ativistas e originalistas na doutrina americana (cf. JEVEAUX, *op. cit.*, pp. 57-59).

[19] GIFIS, Steven H. *Law dictionary*. New York: Barron's, 2003. p. 491 (no original: "the doctrine is of particularly limited appliction in the field of constitutional law").

CAPÍTULO 3

O MODELO NACIONAL

No Brasil, as Súmulas Vinculantes foram criadas pela EMC nº 45/2004, com a introdução no texto constitucional do art. 103-A, *verbis*:

Art. 103-A. O Supremo Tribunal Federal poderá, de ofício ou por provocação, mediante decisão de dois terços dos seus membros, após reiteradas decisões sobre matéria constitucional, aprovar súmula que, a partir de sua publicação na imprensa oficial, terá efeito vinculante em relação aos demais órgãos do Poder Judiciário e à administração pública direta e indireta, nas esferas federal, estadual e municipal, bem como proceder à sua revisão ou cancelamento, na forma estabelecida em lei.

§1º A súmula terá por objetivo a validade, a interpretação e a eficácia de normas determinadas, acerca das quais haja controvérsia atual entre órgãos judiciários ou entre esses e a administração pública que acarrete grave insegurança jurídica e relevante multiplicação de processos sobre questão idêntica.

§2º Sem prejuízo do que vier a ser estabelecido em lei, a aprovação, revisão ou cancelamento de súmula poderá ser provocada por aqueles que podem propor a ação direta de inconstitucionalidade.

§3º Do ato administrativo ou decisão judicial que contrariar a súmula aplicável ou que indevidamente a aplicar, caberá reclamação ao Supremo Tribunal Federal que, julgando-a procedente, anulará o ato administrativo ou cassará a decisão judicial reclamada, e determinará que outra seja proferida com ou sem a aplicação da súmula, conforme o caso.

Referido instituto foi depois regulado pela Lei nº 11.417/2006, que complementou os seus requisitos de admissibilidade, a saber: 1) formais: a) *quorum* mínimo qualificado de 2/3 do total de membros do STF; b) iniciativa: b.1) *ex officio*, por qualquer Ministro do STF;

b.2) provocada: mesmos legitimados para a ADI (art. 103 da CF), além do defensor público-geral da União, dos tribunais superiores, Tribunais de Justiça dos Estados, Tribunais Regionais Federais, Tribunais Regionais do Trabalho, Tribunais Regionais Eleitorais e Tribunais Militares (art. 3º da Lei 11.417/2006); 2) materiais: a) controvérsia atual entre órgãos judiciários ou entre estes e a administração pública; b) grave insegurança jurídica e relevante multiplicação de processos sobre questão idêntica decorrentes daquela controvérsia;[20] c) reiteradas decisões anteriores do STF sobre a matéria constitucional envolvida, em sede de controle difuso de constitucionalidade.

Quanto à preocupação dialética das conclusões definitivas e/ou discursiva do fechamento do círculo argumentativo, a Lei nº 11.417/2006 adotou a regra da paridade com o procedimento de criação das SVs, ou seja, o mesmo *quorum* de 2/3 dos Ministros do STF e o mesmo procedimento de criação devem ser usados para a revisão e o cancelamento das SVs, garantindo-se assim a abertura normativa dos textos vinculantes.

Dos requisitos materiais podem ser extraídas pelo menos três consequências importantes, a saber: 1) a matéria constitucional não é exclusiva como pano de fundo das SVs, pois a experiência mostra que a multiplicação de processos com a mesma base constitucional ocorre via de regra em torno da aplicação do direito infraconstitucional diante da Constituição; 2) como decorrência, as SVs estão condicionadas pelas decisões dos tribunais inferiores em sede de controle difuso e concreto de constitucionalidade; 3) o STF não pode editar SVs "mandrake", ou seja, súmulas repentinas sem prévio amadurecimento da interpretação da própria corte sobre a base constitucional controvertida ou súmulas que tenham precedentes insuficientes para firmar uma interpretação sólida dessa base constitucional.[21]

Tais requisitos apresentam, ainda, pelo menos três dificuldades operatórias, a saber: 1) quais as semelhanças e as diferenças do requisito material da divergência anterior em relação ao mesmo requisito indicado para as ADCs e ADPFs? 2) qual a extensão subjetiva dos efeitos

---

[20] Trata-se do que Eduardo Cambi chamou de "jurisprudência lotérica", já que o julgamento divergente da mesma matéria representa a sorte ou o azar de partes que, embora diferentes, deviam receber prestação jurisdicional uniforme (Jurisprudência lotérica. *Revista dos Tribunais*, São Paulo, nº 786, abr. 2001).

[21] Cf. LEITE, Glauco Salomão. Súmulas vinculantes, os assentos do direito português e a doutrina do *Stare Decisis*: os limites de uma comparação. In: GARCIA, Maria; AMORIM, José Roberto Neves (Org.). *Estudos de Direito Constitucional comparado*. Rio de Janeiro: Elsevier, 2007. p. 424-426.

vinculantes, ou seja, a quem se dirige?; b) quais as semelhanças e as diferenças dos efeitos vinculantes das SVs para o mesmo efeito indicado para as ADIs, ADCs e ADPFs?

A primeira dessas dificuldades tem relação com a exigência de divergência anterior, comum tanto para as SVs quanto para das ADCs e as ADPFs. No caso dessas últimas, dispõem

1) o art. 14, III, da Lei 9868/99:

Art. 14. A petição inicial indicará:
....
III - a existência de controvérsia judicial relevante sobre a aplicação da disposição objeto da ação declaratória.

2) os arts. 1º, parágrafo único, I, e 3º, V, da Lei 9882/99:

Parágrafo único. Caberá também arguição de descumprimento de preceito fundamental:
I - quando for relevante o fundamento da controvérsia constitucional sobre lei ou ato normativo federal, estadual ou municipal, incluídos os anteriores à Constituição;
....
Art. 3º A petição inicial deverá conter:
....
V - se for o caso, a comprovação da existência de controvérsia judicial relevante sobre a aplicação do preceito fundamental que se considera violado.

A "controvérsia judicial relevante" das ADCs e ADPFs e a "controvérsia atual" das SVs têm o mesmo sentido básico: a seleção dos casos de cabimento desses institutos, tendente a evitar a sua banalização. De outro lado, a controvérsia interpretativa anterior em torno da mesma matéria constitucional significa a presença de um interesse de agir específico: a solução de um impasse interpretativo importante, gerado por decisões conflitantes de tribunais inferiores que de outro modo continuaria a existir. Logo, se a maior parte das decisões adota o mesmo significado normativo[22] e apenas uma minoria destoa desse significado

---

[22] Significado normativo ou norma representa a interpretação dada a determinado dispositivo ou enunciado. Este último é o texto ou significante, enquanto que aquele é o seu sentido

ou se a controvérsia puder ser solucionada por expedientes internos (p. ex., mediante o julgamento de embargos de divergência), não haverá controvérsia judicial relevante e tampouco atual. Como desdobramento das conclusões supra, surgem outros dois problemas a resolver: 1) a divergência diz respeito ao resultado dos julgamentos contraditórios (parte dispositiva) ou aos fundamentos usados (fundamentação ou razões de decidir)? 2) o expediente dos embargos de divergência em julgamentos de recursos extraordinários (arts. 496, VIII, e 546, II, do CPC – arts. 994, IX, e 1043, I a III, do NCPC - e art. 330 do RISTF) não seria suficiente para resolver o impasse?

A primeira indagação deve ser respondida de acordo com cada instituto envolvido. No caso das SVs, se o resultado for sempre ou na maioria o mesmo, embora com fundamentações distintas, não haverá divergência atual que determine a edição sumular, a menos que a divergência ocorra entre os tribunais inferiores e o próprio STF, hipótese em que a repetição de julgamentos de provimento de recursos extraordinários justificará a adoção da súmula.[23] No caso das ADCs, se o resultado for sempre ou na maioria no sentido da constitucionalidade da lei ou ato normativo impugnado, embora com fundamentações distintas, também não ocorrerá divergência judicial relevante. Já no caso das ADPFs, ainda que o resultado seja sempre ou na maioria o mesmo, as fundamentações distintas não são excludentes de seu uso, uma vez que seu propósito é precisamente o de solucionar a divergência de interpretação de um preceito constitucional fundamental, e não a divergência de resultados de julgamentos. Explica-se: na hipótese

---

ou significado (cf. ALEXY, Robert. *Teoría de los Derechos Fundamentales*. Madrid: Centro de Estudios Políticos y Constitucionales, 2001. p. 48, 51-52, 63 e 133). A preocupação desse autor em explicitar tais conceitos condiz com o seu propósito de distinguir princípios e regras como espécies de normas. Assim, para ele, enunciado normativo e disposição de direito fundamental são expressões sinônimas, e representam tanto positivação, quanto decisão, quanto determinação de princípios e de regras. Por isso, têm caráter duplo, tanto de princípios quanto de regras, diferentemente das normas, que ou são princípios ou são regras (ibidem, p. 135). Em resumo, isso significa que o enunciado/disposição é mudo, vale dizer, nada diz por si mesmo acerca de seu conteúdo, sobre se no texto se contém um princípio ou uma regra, tudo dependendo do significado dado ao texto. Por isso é que o enunciado/dispositivo pode ser um princípio e uma regra, enquanto que a norma só pode ser um princípio ou uma regra. A título de ilustração, vale citar o enquadramento feito por Alexy acerca da dignidade humana contida em enunciados/preceitos constitucionais como um direito fundamental: se se diz que a dignidade humana foi violada, assume ela o papel de regra; se se compara a dignidade humana com outro direito fundamental, assume ela o papel de princípio (*ibidem*, p. 92 e 106-109).

[23] Afinal, o §1º do art. 103-A da CF exige a controvérsia atual entre órgãos judiciários, não havendo dúvida sobre tal natureza relativamente ao STF.

em exame, a identidade de resultados não garante a uniformidade interpretativa do mesmo preceito fundamental, o que manteria a intranquilidade normativa que o instituto visa a resolver.

Quanto à segunda indagação, a divergência teria de ocorrer dentro do próprio STF, sendo forçoso reconhecer, nesse caso, que embora ele seja um órgão judicial, a hipótese não cumpre com o requisito da divergência entre órgãos judiciais, pois o STF não pode divergir dele mesmo para fins de adoção de SVs.

No que se refere às duas últimas dificuldades operatórias, ambas dizem respeito à natureza do efeito vinculante, cujo sentido básico é o de proibir decisões em sentido contrário àquele fixado na súmula.

De acordo com o *caput* do art. 103-A da CF, a SV condiciona os órgãos judiciários e também o Executivo em todas as esferas federativas. Deixando de fora o Poder Legislativo, duas observações são possíveis: 1) como a legislação infraconstitucional é em boa parte o pano de fundo das SVs, enquanto base da divergência interpretativa dos tribunais no controle difuso de constitucionalidade, o Poder Legislativo fica livre para alterar as leis que tenham sido objeto de referido controle, com o objetivo de corrigir sua eventual incompatibilidade com a Constituição; 2) o Poder Legislativo tem a liberdade de voltar a tratar da matéria sumulada, tomando como referência a interpretação constitucional adotada pelo STF. Disso decorre que o Poder Legislativo não pode se valer de sua função legislativa para burlar ou contornar a interpretação constitucional contida nas SVs, antes de tudo porque uma das consequências do efeito vinculante é a de constitucionalizar o entendimento contido na própria súmula,[24] depois porque o poder legiferante ordinário é de natureza constituída e, portanto, não pode inovar a ordem jurídica no plano constitucional e, por fim, porque não é da função legislativa adotar leis interpretativas, tanto mais por sobre uma interpretação constitucional já adotada pelo STF, que é o único poder de estado legitimado a guardar a Constituição.

Comparativamente com as ADIs, ADCs e ADPFs, cujo efeitos vinculantes constam respectivamente no §2º do art. 102 da CF (e também no art. 28 da Lei nº 9868/99) e no §3º do art. 10 da Lei nº 9882/99, afirmei em outra oportunidade o seguinte:

> O chamado efeito vinculante estava previsto expressamente na CF apenas para a ADC, na redação do §2º do art. 102, acrescentado à CF

---

[24] JEVEAUX, op. cit., p. 360-362.

pela EMC nº 03/1993. Depois, ele também foi estendido à ADI pela Lei nº 9.868/99, no parágrafo único de seu art. 28, até ser confirmado pela redação daquele mesmo §2º pela EMC 45/2004. Essa dupla vinculação decorre do espelho contrário que a ADI representa diante da ADC e vice-versa, sendo portanto justificada nos casos em que o mesmo preceito infra-constitucional possa ser simultaneamente controlado por ambas as ações, com pretensões opostas. Como afirmou o Ministro Sepúlveda Pertence, "quando cabível em tese a ação declaratória de constitucionalidade, a mesma força vinculante haverá de ser atribuída à decisão definitiva da ação direta de inconstitucionalidade".

Por "vinculante" se deve entender que a ninguém é dado desconhecer a pronúncia de constitucionalidade ou de inconstitucionalidade, com as sua imanentes conseqüências: 1) na ADI, a perda de validade e eficácia do preceito, com a conseqüente impossibilidade de se praticar atos ou estabelecer relações com base nele; 2) na ADC, o reforço de validade do preceito, com a certeza de sua constitucionalidade, de tal forma que não se possa pronunciar o contrário. Em suma, a vinculação significa proibir atos em sentido contrário. Logo, outros atos que estejam no mesmo sentido do controle são em tese possíveis.

Em ambos os casos, a vinculação do que ficar decidido pelo STF atinge o Poder Judiciário e o Executivo, sem extensão ao Legislativo. Essa ausência do Legislativo no efeito vinculante da ADC tem razão de ser no fato de a lei formal, quando proclamada constitucional, poder ser livremente ab-rogada ou derrogada, diante do poder revogatório reconhecido a todos os poderes e, especialmente, do princípio da autonomia entre os poderes. Nesse caso, então, o Legislativo poderia alterar o que foi proclamado constitucional sem qualquer amarra do Judiciário, caso em que a lei alterada não se beneficia da certeza de constitucionalidade, volvendo à mera presunção de origem, de modo que, se a alteração contiver alguma inconstitucionalidade, pode ela ser objeto de ADI, e assim ser considerada inconstitucional. O Legislativo não estaria, portanto, praticando ato contrário ao que ficou decidido. O mesmo não se reconhece ao Judiciário, porque seus órgãos ficam então condicionados à interpretação do STF, como também ao Executivo, porque não se reconhece mais a ele o poder de revogar o ato administrativo. Mas parece estranho que o Legislativo não esteja condicionado à pronúncia de inconstitucionalidade, mormente no controle concentrado, porque a lei (ou o ato normativo), a partir do trânsito em julgado do acórdão correspondente, perde a sua validade e eficácia, podendo parecer, daí, que o Legislativo pode então reeditar o mesmo diploma com apenas outra numeração, o que resulta incondizente com o sistema constitucional. Se deve entender disso que o Legislativo pode reeditar a lei, agora em estreito acordo com o que foi decidido pelo Judiciário.

Esse efeito vinculante [da ADPF], portanto, é mais abrangente do que o efeito vinculante nas ADIs e ADCs, porque atinge também o Legislativo, de modo que não poderá ele, a pretexto de fazer "interpretação autêntica" de preceito fundamental, tentar alterar a interpretação dada a preceito fundamental pelo STF. Convém lembrar que a interpretação autêntica da constituição somente poderia ocorrer pelo poder constituinte originário, e jamais pelo poder constituído, ainda que no exercício de delegação constituinte de reforma, porque toda interpretação autêntica é retroativa, havendo expressa proibição desse tipo de retroatividade no direito constitucional brasileiro.[25]

Logo se vê, destarte, que embora os efeitos vinculantes desses institutos compartilhem a mesma premissa (proibição de decisões em sentido contrário), não se confundem em sua extensão e em seus fins.

A propósito, necessário estabelecer desde logo um acordo semântico quanto aos conceitos básicos de modulação de efeitos, eficácia vinculantes, eficácia *erga omnes* e eficácia transcendente/irradiante, que podem ser assim resumidos para se evitar confusões terminológicas: 1) modulação de efeitos significa o poder do STF de estabelecer eficácia não retroativa (*ex tunc*) ao pronunciar a inconstitucionalidade de determinado dispositivo/enunciado infraconstitucional (operando assim com a retroatividade média ou com eficácias *ex nunc* ou *pro futuro*), mediante um cálculo proporcional sobre as consequências menos gravosas do chamado princípio da nulidade, tanto no controle concentrado quanto no controle difuso; 2) eficácia transcendente/ irradiante significa o transporte da tese jurídica vencedora de uma decisão (unânime ou não) tomada pelo STF em sede de controle difuso para outro recurso ou ação que tenha a mesma matéria (fática e jurídica) e esteja ainda pendente de julgamento; 3) eficácia *erga omnes* significa a obrigatoriedade de conhecimento da tese jurídica vencedora em uma decisão paradigmática do STF pela comunidade jurídica, tanto para casos ainda pendentes de julgamento como para as relações jurídicas materiais não judicializadas, ostentando assim caráter interno e externo; 4) eficácia vinculante significa a proibição de decisões em sentido contrário àquele estabelecido em determinada decisão paradigmática nos campos do controle difuso e da autotutela executiva.

Neste trabalho, adota-se um conceito restritivo de eficácia vinculante, precisamente para conjugá-lo com variados mecanismos

---

[25] *Ibidem*, pp. 280-282 e 292 (nota nº 178).

dotados da mesma força imperativa de nível constitucional e inclusive com outros versados no NCPC, como as decisões dos incidentes de resolução de demandas repetitivas (art. 985 do NCPC) e de julgamento de recursos repetitivos (art. 1039 do NCPC), nas quais também não se deixa qualquer margem para os juízes e tribunais inferiores tergiversarem sobre a aplicação ou não da tese vencedora. Afinal, não é objetivo deste livro produzir uma teoria dos precedentes judiciais, cujo critério de classificação com base nos efeitos não é unânime.[26]

Aqui, portanto, eficácia vinculante é uma espécie do gênero eficácia obrigatória, o que permite matizar uma importante diferença entre as súmulas vinculantes e as súmulas ordinárias: as primeiras proíbem decisões no controle difuso e na autotutela executiva opostas à norma sumulada, desafiando revisão *per saltum* (reclamação de competência: art. 988, IV, do NCPC), enquanto que as últimas impõem um dever primário de obediência da norma sumulada, sem limitar contudo o controle difuso e a autotutela executiva, estando sujeitas a expedientes de revisão ordinários (arts. 489, §1º, V e VI, 927, IV, 932, V, "a", e 1035, §3º, I, do NCPC).

Se os deveres de observância e de seguimento das súmulas forem entendidos como proibição de decisões em sentido contrário à *ratio decidendi* estabelecida nas súmulas ordinárias,[27] segue-se que elas serão tão vinculantes quanto as súmulas propriamente vinculantes. Se não for isso, elas não serão vinculantes, mas tampouco seguem como antes, na condição de orientações meramente persuasivas.

---

[26] Hermes Zaneti Júnior cita classificações em abstrato (modelos ideais) de dois autores (Pierluigi Chiassoni e Neil Mac Cormick), que comungam da mesma nota básica adotada neste trabalho (obrigação de seguir os precedentes), acrescentando outras, e propõe uma classificação teórica e prática, excluindo o caráter persuasivo dos precedentes, por não acrescentar glosas normativas aos dispositivos legais interpretados: 1) precedentes normativos vinculantes: nos quais a vinculação não decorre de previsão legal, mas de uma argumentação racional, aplicável horizontalmente no pressuposto da igualdade material dos casos e verticalmente no pressuposto de que as decisões superiores devem ser levadas a sério; 2) precedentes normativos formalmente vinculantes: nos quais a vinculatividade tanto horizontal quanto vertical decorre de lei e seu descumprimento desafia recurso ordinário; 3) precedentes normativos formalmente vinculantes fortes: nos quais a vinculatividade tanto horizontal quanto vertical decorre de lei e seu descumprimento desafia não apenas recurso ordinário, como também expediente autônomo *per saltum* ao tribunal superior (*O valor vinculante dos precedentes*. Salvador: Juspodivm, 2015. p. 327-329, 337-346).

[27] Não estão em questão, aqui, as técnicas de *distinguish* e de *overruling*, previstas no inc. IV do §1º do NCPC, porque na primeira a decisão não confronta a *ratio decidendi*, limitando-se a excepcioná-la, enquanto que na segunda a adoção do entendimento contrário está tacitamente autorizada pelo próprio órgão editor da súmula.

É inegável a importância que o NCPC deu às súmulas ordinárias, porque além das previsões supra, elas são: 1) fundamento de sentença liminar de improcedência, quando o pedido estiver em desacordo com ela (art. 332, I); 2) exigência de fundamentação da sentença, quando: a) citada pelo juiz, deverá "...identificar seus fundamentos determinantes..." e "...demonstrar que o caso sob julgamento se ajusta àqueles fundamentos" (art. 489, §1º, V); b) a matéria estiver sumulada, caso em que o juiz somente poderá deixar de segui-la demonstrando "...a existência de distinção no caso em julgamento e a superação do entendimento" (art. 489, §1º, VI); 3) exceção à remessa necessária, quando a sentença estiver de acordo com ela (art. 496, §4º, I); 4) motivo de dispensa de caução para a execução provisória, quando a sentença condenatória de obrigação de dar em dinheiro estiver de acordo com ela (art. 521, IV); 5) de observância obrigatória pelos juízes e tribunais, quando versarem matéria constitucional (art. 927, IV); 6) fundamento de negativa liminar de seguimento de recurso em desacordo com ela ou de antecipação do mérito recursal quando de acordo com ela (art. 932, IV, "a", e V, "a", respectivamente); 7) causa de repercussão geral automática no recurso extraordinário, quando a decisão recorrida for acusada de contrariá-la (art. 1035, §3º, I).

Por outro lado, o NCPC reservou para as súmulas propriamente vinculantes algumas consequências não estendidas às súmulas ordinárias, a saber: 1) autoriza a concessão liminar *inaudita altera pars* de tutela de evidência, sem necessidade de demonstração de perigo de dano ou de risco de ao resultado útil do processo, quando a tese da inicial estiver de acordo com elas (art. 311, II); 2) prevê reclamação de competência ao STF para garantir a observância de seus enunciados (art. 988, IV).

Se é verdade dizer que todas as previsões supra relativas às súmulas ordinárias se aplicam com maior razão às súmulas vinculantes, assim como que as últimas previsões não se aplicam às súmulas ordinárias do próprio STF, será forçoso concluir que a *ratio decidendi* das súmulas ordinárias não é vinculante no sentido aqui descrito, pois do contrário elas usurparão o *status* normativo das súmulas propriamente vinculantes, num cenário desautorizado previamente pelo STF, ao converter nada menos do que 18 (dezoito) de súmulas ordinárias em SVs (7 X 648; 37 X 339; 38 X 419; 39 X 647; 40 X 666; 41 X 670; 42 X 681; 43 X 685; 44 X 686; 45 X 721; 46 X 722; 48 X 661; 49 X 646; 50 X 669; 51 X 672; 52 X 724; 54 X 651; 55 X 680). Ora, se assim não for, de nada servirá a burocracia de edição das súmulas vinculantes e tampouco o trabalho que o STF se deu para praticar aquelas conversões.

Portanto, a única conclusão coerente a que se chega é que as súmulas ordinárias não vinculam os juízes do mesmo modo que as súmulas propriamente vinculantes, a eles impondo outrossim um dever de contextualização nos casos em que elas tenham incidência, que se traduz grosso modo como dever de não ignorância da tese sumulada. Em outras palavras, o que os arts. 489, §1º, VI, e 927, IV, do NCPC proíbem são as decisões *per incuriam*, que ignorem a existência de súmulas ordinárias na matéria sob exame,[28] e não as decisões fundamentadas que eventualmente divirjam da *ratio decidendi* nelas contidas, inclusive porque esse é um meio legítimo de revisão e de atualização de entendimentos sumulados e que pode surgir especificamente no contexto do controle difuso, já que todas as matérias versadas em súmulas ordinárias do STF têm matiz constitucional.

A se entender de outro modo, algumas observações devem ser antes feitas, a saber: 1) caso todas as súmulas sejam vinculantes, no sentido acima analisado, o modelo de *civil law* (antes claramente previsto na segunda parte do art. 126 do CPC revogado e hoje ausente no art. 140 do NCPC) terá mudado para *common law* ou se tornado híbrido, coisa que não podia ocorrer pela via de lei ordinária, mas apenas por emenda à Constituição, hipótese em que, então, o NCPC terá incidido em inconstitucionalidade; 2) se assim não for, o STF terá de alterar a jurisprudência que nega cabimento de ADI contra Súmulas Ordinárias, precisamente no pressuposto de que elas não têm caráter normativo primário (STF-Pleno, ADI 594-DF-Medida Liminar, rel. Min. Carlos Velloso, j. 19.2.92, DJU 15.4.94, p. 8.046, 2ª col., em.); 3) sob a ótica da interpretação sistemática, deve-se distinguir entre dever geral de fundamentação do julgado (§1º do art. 489 do NCPC) e o dever específico de obediência a decisões anteriores (art. 927 do NCPC), porque apenas neste último pode haver carga vinculante propriamente dita, ainda assim (i) limitada ao Poder Judiciário e, portanto, sem caráter *erga omnes*, e (ii) referente apenas às Súmulas do STF e do STJ ligadas estritamente a suas competências ontológicas.

---

[28] SOUZA, Marcelo Alves Dias de. *Do precedente judicial à súmula vinculante*. Curitiba: Juruá, 2011. p.146-147.

CAPÍTULO 4

QUESTÕES A RESOLVER

A análise da matéria até o presente momento exige ainda que se resolvam três problemas pendentes, a saber: 1) caso haja controvérsia judicial relevante envolvendo preceitos fundamentais no controle difuso de constitucionalidade, poderá ser editada SV ou nesse caso a controvérsia deve ser resolvida pela ADPF ou, de outro modo, qual a delimitação de cada um desses institutos naquela hipótese? 2) os efeitos das SVs serão de regra *ex nunc* ou *ex tunc*, no cotejo dos textos do art. 4º da Lei nº 11.417/2006, do art. 27 da Lei nº 9868/99 e do art. 11 da Lei nº 9882/99? 3) há ou não liberdade interpretativa da própria SV, ou apenas o STF pode interpretá-la, em especial diante dos textos do §3º do art. 56 e do art. 64-A da Lei nº 9784/99, introduzidos pela Lei nº 11.417/2006? 4) o STF está obrigado a indicar o *leading case* entre os precedentes, no qual consta a *ratio decidendi*, ou a redação da SV deve conter a própria *ratio decidendi*, dispensando assim a pesquisa do *leading case*?

A primeira indagação remete novamente ao tema das diferenças de propósito das SVs e das ADPFs. Nas primeiras, o objetivo é o de limitar a proliferação de demandas repetitivas que tenham por base matéria constitucional reiteradas vezes examinada pelo STF em sede de recurso extraordinário, enquanto que as últimas visam a obter uniformidade interpretativa de preceito fundamental controvertido nos tribunais, ainda que a controvérsia não tenha sido examinada reiteradas vezes antes pelo STF. Em resumo, o espectro daquelas é assaz superior ao destas e, precisamente pela especificidade do objeto das ADPFs, elas é que devem ser usadas para resolver impasses interpretativos de preceitos fundamentais. Tal conclusão se vê reforçada, inclusive, pela cláusula de subsidiariedade versada no §1º do art. 4º da Lei nº 9882/99, segundo a qual a ADPF deve ser extinta "...quando houver qualquer outro meio eficaz de sanar a lesividade". Como a controvérsia em torno de preceito fundamental não precisa ter sido examinada reiteradas vezes antes pelo STF para os fins da ADPF, esta exsurge como meio mais eficaz de sanar a lesividade causada pela incerteza interpretativa do que a SV, que depende de maior tempo de maturação sobre o exame da matéria controvertida. Nada impede, todavia, que a SV seja usada em lugar da ADPF, porém sob as seguintes condições: 1) nenhuma ADPF tenha sido movida a respeito ou seu julgamento esteja pendente há muito tempo; 2) reiteradas vezes o STF tenha examinado a matéria em sede de controle difuso, antes do ajuizamento de qualquer ADPF ou antes de julgamento dessa ação anteriormente ajuizada.

O segundo problema requer o exame comparado dos textos dos arts. 4º da Lei nº 11.417/2006, 27 da Lei nº 9868/99 e 11 da Lei nº 9882/99, respectivamente:

> Art. 4º A súmula com efeito vinculante tem eficácia imediata, mas o Supremo Tribunal Federal, por decisão de 2/3 (dois terços) dos seus membros, poderá restringir os efeitos vinculantes ou decidir que só tenha eficácia a partir de outro momento, tendo em vista razões de segurança jurídica ou de excepcional interesse público.
>
> Art. 27 Ao declarar a inconstitucionalidade de lei ou ato normativo, e tendo em vista razões de segurança jurídica ou de excepcional interesse social, poderá o Supremo Tribunal Federal, por maioria de dois terços de seus membros, restringir os efeitos daquela declaração ou decidir que ela só tenha eficácia a partir de seu trânsito em julgado ou de outro momento que venha a ser fixado.
>
> Art. 11 Ao declarar a inconstitucionalidade de lei ou ato normativo, no processo de argüição de descumprimento de preceito fundamental, e tendo em vista razões de segurança jurídica ou de excepcional interesse social, poderá o Supremo Tribunal Federal, por maioria de dois terços de seus membros, restringir os efeitos daquela declaração ou decidir que ela só tenha eficácia a partir de seu trânsito em julgado ou de outro momento que venha a ser fixado.

No que se refere à ADI, vale lembrar que o STF sempre entendeu que de regra os julgamentos de procedência devem ter efeito retroativo ou *ex tunc*, no pressuposto de que toda inconstitucionalidade é uma nulidade e de que todo provimento jurisdicional que a reconhece é declaratório e, portanto, naturalmente retroativo. A par do equívoco teórico desse entendimento,[29] isso significa que as exceções àquela

---
[29] JEVEAUX, *op. cit.*, p. 271-277. Conforme também GERA, Renata Coelho Padilha. *A natureza e os efeitos da inconstitucionalidade*. Porto Alegre: SAFe, 2007. Em resumo, a

regra são a pronúncia *ex tunc* média, a pronúncia *ex nunc* e a pronúncia *pro futuro*. A rigor, o art. 27 da Lei nº 9868/99 confere discricionariedade ao STF para estabelecer qual a medida temporal que entender mais adequada para a proclamação de inconstitucionalidade.

O mesmo entendimento supra se estende à regra do art. 11 da Lei nº 9882/99, nos casos em que a ADPF cumpra o papel subsidiário de controle concentrado de constitucionalidade, ou seja, nas hipóteses em que o STF recusa cabimento para a ADI, em específico quanto a leis pré-constitucionais (inconstitucionalidade superveniente), a leis ou atos normativos municipais diante da CF e a lei ou ato normativo já revogado, conforme restou assentado no julgamento da ADPF nº 33.

Agora, no caso das SVs, essa mesma conclusão não se aplica, posto que seu propósito não é o de controlar a constitucionalidade das leis e atos normativos infraconstitucionais, tampouco com os efeitos do controle concentrado e abstrato. O problema fica ainda mais sério quando se imagina a possibilidade de o STF se valer da mesma discricionariedade reconhecida por aqueles diplomas para as ADIs (e ADCs julgadas improcedentes) e ADPFs para retroagir os efeitos do conteúdo da SV. O absurdo dessa situação pode ser facilmente reconhecido na incoerência de se vincular as autoridades judiciárias para o passado, em tempo no qual não tinham que (e como) seguir qualquer orientação com força obrigatória. Trata-se do mesmo dilema moral da irretroatividade das leis apontado por Hart: uma vez que a adequação a uma regra exige prévio conhecimento (inteligibilidade) e oportunidade de segui-la, toda obrigação legal retroativa revela-se imoral, por suprimir qualquer capacidade de obediência.[30] Logo, os efeitos das SVs são de regra *ex nunc*, e a única liberdade temporal que o STF pode ter, a partir do que dispõe o art. 4º da Lei nº 11.417/2006, é a força vinculante *pro futuro*.

O terceiro problema pode ser resolvido pela análise dos próprios textos do §3º do art. 56 e do art. 64-A da Lei nº 9784/99, introduzidos pela Lei nº 11.417/2006, *verbis*:

---

inconstitucionalidade não tem as mesmas características do ato nulo, antes de tudo porque esse conceito radica no direito privado e depois porque as nulidades não explicariam o fato de, por exemplo, se proclamar a inconstitucionalidade *pro futuro*. Depois, o provimento no controle concentrado não pode ser simplesmente declaratório, já que o STF não se limita a constatar a incompatibilidade lógica de um dispositivo infra-constitucional com outro constitucional, avançando ainda na sua retirada do ordenamento, precisamente por força de sua invalidade.

[30] *O conceito de Direito*. Lisboa: Fundação Calouste Gulbenkian, 1986. p. 223-224, 228.

Art. 56 ....
....

§3º Se o recorrente alegar que a decisão administrativa contraria enunciado da súmula vinculante, caberá à autoridade prolatora da decisão impugnada, se não a reconsiderar, explicitar, antes de encaminhar o recurso à autoridade superior, as razões da aplicabilidade ou inaplicabilidade da súmula, conforme o caso.
....

Art. 64-A Se o recorrente alegar violação de enunciado da súmula vinculante, o órgão competente para decidir o recurso explicitará as razões da aplicabilidade ou inaplicabilidade da súmula, conforme o caso.

Referido diploma regula o processo administrativo no âmbito da Administração Pública Federal, e a introdução dos dispositivos supra foi feita pela mesma lei que regula as SVs. Por conseguinte, se a própria lei que regula as SVs autoriza as autoridades censórias da administração pública federal a interpretá-las com liberdade nos procedimentos administrativos disciplinares, segue-se que também os órgãos judiciários têm a mesma liberdade. Se de tal conclusão não se duvida, a perfeita paridade entre os procedimentos administrativos e os procedimentos judiciais exsurge altamente duvidosa. Pelo que se deduz daqueles textos, a decisão da autoridade administrativa originariamente competente para processar e julgar o processo administrativo disciplinar não desafia reclamação de competência ao STF antes do esgotamento da via administrativa, com o julgamento do recurso cabível à autoridade superior. Isso porque a autoridade primaz tem a liberdade de reconsiderar sua decisão, acatando assim SV em sentido contrário, ou de simplesmente desqualificar a aplicação da SV ao caso, hipótese em que a instância *ad quem* analisará a questão da aplicabilidade ou não da SV. Uma vez confirmada a decisão de primeira instância, somente aí terá cabimento a reclamação de competência ao STF, com o objetivo de ver respeitado o conteúdo da SV. Nesse sentido, embora com poucas palavras, dispõe o §1º do art. 7º da Lei nº 11.417/2006.[31] *Contrario sensu*, a saída não será a mesma para as vias judiciais, de maneira que caberá reclamação ao STF inclusive de decisões interlocutórias contrárias a SV.

---

[31] "§1º Contra omissão ou ato da administração pública, o uso da reclamação só será admitido após o esgotamento das vias administrativas".

O último problema seria uma simples aporia, não tivesse o presente trabalho revelado que na maioria das vezes (i) o STF não indicou o *leading case*, nos debates de aprovação (até a SV nº 13) e depois na Proposta de Súmula Vinculante (a partir da SV nº 14), fazendo-o muitas vezes apenas "a título de exemplo", e (ii) não reproduziu no texto da SV a *ratio decidendi*, total ou parcialmente. Com isso, o problema não reside em uma resposta evidente à pergunta, mas na coerência da aplicação das SVs, porque o *leading case* tem de ser tateado entre os precedentes, oficiais e não oficiais (como ocorreu com as SVs nºs 51 e 52), com base em critérios temporais (mais antigos para os mais recentes) e funcionais (julgamentos de turmas e do pleno, preferencialmente), e a *ratio decidendi* tem de ser encontrada na tese principal debatida no *leading case*, com eventual desprezo do texto sumulado (como se passa com as SVs nºs. 20 e 34, que têm, a propósito, a mesma *ratio decidendi!*).

PARTE II

SÚMULAS VINCULANTES EM ESPÉCIE

SÚMULAS VINCULANTES EM ESPÉCIE

Nesse ponto do trabalho serão examinadas as súmulas vinculantes já editadas, com base em dois parâmetros: 1) número de precedentes, sob a ótica da suficiência ou da reiteração de decisões anteriores; 2) fidelidade entre o texto das súmulas e os precedentes.

Trata-se de análise tendente a colocar em teste a hipótese de origem, qual seja, se o STF vem ou não editando súmulas sem precedentes suficientes ou sem fidelidade a eles.

A fim de racionalizar o trabalho, serão destacadas as premissas dos votos vencedores dos precedentes, para cotejo com as conclusões das próprias decisões e, depois, com o texto das súmulas, indicando-se eventuais contradições entre os próprios julgamentos precedentes. Em outras palavras, o objetivo não é o de reexaminar a coerência das sínteses decisórias relativamente às teses e antíteses em julgamento, salvo quando estritamente necessário para a análise da coerência da interpretação vitoriosa em relação ao texto das súmulas.

Ao fim de cada SV comentada, são transcritas as decisões posteriores nas quais o próprio STF decidiu sobre a aplicação e a interpretação das teses sumuladas, de acordo com um trabalho editado pela Corte.[32]

---
[32] SUPREMO TRIBUNAL FEDERAL. *Súmulas Vinculantes. Aplicação e Interpretação pelo STF*. Brasília: STF, 2016. Disponível em: <http://www.stf.jus.br/sumulasvinculantes>.

SÚMULA VINCULANTE Nº 1

A Súmula Vinculante nº 1 tem o seguinte texto:

Ofende a garantia constitucional do ato jurídico perfeito a decisão que, sem ponderar as circunstâncias do caso concreto, desconsidera a validez e a eficácia de acordo constante de termo de adesão instituído pela Lei Complementar nº 110/2001.

Os precedentes declarados dessa súmula são os julgamentos do RE 418.918, do AgR-ED no RE 427801 e do AgR no RE 431363. O precedente-guia foi o primeiro julgamento, cuja origem pode ser assim resumida: o Autor da ação distribuíra a inicial perante um dos Juizados Especiais Federais da Seção Judiciária do Rio de Janeiro, pretendendo a correção integral do saldo de sua conta individual junto ao FGTS, por conta de perdas decorrentes dos expurgos inflacionários, tal como reconhecido na S. STJ nº 252,[33] não obstante tivesse outrora firmado o termo de adesão de que trata o art. 4º da Lei Complementar nº 110, pelo qual os índices de correção eram inferiores àqueles da súmula do STJ.[34] Na contestação, a CEF sustentou que o termo de adesão representava um ato jurídico perfeito e acabado, defesa que foi refutada pelo Juízo originário com base na S. nº 21 das Turmas Recursais dos Juizados Especiais da Seção Judiciária do Rio de Janeiro, segundo a qual

> O trabalhador faz jus ao crédito integral, sem parcelamento, e ao levantamento, nos casos previstos em lei, das verbas relativas aos expurgos de índices inflacionários de janeiro de 1989 (42,72%) e abril de 1990 (44,80%) sobre os saldos das contas de FGTS, ainda que tenha aderido ao acordo previsto na Lei Complementar nº 110/2001, deduzidas as parcelas porventura já recebidas.

Da Sentença a CEF interpôs o recurso inominado de que trata o art. 41 da Lei nº 9099/95 c/c o art. 1º da Lei nº 10.259/2001 a uma das Turmas Recursais, cujo seguimento foi indeferido pelo Juiz Relator,

---

[33] "Os saldos das contas do FGTS, pela legislação infraconstitucional, são corrigidos em 42,72% (IPC) quanto às perdas de janeiro de 1989 e 44,80% (IPC) quanto às de abril de 1990, acolhidos pelo STJ os índices de 18,02% (LBC) quanto as perdas de junho de 1987, de 5,38% (BTN) para maio de 1990 e 7,00%(TR) para fevereiro de 1991, de acordo com o entendimento do STF (RE 226.855-7-RS)".

[34] 16,64% entre 12/1988 e 02/1989 e 44,08% em 04/1990.

com base no art. 557 do CPC (art. 932, III, do NCPC), já que a decisão se afinava com a S. 21 das Turmas, acima citada. Dessa decisão singular a CEF interpôs Agravo (que foi fungido em Embargos de Declaração) para a Turma, cujo seguimento foi então negado agora com base na S. 26 das Turmas.[35] Dessa última decisão a CEF interpôs Recurso Extraordinário ao STF.

Tal histórico, embora resumido, põe em evidência a base do julgamento em exame, porque uma primeira questão de ordem era saber se o STF podia ou não conhecer o RE sem que a instância ordinária tivesse sido esgotada, de acordo com a S. STF nº 281,[36] para somente depois, caso ultrapassada a prejudicial, o mérito pudesse ser examinado.

Em seu relatório, a Ministra Relatora Ellen Gracie destacou que o fato de a instância ter sido limitada ao juízo monocrático do juiz relator[37] não impedia e antes justificava o conhecimento do recurso extraordinário, e avançou para o exame do mérito, estabelecendo as seguintes premissas: 1) o termo de adesão de que trata o art. 4º da Lei Complementar nº 110 não foi questionado em sua validade na petição inicial, de modo que a desconsideração de sua validade se deu de ofício, no pressuposto da existência objetiva de vício de vontade;[38] 2) com isso, o Juízo recorrido não fez simples controle de legalidade sobre o termo de adesão, mas controle de constitucionalidade sobre o próprio art. 4º da Lei Complementar nº 110; 3) caso contrário, a existência subjetiva do vício devia ter sido apresentada na inicial como limite da ação e do provimento jurisdicional, hipótese em que não se questionaria a constitucionalidade daquele dispositivo, mas a validade intrínseca do próprio ato de adesão; 4) as regras relativas ao FGTS são de natureza estatutária, e não contratual, e por isso não se podem aplicar na espécie os dispositivos do CDC, em específico daquele que manda interpretar favoravelmente à parte mais fraca da relação os contratos de adesão.

---

[35] "Decisão monocrática proferida pelo relator não desafia recurso à Turma Recursal".
[36] "É inadmissível o recurso extraordinário, quando couber, na justiça de origem, recurso ordinário da decisão impugnada".
[37] Nas informações prestadas pela Presidente das Turmas Recursais dos Juizados Especiais da Seção Judiciária do Rio de Janeiro, consta que a partir de janeiro de 2004 toda decisão monocrática baseada em Súmulas das próprias Turmas passou a ser submetida ao referendo do colegiado, mas esse fato processual não se verificou no caso em exame e, por isso, não alterou o problema da supressão da última instância ordinária.
[38] O vício em questão teria sido duplo: 1) erro quanto às informações da imprensa, no sentido da agilidade do recebimento dos recursos por meio da adesão, ignorando-se o fato de que nos Juizados Especiais o pagamento seria integral e sem demora excessiva; 2) erro quanto ao objeto da própria adesão, que representaria renúncia a direitos sem a devida compensação.

Nos votos relativos à questão de ordem, o Ministro Sepúlveda Pertence invocou a S. STF nº 281, tendo a Ministra-Relatora afirmado que superara a preliminar diante da peculiaridade da matéria, em específico o fato de que nos Juizados Especiais a instância ordinária vinha sendo limitada ao juízo singular do juiz relator quando a decisão se encontrava de acordo com súmula das próprias Turmas Recursais, circunstância agravada pela proliferação de ações de idêntico conteúdo. A propósito, disse então aquele Ministro que "Vossa Excelência antecipa, de certo modo, o mecanismo da súmula viculante, aí, sim, contra qualquer decisão judicial haverá o remédio *per saltum* da reclamação". Em outras palavras, a padronização sumular nasceu curiosamente na questão de ordem, e não propriamente no mérito.

Quanto à questão de ordem, o voto da Ministra-Relatora foi vitorioso, contra o entendimento dos Ministros Sepúlveda Pertence, Carlos Britto e Marco Aurélio, que propunham o conhecimento do recurso e o seu provimento, porém apenas no sentido de se obrigar o julgamento do agravo na origem por uma das Turmas Recursais. Tal solução foi considerada heterodoxa pelos Ministros vencedores, tendo o Ministro Gilmar Mendes recordado a interpretação que a Corte vinha fazendo do art. 97 da CF, no sentido de dispensar a manifestação do plenário em questões de inconstitucionalidade quanto a lei ou ato normativo impugnado já houvesse sido proclamada inconstitucional pelo próprio Tribunal ou pelo STF. Essa observação reforça ainda mais a carga vinculante que se pretendia dar mais à solução da matéria preliminar do que à do mérito propriamente dito.

No voto de mérito do Ministro Gilmar Mendes, fez-se nova referência à súmula vinculante, agora para inibir a proliferação de demandas individuais incentivadas por interpretações semelhantes às da S. nº 21 das Turmas Recursais dos Juizados Especiais da Seção Judiciária do Rio de Janeiro, no pressuposto de que não se pode partir do princípio objetivo da invalidade dos termos de adesão de que trata o art. 4º da Lei Complementar nº 110, sem análise concreta de um vício de vontade. Disse então o Sr. Ministro que "...temos de construir não um modelo judicial, mas um modelo administrativo, um processo administrativo – admito – para solucionar casos como esses".

Os demais precedentes têm conteúdo breve e seguem o julgamento primaz, podendo-se extrair as seguintes conclusões: 1) quanto à suficiência dos precedentes, apenas três parecem não atender à exigência literal de "...reiteradas decisões sobre matéria constitucional..."

(art. 103-A, *caput*, da CF), de modo que somente pode ser aceito o atendimento de tal requisito na espécie se se considerar que a possibilidade de repetição de milhares de demandas semelhantes permite antever a repetibilidade de decisões na matéria em exame, interpretação, porém, insegura porque sujeita a uma contingência não verificada em concreto; 2) quanto à fidelidade entre os julgamentos precedentes e o texto da súmula, ela se limita ao mérito, deixando em aberto a matéria preliminar, não menos importante em termos processuais.[39]

Aplicação e interpretação pelo STF:

Validade do termo de adesão da LC 110/2001 em razão de análise do caso concreto
O Tribunal de origem não afastou a validade do termo de adesão ao acordo previsto na LC 110/2001, tão somente concluiu que fora ultrapassado o momento processual oportuno para a alegação de carência de ação fundamentada no termo do acordo. (...) É de ressaltar, ao final, que não houve afronta ao que decidido no julgamento do RE 418.918 e ao disposto na Súmula Vinculante 1, pois o Tribunal de origem analisou as particularidades do caso concreto.
[RE 612.724 ED, voto da Rel. Min. Cármen Lúcia, Primeira Turma, julgamento em 31.8.2010, DJE 190 de 8-10-2010]

Negativa de homologação judicial do acordo da LC 110/2001 por falta de análise do caso concreto
É que, no caso destes autos, o acórdão recorrido, ao desconsiderar a validez e a eficácia do acordo firmado entre as partes, o fez sem observar as particularidades do caso concreto, concluindo, de modo inespecífico, pela impossibilidade de homologação judicial do termo de adesão. (...) Isso posto, e frente ao §1º-A do art. 557 do CPC/1973, dou provimento ao recurso. O que faço a fim de que seja analisada a validade do acordo firmado entre as partes, considerando as peculiaridades do caso concreto.
[RE 548.757, Rel. Min. Ayres Britto, dec. monocrática, julgamento em 16.11.2011, DJE 231 de 6.12.2011]

A decisão recorrida limita-se a registrar que a transação deu-se fora dos autos, sem utilização de escritura pública e sem a presença de advogado, deixando de avaliar se este procedimento resultou objetivamente em prejuízo não consentido ou ignorado pelo titular da conta vinculada. A forma adotada para a transação, que teve fundamento na LC 110/2001, já foi analisada por esta Corte e considerada legítima, sendo ônus da parte

---

[39] Esse tema tampouco foi abordado no debate de aprovação do dia 14.06.2007.

interessada demonstrar se, no caso concreto, diante das circunstâncias peculiares dos que formalizaram o pacto, houve prejuízo em decorrência de vício de consentimento do titular do direito. Trata-se, pois, de matéria já exaustivamente decidida nesta Corte, na linha contrária à que foi adotada pelo acórdão recorrido.

[RE 591.068 QO-RG2, voto do Rel. Min. Gilmar Mendes, Plenário, julgamento em 7.8.2008, DJE 35 de 20-2-2009]

Exame das particularidades do caso concreto pelo acórdão recorrido, que concluiu pela impossibilidade de homologação judicial do termo de adesão instituído pela LC 110/2001. Não aplicação da Súmula Vinculante 1.

O presente caso, entretanto, cuida de questão diversa daquela examinada por esta Corte na ocasião do julgamento do RE 418.918/RJ, Pleno, Relatora a Ministra Ellen Gracie, RTJ 195/321, e consolidada na Súmula Vinculante 1 desta Corte. No julgamento do mencionado recurso extraordinário, foi declarada a inconstitucionalidade do Enunciado 21 das Turmas Recursais da Seção Judiciária do Rio de Janeiro, que afastava a aplicação do acordo firmado por trabalhadores com a ora agravante, nos termos da LC 110/2001, por vício de consentimento. Naquele caso específico, a validade do acordo, celebrado antes do ajuizamento da ação judicial, foi afastada pelo Tribunal local de ofício e sem que fossem analisadas as peculiaridades do caso concreto. Nos presentes autos, o acórdão recorrido examinou as particularidades do caso, concluindo pela impossibilidade de homologação judicial do termo de adesão, nos seguintes termos: "Com efeito, na hipótese dos autos, não há que se falar em homologação de acordo, eis que o mesmo, para que produza seus efeitos na esfera judicial, depende de expressa concordância das partes com todas suas cláusulas e, enquanto não for judicialmente homologado, afigura-se integralmente recusável por qualquer das partes, não havendo como admitir-se qualquer cláusula de acordo que imponha renúncia, de forma irretratável, à garantia fundamental de pleno acesso à Justiça, como no caso (CF/1988, art. 5º, XXXV). Ainda que, na espécie, houve ação anulatória do termo de adesão em referência, no qual restou vitoriosa a recorrente, visto ser exageradamente prejudicial ao pedido da apelante. Em sendo assim, tornar-se-ia ilegítimo violar a coisa julgada, no caso, validando o referido termo de adesão. Registre-se, ainda, que, nos termos do art. 842, última parte, do Código Civil/2002, se a transação recair sobre direitos contestados em juízo, deverá ser feita por termo nos autos, assinado pelos transigentes e homologado pelo juiz, não caracterizando, portanto, violação ao ato jurídico perfeito (art. 5º, XXXVI, da CF/1988) a decisão que deixa de homologar o acordo extrajudicial, ante a ausência de expressa concordância de uma das partes com os seus termos, como na espécie dos autos". Assim, não merece prosperar a irresignação da recorrente.

[RE 630.392, Rel. Min. Dias Toffoli, dec. monocrática, julgamento em 3-11-2011, DJE 222 de 23-11-2011]

Ressalto, por fim, que não tem aplicação neste caso a Súmula Vinculante 1 desta Corte (...). Isso porque a decisão recorrida não desconsiderou acordo estabelecido nos termos da LC 110/2001, mas tão somente entendeu necessária a assistência do advogado, quando a transação recair sobre direitos contestados em juízo.
[RE 560.592, Rel. Min. Ricardo Lewandowski, dec. monocrática, julgamento em 2-3-2010, DJE 45 de 12-3-2010]

Reexame de prova e impossibilidade de aplicação da Súmula Vinculante 1
I. O Plenário do Supremo Tribunal Federal, ao julgar o RE 418.918/RJ, Rel. Min. Ellen Gracie, conheceu e deu provimento ao recurso extraordinário da Caixa Econômica Federal, ao entendimento de que a decisão que desconsidera o Termo de Adesão a que alude a LC 110/2001, assinado pela Caixa Econômica Federal e pelos trabalhadores, viola o instituto do ato jurídico perfeito (CF/1988, art. 5º, XXXVI). II — O Tribunal a quo analisou as provas contidas nos autos e afirmou inexistir prova da celebração do acordo entre o agravado e a Caixa Econômica Federal. Assim, para se chegar a conclusão contrária à adotada pelo acórdão recorrido, necessário seria o reexame do conjunto fático-probatório constante dos autos, o que atrai a incidência da Súmula 279 do STF.
[AI 701.414 AgR, Rel. Min. Ricardo Lewandowski, Primeira Turma, julgamento em 17-3-2009, DJE 71 de 17-4-2009]

SÚMULA VINCULANTE Nº 2

A Súmula Vinculante nº 2 tem o seguinte texto:

É inconstitucional a lei ou ato normativo estadual ou distrital que disponha sobre sistemas de consórcios e sorteios, inclusive bingos e loterias.

Os precedentes declarados dessa súmula são os julgamentos das ADIs nºs 2847, 3147, 2996, 2690, 3183 e 3277, mas no primeiro deles se faz menção expressa ao julgamento anterior da ADI nº 1169, enquanto que no terceiro são referidos também os julgamentos das ADIs. nºs 2948 e 3259 e no último são referidos também os julgamentos das ADIs. nºs 2995, 3063, 3148, 3189, 3259 e 3293. Em resumo, embora não tenham sido incluídos como precedentes expressos, existem também os julgamentos na mesma matéria das ADIs. nºs. 2948, 2995, 3063, 3148, 3189, 3259 e 3293.

O precedente-guia foi o primeiro julgamento, cuja origem pode ser assim resumida: o Distrito Federal editou duas leis que criaram uma loteria "social" (Lei nº 232/92, revogada pela Lei nº 1176/96, por sua vez alterada pelas Leis nºs 2793/2001 e 3130/2003), produção legislativa considerada ofensiva do art. 22, I e XX, da CF, na visão do Procurador-Geral da República, autor da ação, respectivamente porque: 1) a exploração de loterias seria uma derrogação excepcional das regras de direito penal, que incriminam tal expediente, nos termos do art. 1º do DL nº 204/67, de modo que somente a União poderia legislar no sentido de descriminalizar aquela atividade; 2) as loterias são espécie de sorteio, matéria também reservada à competência legislativa privativa da União. O controle conjunto de ambas as leis, embora uma tivesse revogado a outra, pela regra do tempo (*later in time rule*), foi justificado pelo risco de repristinação da primeira em caso de controle exclusivo da última, na linha de princípio do §2º do art. 11 da Lei nº 9868/99.

No voto do Ministro-Relator, Carlos Velloso, aceitaram-se ambos os fundamentos autorais para a pronúncia de inconstitucionalidade de todas as leis sob controle, a propósito com base nos votos anteriormente proferidos no julgamento da medida liminar da ADI 1169.

No voto seguinte, o Ministro Carlos Ayres Britto refutou aquele primeiro fundamento dizendo não encontrar nas leis sob controle qualquer regra de direito penal, mas outros propósitos distintos: incremento da arrecadação, visando a financiar políticas públicas, mediante promessa de recompensa monetária aos apostadores. Logo, o tema da descriminalização da atividade não diria respeito à Constituição, mas à legislação infraconstitucional, ficando assim no campo do controle de legalidade. Outrossim, as loterias seriam espécie de sorteio, não apenas porque a participação depende da sorte como também porque se os sorteios mencionados no inc. XX do art. 22 da CF fossem restringidos aos consórcios, sua previsão teria sido inútil. Desse modo, o Distrito Federal (como de resto os Estados) somente poderia legislar sobre essa matéria caso autorizado por lei complementar federal, nos termos do parágrafo único do mesmo art. 22 da CF. Considerando que tal lei não foi editada, segue-se que as leis distritais sob controle são inconstitucionais.[40]

---

[40] O mesmo Ministro também enfrentou um dos fundamentos da defesa, não examinado pelos demais, qual seja, o de que os atos impugnados se justificariam como fonte de custeio

Seguiu-se então o voto do Ministro Marco Aurélio, que também refutou o fundamento do inc. I do art. 22 da CF, com base nas mesmas premissas do Ministro Carlos Ayres Britto, refutando também o fundamento do inc. XX daquele mesmo dispositivo, ao entendimento de que os sorteios ali mencionados não incluem as loterias (e, portanto, se reduzem ao sistema de consórcios)[41] e mormente que as loterias são espécie de serviço público, matéria cuja produção legislativa estadual e distrital não está vedada pela CF ou antes está nela pressuposta. Em outras palavras, a CF não dispõe expressamente sobre a competência legislativa privativa da União para legislar sobre loterias, ficando referida matéria sob competência residual dos estados e do DF.

Ato contínuo, votou o Ministro Eros Grau, para quem a principal violação das leis distritais impugnadas estaria precisamente no inc. I do art. 22 da CF, mais do que no inc. XX do mesmo dispositivo. No entendimento do Ministro, a exploração de loterias é um ilícito originário, pressuposto pelo próprio inc. I do art. 22 da CF, com base no qual se fundamenta o art. 1º do DL 204/1967, compreensão que se comprovaria pelo fato de referida legislação haver criado uma isenção penal, e não um tipo penal. Logo, a licitude dessa atividade dependeria da migração de sua ilicitude originária para o campo da licitude, e apenas por via de lei federal.

Seguiu-se o voto do Ministro Cezar Peluso, que acompanhou o Ministro-Relator em ambos os fundamentos, destacando porém, relativamente do inc. I do art. 22 da CF, que "...o que me parece...é que a lei distrital não tende a operar uma isenção, mas a operar uma fraude. Quer dizer, ela parte do pressuposto de que se cuidaria de atividades lícitas, ou seja, que existiria norma que as isentasse de ilicitude penal, donde poderiam ser regulamentadas". No mesmo sentido, mas com economia de palavras, votou a Ministra Ellen Gracie, logo após o voto do Ministro Gilmar Ferreira Mendes.

Em seu voto, o Ministro Gilmar Ferreira Mendes, a exemplo dos Ministros Carlos Ayres Britto e Marco Aurélio, também refutou

---

da seguridade social, nos termos do art. 195, III, da CF: "Art. 195. A seguridade social será financiada por toda a sociedade, de forma direta e indireta, nos termos da lei, mediante recursos provenientes dos orçamentos da União, dos Estados, do Distrito Federal e dos Municípios, e das seguintes contribuições sociais: III - sobre a receita de concursos de prognósticos". A propósito, disse então o Ministro: "O que se diz no preceptivo em causa é que a receita desses concursos se prestam como base de cálculo de contribuição social. Nada mais do que isto".

[41] "A junção, no inciso XX, dos vocábulos 'consórcio e sorteios' é conducente a chegar-se à identidade entre eles".

o fundamento do inc. I do art. 22 da CF, acompanhando o voto do Ministro-Relator relativamente à inconstitucionalidade das leis sob controle com base no inc. XX daquele mesmo dispositivo. No mesmo sentido votou o Ministro Sepúlveda Pertence, logo após o voto do Ministro Celso de Mello.

Já o Ministro Celso de Mello também seguiu o voto do Ministro-Relator, relativamente à inconstitucionalidade das leis distritais com base no inc. XX do art. 22 da CF, sem sequer mencionar a matéria do inc. I daquele mesmo dispositivo.

Em resumo esquemático, relativamente aos fundamentos ou fundamento da inconstitucionalidade, assim votaram os Ministros:

pela inconstitucionalidade			pela constitucionalidade
com base nos incs. I e XX do art. 22 da CF	com base apenas no inc. XX do art. 22 da CF	com base apenas no inc. I do art. 22 da CF	
Min. Carlos Velloso Min. César Peluso Min. Ellen Gracie	Min. Carlos Britto Min. Gilmar Mendes Min. Celso de Mello Min. Sepúlveda Pertence	Min. Eros Grau	Min. Marco Aurélio

Tal relatório é importante por dois motivos, a saber: 1) *formal*, porque o resultado numérico do julgamento-guia expressou a vitória de ambos os fundamentos, decerto porque o Ministro Presidente (Nelson Jobim) votou com o relator, explicando-se assim a menção aos incs. I e XX do art. 22 da CF na Ementa, como base da inconstitucionalidade das leis distritais sob controle; 2) *material*, porque a combinação de ambos os fundamentos exige, em tese, que a lei complementar federal autorizadora da atividade legislativa dos estados e do DF na matéria sobre loterias previamente descriminalize tal atividade.

A primeira observação supra se vê agravada pelo fato de nos precedentes posteriores não se ter aceito o fundamento do inc. I do art. 22 da CF, o que dispensaria, também em tese, que a lei federal autorizadora da atividade legislativa dos estados e do DF na matéria sobre loterias previamente descriminalize tal atividade. Em outras palavras, se o problema da legislação estadual ou distrital naquela matéria não está no campo das normas penais, mas apenas na legitimidade da autorização legislativa, a inconstitucionalidade mencionada genericamente na SV nº 2 tem apenas um fundamento constitucional, e não dois como na origem.

A segunda observação supra requer que se responda por qual via formal a atividade legislativa dos estados e do DF na matéria sobre loterias se legitimará, sem incidir na inconstitucionalidade mencionada genericamente na SV nº 2, ou seja, qualquer lei federal ordinária (a exemplo do DL 204/67) poderá conferir aos estados e ao DF uma competência legislativa complementar naquela matéria, ou bastará que se excepcione a exclusividade da União para explorar tal atividade, mediante "concessão" aos Estados e ao DF? Nesse segundo caso, a SV nº 2 seria inútil, já que a existência de uma tal lei federal ordinária disciplinaria um ato normativo secundário (de concessão), infenso ao controle de constitucionalidade. Outrossim, uma lei federal ordinária não pode conferir competência legislativa aos estados e ao DF, já que a fonte de suas competências são a CF (art. 24) e as Constituições Estaduais (art. 25, §1º) e a lei orgânica do DF (art. 32, §1º, todos da CF), de modo que apenas pela lei federal complementar de que trata o parágrafo único do art. 22 da CF aquela competência poderia ser conferida àqueles entes federativos, a propósito conforme enfatizou o Min. Carlos Ayres Britto no voto que proferiu no precedente-guia.

Logo, uma exceção ao que dispõe a SV nº 2 é a hipótese de lei federal complementar conferir aos Estados e ao DF a competência legislativa para tratar de loterias, mas essa exceção não é a única, pois como disse o Min. Gilmar Ferreira Mendes, agora na relatoria da ADI nº 2690 (4º precedente),

> ...infere-se do referido Decreto-Lei nº 204/67 que as loterias estaduais já existentes [antes da CF de 1988] podem, eventualmente, ser mantidas desde que observem o §1º do art. 32 do referido Decreto-Lei ("As loterias estaduais atualmente existentes não poderão aumentar as suas emissões, ficando limitadas às quantidades de bilhetes e séries em vigor na data de publicação dêste Decreto-lei").

Disso tudo podem ser extraídas as seguintes conclusões: 1) quanto à suficiência dos precedentes, eles justificam numericamente a exigência de "...reiteradas decisões sobre matéria constitucional..."

(art. 103-A, *caput*, da CF), inclusive porque além dos precedentes expressamente citados existem outros 7 (sete) julgamentos na mesma matéria; 2) quanto à fidelidade entre os julgamentos precedentes e o texto da súmula, ela é: a) total no aspecto da forma, já que na indicação da "legislação" se aponta o inc. XX do art. 22 da CF como fundamento da inconstitucionalidade reconhecida *a priori*, embora no texto da súmula inexista tal referência; b) parcial no aspecto da matéria, porque o texto da súmula não mencionou as exceções à regra da inconstitucionalidade reconhecida *a priori*, deixando a impressão de que os Estados e o DF não podem legislar sobre a matéria em nenhuma hipótese, entendimento que contradiz os precedentes.[42]

Aplicação e interpretação pelo STF:

Abrangência da expressão "sorteios"
1. Esta Suprema Corte já assentou que a expressão "sistema de sorteios" constante do art. 22, XX, da CF/1988 alcança os jogos de azar, as loterias e similares, dando interpretação que veda a edição de legislação estadual sobre a matéria, diante da competência privativa da União.
[ADI 3.895, Rel. Min. Menezes Direito, Plenário, julgamento em 4-6-2008, DJE 162 de 29-8-2008]

Na dicção da ilustrada maioria, entendimento em relação ao qual guardo reservas, a cláusula reveladora da competência privativa da União para legislar sobre sistemas de consórcios e sorteios — art. 22, XX, da CF/1988 — abrange a exploração de loteria, de jogos de azar.
[ADI 2.950, Rel. Min. Marco Aurélio, Plenário, julgamento em 29-8-2007, DJE 18 de 1º-2-2008]

O eminente Procurador-Geral da República, ao oferecer o seu douto parecer nos presentes autos, sustentou, a meu juízo, com inteira razão, que os diplomas normativos ora impugnados efetivamente vulneraram a cláusula de competência, que, inscrita no art. 22, XX, da Constituição da República, atribui, ao tema dos "sorteios" (expressão que abrange, na jurisprudência desta Corte, os jogos de azar, as loterias e similares), um máximo coeficiente de federalidade, apto a afastar, nessa específica matéria, a possibilidade constitucional de legítima regulação normativa por parte dos Estados-membros, do Distrito Federal, ou, ainda, dos Municípios.

---
[42] Essas lacunas não foram mencionadas no debate de aprovação do dia 14.06.2007, no qual o Min. Marco Aurélio registrou, em voto vencido, que nos precedentes "...não apreciamos qualquer lei que houvesse disposto sobre consórcios e sorteios. Logo, a referência no verbete a consórcio e sorteios, a meu ver, mostra-se discrepante dos precedentes" (p. 36).

[ADI 2.995, voto do Rel. Min. Celso de Mello, Plenário, julgamento em 13-12- 2006, DJE 112 de 28-9-2007]

Exploração da atividade de bingo
Ao contrário do que pretendido, o Supremo Tribunal Federal não permitiu nem liberou a exploração da atividade de bingos. Este Supremo Tribunal declarou inconstitucional lei ou ato normativo estadual ou distrital que disponha sobre sistemas de consórcios e sorteios, até mesmo bingos e loterias. Portanto, não prospera a pretensão da Reclamante, que, a pretexto de alegar contrariedade à Súmula Vinculante 2 do Supremo Tribunal Federal, pretende a liberação da exploração de atividade de bingos por meio desta reclamação.
[Rcl 10.198, Rel. Min. Cármen Lúcia, dec. monocrática, julgamento em 21-2-2011, DJE 44 de 9-3-2011]

Este Tribunal fixou o entendimento de que a atividade dos bingos está abrangida no preceito veiculado pelo art. 22, XX, da Constituição do Brasil, que é categórico ao estipular a competência da União para legislar sobre sorteios. (...) 8. No voto que proferi por ocasião do julgamento da ADI 2.948, deixei consignado que a exploração das atividades abrangidas na categoria "sorteio" será lícita se expressamente autorizada a sua exploração por norma jurídica específica. Essa norma específica é norma penal, porque consubstancia uma isenção à regra que define a ilicitude penal. 9. Somente a regra de isenção, de competência legislativa privativa da União, retiraria a atividade dos bingos do universo da ilicitude, admitindo a sua exploração. Haveria aí uma operação de transposição da atividade do campo da ilicitude para o campo da licitude.
[RE 524.501, Rel. Min. Eros Grau, dec. monocrática, julgamento em 13-6-2008, DJE 118 de 30-6-2008]

SÚMULA VINCULANTE Nº 3

A Súmula Vinculante nº 3 tem o seguinte texto:

Nos processos perante o Tribunal de Contas da União asseguram-se o contraditório e a ampla defesa quando da decisão puder resultar anulação ou revogação de ato administrativo que beneficie o interessado, excetuada a apreciação da legalidade do ato de concessão inicial de aposentadoria, reforma e pensão.

Os precedentes declarados dessa súmula são os julgamentos dos MSs nºs 24268, 24728, 24754 e 24742. No primeiro deles, fez-se menção a vários outros precedentes pontuais, em aspectos específicos da fundamentação de alguns votos, mas foi presença constante a remissão ao julgamento do RE 158543, acerca da necessidade de contraditório em exercício de autotutela administrativa que gere consequências patrimoniais desfavoráveis ao beneficiado, em nome do princípio da legitimidade do ato administrativo. Nos demais precedentes foram feitas remissões a outros julgamentos importantes, a saber: 1) MS 2355, no qual ficou assentado que nas decisões em geral do TCU, tomadas em nome do controle externo de que trata o art. 71, III, da CF (portanto, não em exercício de autotutela administrativa): a) o direito ao recurso administrativo de revisão versado no art. 48 da Lei nº 8443/92, contra a decisão desfavorável daquele tribunal, não exclui o contraditório prévio do interessado; b) porque ao procedimento decisório do TCU aplicam-se subsidiariamente as regras da Lei 9784/99, cujo art. 2º assegura o direito ao contraditório e à ampla defesa desde a origem; 2) MSs nºs 24859 e 24784 e no RE 163301, nos quais se decidiu que a regra supra somente é excepcionada nos casos de julgamento de validade, para efeito de registro, de atos de concessão de aposentadoria e pensão, cujo procedimento não resolve litígio e visa apenas ao aperfeiçoamento daqueles atos administrativos complexos. Em resumo, nos atos de concessão de aposentadoria e pensão pelo ente de origem e posterior exame de registro pelo TCU não há contencioso administrativo e, por isso, não se há de falar em contraditório e ampla defesa prévios à decisão final daquele tribunal, o mesmo não ocorrendo nos casos em que após o registro o ato vem a ser revisto pelo TCU, em nome de controle externo sucessivo.

O precedente-guia foi o primeiro julgamento, cuja origem pode ser assim resumida: a impetrante foi adotada por escritura pública ainda menor impúbere pelo bisavô, então com 83 (oitenta e três) anos de idade, que veio a falecer cerca de uma semana após o registro daquele ato. Referida via formal de adoção era lícita no tempo de vigência dos arts. 134 e 375 do CCB de 1916, até que a Lei nº 6697/79 (Código de Menores) passou a exigir autorização judicial a respeito, providência não observada no caso, já que o ato se deu em 30.07.1984. Não obstante, a pensão foi concedida no ente de origem e posteriormente registrada pelo TCU. Após a adoção, o falecimento do bisavô adotante e a concessão e registro da pensão, os pais naturais reassumiram o poder familiar, por meio de Sentença da 5ª Vara de Família da Comarca de Belo Horizonte, na qual foi determinada a averbação respectiva à margem do registro de nascimento, "...sem prejuízo da situação anterior de adotada por seu bisavô, para o gozo dos benefícios e exercício dos direitos de adoção...". Em exercício do controle externo de que trata o art. 71, III, da CF, houve por bem o TCU rever o ato de registro da pensão (20 anos após), acusando-o de ilegal diante da forma indevida da adoção por escritura pública, sem a devida autorização judicial.

No voto da Ministra-Relatora, Ellen Gracie, aceitou-se a tese do TCU, acrescentando-se que: 1) o controle externo exercido por aquele tribunal deve ser preservado do contraditório prévio, sob pena de seu enfraquecimento (conforme julgamento de AgRg na SS 514); 2) nos casos em que a matéria sujeita a tal controle não exigir exame de matéria fática, mas tão-somente de matéria de direito objetivo, não há cabimento do contraditório diante da inexistência de prejuízo para o administrado (agora de acordo com o voto do Min. Carlos Velloso no RE 158543); 3) tanto mais quando o controle externo for feito "... para excluir vantagens atribuídas em desconformidade com a lei" (RE 185255), hipótese em que não se pode dar curso à "teoria do fato consumado" ou mesmo ao argumento do direito adquirido (já que não se consuma ou se adquire validamente um não-direito); 4) a Sentença da 5ª Vara de Família da Comarca de Belo Horizonte não gerou coisa julgada material em relação à validade do ato de adoção, já que os limites objetivos da lide giraram em torno da retomada do poder familiar; 5) o ato de adoção, em si mesmo considerado, estaria viciado por simulação e por nulidade originária: "As circunstâncias evidenciam simulação da adoção com o claro propósito de manutenção da pensão previdenciária. E mais, a adoção foi feita sem a forma prescrita em lei e é nula, nos termos dos artigos 82, 130, 145, III e 146 do Código Civil, não podendo produzir efeitos".

No voto seguinte, o Min. Gilmar Ferreira Mendes dissentiu da Ministra-Relatora, afirmando que o direito ao contraditório e à ampla defesa versado no inc. LV do art. 5º da CF inclui todo e qualquer processo administrativo, inclusive o do TCU, em nome do que chamou de "pretensão à tutela jurídica" (em remissão a Pontes de Miranda), cujo núcleo simultaneamente contém (agora de acordo com a literatura e com a Corte Constitucional tedescas): a) direito à informação; b) direito à manifestação; c) direito a ver os argumentos considerados/examinados. Disse ainda o Ministro que: 1) tais direitos ainda mais se justificam quando se pratica ato restritivo de vantagem antes reconhecida (REs 158543, 199733 e 211242); 2) o inc. LV do art. 5º da CF não admite a "redução teleológica" do segundo argumento da Ministra-Relatora, já que nele não se distinguem questões de fato de questões estritamente jurídicas; 3) o prazo decadencial de 5 (cinco) anos para a autotutela indicado no art. 54 da Lei nº 9784/1999 não se aplicaria à espécie, "...uma vez que, talvez de forma ortodoxa, esse prazo não deva ser computado com efeitos retroativos"; 4) tanto mais diante do princípio da proteção da confiança,[43] contra o qual o princípio da legalidade somente prevalece "...quando a vantagem é obtida pelo destinatário por meios ilícitos por ele utilizados, com culpa sua, ou resulta de procedimento que gera sua responsabilidade" (agora de acordo com Otto Bachof). Ao fim, ponderou o Ministro que no caso em exame seria possível "...até de se cogitar da aplicação do princípio da segurança jurídica, de forma integral, de modo a impedir o desfazimento do ato. Diante, porém, do pedido formulado e da *causa petendi* limito-me aqui a reconhecer a forte plausibilidade jurídica desse fundamento", determinando apenas "...a observância do princípio do contraditório e da ampla defesa na espécie". Com isso, não se propôs o exame do mérito do ato do TCU, mas apenas o retorno da matéria para novo julgamento, agora com observância do contraditório e da ampla defesa, ponto em que depois divergiram os Ministros Nelson Jobim, Carlos Velloso e Cezar Peluso. Em nenhum momento do voto o Ministro Gilmar Ferreira Mendes mencionou a dúvida de fraude no ato de adoção, que colocaria o ato precisamente na exceção mencionada por Otto Bachof, acerca da precedência do princípio da legalidade sobre o princípio da proteção da confiança, omissão relevante diante do afastamento em tese da decadência versada no art. 54 da Lei nº 9784/1999. Por outro lado, o fato de se ter retornado a matéria à instância administrativa do TCU deixou em aberto o exame do mérito do ato do TCU, inclusive em torno da licitude do ato de adoção com base no qual a pensão foi concedida.

    Seguiu-se o voto do Ministro Cezar Peluso, que invocou a cláusula do devido processo legal (art. 5º, LIV, da CF), na qual foram incluídos o contraditório e a ampla defesa em qualquer processo administrativo, porque "...o fato de não ser ouvida, sob pretexto de suposta aparência de fraude, transforma a pessoa humana em objeto, em se dispondo sobre ela sem lhe dar oportunidade de ser ouvida e considerada como sujeito". Num primeiro momento, o Ministro seguiu o voto do Ministro Gilmar Mendes, mas depois o retificou, no sentido

---

[43] Que seria também um princípio constitucional inexpresso, decorrente do princípio do Estado de Direito, assim como um princípio infraconstitucional expresso no art. 2º da Lei 9784/1999, estando ainda identificado no princípio da segurança jurídica. Essa construção conceitual foi depois chamada pelo Ministro Nelson Jobim de "inflação de princípios".

de seguir o voto do Ministro Carlos Velloso, quanto a se examinar desde logo também o mérito do próprio ato do TCU.

O Ministro Nelson Jobim, em seu voto, suscitou uma matéria até então não abordada, ao sustentar que o TCU havia em verdade desconstituído o ato de adoção, cuja validade não foi submetida ao juízo competente (decerto cível). Em resumo, "...não teria o Tribunal de Contas competência de desconhecer a eficácia de um negócio jurídico sobre o qual ele não tem competência no sentido da sua desconstituição". Embora tenha adentrado no mérito do ato impugnado, parece ter seguido o voto do Min. Gilmar Mendes, ao deferir o *mandamus* pura e simplesmente.

O argumento da desconstituição do ato de adoção foi então renovado pelo Ministro Marco Aurélio, para quem a questão da validade devia ser submetida ao juízo natural, e também pelos Ministros Maurício Correa e Carlos Velloso, este último com reforço do argumento da decadência do art. 54 da Lei nº 9784/99, fato que justificaria o exame do mérito da decisão do TCU. Logo se vê que referida matéria se mistura ao problema da extensão do julgamento também ao mérito do ato reputado ilegal no *mandamus*, exigindo uma ponderação incidental. É que o TCU não desconstituiu o ato de adoção, limitando-se a recusá-lo como fundamento válido do direito à pensão, ou seja, na matéria em que tinha competência para examinar (validade do ato de concessão de pensão), sobre a qual não remanescem dúvidas, o ato de adoção podia e devia ser examinado em sua validade formal (escritura pública X autorização judicial) e material (fraude ou simulação), já que esse ato é que fundamentava o ato sob controle. Logo, o ato de revisão do TCU podia ser posto em dúvida sob o prisma da decadência, mas não sob o prisma da invalidade do ato de adoção, cujo reconhecimento afeta apenas a validade do ato concessivo da pensão, nos estreitos lindes da competência daquele tribunal. Tanto mais quando a fraude exsurge evidente do próprio histórico fático descrito pela Ministra-Relatora.

O voto do Ministro Gilmar Ferreira Mendes foi seguido pelo Ministro Celso de Mello, sem ressalvas, o mesmo ocorrendo com o voto do Ministro Maurício Corrêa (então Presidente)

A distinção presente no texto da súmula entre aqueles dois procedimentos do TCU, um primário, de concessão e posterior registro (sem contraditório), e outro secundário, de controle externo sucessivo (com contraditório necessário), surgiu apenas no voto do Ministro Sepúlveda Pertence, para ser somente depois deslindada nos demais precedentes. Ao fim, o Ministro seguiu o voto dissidente do Ministro Gilmar Ferreira Mendes.

No segundo precedente, sob a relatoria do Ministro Gilmar Ferreira Mendes, o voto do Ministro Sepúlveda Pertence no julgamento do RE 163301 foi citado para distinguir a situação objeto de exame daquela outra do MS 24268 (primeiro precedente). É que, nesse segundo caso, a pensão havia sido concedida e confirmada em sua legalidade pelo TCU, para efeito de registro, mas dessa decisão o MP interpôs recurso de reexame com efeito suspensivo (art. 48 c/c o art. 33 da Lei nº 8443/1992), vindo depois a 1ª Câmara do TCU a reformá-la, negando o registro por conta da ilegalidade do ato de adoção do beneficiário: o autor da pensão (Major reformado) havia adotado a sobrinha-neta quando tinha 94 (noventa e quatro) anos de idade, privado portanto das duas exigências legais da adoção (poder familiar e dever de alimentos). Embora fizesse parte do mérito a legalidade do ato de pensionamento, e não apenas o invocado direito ao contraditório prévio à decisão do TCU, a distinção entre as duas fases decisórias acima indicada foi suficiente para a rejeição da segurança. Esse julgamento ocorreu por unanimidade, com o voto dos Ministros Nelson Jobim, Sepúlveda Pertence, Celso de Mello, Carlos Velloso, Marco Aurélio, Ellen Gracie, Cezar Peluso, Carlos Britto, Joaquim Barbosa e Eros Grau, o que leva a crer que, diferentemente do primeiro precedente, nenhum dos Ministros (mormente os dissidentes anteriores: Nelson Jobim, Carlos Velloso e Cezar Peluso) notou outra diferença importante entre os *mandamus*, relativamente aos seus limites objetivos: no primeiro, com efeito, o mérito dizia respeito ao contraditório prévio à decisão do TCU de cassar decisão anterior dele próprio no registro do ato de pensionamento, enquanto que no segundo o contraditório era apenas um dos fundamentos, já que seu fundamento principal estava na legalidade do ato de pensionamento e na ilegalidade do ato de cassação. Logo, ainda que não houvesse direito ao contraditório prévio, a questão da validade do ato de pensionamento devia ter sido examinada já que fazia parte do mérito do *writ*.

No terceiro precedente, aquela mesma distinção procedimental surge apenas no complemento do voto do Ministro Relator (Marco Aurélio), porque na primeira parte foi analisado o mérito do *mandamus*: a legalidade de concessão de aposentadoria e a ilegalidade do ato de negativa de registro pelo TCU. O caso concreto foi o seguinte: o impetrante havia exercido função de confiança no PRODASEN no período de 01/1983 a 09/1996 e requereu aposentadoria em 1992, obtendo-a ao tempo em que não se exigia efetividade no cargo para o jubilamento, tal como passou a exigir a EMC nº 20/98. Assim, a concessão da aposentadoria se deu de acordo e no tempo do texto então vigente do art. 183 da Lei nº 8112/90, tendo o TCU negado registro com base no novo texto desse mesmo dispositivo, alterado pela Lei nº 8647/93, que passou a vedar a aposentadoria, pelo regime previdenciário dos serviços públicos federais estatutários, dos servidores especiais ocupantes apenas de funções de confiança. O voto do Ministro-Relator foi no sentido de se aplicar a S. STF nº 359, segundo a qual o direito à aposentadoria é regido pelas leis vigentes na data da aquisição do direito, e não pelas leis vigentes na data do requerimento. Ao contrário do segundo precedente, neste terceiro o mérito do ato do TCU teve privilégio sobre o problema do estágio do controle externo, que de todo modo não deixou de ser tratado, "...apenas para evitar embargos declaratórios...".

O quarto e último precedente declarado contém uma decisão curiosa em termos de devolução da matéria administrativa ao TCU. O caso de origem foi o seguinte: um militar da aeronáutica obteve reforma em 03/1982, começando a trabalhar cerca de um mês depois para o CTA, no regime trabalhista, até 1993, quando o emprego público (pesquisador sênior) foi transformado em cargo, obtendo então aposentadoria civil. Somente a aposentadoria civil já contava com o registro, deferido pelo TCU, que ainda não havia analisado o registro da aposentadoria militar. O titular dos benefícios faleceu em 1998 e a viúva se habilitou a ambas as pensões, sendo que em 2002 o TCU determinou que a beneficiária optasse pela pensão civil ou pela militar. Uma vez não feita a opção, o Tribunal cancelou o benefício militar, ao argumento de que o §10 do art. 37 da CF, introduzido pela EMC 20/1998, proíbe a cumulação de benefícios quando na atividade a cumulação de vencimentos é também negada (simetria). Em seu voto, o Ministro-Relator, Marco Aurélio, estabeleceu duas premissas: 1) "...o mandado de segurança não é veículo próprio à opção por esta ou aquela pensão"; 2) "na espécie, ficou devidamente esclarecido que não houve a cassação de reforma deferida e homologada anteriormente, mas a continuidade do processo, visando ao exame da respectiva legalidade", razão pela qual o caso não exigia contraditório prévio do TCU. Analisando o parecer do PGR, no sentido de que a ilegalidade estaria no segundo jubilamento (civil), e não no primeiro (militar), o Ministro-Relator refutou tal tese, lembrando que a aposentadoria militar e a admissão em emprego público civil se derem ao tempo da CF de 1967, cujo §9º do art. 93 não vedava a acumulação de proventos de reserva militar com a remuneração decorrente de "...contrato para prestação de serviços técnicos ou especializados". Como o texto original da CF de 1988 não fez nenhuma distinção a respeito, a não ser depois da EMC 20/1998, no §11 do art. 40, a aquisição de ambos direitos à aposentadoria não sofreu a marca da proibição surgida apenas em 1998, restando, pois, válido o jubilamento militar, assim como o pensionamento respectivo. No voto seguinte, do Ministro Joaquim Barbosa, fez-se a ressalva de se deixar ao TCU o controle sucessivo do pensionamento civil (que não era objeto do MS), no pressuposto da irregularidade mencionada no parecer do PGR, oportunidade em que a Ministra Ellen Gracie registrou a legalidade do jubilamento civil e o fato de seu registro já ter sido deferido pelo TCU, o que afastaria a ressalva, no que foi acompanhada pelos Ministros Eros Grau e Nelson Jobim. Em sentido contrário votou o Ministro Sepúlveda Pertence, acompanhando em parte a ressalva do Ministro Joaquim Barbosa, já que para ele a revisão sucessiva podia ou não ser feita pelo TCU, contanto que mediante o contraditório prévio da interessada. A polêmica então se fixou no campo da devolução ou não ao TCU do poder de controle externo sucessivo do pensionamento civil, cujo registro do ato de aposentadoria originário já havia sido deferido. Em revisão ao voto inicial, o Ministro Nelson Jobim parece aderir à ressalva do Ministro Sepúlveda Pertence, o mesmo fazendo os Ministros Carlos Britto e Marco Aurélio. No extrato da ata, a decisão de conceder a segurança é anunciada por maioria de votos, "...vencido, parcialmente, o Senhor Ministro Joaquim Barbosa". Como consequência, o TCU não devia necessariamente iniciar um controle sucessivo do pensionamento civil, ficando assim livre para fazê-lo de acordo com a sua discricionariedade na matéria, mas condicionado a observar o contraditório prévio em caso positivo.

Algum tempo depois, o STF promoveu uma importante glosa na *ratio decidendi* da SV em comento, quando no julgamento do MS 25.116, iniciado em 09.02.2006 e concluído em 08.09.2010, passou a entender que o contraditório e a ampla defesa também são exigidos no procedimento prévio de registro do ato de aposentadoria e pensionamento quando ultrapassado o prazo de 5 (cinco) anos do ato de concessão do benefício, em nome do princípio da proteção da confiança, enquanto feição subjetiva do princípio da segurança jurídica, por sua vez um subprincípio do princípio do estado de direito, nos dizeres do Ministro-Relator, Ayres Britto, cujo voto foi o vencedor. Em resumo, para o Ministro-Relator há uma exigência de razoabilidade do prazo de registro dos atos de aposentadoria e pensionamento por parte do TCU, que deve ser igual a outros análogos acerca da validade dos atos públicos.

Como resultado, que a Ministra Ellen Gracie chamou de "...ressalva da ressalva..." (p. 193), a exceção contida na parte final da SV passou a ficar condicionada ao prazo de 5 (cinco) anos do ato de concessão da aposentadoria ou do pensionamento (a rigor, da data de publicação do ato de concessão), lapso de tempo em que, não examinada a legalidade do ato para efeito de registro, o procedimento passa a reclamar o contraditório e a ampla defesa do interessado.

O prazo em questão, retirado diretamente da própria CF, por via interpretativa, não tem caráter extintivo ou preclusivo, porque nos esclarecimentos posteriores de seu voto, especialmente após o voto do Ministro Gilmar Mendes, o Ministro-Relator foi claro que não estava acolhendo a tese da decadência do controle sucessivo do TCU. Trata-se assim de interregno que funciona como condição de validade do ato de negativa de registro quando exercido sem contraditório, ou por outra, somente será válido o ato de negativa de registro sem contraditório se praticado dentro de 5 (cinco) anos. Outrossim, ao se referir também ao prazo de que trata o art. 54 da Lei nº 9784/99, como exemplo analógico do prazo comum de 5 (cinco) anos, o Ministro-Relator deixou entrever que a decadência passa a ser contada após os 5 (cinco) anos iniciais, naquilo que o Ministro Gilmar Mendes chamou de "...cinco mais cinco...": "os cinco para o Tribunal de Contas eventualmente fazer o registro da aposentadoria ou pensão, e depois mais cinco para alterar o registro de aposentadoria, desde que respeitado o contraditório" (p. 226).

Apesar de o Ministro-Relator e o Ministro Gilmar Mendes terem defendido a compatibilidade de tal entendimento com a SV em comento, a verdade é que ele promove uma alteração da *ratio decidendi* e fora do procedimento de revisão previsto na Lei nº 11.417/2006.

Diferentemente do que se passou com a SV nº 4, em relação à ADPF nº 151, aqui não se pode defender que em sede de MS era possível acrescentar uma glosa direta ao texto constitucional, com modificação indireta do texto da SV, de modo que a higidez da *ratio decidendi* da súmula foi indevidamente alterada do ponto de vista formal.

Disso tudo podem ser extraídas as seguintes conclusões: 1) quanto à suficiência dos precedentes, eles justificam numericamente a exigência de "...reiteradas decisões sobre matéria constitucional..." (art. 103-A, *caput*, da CF), inclusive porque além dos precedentes expressamente citados existem outros 5 (cinco) julgamentos na mesma matéria, além de outros pontuais; 2) quanto à fidelidade entre os julgamentos precedentes e o texto da súmula, convém observar que a preocupação em consignar uma hipótese de exceção (alterada depois no julgamento do MS nº 25.116, fora do procedimento de revisão da Lei nº 11.417/2006) à regra geral tratada na primeira parte do texto em comento existiu neste caso, ao contrário do que se passou com a SV nº 2, conforme visto no item anterior, circunstância que já depõe a favor da fidelidade da presente súmula com os seus precedentes. Outrossim, um campo que devia ter sido abordado na súmula e que ficou de fora foi o da devolução ao TCU da matéria administrativa adjacente não veiculada na ação movida perante o STF, especialmente por conta do confuso julgamento do último precedente, que fez parecer que o pensionamento civil, naquele caso, também se pôs à salvo do controle sucessivo do TCU, em sentido oposto ao julgamento do primeiro precedente. Ao mesmo tempo, o julgamento do segundo precedente bem expôs o problema, já que o próprio mérito acerca da legalidade do ato de pensionamento e da ilegalidade do ato de cassação sequer foi examinado. Em conclusão, a fidelidade foi total no aspecto do contraditório nos procedimentos junto ao TCU, mas incompleto em relação à devolução ao TCU da matéria administrativa adjacente não veiculada na ação movida perante o STF.[44]

Aplicação e interpretação pelo STF:

TCU e os princípios do contraditório e da ampla defesa
(...) tenho para mim, na linha de decisões que proferi nesta Suprema Corte, que se impõe reconhecer, mesmo em se tratando de procedimento administrativo, que ninguém pode ser privado de sua liberdade, de seus bens ou de seus direitos sem o devido processo legal, notadamente naqueles casos em que se estabelece uma relação de polaridade conflitante entre o Estado, de um lado, e o indivíduo, de outro. Cumpre ter presente, bem por isso, na linha dessa orientação, que o Estado, em tema de restrição à esfera jurídica de qualquer cidadão, não pode exercer a sua autoridade de maneira abusiva ou arbitrária (...). Isso significa, portanto, que assiste ao cidadão (e ao administrado), mesmo em procedimentos de índole administrativa, a prerrogativa indisponível do contraditório e da plenitude de defesa, com os meios e recursos a ela inerentes, consoante prescreve a Constituição da República em seu

---

[44] Essas questões também não surgiram no debate de aprovação do dia 14.06.2007, no qual foi aprovada a proposta original de texto do Min. Gilmar Mendes e se rejeitou a proposta de texto da Min. Ellen Gracie, por mencionar também os atos de admissão, não debatidos nos precedentes. Em seu voto, o Min. Marco Aurélio sugeriu que além dos atos de anulação e revogação deviam constar também os atos de alteração, mas sua proposta não foi aceita.

art. 5º, LV. O respeito efetivo à garantia constitucional do "*due process of law*", ainda que se trate de procedimento administrativo (como o instaurado, no caso ora em exame, perante o E. Tribunal de Contas da União), condiciona, de modo estrito, o exercício dos poderes de que se acha investida a Pública Administração, sob pena de descaracterizar-se, com grave ofensa aos postulados que informam a própria concepção do Estado Democrático de Direito, a legitimidade jurídica dos atos e resoluções emanados do Estado, especialmente quando tais deliberações, como sucede na espécie, importarem em invalidação, por anulação, de típicas situações subjetivas de vantagem.
[MS 27.422 AgR, voto do Rel. Min. Celso de Mello, Segunda Turma, julgamento em 14-4-2015, *DJE* 86 de 11-5-2015]

Acórdão do TCU que, sem intimação da servidora interessada, determinou que se procedesse à cobrança de valores recebidos a título de adicional de dedicação exclusiva. Incidência do entendimento sumulado do Supremo Tribunal Federal. 2. Segurança concedida para garantir o exercício do contraditório e da ampla defesa.
[MS 27.760, Rel. Min. Ayres Britto, Segunda Turma, julgamento em 20-3-2012, *DJE* 71 de 12-4-2012]

AGRAVO REGIMENTAL EM MANDADO DE SEGURANÇA. ATO DE CONCESSÃO INICIAL DE PENSÃO DO MONTEPIO CIVIL DA UNIÃO. REGISTRO. LEGALIDADE DO ATO RECONHECIDA EM ACÓRDÃO DO TRIBUNAL DE CONTAS DA UNIÃO. DETERMINAÇÃO DA CORTE DE CONTAS DE ALTERAÇÃO DO PAGAMENTO DA PENSÃO POR SUPOSTA OCORRÊNCIA DE UNIÃO ESTÁVEL SUPERVENIENTE. CONTRADITÓRIO E AMPLA DEFESA. AUSÊNCIA. SÚMULA VINCULANTE 3. INCIDÊNCIA. SEGURANÇA CONCEDIDA. JULGAMENTO MONOCRÁTICO. POSSIBILIDADE.

1. O Tribunal de Contas da União considerou legal o ato de concessão inicial de pensão do montepio civil da União em favor da impetrante e de sua irmã, ordenando o seu registro. 2. A Corte de Contas também determinou a adoção de medidas com o objetivo de efetuar a alteração dessa pensão para que a irmã da impetrante passasse a ser a única beneficiária, com fundamento em suposta ocorrência de união estável superveniente. 3. Necessidade de garantir-se à impetrante o exercício do contraditório e da ampla defesa quanto à suposta união estável por ela mantida. 4. Incidência na espécie da Súmula Vinculante 3. 5. Cassação do acórdão do Tribunal de Contas da União para restabelecer o pagamento integral da pensão até que seja proferida nova decisão pela Corte de Contas.
[MS 28.061 AgR, Rel. Min. Ellen Gracie, Plenário, julgamento em 2-3-2011, *DJE* 68 de 11-4-2011]

Necessidade de observância do contraditório e da ampla defesa após o prazo de cinco anos a contar da aposentadoria

A inércia da Corte de Contas, por mais de cinco anos, a contar da aposentadoria, consolidou afirmativamente a expectativa do ex-servidor quanto ao recebimento de verba de caráter alimentar. Esse aspecto temporal diz intimamente com: a) o princípio da segurança jurídica, projeção objetiva do princípio da dignidade da pessoa humana e elemento conceitual do Estado de Direito; b) a lealdade, um dos conteúdos do princípio constitucional da moralidade administrativa (*caput* do art. 37). São de se reconhecer, portanto, certas situações jurídicas subjetivas ante o Poder Público, mormente quando tais situações se formalizam por ato de qualquer das instâncias administrativas desse Poder, como se dá com o ato formal de aposentadoria. (...) 5. O prazo de cinco anos é de ser aplicado aos processos de contas que tenham por objeto o exame de legalidade dos atos concessivos de aposentadorias, reformas e pensões. Transcorrido *in albis* o interregno quinquenal, a contar da aposentadoria, é de se convocar os particulares para participarem do processo de seu interesse, a fim de desfrutar das garantias constitucionais do contraditório e da ampla defesa (art. 5º, LV).
[MS 25.116, Rel. Min. Ayres Britto, Plenário, julgamento em 8-9-2010, DJE 27 de 10-2-2011]

Necessidade de observância do contraditório e da ampla defesa após o prazo de cinco anos a contar do recebimento do processo administrativo de aposentadoria ou pensão no TCU

4. Negativa de registro de aposentadoria julgada ilegal pelo TCU. Decisão proferida após mais de 5 (cinco) anos da chegada do processo administrativo ao TCU e após mais de 10 (dez) anos da concessão da aposentadoria pelo órgão de origem. Princípio da segurança jurídica (confiança legítima). Garantias constitucionais do contraditório e da ampla defesa. Exigência. 5. Concessão parcial da segurança. I — Nos termos dos precedentes firmados pelo Plenário desta Corte, não se opera a decadência prevista no art. 54 da Lei 9.784/1999 no período compreendido entre o ato administrativo concessivo de aposentadoria ou pensão e o posterior julgamento de sua legalidade e registro pelo Tribunal de Contas da União — que consubstancia o exercício da competência constitucional de controle externo (art. 71, III, CF/1988). II — A recente jurisprudência consolidada do STF passou a se manifestar no sentido de exigir que o TCU assegure a ampla defesa e o contraditório nos casos em que o controle externo de legalidade exercido pela Corte de Contas, para registro de aposentadorias e pensões, ultrapassar o prazo de cinco anos, sob pena de ofensa ao princípio da confiança — face subjetiva do princípio da segurança jurídica. Precedentes. III — Nesses casos, conforme o entendimento fixado no presente julgado, o prazo de 5 (cinco) anos deve ser contado a partir da data de chegada ao TCU

do processo administrativo de aposentadoria ou pensão encaminhado pelo órgão de origem para julgamento da legalidade do ato concessivo de aposentadoria ou pensão e posterior registro pela Corte de Contas. IV — Concessão parcial da segurança para anular o acórdão impugnado e determinar ao TCU que assegure ao impetrante o direito ao contraditório e à ampla defesa no processo administrativo de julgamento da legalidade e registro de sua aposentadoria, assim como para determinar a não devolução das quantias já recebidas. V — Vencidas (i) a tese que concedia integralmente a segurança (por reconhecer a decadência) e (ii) a tese que concedia parcialmente a segurança apenas para dispensar a devolução das importâncias pretéritas recebidas, na forma do que dispõe a Súmula 106 do TCU.
[MS 24.781, Rel. Min. Ellen Gracie, Red. p/ ac. Min. Gilmar Mendes, Plenário, julgamento em 2-3-2011, *DJE* 110 de 9-6-2011]

Procedimento de tomada de contas
(...) o exame dos fundamentos subjacentes à presente causa leva-me a reconhecer a inexistência, na espécie, de situação caracterizadora de transgressão ao enunciado constante da Súmula Vinculante 3/STF. É que o ato objeto da presente reclamação foi proferido por Tribunal de Contas estadual, e não pelo E. Tribunal de Contas da União, a evidenciar que o acórdão reclamado não pode ser qualificado como transgressor da autoridade da Súmula Vinculante 3/STF, como se depreende do próprio teor do enunciado sumular ora invocado como parâmetro de controle. Esse fato — incoincidência dos fundamentos — inviabiliza o próprio conhecimento da presente reclamação pelo Supremo Tribunal Federal.
[Rcl 11.738 AgR, voto do Rel. Min. Celso de Mello, Segunda Turma, julgamento em 7-10-2014, *DJE* 242 de 11-12-2014]

A exigibilidade do contraditório pressupõe o envolvimento, no processo administrativo, de acusado ou de litígio. Descabe observá-lo em julgamento implementado pelo Tribunal de Contas da União ante auditoria realizada em órgão público.
[MS 31.344, Rel. Min. Marco Aurélio, Primeira Turma, julgamento em 23-4-2013, *DJE* 89 de 14-5-2013]

(...) a Súmula Vinculante 3 se dirige, única e exclusivamente, às decisões do Tribunal de Contas da União que anulem ou revoguem atos administrativos que beneficiem algum interessado, situação esta absolutamente diversa das tomadas de contas, procedimento próprio em que a Corte de Contas verifica a regularidade da utilização das verbas públicas pelos responsáveis.
[Rcl 6.396 AgR, voto do Rel. Min. Joaquim Barbosa, Plenário, julgamento em 21-10-2009, *DJE* 213 de 13-11-2009]

Rejeição da aplicação da teoria da transcendência dos motivos determinantes
VIOLAÇÃO DA SÚMULA VINCULANTE 3. NÃO OCORRÊNCIA. APLICABILIDADE DA TEORIA DA TRANSCENDÊNCIA DOS MOTIVOS DETERMINANTES REJEITADA PELO SUPREMO. AGRAVO DESPROVIDO.

I — Só é possível verificar se houve ou não descumprimento da Súmula Vinculante 3 nos processos em curso no Tribunal de Contas da União, uma vez que o enunciado, com força vinculante, apenas àquela Corte se dirige. II — Este Supremo Tribunal, por ocasião do julgamento da Rcl 3.014/SP, Rel. Min. Ayres Britto, rejeitou a aplicação da chamada "teoria da transcendência dos motivos determinantes". III — Agravo a que se nega provimento.
[Rcl 9.778 AgR, Rel. Min. Ricardo Lewandowski, Plenário, julgamento em 26-10-2011, *DJE* 215 de 11-11-2011]

SÚMULA VINCULANTE Nº 4

A Súmula Vinculante nº 4 tem o seguinte texto:

Salvo nos casos previstos na Constituição, o salário mínimo não poder ser usado como indexador e base de cálculo de vantagem de servidor público ou de empregado, nem ser substituído por decisão judicial.

Os precedentes declarados dessa súmula são os julgamentos dos REs nºs 236396, 208684, 217700, 221234, 338760, 439035 e 565714. Diferentemente das súmulas anteriores, o precedente-guia não foi o primeiro julgamento, mas o último, o que exige a descrição de sua origem pela cronologia dos casos, assim como a distinção do próprio conteúdo, já que a súmula tem dois modais deônticos, a saber: proibir o uso do salário-mínimo como indexador de vantagens remuneratórias e vedar a substituição da base de cálculo por decisão judicial. Desde logo se pode afirmar que essa segunda parte ficou evidente apenas no último precedente, enquanto que a primeira parte surgiu nos precedentes anteriores, em conflito com outros julgamentos, não mencionados no rol de precedentes por abrigarem a interpretação preterida.

O primeiro julgamento da matéria de fundo ocorreu em 20.11.1998, no RE nº 236396 (1º precedente), no qual o Ministro-Relator, Min. Sepúlveda Pertence, estabeleceu que, "ao fixar o adicional de insalubridade em determinado percentual do salário-mínimo, o TST – e, antes dele, o TRT – contrariou o disposto no art. 7º, IV, da Constituição".

Nada se disse sobre as razões dessa interpretação, o que faz deduzir que ela se deu de acordo com a literalidade daquele dispositivo. Ao mesmo tempo, verifica-se o embrião da primeira parte da súmula em exame e uma contrariedade à segunda parte, já que por determinação expressa do voto vencedor o processo devia "...retornar ao TRT, a fim de que decida qual critério legal substitutivo do adotado é aplicável...".

O segundo julgamento ocorreu em 18.06.1999, no RE 208684 (2º precedente), no qual o Ministro-Relator, Moreira Alves, deu a seguinte interpretação para o inc. IV do art. 7º da CF: "Essa norma tem, evidentemente, caráter de vedação absoluta, tendo em vista que sua finalidade foi, precipuamente, a de não permitir que, sendo ele utilizado como parâmetro indexador de obrigação de qualquer natureza, se criassem dificuldades para os aumentos efetivos do valor deste pela extensão de seu reflexo ocasionado por essa utilização". Tal voto-vencedor complementou a interpretação literal do primeiro precedente, dando uma leitura finalística para aquele dispositivo constitucional.

No primeiro precedente, a relação jurídica material de base era trabalhista, enquanto que no segundo ela era de natureza estatutária, mas essa distinção não afetou a interpretação dada ao inc. IV do art. 7º da CF. Tanto assim que também para efeito de indexação de pensão especial o mesmo fundamento foi utilizado no julgamento do RE 217700 (3º precedente), em 17.12.1999, praticamente com as mesmas palavras usadas no precedente anterior.[45] O problema não estava no tipo ou na natureza do benefício ou parcela cuja base de cálculo fosse o salário-mínimo, mas no uso do salário-mínimo como fator de correção monetária do benefício ou parcela, fosse ele qual fosse. Nesse julgamento, inclusive, foi decidido que mesmo quando a indexação tivesse ocorrido antes da vigência da CF de 1988 não haveria direito adquirido à continuidade das correções com base no salário-mínimo, no pressuposto da inconstitucionalidade superveniente do dispositivo legal que lastreava o benefício ou parcela e também na eficácia imediata do inc. IV do art. 7º da CF, da qual decorreria a retroatividade mínima, ou seja, "...os dispositivos constitucionais têm eficácia imediata, alcançando os efeitos futuros de fatos passados...", a propósito como fora outrora decidido no RE 140499.

---

[45] Inclusive porque o Ministro-Relator era o mesmo (Moreira Alves). De acordo com a Ementa, "a vedação constante da parte final do artigo 7º, IV, da Constituição, que diz respeito à vinculação do salário mínimo para qualquer fim, visa precipuamente a que ele não seja usado como fator de indexação, para que, com essa utilização, não se crie empecilho ao aumento dele em face da cadeia de aumentos que daí decorrerão se admitida essa vinculação".

No quarto precedente (RE 221234), cujo julgamento ocorreu em 05.05.2000, o Ministro-Relator, Marco Aurélio, renovou os mesmo argumentos do segundo precedente, assim resumindo a interpretação do inc. IV do art. 7º da CF: "O alcance do preceito outro não é senão evitar que o atrelamento do salário mínimo a situações diversas acabem por inibir o legislador na necessária reposição do poder aquisitivo da parcela, isto objetivando o atendimento ao que nele previsto". Em outras palavras, a incorreção do uso do salário-mínimo como indexador de outras parcelas não estava no desvio do meio empregado para a correção, já que qualquer outro índice em tese seria viável, mas na inibição das correções do próprio salário-mínimo, com malferimento de seus múltiplos propósitos, demagogicamente declarados no próprio dispositivo constitucional.

Uma interpretação *contrario sensu* das anteriores, a propósito do mesmo dispositivo constitucional, ocorreu no julgamento do RE 338760 (5º precedente), em 28.06.2002. Nele, o Ministro-Relator, Sepúlveda Pertence (relator do 1º precedente), estabeleceu que o salário-mínimo, embora não pudesse ser usado como indexador de outras parcelas, podia ser usado como base para condenações judiciais, as quais sofreriam depois a correção monetária determinada pelos índices oficiais. Numa frase: o salário-mínimo não pode ser indexador de correção monetária futura de uma base de cálculo, mas pode servir de base fixa de cálculo.

Entre o 5º e o 6º precedentes ocorreram outros julgamentos que ora coincidiam com a interpretação até então empregada para aquele mesmo dispositivo constitucional e ora a contrariavam,[46] a saber: 1) julgamentos coincidentes: a) RE 351611 (relatoria da Ministra Ellen Gracie), DJ de 07.02.2003; b) AgRAI 499211 (relatoria do Ministro Sepúlveda Pertence), DJ de 29.06.2004; c) AI 423622 (relatoria do Ministro Cezar Peluso), DJ de 15.09.2006; d) RE 451220 (relatoria do Ministro Carlos Britto), DJ de 20.04.2007; 2) julgamentos contrários: a) RE 340275 (relatoria da Ministra Ellen Gracie), DJ de 22.10.2004; b) AgRRE 433108 (relatoria do Ministro Carlos Velloso), DJ de 26.11.2004; c) RE 458802 (relatoria da Ministra Ellen Gracie), sessão de 06.09.2005.

---

[46] Tais remissões estão presentes nas pp. 1229 e 1233 do RE 439035 (6º precedente) e 1209 do RE 565714 (7º precedente). No 7º precedente também foi mencionado o julgamento do RE 284627 (relatoria da Ministra Ellen Gracie), DJ de 24.05.2002, no mesmo sentido dos precedentes vitoriosos, ocorrido antes mesmo do 5º precedente, mas que inexplicavelmente não foi mencionado no rol da SV n. 4. De resto, também não se sabe por que os outros julgamentos coincidentes também não foram relacionados como precedentes da mesma súmula.

A tônica dos precedentes contrários pode ser resumida na Ementa do RE 340275: "O art. 7º, IV da Constituição proíbe tão-somente o emprego do salário mínimo como indexador, sendo legítima a sua utilização como base de cálculo do adicional de insalubridade". De forma contraditória, a mesma Ministra-Relatora, Ellen Gracie, também aparece em outro julgamento considerado coincidente (RE 351611), mas o fato é que a superação dos julgamentos contrários foi reconhecida no 6º precedente (RE 439035, relatoria do Ministro Gilmar Ferreira Mendes, DJ de 28.03.2008), mais precisamente no voto do Ministro Eros Grau, que lembrou inclusive o julgamento da ADPF n. 95, em 31.08.2006, na qual a interpretação do inc. IV do art. 7º da CF foi suscitada, não se chegando porém a um consenso sobre seu caráter vinculante (por ausência de *fumus boni juris* e de *periculum in mora*).

Somente no RE 565714 o STF deu início à resolução do problema da contradição entre os julgamentos anteriores, reconhecendo a repercussão geral da questão constitucional na sessão eletrônica iniciada em 07.12.2007 e encerrada em 08.02.2008.[47] No julgamento, publicado em 07.11.2008, a Ministra-Relatora, Cármen Lúcia, historiou os julgamentos e as interpretações contraditórias, analisando curiosamente o mesmo dispositivo legal objeto do 2º precedente: o art. 3º da LC n. 432/1985 do Estado de São Paulo. Referido dispositivo conferia aos servidores públicos paulistas, em regime estatutário, o direito ao recebimento de adicional de insalubridade em três percentuais graduais (a exemplo da CLT), com base em dois salários-mínimos, dizendo ainda seu §1º que "o valor do adicional de que trata este artigo será reajustado sempre que ocorrer a alteração no valor do salário-mínimo". Os policiais militares daquele Estado moveram ação ordinária pretendendo o pagamento da diferença entre aquela base de cálculo (salário-mínimo) e a de seus vencimentos, no pressuposto da não recepção daquele dispositivo pelo inc. IV do art. 7º da CF e da aplicação subsidiária do inc. XXIII daquele mesmo artigo. O pedido foi julgado improcedente no juízo de primeiro grau, com base na constitucionalidade do dispositivo impugnado e também porque "...o acolhimento do pedido na forma como requerida na inicial importará em aumento de vencimentos por decisão judicial e sem qualquer previsão legal, afrontando os princípios da legalidade e da separação de poderes...". A apelação foi desprovida pelo TJSP,

---

[47] A proposta de transformar a repercussão geral em súmula vinculante ocorreu somente no voto do Ministro Menezes Direito (pp. 1248 e 1256), tendo sido depois endossada no voto do Ministro Joaquim Barbosa (p. 1257).

que combinou a interpretação dada no julgamento do RE 458802 (mencionando-o) com a do RE 338760 (5º precedente – sem citá-lo): o salário-mínimo não pode ser indexador de correção monetária futura de uma base de cálculo, mas pode servir de base fixa de cálculo, sobre a qual incidirão os índices oficiais de correção. Desse Acórdão se interpôs o recurso extraordinário em comento, tendo a Ministra-Relatora feito a seguinte interpretação do inc. IV do art. 7º da CF:

> ...esse é um dispositivo quase completo, pois, além de determinar os objetivos a serem alcançados pelo salário-mínimo..., cria o mecanismo obrigatório para atingi-los e evitar o retrocesso nas conquistas (*reajustes periódicos que lhe preservem o poder aquisitivo*), proibindo-se a prática de um dos obstáculos que impedem ou dificultam as suas concretizações (*vedada sua vinculação para qualquer fim*).

Em seguida, estabeleceu a Ministra as seguintes premissas: 1) o salário-mínimo de regra não pode ser usado como índice de correção de qualquer parcela; 2) mas pode ser usado como base de cálculo (fixação em múltiplos de salário-mínimo) e contanto que não gere "...reflexo pecuniário...", mediante correção automática (indexação) do valor respectivo; 3) as exceções àquela regra primária são apenas aquelas expressamente previstas na CF: art. 239, §3º, do texto principal, e arts. 54, 58 e 87 do ADCT, não havendo aí nenhuma antinomia com o texto do inc. IV do art. 7º da CF, já que "...o direito brasileiro não admite a tese das normas constitucionais inconstitucionais"; 4) o §1º do art. 3º da LC n. 432/1985 do Estado de São Paulo e a expressão "salário-mínimo" contida no *caput* daquele dispositivo não foram recepcionados[48] pelo inc. IV do art. 7º da CF; 5) como resultado da ausência de parâmetro constitucional de cálculo do adicional de insalubridade, propôs-se que: a) no direito do trabalho, a Justiça do Trabalho definisse a base de cálculo, "...levando em consideração a legislação trabalhista e os acordos e convenções coletivas de trabalho"; b) no direito estatutário paulista, "...a base de cálculo do adicional de insalubridade a ser pago aos Recorrentes - haverá de ser o equivalente ao total do valor de dois salários-mínimos segundo o valor vigente na data do trânsito em julgado deste recurso extraordinário...".

---

[48] Adotando então a tese da inconstitucionalidade superveniente (não autoevidente), reconhecida de regra *ex nunc* ou com retroatividade média até a data da promulgação do novo texto constitucional (como no direito português), e não a tese da revogação automática, que dispensaria em tese o controle de constitucionalidade (inconstitucionalidade autoevidente).

Em seu voto, o Ministro Marco Aurélio entendeu que a retirada da base de cálculo originária (salário-mínimo) no voto da Ministra-Relatora importaria em *reformatio in pejus*, já que os recorrentes almejavam a melhora daquela base mediante substituição pelo total dos vencimentos, e não a eliminação da base de cálculo originária, que devia assim servir de parâmetro mínimo em caso de improvimento. Em sua opinião, a substituição da base de cálculo devia ser feita pelo legislador paulista, no que foi acompanhado pelo Ministro Cezar Peluso, pois do contrário o STF estaria atuando como "legislador positivo". Referido Ministro sustentou, ainda, que a inconstitucionalidade estaria exclusivamente no §1º do art. 3º da LC n. 432/1985 do Estado de São Paulo, e não no *caput* (aonde constam dois salários-mínimos como base de cálculo do adicional), sugerindo a edição de um enunciado, primeiro acerca da impossibilidade do adicional em questão ser fixado com base nos vencimentos, e depois no sentido de se vedar a substituição da base de cálculo do adicional por decisão judicial.[49]

A segunda proposta de enunciado do Ministro Cezar Peluso foi acompanhada pelo Ministro Marco Aurélio, mas desde a primeira o Ministro Gilmar Ferreira Mendes lembrou de um problema elementar: "mas continuaria havendo a vinculação ao salário-mínimo"! Em réplica, o Ministro Cezar Peluso afirmou que "continuaria havendo apenas na prática eventual" (?), resumindo mais adiante o que lhe pareceu um dilema: "As alternativas aqui são as seguintes: ou reconhecemos a inconstitucionalidade, limitando-nos a negar provimento ao recurso, ou temos de avançar em sentido contrário, de que esse adicional perdeu a base de cálculo". Contudo, ambos os caminhos levariam ao mesmo resultado, razão pela qual o Ministro Gilmar Ferreira Mendes propôs a adoção de uma decisão interpretativa, que obviasse eventual prejuízo aos recorrentes. Seguiram-se os debates e mais adiante o Ministro Cezar Peluso voltou à carga, adotando a seguinte solução: "...a base de cálculo é o valor correspondente ao dos salários-mínimos na data de início de vigência da Constituição de 1988", no que concordaram os Ministros Carlos Britto, dizendo "perfeito", e Ricardo Lewandowski, concluindo que "apenas o indexador não foi recepcionado". Assim, emendou o Ministro Gilmar Ferreira Mendes: "declara a não-recepção, mantém a atualização até que o Estado, eventualmente, venha adotar um outro critério". Numa frase: a base de cálculo seria o valor de dois

---

[49] Tal como consta primeiro na p. 1234 (e também na pág. 1255) e depois nas págs. 1248 e 1252.

salários-mínimos na data de promulgação da CF de 1988, quantia essa que ficaria sujeita a reajustes pelos índices oficiais posteriores, ao menos até que o legislador paulista substituísse o salário-mínimo histórico de 1988 por outra base de cálculo.

Curiosamente, tanto no Extrato da Ata quanto na Ementa do Acórdão acabou por constar a solução da Ministra-Relatora, acerca da não recepção não apenas do §1º, quanto também da expressão "salário-mínimo" constante no *caput* do art. 3º da LC n. 432/1985 do Estado de São Paulo.

Muito tempo depois dos debates de aprovação desta SV, ocorridos em 30.04.2008, o STF excluiu a fixação de bases de cálculo em múltiplos de salários mínimos, quando do julgamento da ADPF n. 151, iniciado em 01.12.2010 e finalizado em 02.02.2011.

O objeto daquela ADPF substitutiva de ADI (já que o STF nega cabimento de ADI para o controle de leis pré-constitucionais) era o art. 16 da Lei n. 7394/85, que trata do piso salarial dos técnicos em radiologia, fixado em 2 (dois) salários-mínimos acrescidos de adicional de 40% a título de risco de vida e de insalubridade. A tese adotada naquela ação era a de inconstitucionalidade superveniente daquele dispositivo infraconstitucional, com base no inc. IV do art. 7º da CF de 1988 e no mesmo pressuposto da SV nº 4.

O Ministro Relator, Joaquim Barbosa, votou no sentido do indeferimento da medida liminar, seja porque a lei já estava em vigor há muito tempo depois da revogação constitucional, denotando assim falta de urgência, seja porque não estava provada a disputa entre os tribunais para a uniformização da interpretação (tal como exigido no art. 5º, V, da Lei n. 9882/99), seja por fim porque o próprio STF já havia admitido a fixação de valores em múltiplos salários mínimos (RE 565714). Tal voto foi contrariado pelo Ministro Marco Aurélio, para quem a via eleita era correta e, portanto, como ADI substitutiva a APDF não devia ser fragilizada, ressaltando ainda a longa inércia do Congresso quanto à edição de lei a respeito.

Em voto vista, o Ministro Gilmar Mendes capitaneou o julgamento, estabelecendo o seguinte: 1) a referência ao salário mínimo profissional da região contida no art. 16 da Lei n. 7394/85 já não se sustentava antes mesmo da ADPF, porque o art. 2º, §1º, do DL nº 2351/87 havia substituído a vinculação ao salário mínimo regional pela vinculação ao salário mínimo de referência, e depois o art. 5º da Lei nº 7789/89 extinguiu o salário mínimo de referência e o piso nacional de salários, adotando apenas o salário mínimo, *tout court*; 2) *"a partir de então, o piso salarial dos radiologistas previsto na Lei 7.394/1985 passou a ser interpretado como de dois salários mínimos";* 3) o STF não admite a fixação de pisos salariais com base em múltiplos de salários mínimos, de acordo com vários julgados nesse sentido (AI-AgR 357477, AI-AgR 524020, AI-AgR 277835); 4) o art. 16 da Lei 7394/85 não foi assim recepcionado pela CF de 1988, e a única forma de respeitar aquelas decisões e também o pressuposto contido na SV nº 4 é converter a base de cálculo prevista no dispositivo sob controle em moeda corrente, de acordo com o valor do salário mínimo vigente na data de trânsito em julgado da decisão liminar (leia-se: na data da preclusão endoprocessual da decisão liminar interlocutória).

Em poucas palavras, a divergência sobre a aplicação de múltiplos salários mínimos não tratada nos debates de aprovação da presente SV foi resolvida apenas tempos depois, em sede de ADPF, contra a interpretação contida na *ratio decidendi* do último precedente da súmula e fora do procedimento de revisão previsto na Lei nº11.417/2006, porque naquela sede a glosa ou o acréscimo normativo ocorre diretamente sobre o preceito fundamental (inc. IV do art. 7º da CF), e não sobre o texto sumulado.

Disso tudo podem ser extraídas as seguintes conclusões: 1) quanto à suficiência dos precedentes, eles justificam numericamente a exigência de "...reiteradas decisões sobre matéria constitucional..." (art. 103-A, *caput*, da CF), inclusive porque além dos precedentes expressamente citados existem outros 5 (cinco) julgamentos na mesma matéria de fundo, que deviam contudo ter sido enumerados no rol respectivo, já que eles todos, em conjunto, refutam outros 3 (três) julgamentos em sentido contrário; 2) quanto à fidelidade entre os julgamentos precedentes e o texto da súmula, ela: a) existe em parte, mais precisamente nos pontos em que: a.1) se estabelece como regra que o salário-mínimo não pode ser usado como índice de correção monetária de qualquer benefício ou parcela remuneratória; a.2) se indica como exceção os "...casos previstos na Constituição..."; b) não existe, relativamente: b.1) à outra exceção reconhecida no 5º precedente e no próprio precedente-guia (7º), qual seja, aquela em que o salário-mínimo pode ser usado como base de cálculo (fixação em múltiplos de salário-mínimo) e contanto que não gere "...reflexo pecuniário...", mediante correção automática (indexação) do valor respectivo, de acordo com a segunda premissa da Ministra-Relatora, matéria somente resolvida tempos depois, com o julgamento da ADPF nº 151, no sentido de se excluir o uso de múltiplos de salário mínimo com indexador;

b.2) à própria decisão contida no 7º precedente, que acabou ela própria substituindo a base de cálculo legal por um valor fixo histórico, por via de interpretação.[50]
Aplicação e Interpretação pelo STF:

Salário mínimo: impossibilidade de ser usado como indexador ou ser substituído por decisão judicial
O Plenário deste Tribunal, apreciando o RE 565.714, relatado pela Min. Cármen Lúcia, decidiu não ser legítimo o cálculo do adicional de insalubridade com base no valor da remuneração percebida pelo servidor. No entanto, apesar de se também reconhecer a proibição constitucional da vinculação de qualquer vantagem ao salário mínimo, o Supremo entendeu que o Judiciário não poderia substituir a base de cálculo do benefício, sob pena de atuar como legislador positivo.
[RE 642.633 AgR, Rel. Min. Joaquim Barbosa, Segunda Turma, julgamento em 4-10-2011, DJE 204 de 24-10-2011]

Ademais, verifico que a matéria já se encontra pacificada no âmbito desta Corte, no sentido da impossibilidade de o Judiciário determinar nova base de cálculo para cálculo de vantagens remuneratórias de servidores públicos e empregados, visto que atuaria como legislador positivo.
[RE 603.451 RG, voto da Rel. Min. Ellen Gracie, Plenário, julgamento em 11-3-2010, DJE 71 de 23-4-2010]

Vinculação excepcional e transitória ao salário mínimo e superveniência de legislação
Arguição de Descumprimento de Preceito Fundamental. Direito do Trabalho. Art. 16 da Lei 7.394/1985. Piso salarial dos técnicos em radiologia. Adicional de insalubridade. Vinculação ao salário mínimo. Súmula Vinculante 4. Impossibilidade de fixação de piso salarial com base em múltiplos do salário mínimo. (...) O art. 16 da Lei 7.394/1985 deve ser declarado ilegítimo, por não recepção, mas os critérios estabelecidos pela referida lei devem continuar sendo aplicados, até que sobrevenha norma que fixe nova base de cálculo, seja lei federal, editada pelo Congresso Nacional, sejam convenções ou acordos coletivos de trabalho, ou, ainda, lei estadual, editada conforme delegação prevista na LC 103/2000. 3. Congelamento da base de cálculo em questão, para que seja calculada de acordo com o valor de dois salários mínimos vigentes na data do trânsito em julgado desta decisão, de modo a desindexar o salário mínimo. Solução que, a um só tempo, repele do ordenamento

---

[50] No debate de aprovação do dia 30.04.2008 nenhuma dessas lacunas foi levantada.

jurídico lei incompatível com a Constituição atual, não deixa um vácuo legislativo que acabaria por eliminar direitos dos trabalhadores, mas também não esvazia o conteúdo da decisão proferida por este Supremo Tribunal Federal.
[ADPF 151 MC, Rel. Min. Joaquim Barbosa, Red. p/ ac. Min. Gilmar Mendes, Plenário, julgamento em 2-2-2011, *DJE* 84 de 6-5-2011]

Fixação da base de cálculo pelo Poder Judiciário em caso de omissão legislativa
Não obstante o afastamento da incidência da norma em comento, em virtude da proibição constitucional de vinculação de qualquer vantagem de servidor público ou empregado ao salário mínimo (art. 7º, IV, da CF/1988), decidiu-se pela impossibilidade da modificação da base de cálculo do adicional de insalubridade pelo Poder Judiciário, dada a vedação de esse atuar como legislador positivo. Essa orientação foi consolidada na Súmula Vinculante 4. No entanto, conforme ressaltei na decisão agravada, entendo que, no presente caso, não houve ofensa à CF/1988, uma vez que o Poder Judiciário, pelo princípio da inafastabilidade da jurisdição, apenas preencheu a lacuna da lei ao fixar a base de cálculo do adicional de insalubridade, diante da ausência de legislação local que a fixasse, já que a Lei municipal 494/1974, em seu art. 134, VII, previu o direito ao adicional, mas não dispôs qual seria a base de cálculo, o que tornaria o direito da servidora inexequível.
[RE 687.395 AgR, voto do Rel. Min. Dias Toffoli, Primeira Turma, julgamento em 4-2-2014, *DJE* 46 de 10-3-2014]

3. Base de cálculo do adicional de insalubridade. 4. Ausência de legislação local que discipline o tema. 5. Vedação de vinculação da base de cálculo do referido adicional ao salário mínimo. Jurisprudência do STF. 6. Acórdão do Tribunal de origem que, ante a omissão legislativa e a impossibilidade de vinculação ao salário mínimo, fixa a base de cálculo do adicional de insalubridade de acordo com os vencimentos básicos do servidor. Não há contrariedade à orientação fixada pelo STF, que apenas veda ao Poder Judiciário a alteração do indexador legalmente estabelecido, o que não ocorreu no caso dos autos.
[RE 635.669 AgR, Rel. Min. Gilmar Mendes, Segunda Turma, julgamento em 28-8-2012, *DJE* 182 de 17-9-2012]

Súmula 228 do TST e violação à Súmula Vinculante 4 do STF
Após a edição do referido verbete por esta Corte Suprema, o Tribunal Superior do Trabalho deu nova redação à Súmula 228 daquela Corte, que passou a conter a seguinte diretriz: "A partir de 9 de maio de 2008, data da publicação da Súmula Vinculante 4 do Supremo Tribunal Federal, o adicional de insalubridade será calculado sobre o salário básico, salvo critério mais vantajoso fixado em instrumento coletivo".

Todavia, no julgamento de pedido liminar deduzido na Rcl 6.266/DF, o então Presidente, Ministro Gilmar Mendes, determinou a suspensão da aplicação da Súmula 228 do Tribunal Superior do Trabalho, na parte em que permite a utilização do salário básico para calcular o adicional de insalubridade (...). Note-se que, no presente caso, o Tribunal Superior do Trabalho, em observância à Súmula Vinculante 4, entendeu que "a utilização do salário mínimo como indexador do adicional de insalubridade, no caso, apesar de incompatível com a ordem judicial atual, deve ser mantida até que se edite lei ou norma coletiva superando tal incompatibilidade" (e-STF, doc. 11, pág. 7). Com efeito, não compete ao Poder Judiciário estipular base de cálculo não fixada em lei ou norma coletiva, sob pena de atuar como legislador positivo.

[Rcl 13.860, Rel. Min. Rosa Weber, dec. monocrática, julgamento em 11-3-2014, *DJE* 215 de 30-10-2013]

(...) com base no que ficou decidido no RE 565.714/SP e fixado na Súmula Vinculante 4, este Tribunal entendeu que não é possível a substituição do salário mínimo, seja como base de cálculo, seja como indexador, antes da edição de lei ou celebração de convenção coletiva que regule o adicional de insalubridade. Logo, à primeira vista, a nova redação estabelecida para a Súmula 228/TST revela aplicação indevida da Súmula Vinculante 4, porquanto permite a substituição do salário mínimo pelo salário básico no cálculo do adicional de insalubridade sem base normativa. Ante o exposto, defiro a medida liminar para suspender a aplicação da Súmula 228/TST na parte em que permite a utilização do salário básico para calcular o adicional de insalubridade.

[Rcl 6.266 MC, Min. Gilmar Mendes, dec. monocrática proferida no exercício da Presidência, julgamento em 15-7-2008, *DJE* 144 de 5-8-2008]

Súmula Vinculante 4 e o emprego de múltiplos de salário mínimo para fixação do valor inicial da condenação

(...) não há afronta à Súmula Vinculante 4 deste Supremo Tribunal Federal, pois pela decisão impugnada não se determinou a utilização do salário mínimo como indexador, ou seja, o salário profissional, após fixado em múltiplos de salários mínimos, nos termos da Lei 4.950-A/1966, não segue os aumentos do salário mínimo. A jurisprudência deste Supremo Tribunal consolidou-se no sentido de que a inconstitucionalidade da vinculação do salário mínimo restringe-se à sua utilização como índice de atualização, sem impedimento de seu emprego para fixação do valor inicial da condenação, a qual deve ser corrigida, daí em diante, pelos índices oficiais de atualização.

[Rcl 18.356 AgR, voto da Rel. Min. Cármen Lúcia, Segunda Turma, julgamento em 11-11-2014, *DJE* 228 de 20-11-2014]

Ausência de identidade entre a Súmula Vinculante 4 e decisão reclamada que determina o cumprimento de acordo trabalhista
Constitucional. Reclamação. Servidor Público. Remuneração. Fixação de piso salarial por meio de acordo trabalhista celebrado no ano de 1987. Liminar que restabelece a remuneração dos servidores interessados nos termos do ajuste. Alegação de afronta à Súmula Vinculante 4. Não ocorrência. Ausência de identidade entre a decisão reclamada e a referida súmula vinculante. Inadmissibilidade da Reclamação. 1. Não há identidade entre o objeto Súmula Vinculante 4 e o objeto de liminar que, sem vincular ou indexar os vencimentos dos servidores interessados ao salário mínimo vigente, apenas determina o cumprimento de acordo trabalhista, celebrado no ano de 1987, em respeito aos princípios da coisa julgada, do ato jurídico perfeito e da irredutibilidade dos vencimentos.
[Rcl 13.236 AgR-segundo, Rel. Min. Teori Zavascki, Plenário, julgamento em 17-10-2013, *DJE* 223 de 12-11-2013]

SÚMULA VINCULANTE Nº 5

A Súmula Vinculante nº 5 tem o seguinte texto:

A falta de defesa técnica por advogado no processo administrativo disciplinar não ofende a Constituição.

Os precedentes declarados dessa súmula são os seguintes julgamentos: RE 434059, AI 207197 AgR, RE 244027 AgR e MS 24961.

O precedente-guia foi o primeiro julgamento, que na cronologia foi o último, já que a sua publicação ocorreu em 12.09.2008, enquanto que os demais foram publicados em 05.06.1998, 28.06.2002 e 04.03.2005, respectivamente. No 3º e 4º precedentes foi citado também o julgamento do AG 239029 (relatoria do Ministro Marco Aurélio, publicado em 20.05.1999), que todavia não foi incluído no rol expressos de precedentes.

No julgamento mais antigo (2º precedente), uma pessoa jurídica do Estado do Paraná respondeu a um procedimento administrativo (decerto fiscal) no qual constituiu um advogado, que não teria sido intimado da data do julgamento correspondente, privando assim a interessada do pleno direito de defesa, já que não foi possível fazer sustentação oral. O caso, portanto, não era de privação do direito ao contraditório e à ampla defesa por ausência de advogado, mas por suposta falta de intimação do profissional para acompanhamento da sessão de julgamento (do recurso de reconsideração). O voto do

Ministro-Relator, Octavio Gallotti, acabou sendo reproduzido *ipsis litteris* na Emenda do Acórdão, com o seguinte texto (que é também o texto integral do voto): "A extensão da garantia constitucional do contraditório (art. 5º, LV) aos procedimentos administrativos não tem o significado de subordinar a estes toda a normatividade referente aos feitos judiciais, onde é indispensável a atuação do advogado". Noutras palavras, o fato de a agravante possuir advogado nomeado nos autos do procedimento administrativo (não disciplinar) não exigia a sua intimação obrigatória para a sessão de julgamento, no pressuposto de que nesse tipo de procedimento o contraditório não inclui a intervenção obrigatória do profissional advogado. Logo se vê que a *fattispecie* desse caso não se afina com a literalidade da SV em exame, uma vez que o procedimento administrativo não era disciplinar e tampouco a interessada deixou de ser defendida, no sentido técnico do termo, tendo ocorrido supostamente apenas a falta de intimação de seu advogado para a sessão de julgamento. Por outro lado, a tese interpretativa dada para o princípio do contraditório e da ampla defesa tem alguma sincronia com a tese indicada no texto da SV, posto que, se a normatividade do contraditório dos processos judiciais não se aplica integralmente aos procedimentos administrativos, a ponto de afastar a obrigatoriedade de intimação de advogado constituído nesses últimos, a sua própria atuação não é também obrigatória, contanto que o próprio interessado seja intimado da acusação que lhe é feita e tenha oportunidade de apresentar defesa, com todos os meios a ele inerentes. Considerando que nas súmulas o que se extrai é apenas a tese interpretativa (mais propriamente, a síntese) adotada, não se pode descartar por completo esse julgamento como precedente da súmula em comento.

Se a *fattispecie* do 2º precedente não era totalmente adequada ao texto da SV em exame, a do 3º precedente é absolutamente fiel: um servidor público militar do Estado de São Paulo foi punido em procedimento administrativo disciplinar, ficando privado de concluir o curso de oficiais. Em referido procedimento, consta que o interessado teria tido oportunidade de apresentar defesa e inclusive de postular a reconsideração da pena, reclamando todavia que a ausência de advogado impediu uma defesa técnica, com consequente prejuízo do direito à ampla defesa. Em seu voto, a Ministra-Relatora, Ellen Gracie, sustentou que

> ...uma vez dada a oportunidade ao agravante de se defender, inclusive de oferecer pedido de reconsideração, descabe falar em ofensa aos

princípios da ampla defesa e do contraditório no fato de se considerar dispensável a presença, no processo administrativo, de advogado, cuja atuação, no âmbito judicial, é obrigatória.

Já a *fattispecie* do 4º precedente é semelhante, em parte, às dos 2º e 3º: um pensionista do 17º Distrito Rodoviário do extinto DNER, em concurso com um servidor público daquele ente, que trabalhava no setor de recurso humanos, recebeu depósitos indevidos em sua conta corrente, a partir de uma falha (manipulada) do sistema SIAPE. O TCU instaurou Tomada de Contas Especial, no qual o pensionista foi intimado a apresentar defesa, fazendo-o pessoalmente, tendo sido condenado solidariamente com o servidor a ressarcir o erário com os valores indevidamente creditados em sua conta. Desse julgamento o pensionista impetrou o MS em exame, alegando nulidade da decisão do TCU por ofensa ao princípio do contraditório e da ampla defesa, tanto por não ter sido nomeado um defensor dativo, ficando assim privado de uma defesa técnica, quanto por não ter sido intimado de todas as sessões de julgamento.[51] Em seu voto, o Ministro-Relator, Carlos Velloso, registrou o seguinte:

> Indaga-se se a defesa, ali, no procedimento administrativo, exigiria a participação do profissional da advocacia. A resposta parece-me negativa. Em Juízo, sim, é que as partes devem estar assistidas por advogado. No âmbito administrativo, não. O que importa, no caso, é que defesa foi assegurada ao impetrante que, num primeiro momento, preferiu ele próprio apresentar a sua defesa. Posteriormente, é que constituiu advogado para defendê-lo. Importante registrar, portanto, que ao impetrante foi assegurada a defesa, no procedimento administrativo, com os recursos a ela inerentes, conforme vimos.

Em resumo, o procedimento administrativo em questão não era disciplinar, tanto porque visava apenas o ressarcimento ao erário (função portanto não censória, mas de controle externo) quanto porque o impetrante investigado não era servidor público, mas pensionista (aproximando-se assim do 2º precedente). Outrossim, a ele foi dada oportunidade de apresentar resposta, optanto por fazê-lo pessoalmente

---

[51] O impetrante alegou também outro dois fundamentos formais para a suposta nulidade da decisão, mas que não guardam relação com o tema em exame. De qualquer forma, todos os fundamentos foram analisados no julgamento e por fim rejeitados.

num primeiro momento, somente depois constituindo advogado (aproximando-se assim do 3º precedente). De qualquer modo, a tese (ou síntese) adotada foi a mesma: em procedimento administrativo o princípio do contraditório e a ampla defesa não exige a intervenção obrigatória de advogado.

Quando então o STF se viu diante do julgamento do RE 434059, aquela premissa supra estava devidamente assentada naqueles três julgamentos analisados. O caso de origem era o seguinte: uma servidora pública do INSS foi exonerada ao fim de um procedimento administrativo no qual sua defesa não foi produzida por advogado, mediante Portaria do Ministro de Estado da Previdência e Assistência Social. Dessa decisão a interessada impetrou MS junto ao STJ, fundamentada na S. n. 343 daquela mesma corte, segundo a qual "é obrigatória a presença de advogado em todas as fases do processo administrativo disciplinar", obtendo a concessão da segurança e a reintegração ao cargo. Dessa decisão, o INSS e a União Federal interpuseram recursos extraordinários, fundamentados por sua vez nos precedentes ora em estudo. Em seu voto, o Ministro-Relator, Gilmar Ferreira Mendes, renovou parte do voto anteriormente proferido no precedente-guia da SV nº 3 (MS 24268), no que diz respeito ao núcleo do direito ao contraditório e à ampla defesa versado no inc. LV do art. 5º da CF: ele inclui todo e qualquer processo administrativo e diz respeito ao que chamou de "pretensão à tutela jurídica" (em remissão a Pontes de Miranda), contendo simultaneamente (agora de acordo com a literatura e com a Corte Constitucional tedescas): a) o direito à informação; b) direito à manifestação; c) direito a ver os argumentos considerados/examinados. Estabeleceu ainda o Ministro-Relator as seguintes premissas: 1) "...o Supremo Tribunal Federal vem afirmando que em tema de restrição de direito em geral e, especificamente no caso de punições disciplinares, há de assegurar-se a ampla defesa e o contraditório no processo administrativo..."; 2) uma vez assegurado, no procedimento administrativo, aqueles três núcleos essenciais do direito ao contraditório e à ampla defesa (informação, manifestação e análise dos argumentos), a ampla defesa se considera exercida em sua plenitude; 3) "Por si só, a ausência de advogado constituído ou de defensor dativo com habilitação não importa nulidade de processo administrativo disciplinar...", inclusive porque mesmo no processo judicial existem exceções à regra da obrigatoriedade da intervenção daquele profissional (*habeas corpus*, revisão criminal e causas da Justiça do Trabalho e dos Juizados Especiais). Considerando então que aquele núcleo foi observado no procedimento administrativo disciplinar originário, deu-se provimento aos REs para indeferir a segurança concedida pelo STJ. Os votos dos demais Ministros foram unânimes em acompanhar o voto do Ministro-Relator, valendo o registro de dois pontos altos desses votos, a saber: 1) na questão de fundo, a Ministra Cármen Lúcia e o Ministro Cezar Peluso fizerem questão de registrar as exceções ao princípio da autodefesa em procedimento administrativo ou da facultatividade do advogado (como a propósito prevê o art. 156 da Lei 8112/90): a) questão complexa, que impeça a defesa técnica suficiente; b) julgamento à revelia, caso em que a autoridade administrativa julgadora deve dar defensor dativo ao acusado (não necessariamente um advogado, mas no mínimo um servidor de mesma formação); c) estado de pobreza que impeça a contratação de um advogado, caso em que também se deve dar ao acusado um defensor dativo (decerto no pressuposto da complexidade da matéria); 2) na questão da importância extensiva (repercussão geral X vinculatividade) da matéria a outros casos, no voto do Ministro Joaquim Barbosa foi feita pela primeira vez a proposta de sumulação vinculante da matéria, endossada expressamente pelo Ministro Cezar Peluso e depois pelo Ministro-Relator e pelo Ministro Marco Aurélio. Tais propostas, em conjunto, deixaram claro que os Srs. Ministros estabeleceram uma interpretação elástica da exigência constitucional de "...reiteradas decisões sobre matéria constitucional..." (art. 103-A, *caput*, da CF), ou talvez uma exceção a ela, quando: a) houver unanimidade na interpretação constitucional submetida ao STF; b) obtida em julgamento do Pleno;[52] c) contra disposição de súmula do STJ (ou de outro tribunal).[53] Nesse caso, seria

---

[52] Na leitura do *caput* do art. 103-A da CF dada pelo Ministro Menezes Direito, a exigência de decisões reiteradas diz respeito apenas às Turmas, e não ao Pleno, que teria assim autonomia, em tese, para editar uma SV ainda que ausente aquela reiteração anterior de julgamentos no mesmo sentido. Essa autonomia foi levada ao paroxism no incidente de repercussão geral do 7º precedente da SV n. 21 (AI 698626 RG-QO), no qual se discutia a missão do tema a ser sumulado à Comissão de Jurisprudência, ocasião em que a Ministra Ellen Gracie (Relatora e o Ministro Gilmar Mendes afirmaram textualmente que o Plenário absorve ou incorpora aquela comissão e matérias já pacificadas (pp. 1268-1269 e 1270).

[53] Tais parâmetros ou exceções foram extraídos dos votos combinados dos Ministros Joaquim Barbosa (p. 749) Cezer Peluso (que afirmou, na espécie, que a SV seria editada "...em caráter excepcional" - pp. 760 e 770), Menezes Direito (p. 761) e Gilmar Ferreira Mendes (pp. 759-760). O único Ministro que expressou preocupação com a ausência de precedentes suficientes foi o Ministro Marco Aurélio, em duas passagens (pp. 759-760 e 768), para depois se render aos precedentes citados pelo Ministro-Relator (p. 769) e já aqui analisados.

justificável em tese a adoção de SV, ainda que não houvesse precedentes em número suficiente.

Em alguns casos posteriores (HC 77.862, Rcl 8.827, Rcl-MC 9.122 e RE 398.269) o STF promoveu *distinguishing* para excluir a incidência da norma sumulada relativamente ao procedimento administrativo disciplinar de que trata o art. 59 da LEP, tendente a apurar falta grave capaz de gerar a regressão de regime de cumprimento de pena, porque quando em jogo o direito à liberdade de ir e vir os princípios do contraditório e da ampla defesa exigem também a defesa técnica, produzida por advogado, e porque os precedentes da súmula em exame não tratam de procedimento administrativo penal, mas sim de procedimento administrativo cível *lato* sensu (previdenciário, fiscal, estatutário militar e de tomada de contas).

Disso tudo podem ser extraídas as seguintes conclusões: 1) quanto à suficiência dos precedentes, eles justificam numericamente a exigência de "...reiteradas decisões sobre matéria constitucional..." (art. 103-A, *caput*, da CF), inclusive porque além dos precedentes expressamente citados existe mais um julgamento na mesma matéria de fundo, que devia contudo ter sido enumerado no rol respectivo. A única ressalva que se faz nesse caso não é ao montante numérico de precedentes, mas à interpretação dada àquela exigência constitucional, que dá ao Pleno do STF, grosso modo, total discricionariedade para editar SVs ainda que não existam precedentes anteriores em número suficiente; 2) quanto à fidelidade entre os julgamentos precedentes e o texto da súmula, ela é total na matéria de fundo, mas é parcial ao deixar de mencionar as exceções realçadas pelos Ministros Cezar Peluso e Cármen Lúcia (complexidade técnica, revelia e estado de pobreza).[54]

Aplicação e interpretação pelo STF:

Defesa técnica em processo administrativo disciplinar e ampla defesa

A CF/1988 (art. 5º, LV) ampliou o direito de defesa, assegurando aos litigantes, em processo judicial ou administrativo, e aos acusados em geral o contraditório e a ampla defesa, com os meios e recursos a ela inerentes. (...) Assinale-se, por outro lado, que há muito a doutrina constitucional vem enfatizando que o direito de defesa não se resume a um simples direito de manifestação no processo. Efetivamente, o que o constituinte pretende assegurar — como bem anota Pontes de Miranda — é uma pretensão à tutela jurídica (...). Por fim, não merece guarida a

---

[54] No debate de aprovação do dia 07.05.2008 disponível no *site* do STF não consta o conteúdo respectivo, mas tão somente o registro de aprovação do texto, após o debate sobre o texto da SV n. 06 (p. 44).

alegação da impetrante de que, pelo fato de não estar acompanhada de advogado, seria o processo administrativo nulo, em violação às garantias constitucionais da ampla defesa e do contraditório (CF/1988, art. 5º, LV). Isso porque esta Corte, com base em reiterados julgados, determinou que a designação de causídico em processo administrativo é mera faculdade da parte, entendimento esse que se sedimentou na Súmula Vinculante 5 (...).
[MS 22.693, voto do Rel. Min. Gilmar Mendes, Plenário, julgamento em 17-11-2010, *DJE* 241 de 13-12-2010]

Nomeação de defensor dativo e defesa técnica
Conforme já assentado pela decisão ora agravada, tendo sido o recorrente omisso quanto à apresentação de defesa, a comissão processante cuidou de nomear, em substituição ao advogado oficiante no feito, um defensor dativo, a fim de que fosse sanada tal omissão. (...) Assim, ao contrário do afirmado pelo recorrente, não houve cerceamento de defesa. Ademais, o fato de a defesa final ter sido realizada por bacharel em direito, em vez de advogado inscrito na OAB, não viola o texto constitucional, pois, conforme entendimento já firmado por esta Corte, a falta de defesa técnica por advogado no processo administrativo disciplinar não ofende a Constituição (Súmula Vinculante 5). Dessa forma, não há fundamentos capazes de infirmar a decisão agravada.
[RE 570.496 AgR, voto do Rel. Min. Gilmar Mendes, Segunda Turma, julgamento em 28-2-2012, *DJE* 52 de 13-3-2012]

Defesa técnica em processo administrativo disciplinar para apurar falta grave em estabelecimentos prisionais
I — A jurisprudência desta Corte é firme no sentido de que a Súmula Vinculante 5 não é aplicável em procedimentos administrativos para apuração de falta grave em estabelecimentos prisionais. Tal fato, todavia, não permite ampliar o alcance da referida Súmula Vinculante e autorizar o cabimento desta Reclamação, pois o acórdão reclamado apenas adotou o verbete como uma das premissas para decidir no caso concreto.
[Rcl 9.340 AgR, Rel. Min. Ricardo Lewandowski, Segunda Turma, julgamento em 26-8-2014, *DJE* 172 de 5-9-2014]

Ressalte-se que, no caso em espécie, a presença de assistente jurídico da penitenciária não garante a observância dos princípios constitucionais do contraditório e da ampla defesa, pois sem o devido acompanhamento de advogado ou de defensor público nomeado.
[AI 805.454, Rel. Min. Dias Toffoli, dec. monocrática, julgamento em 1º-8-2011, *DJE* 148 de 3-8-2011]

Recentemente, o Supremo Tribunal Federal aprovou o texto da Súmula Vinculante 5 (...). Todavia, esse Enunciado é aplicável apenas em procedimentos de natureza cível. Em procedimento administrativo disciplinar, instaurado para apurar o cometimento de falta grave por réu condenado, tendo em vista estar em jogo a liberdade de ir e vir, deve ser observado amplamente o princípio do contraditório, com presença de advogado constituído ou defensor público nomeado, devendo ser-lhe apresentada defesa, em observância às regras específicas contidas na LEP/1984 (arts. 1º, 2º, 10, 44, III, 15, 16, 41, VII e IX, 59, 66, V, *a*, VIIe VIII, 194), no CPP/1941 (arts. 3º e 261) e na própria CF/1988 (art. 5º, LIV e LV).
[RE 398.269, voto do Rel. Min. Gilmar Mendes, Segunda Turma, julgamento em 15-12-2009, *DJE* 35 de 26-2-2010]

Aplicação do princípio da instrumentalidade das formas para suprir a ausência de defesa técnica em processo admistrativo disciplinar para apurar falta grave
Pretendida nulidade do ato que reconheceu a prática da falta de natureza grave por ausência de procedimento administrativo disciplinar (PAD). (...) 1. Ao contrário do que afirma a recorrente, foi instaurado procedimento administrativo disciplinar (...), o qual não foi homologado pelo Juízo de Direito da Vara de Execução Criminal de Novo Hamburgo/RS, que entendeu que a defesa do apenado deveria ser feita por advogado habilitado. 2. No entanto, essa irregularidade foi suprida pela repetição do procedimento em juízo, quando foi feita a oitiva do paciente, devidamente acompanhado de seu defensor e na presença do Ministério Público estadual. Portanto, não há que se falar em inobservância dos preceitos constitucionais do contraditório e da ampla defesa no ato que reconheceu a prática de falta grave pelo paciente. 3. Aquele juízo na audiência de justificação, ao não potencializar a forma pela forma, que resultaria na pretendida nulidade do PAD pela defesa, andou na melhor trilha processual, pois entendeu que aquele ato solene teria alcançando, de forma satisfatória, a finalidade essencial pretendida no procedimento administrativo em questão. Cuida-se, na espécie, do princípio da instrumentalidade das formas, segundo o qual se consideram válidos os atos que, realizados de outro modo, lhe preencham a finalidade essencial (art. 154 do CPC/1973) e, ainda que a lei prescreva determinada forma, sem cominaçãode nulidade, o juiz poderá, mesmo que realizado de outro modo, considerá-lo hígido quando tenha alcançado sua finalidade essencial (art. 244 do CPC/1973).
[RHC 109.847, Rel. Min. Dias Toffoli, Primeira Turma, julgamento em 22-11-2011, *DJE* 231 de 6-12-2011]

SÚMULA VINCULANTE Nº 6

A Súmula Vinculante nº 6 tem o seguinte texto:

Não viola a Constituição o estabelecimento de remuneração inferior ao salário mínimo para as praças prestadoras de serviço militar inicial.

Os precedentes declarados dessa súmula são os julgamentos dos REs nºs 570177, 551453, 551608, 558279, 557717, 557606, 556233, 556235, 555897, 551713, 551778 e 557542.
O precedente-guia foi o último julgamento, mas todos foram proferidos na mesma sessão do dia 30.04.2008, ou seja, o último precedente foi o guia porque foi o primeiro da pauta. O texto dos 12 (doze) Acórdãos é o mesmo, sendo que neles se faz referência a um precedente anterior (RE 198982), que não foi incluído no rol respectivo aparentemente porque diz respeito ao texto originário do art. 42, §11, da CF, antes de sua supressão pela EMC 18/98, que levou a matéria antes tratada naquele dispositivo para o art. 142, §3º, VIII.

O caso de origem de todos eles é também o mesmo: conscritos das forças armadas pretenderam individualmente, diante do Juizado Especial Federal (MG), o pagamento da diferença entre o soldo e o valor do salário-mínimo, sustentando o direito à isonomia (art. 5º, *caput*, da CF) com os trabalhadores em geral, aos quais se garante o salário-mínimo (art. 7º, IV e VII, da CF), assim como os princípios da dignidade da pessoa humana e do valor social do trabalho (art. 1º, III e IV, da CF). Não se tem notícia do resultado da Sentença de piso, mas os REs foram interpostos de Acórdãos da Turma Recursal de Juizado Especial Federal (MG), os quais afirmaram a constitucionalidade do art. 18, §2º, da MP 2215-10/2001, que prevê a não garantia de salário-mínimo para as praças prestadoras de serviço militar inicial e as praças especiais. Antes da Sessão Conjunta (09.11.2007), o Ministro-Relator, Ricardo Lewandowski, suscitou o incidente de repercussão geral, que foi acolhido (28.02.2008), fato processual que explica o julgamento conjunto dos REs. Em seu voto, o Ministro-Relator registrou que a matéria já havia sido objeto de julgamento do RE 198982 (relatoria do Ministro Ilmar Galvão), ao tempo de vigência do texto originário do §11 do art. 42 da CF, ocasião em que se reconheceu "...que os servidores militares não foram contemplados, na Carta de 1988, com a garantia de uma remuneração não inferior ao salário mínimo", porque

...a Constituição Federal, ao enumerar, no art. 42, §11, os incisos correspondentes aos direitos sociais do art. 7º aplicáveis aos servidores públicos militares, diferentemente do que fez relativamente aos servidores civis, no art. 39, §2º, não incluiu o IV, que cuida do salário mínimo...

A EMC 18/98 suprimiu o §11 do art. 42 e passou a tratar da mesma matéria no atual art. 142, §3º, VIII, da CF, introduzido pela EMC 18/98, que também não faz a mesma remissão antes ausente.[55] Ao mesmo tempo, referida emenda suprimiu dos militares a qualificação de servidores públicos, a fim de delimitar a distinção de seu regime com o regime dos servidores públicos civis, de modo que a partir de então surgiram as classes dos militares, de um lado, e dos servidores públicos, de outro. Por conta disso, basicamente, negou-se provimento aos REs, com a concordância unânime dos demais Ministros. Já a passagem da repercussão geral para a súmula vinculante mostrou-se nebulosa, porque depois do voto do Ministro Joaquim Barbosa, no qual externou sua "...concordância com a proposta de Súmula que já circulou", seguiu-se o voto do Ministro Carlos Britto, que pediu vistas para examinar a questão sob o prisma do mínimo existencial. Por conta dessa observação, o Ministro-Relator disse que "nada impede que a lei garanta o salário mínimo ou o soldo até superior a ele. O que digo apenas é que a Constituição não obriga". Ato contínuo, o Ministro Marco Aurélio leu uma notícia da Folha Online, do dia 23.04.2008, na qual constava o anúncio do Ministro da Defesa, Nelson Jobim, no sentido de que "...a partir deste ano o menor salário a ser pago...será de R$ 415 – o equivalente a um salário mínimo – destinado aos recrutas", emendando em seguida: "Então, estamos julgando situações residuais". Diante dessa nova realidade, o Ministro Carlos Britto asseverou: "Então, eu sugiro que não se sumule a decisão vinculadamente", retrocedendo no pedido de vista. Mais adiante, os Ministros Marco Aurélio e Carlos Britto consignam a existência de um projeto de lei prevendo o pagamento de um salário-mínimo aos conscritos/praças, mas não se renova o tema da sumulação.

Disso tudo podem ser extraídas as seguintes conclusões: 1) quanto à suficiência dos precedentes, eles justificam numericamente

---

[55] No voto do Ministro Marco Aurélio, fez-se o registro da observação do Advogado-Geral da União quanto a se verificar nesse caso uma espécie de silêncio eloquente, olvidando-se contudo de que referida teoria diz respeito aos casos de revogação constitucional (originário ou derivada) de uma previsão antes existente, caso em que a revogação tem efeito normativo negativo (ou seja, eloquente ou relevante), mas esse não foi definitivamente o caso, porque desde o texto originário da CF de 1988 não se fez qualquer remissão extensiva dos incs. IV e VII do art. 7º aos militares.

a exigência de "...reiteradas decisões sobre matéria constitucional..." (art. 103-A, *caput*, da CF), inclusive porque além dos precedentes expressamente citados existe mais um julgamento na mesma matéria de fundo, que devia contudo ter sido enumerado no rol respectivo. As únicas ressalvas dignas de nota nesse caso são as seguintes: a) nebulosidade quanto à transformação do regime de repercussão geral para o de sumulação vinculante, quando o segundo foi expressamente descartado pelos Srs. Ministros; b) o julgamento conjunto de vários REs surge como mais uma exceção à exigência de reiteradas decisões anteriores, critério de tempo de todo modo flexível, porque se os REs fossem incluídos cada um em pautas de dias diferentes o resultado seria o mesmo; 2) quanto à fidelidade entre os julgamentos precedentes e o texto da súmula, ela é total na matéria de fundo, mas é parcial ao deixar de mencionar a exceção realçada pelo Ministro-Relator, quanto a não se vedar à lei a possibilidade de majorar o soldo até equivalê-lo ao salário-mínimo ou até mesmo a ultrapassá-lo, decerto de acordo com o princípio do mínimo existencial lembrado pelo Ministro Carlos Britto.[56]

Aplicação e interpretação pelo STF

Constitucionalidade do pagamento de soldo inferior a um salário mínimo a praças que prestam serviço militar obrigatório

O Plenário desta Corte, em sessão realizada por meio eletrônico, concluiu, no exame do RE 570.177/SP, Relator o Ministro Ricardo Lewandowski, pela existência da repercussão geral do tema constitucional versado no presente feito. Na sessão plenária de 30 de abril de 2008, o Tribunal, ao apreciar o mérito do mencionado recurso extraordinário, manteve o entendimento no sentido da constitucionalidade dos dispositivos legais que determinam o pagamento de soldo inferior ao salário mínimo para as praças que prestam serviço militar obrigatório (...).
[RE 551.788, Rel. Min. Dias Toffoli, dec. monocrática, julgamento em 18-5-2011, *DJE* 107 de 6-6-2011]

O acórdão recorrido decidiu ser constitucional o pagamento de soldo inferior a um salário mínimo à praça prestadora do serviço militar inicial. (...) 3. O Plenário do Supremo Tribunal Federal, em 30-4-2008, ao julgar o RE 570.177/MG, rel. Min. Ricardo Lewandowski, com repercussão geral reconhecida no mesmo recurso extraordinário, *DJE* de 29-2-2008, nos

---

[56] Essa exceção não foi lembrada no debate de aprovação do dia 07.05.2008, no qual o Min. Marco Aurélio propôs a inclusão das "praças especiais" (alunos de Colégio Militar) no texto. Ao ser lembrado pelo Min. Ricardo Lewandowski que essa categoria não foi objeto dos precedentes, o Min. Marco Aurélio retirou a sua proposta.

termos da Lei 11.418/2006, concluiu ser constitucional a remuneração inferior ao salário mínimo para as praças prestadoras de serviço militar inicial. Em razão do precedente, o Plenário, em 7-5-2008, aprovou a Súmula Vinculante 6 (...) 4. Assim, o acórdão ora impugnado está em consonância com a orientação firmada pelo Plenário desta Corte sobre a matéria em referência, razão pela qual nego seguimento ao recurso extraordinário com fundamento no art. 557, *caput*, do CPC/1973.

[RE 551.322, Rel. Min. Ellen Gracie, dec. monocrática, julgamento em 26-10-2010, *DJE* 105 de 11-6-2010]

SÚMULA VINCULANTE Nº 7

A Súmula Vinculante nº 7 tem o seguinte texto:

A norma do §3º do artigo 192 da Constituição, revogada pela Emenda Constitucional nº 40/2003, que limitava a taxa de juros reais a 12% ao ano, tinha sua aplicação condicionada à edição de lei complementar.

Os precedentes declarados dessa súmula são os seguintes julgamentos: RE 582650 QO, ADI 4, REs 157897, 184837, 186594, 237472 e 237952 e AI 187925 AgR. Todavia, os últimos 7 (sete) precedentes são os precedentes da S. STF nº 648, cujo texto é literalmente o mesmo da SV, de modo que o precedente-guia foi o primeiro precedente.

Nesse primeiro precedente, a Ministra-Relatora, Ellen Gracie, suscitou questão de ordem em 3 (três) REs nos quais considerou haver justificativa para aplicação do regime da repercussão geral, a saber: 1) RE 579431, que versava questão relativa ao período de incidência de juros de mora em requisitórios de pequeno valor: incidência da data da homologação dos cálculos à data da expedição do requisitório ou não incidência de 1º de julho do ano da requisição a dezembro do exercício seguinte (conforme outrora decidido pelo STF); 2) RE 580108, que versava questão relativa à reserva de plenário prevista no art. 97 da CF, mais especificamente no caso em que o tribunal de origem afastou a aplicação de um dispositivo infra-constitucional, sem declarar expressamente a sua inconstitucionalidade, caso em que precedentes do STF consideram haver controle de constitucionalidade digo de cabimento de RE; 3) RE 582650, objeto da SV em exame. O argumento de base usado pela Ministra-Relatora foi o de que nos casos em que houvesse precedentes suficientes na matéria objeto dos RE's (tanto mais no caso das Súmulas já editadas), não obstante a falta de regulamentação do procedimento respectivo, o regime da repercussão geral ou do "julgamento objetivo" dos REs devia ser aplicado de imediato, no sentido de sua devolução ao órgão *a quo* para as providências previstas nos arts. 543-A, 543-B e 557 do CPC (arts. 1035, 1036, 1039 e 932, III e V, "a", do NCPC), conforme o caso. No longo debate que se seguiu entre os Ministros, decidiu-se que aquele primeiro RE era digno de conhecimento, no mérito, porque se considerou que a matéria devia ser melhor examinada. A principal polêmica criada na Questão de Ordem surgiu no voto do Ministro Marco Aurélio, para quem se estaria dando aplicação retroativa ao procedimento da repercussão geral a REs interpostos antes de sua vigência. No debate correspondente, o Ministro Cezar Peluso replicou a tese da retroatividade em três passagens, valendo registro a primeira delas:

> ...não se está aplicando retroativamente a eficácia da exigência para efeito de não conhecer, porque aí, sim, prejudicaria. Está simplesmente dizendo que, nesses casos, com matéria semelhante, há repercussão. E aplicamos simplesmente o procedimento de devolução e retratabilidade.[57]

O mesmo Ministro não negou a existência, na hipótese em exame, de "...um certo caráter de heterodoxia", fato que o Ministro Gilmar Mendes depois chamou de "experimentalismo institucional" para a "...idéia da presunção da repercussão geral para os casos de precedentes já fixados", emendando mais adiante que "...não estamos no domínio da ortodoxia processual...".[58] De fora parte a predileção frequente pelo binômio ortodoxia/heterodoxia, já usado em outros julgamentos, o fato é que nos votos manifestados na Questão de Ordem em nenhuma passagem se discutiu a transformação do regime de repercussão geral "presumida" do RE 582650 para o regime da súmula vinculante.[59]

---

[57] Conforme consta na p. 1975. O Ministro voltou ao assunto na p. 1984 e depois, na p. 1986, fez a seguinte exemplificação do problema: "Tem-se uma decisão que é contrária à jurisprudência assentada do Tribunal. Do recurso contra essa decisão, qual seria, segundo a segurança jurídica, a sua sorte? Ele subiria, seria conhecido e provido. Ora, quando aplicamos a proposta ao caso, vamos ter o mesmo resultado, só que mais rápido e com menos custo. Percebem?". No mesmo sentido, afirmou o Ministro Menezes Direito na p. 1979: "...não se está pretendendo alcançar recursos anteriores à fixação da repercussão geral, mas assim estabelecer que os precedentes assentados pelo Plenário são suficientes para marcar a repercussão geral e, com isso, é claro, evitar-se-ia não a subida dos extraordinários, porque isso já está acontecendo, mas especificamente dos agravos de instrumento respectivos".

[58] Conforme consta nas p. 1978, 1985 e 1992.

[59] A única passagem na qual a súmula vinculante é mencionada foi a do voto do Ministro Gilmar Mendes, que citou o instituto de forma apenas incidental, para explicar o processo de objetivização dos REs (p. 1985).

Surpreendentemente, a providência constou de forma expressa na alínea "e" no Extrato de Ata respectivo, provando com isso duas coisas: 1) haja heterodoxia!; 2) certo estava o Ministro Eros Grau, ao protagonizar uma polêmica verbal com o Ministro Marco Aurélio: "Eu sempre digo que um dia os nossos votos serão lidos...".

Disso tudo podem ser extraídas as seguintes conclusões: 1) quanto à suficiência dos precedentes, eles justificam numericamente a exigência de "...reiteradas decisões sobre matéria constitucional..." (art. 103-A, caput, da CF), em especial pela "carona" dada pelos precedentes da S. STF n. 648, que também emprestou o mesmo texto para a SV. A única ressalva digna de nota nesse caso diz respeito à nebulosidade da transformação do regime de repercussão geral para o de sumulação vinculante, como se fossem idênticos; 2) quanto à fidelidade entre os julgamentos precedentes e o texto da súmula, ela é total na matéria de fundo.

Aplicação e interpretação pelo STF:

Aplicabilidade do art. 192, §3º, da CF/1988 condicionada à edição de lei complementar

A discussão neste processo a respeito do limite dos juros aplicáveis em contratos bancários é de natureza infraconstitucional, pois fundamentada no CDC/1990, na MP 2.170-36/2001 e na jurisprudência do Superior Tribunal de Justiça. Assim, eventual ofensa constitucional, se existente, seria indireta. (...) Ademais, como posto na decisão agravada, inaplicável o art. 192, §3º, da Constituição da República, revogado pela EC 40/2003, pois a sua aplicação estava condicionada à edição de lei complementar, nos termos da Súmula Vinculante 7 do Supremo Tribunal. (...) Finalmente, a análise quanto ao aumento arbitrário dos lucros decorrente da taxa de juros aplicada pelo Agravado demandaria o reexame das provas dos

autos, inviável em recurso extraordinário.

[AI 853.463 ED, voto da Rel. Min. Cármen Lúcia, Segunda Turma, julgamento em 11-9-2012, DJE 188 de 25-9-2012]

Juros. Limitação. §3º do art. 192 da CF /1988. Verbete Vinculante 7 da Súmula do Supremo. O §3º do art. 192 da CF/1988, revogado pela EC 40/2003, não era autoaplicável.

[RE 450.305 AgR, Rel. Min. Marco Aurélio, Primeira Turma, julgamento em 12-8-2008, DJE 25 de 6-2-2009]

SÚMULA VINCULANTE Nº 8

A Súmula Vinculante nº 8 tem o seguinte texto:

São inconstitucionais o parágrafo único do artigo 5º do Decreto-Lei nº 1.569/1977 e os artigos 45 e 46 da Lei nº 8212/1991, que tratam de prescrição e decadência de crédito tributário.

Os precedentes declarados dessa súmula são os julgamentos dos REs 560626, 556664, 559882, 559943, 106217 e 138284, mas nos votos dos precedentes-guias são mencionados outros julgamentos precedentes, a saber: RE 616348, RE 396266, RE 470382, RE 556577, ADI 1917 e ADI 2405-MC. Além desses julgamentos, foram também citadas decisões monocráticas nos seguintes REs: 456750, 534856, 544361, 548785, 552824, 552757, 559991, 560115, 537657, 552710, 546046 e 540704.

Os quatro primeiros julgamentos formam os precedentes-guias (a exemplo da SV nº 6), já que ocorridos na mesma sessão do dia 12.06.2008, embora a publicação tenha ocorrido em datas distintas. Neles, o regime da repercussão geral foi decidido nas sessões dos dias 12 e 21.09.2007. Os quinto e sexto precedentes, portanto, é que são cronologicamente os precedentes dos quatro primeiros, de todo modo amparados por aquelas outras decisões não citadas no rol respectivo.

No precedente mais antigo (RE 106217), o Ministro-Relator, Octavio Gallotti, estabeleceu como tese que a matéria acerca das causas suspensivas da prescrição tributária pertenciam ao campo normativo das leis complementares, ainda no tempo de vigência da CF de 1967.

No segundo precedente mais antigo (RE 138284), já sob a vigência da CF de 1988, o Ministro-Relator, Carlos Velloso, estabeleceu as seguintes teses: 1) as contribuições sociais (entre elas a de seguridade social) são espécie do gênero tributo, a elas se aplicando o mesmo regime tributário previsto na CF e no CTN;[60] 2) considerando que as normais gerais desse regime foram entregues ao campo da lei complementar, inclusive no que se refere à prescrição e decadência (art. 146, III, "b", da CF), segue-se que "...os prazos de decadência e de prescrição inscritos na lei complementar de normas gerais (CTN) são aplicáveis,

---

[60] Lei nº 5172/66, editada ao tempo de vigência da CF de 1946, que não previa o instituto da lei complementar, mas que veio a adquirir tal natureza por força do Ato Complementar n. 36/67 à CF de 1967, cujo texto destinou ao campo da lei complementar o estabelecimento de normas gerais tributárias, tendo sido por fim recepcionada pela CF de 1988 com o mesmo *status*.

agora, por expressa previsão constitucional, às contribuições parafiscais (C.F., art. 146, III, b; art. 149)".

Nos quatro primeiros precedentes-guia, os dois Ministros-Relatores (Gilmar Mendes nos três primeiros e Cármen Lúcia no último) seguiram basicamente as teses acima indicadas, estabelecendo ainda que: 1) as "normas gerais" mencionadas no inc. III do art. 146 da CF, relativamente à prescrição e decadência tributárias (alínea "b"), incluem os prazos respectivos de incidência, assim como as suas hipóteses de suspensão e de interrupção;[61] 2) tais "normas gerais" devem constar de lei complementar porque esta é capaz de disciplinar regras de caráter nacional (matizando-se com isso a distinção entre lei federal e lei nacional), tendentes a unificar e racionalizar o sistema tributário, evitando assim a incerteza de legislações distintas sobre a mesma matéria que potencialmente poderiam ser editadas pelos entes federativos; 3) o regime adotado pela CF de 1988 não limitou as normas gerais tributárias ao tratamento apenas dos conflitos de competência tributária entre os entes federativos e das limitações ao poder de tributar (teoria dicotômica, baseada no §1º do art. 18 da CF de 1967), porque as indicou de forma autônoma depois daqueles dois propósitos (teoria tricotômica, baseada no art. 146, I, II e III da CF);[62] 4) logo, os dispositivos das leis ordinárias em questão (art. 5º do Decreto-Lei nº 1.569/1977 e arts. 45 e 46 da Lei nº 8212/1991) incidiram em inconstitucionalidade formal, já que tratam de matéria reservada à lei complementar.

Disso tudo podem ser extraídas as seguintes conclusões: 1) quanto à suficiência dos precedentes, eles justificam numericamente a exigência de "...reiteradas decisões sobre matéria constitucional..." (art. 103-A, *caput*, da CF), inclusive porque além dos precedentes expressamente citados existem vários outros que deviam contudo ter

---

[61] A propósito, disse o Ministro Gilmar Mendes: "...o núcleo das normas sobre extinção temporal do crédito tributário reside precisamente nos prazos para o exercício do direito e nos fatores que possam interferir na sua fluência" (p. 880).

[62] De acordo com o Ministro Gilmar Mendes, "...a Constituição atual eliminou qualquer possibilidade de acolher-se a teoria dicotômica, ao elencar, em incisos diferentes, normas gerais, conflitos de competência e limitações ao poder de tributar, e ao esclarecer que, dentre as normas gerais, a lei complementar teria que tratar especialmente de obrigação, crédito tributário, prescrição e decadência" (p. 890). No mesmo sentido, afirmou a Ministra Cármen Lúcia: "...não há dúvida de que, relativamente à prescrição e à decadência tributárias, a Constituição de 1988 não dota de competência as ordens parciais da federação... Fica claro o objetivo da norma constitucional de nacionalizar a disciplina, vale dizer, de a ela conferir tratamento uniforme em âmbito nacional, independentemente de ser ou não norma geral. A Constituição passa ao largo da discussão doutrinária e opta por reservar à lei complementar a disciplina da prescrição e da decadência tributárias" (p. 2193).

sido enumerados no rol respectivo. Novamente, a única ressalva digna de nota nesse caso diz respeito à nebulosidade da transformação do regime de repercussão geral para o de sumulação vinculante;[63] 2) quanto à fidelidade entre os julgamentos precedentes e o texto da súmula, ela é total na matéria de fundo.

Aplicação e interpretação pelo STF:

Inconstitucionalidade parcial do art. 5º do DL 1.569/1977
1. O parágrafo único do art. 5º do DL 1.569/1977 foi declarado inconstitucional por esta Corte apenas na parte em que se refere à suspensão da prescrição dos créditos tributários, por se exigir, quanto ao tema, lei complementar. 2. O Supremo Tribunal Federal não declarou a inconstitucionalidade da suspensão da prescrição de créditos não tributários decorrente da aplicação do *caput* art. 5º do DL 1.569/1977. O tema ainda se encontra em aberto para discussão no âmbito do STF. 3. Afastada, no caso concreto, a aplicação da Súmula Vinculante 8, os autos devem retornar ao Tribunal Superior do Trabalho para que esse emita juízo sobre o art. 5º do DL 1.569/1977, considerada a hipótese de execução de crédito não tributário, sob pena de supressão de instância.
[RE 816.084, Rel. Min. Marco Aurélio, Red. p/ ac. Min. Dias Toffoli, Primeira Turma, julgamento em 10-3-2015, *DJE* 91 de 18-5-2015]

Inconstitucionalidade formal no tratamento por lei ordinária de matéria tributária reservada a lei complementar
CONSTITUCIONAL. TRIBUTÁRIO. PRESCRIÇÃO E DECADÊNCIA. RESERVA DE LEI COMPLEMENTAR. LEI ORDINÁRIA QUE DISPÕE DE FORMA CONTRÁRIA ÀQUELA NORMATIZADA EM LEI COMPLEMENTAR DE NORMAS GERAIS. ART. 116, III, B, DA CF/1988. ART. 46 DA LEI 8.212/1991. PROCESSO CIVIL. AGRAVO REGIMENTAL.
Viola a reserva de lei complementar para dispor sobre normas gerais em matéria tributária (art. 146, III, *b*, da CF/1988) lei ordinária da União que disponha sobre prescrição e decadência. Precedentes. "São inconstitucionais o parágrafo único do art. 5º do DL 1.569/1977 e os arts. 45 e 46 da Lei 8.212/1991, que tratam de prescrição e decadência de crédito tributário" (Súmula Vinculante 8).
[RE 502.648 AgR, Rel. Min. Joaquim Barbosa, Segunda Turma, julgamento em 19-8-2008, *DJE* 227 de 28-11-2008]

---

[63] Apenas no voto do Ministro Cezar Peluso houve proposta nesse sentido (p. 921 do 1º precedente e p. 2225 do 4º precedentes, mas os votos são os mesmos, ou seja, têm os mesmos texto e conteúdo), contudo sem discussão a respeito.

Prescrição quinquenal tributária
AGRAVO REGIMENTAL NA RECLAMAÇÃO. EXECUÇÃO TRABALHISTA. PRESCRIÇÃO. ALEGAÇÃO DE DESCUMPRIMENTO DA SÚMULA VINCULANTE 8. AGRAVO REGIMENTAL AO QUAL SE NEGA PROVIMENTO.
1. A decisão reclamada observou a prescrição quinquenal: inexistência de descumprimento da Súmula Vinculante 8.
[Rcl 7.971 AgR, Rel. Min. Cármen Lúcia, Plenário, julgamento em 25-11-2009, *DJE* 232 de 11-12-2009]

SÚMULA VINCULANTE Nº 9

A Súmula Vinculante nº 9 tem o seguinte texto:

O disposto no artigo 127 da Lei nº 7.210/1984 (Lei de Execução Penal) foi recebido pela ordem constitucional vigente, e não se lhe aplica o limite temporal previsto no *caput* do art. 58.

Os precedentes declarados dessa súmula são os seguintes julgamentos: RE 452994, HC 91084, AI 570188 AgR-ED, HC 92791, HC 90107 e AI 580259 AgR. Nesses julgamentos também são feitas as seguintes remissões a outros julgamentos considerados precedentes: 1) no primeiro precedente: no voto do Ministro-Relator, Sepúlveda Pertence: HC 77862, RE 242454, HC 78784;[64] 2) no segundo precedente, no voto do Ministro-Relator, Eros Grau: HC 86093;[65] 3) no terceiro precedente, no voto do Ministro-Relator, Gilmar Mendes: HC 86096; 4) no quarto precedente, no voto do Ministro Carlos Britto: HC 89784;[66] 5) no quinto precedente, no voto do Ministro-Relator, Ricardo Lewandowski: HC 84793, HC 77592, AI-AgR 569917, RE-AgR 491651, HC 89528, AI-AgR 565927 e HC 86259 (além dos HCs 86093 e 89784, já citados acima); 6) no sexto precedente, no voto do Ministro-Relator, Joaquim Barbosa: AI-AgR 563636 e AI-AgR 592222.

O julgamento mais recente é o do quarto precedente e o mais antigo é o do primeiro, sendo que em nenhum deles se estabeleceu

---
[64] Também citado pelo Ministro Carlos Velloso, em seu voto no primeiro precedente.
[65] Também citado pelo Ministro-Relator, Ricardo Lewandowski, em seu voto no quinto precedente.
[66] Também citado pelo Ministro Ricardo Lewandowski, em seu voto no quinto precedente.

discussão seja acerca do regime de repercussão geral, seja a respeito do regime da sumulação vinculante. Por isso, pode-se dizer que nesse caso inexiste um precedente-guia.

No primeiro precedente declarado, cujo Relator foi o Ministro Marco Aurélio, estava em questão o alegado direito do recorrente extraordinário à remição de parte da pena, nas condições do §1º do art. 126 da Lei 7210/84 (Lei de Execução Penal), e contra a dicção do art. 127 daquele mesmo diploma, dispositivos que têm a seguinte redação:

> Art. 126. O condenado que cumpre a pena em regime fechado ou semi-aberto poderá remir, pelo trabalho, parte do tempo de execução da pena.
>
> §1º A contagem do tempo para o fim desse artigo será feita à razão de 1 (um) dia de pena por 3 (três) de trabalho.
>
> ....
>
> §3º A remição será declarada pelo juiz da execução, ouvido o Ministério Público.
>
> Art. 127. O condenado que for punido por falta grave perderá o direito ao tempo remido, começando o novo período a partir da data da infração disciplinar.

Em resumo, a tese recursal era a de que uma vez remida parte da pena, pelo trabalho já realizado e assim declarado pelo juízo da execução, haveria direito adquirido à remição, assim como coisa julgada sobre tal decisão, em nome também do direito à individualização da pena. Em seu voto, o Ministro-Relator sustentou que o trabalho obrigatório do preso em regime fechado (art. 31 da LEP) é remunerado em pecúnia (art. 29) e também mediante desconto da pena (§1º do art. 126), de modo que a irrepetibilidade do trabalho, ou seja, a impossibilidade material de se restituir o *facere* do trabalho já prestado, inibe, *contrario sensu*, o cancelamento dessa forma de retribuição. Em outras palavras, "da mesma forma que a ordem natural das coisas impede a devolução da força despendida pelo preso, inviabilizado fica o cancelamento da retribuição, ainda que parcial". Assim, com base no princípio da dignidade da pessoa humana (que não era fundamento do recurso), votou-se pela inconstitucionalidade do art. 127 da LEP, dando-se provimento ao recurso. Desse voto dissentiu o Ministro Sepúlveda Pertence, citando outros três precedentes anteriores (já mencionados acima, mas não incluídos no rol respectivo), indicados como contrários ao voto do Ministro-Relator (que teria sido inclusive vencido num deles: HC 78784), e fixando as seguintes premissas: 1) não há coisa julgada contra dicção pregressa de texto de lei (art. 127 da LEP); 2) não há direito adquirido quando dependente de condição (não incidir em falta grave). Ao voto dissidente aderiram os outros Ministros, registrando: a) o Ministro Carlos Britto: que o preso, naquele caso de remição parcial da pena pelo trabalho, teria apenas expectativa de direito, precisamente pela condição imposta pelo art. 127 da LEP; b) o Ministro Cezar Peluso: que "a coisa julgada não é ofendida, porque não há aplicação de outra pena, nem outra qualquer alteração da sentença"; c) a Ministra Ellen Gracie: que "...existe o dispositivo legal que prevê a perda do tempo remido, o qual, evidentemente, é anterior à sentença, e, por isso, igualmente não vejo ofensa à coisa julgada".

Os votos vencedores, todavia, não deixaram claro se a coisa julgada neles analisada dizia respeito à sentença exequenda ou à decisão declaratória de remição do juiz da execução, que teria a rigor concretizado o direito à remição, tornando-o mais do que um direito adquirido, mas um ato jurídico perfeito e acabado. Tal registro deve ser feito, porque a tese recursal, ao que tudo indica, não reclamava a coisa julgada da sentença exequenda (por óbvio, temporalmente posterior ao texto do art. 127 da LEP), mas o suposto direito adquirido nascido com a decisão declaratória de que trata o §3º do art. 126 da LEP (por mais óbvio ainda, também posterior ao texto do art. 127 da LEP e à própria sentença). Embora seja evidente que referida decisão não tem natureza de sentença e, portanto, sobre ela não se constitua coisa julgada material (a propósito conforme decidiu corretamente o juízo *a quo*), o fato da preexistência do art. 127 da LEP em nada altera a conclusão a que o STF chegou nesse caso. Em outras palavras, se a tese recursal tivesse sido examinada corretamente (com enfoque na decisão do juiz da execução, e não na sentença exequenda), não seria necessário lançar mão de uma interpretação tão reducionista e desviada do art. 127 da LEP. Inclusive porque, se o ato defendido (a decisão, e não a sentença) não é capaz de alcançar *status* de imutabilidade, isso também se deve à condição resolutiva e ao termo estabelecidos naquele dispositivo: tem direito à remição parcial da pena pelo trabalho o preso que até o final de seu cumprimento (termo) não tenha incidido em falta grave (condição). Com isso se teria por refutada não apenas a tese da violação da coisa julgada, como também do direito adquirido e da individualização da pena, também sujeita àqueles termo e condição. Quanto à dignidade humana, o trabalho em si já a assegura, nos termos do art. 28 da LEP, independentemente de sua retribuição em dinheiro e em remição da pena.

O segundo precedente segue a mesma cantilena do primeiro, inclusive com remissão expressa a ele, sendo que o terceiro nada inova na matéria.

Já no quarto precedente foi examinado outro fundamento contrário ao art. 127 da LEP: a possível ofensa ao "princípio" constitucional da proporcionalidade. Em resumo, nesse caso o preso contava com 311 (trezentos e onze) dias remidos, que foram glosados após haver se recusado a virar-se de costas numa revista corporal, pena que foi considerada desproporcional pelo Ministro-Relator, Marco Aurélio, para quem a glosa devia ser tão paulatina quanto a remição, sob pena de irrazoabilidade. Em seu voto, o Ministro Carlos Britto sustentou não ter havido falta grave no caso concreto, igualando seu voto, na prática, ao voto do Ministro-Relator. Contudo, referida matéria teve o conhecimento negado pelos demais Ministros, por se referir a questão de fato considerada inapropriada para o âmbito limitado de cognição do HC. No mais, não houve reflexão apurada em torno do argumento da desproporcionalidade, limitando-se os Ministros vencedores a invocar os precedentes da casa, nos quais a matéria foi examinada (em especial nos quinto e sexto precedentes, que não foram todavia citados).

Nos dois últimos precedentes a matéria acerca da proporcionalidade da glosa em relação ao tempo remido foi abordada, porque neles estava em questão a incidência extensiva do art. 58 da LEP para conferir maior racionalidade ao mecanismo do art. 127 da LEP, ou seja, naqueles casos não se negava a ocorrência de falta grave, sustentando-se antes a inconstitucionalidade desse último dispositivo ou, sucessivamente, a aplicação do critério proporcional do primeiro deles, a saber: se as penas disciplinares máximas não podem exceder a 30 (trinta) dias, esse deveria ser o limite máximo da glosa da remição. No que se refere ao pedido principal, foram renovados os precedentes, sendo que o pedido sucessivo foi rejeitado pelo mesmo argumento em ambos os casos: inaplicabilidade do art. 58 da LEP à hipótese de glosa da remição. Em outros termos, novamente não se enfrentou propriamente a tese, que foi contornada por via de uma interpretação literal.

Disso tudo podem ser extraídas as seguintes conclusões: 1) quanto à suficiência dos precedentes, eles justificam numericamente a exigência de "...reiteradas decisões sobre matéria constitucional..." (art. 103-A, *caput*, da CF), inclusive porque além dos precedentes expressamente citados existem vários outros que deviam contudo ter sido enumerados no rol respectivo. Duas ressalvas devem ser feitas neste caso, a saber: a) a inexistência de um precedente-guia obscurece a construção do "romance em cadeia" (parafraseando Dworkin) que deve haver entre os precedentes e o texto final da súmula; b) mais uma vez a sumulação se mostra nebulosa, porque nenhuma proposta a respeito chegou a ser discutida em qualquer um dos precedentes; 2) quanto à fidelidade entre os julgamentos precedentes e o texto da súmula, ela é total quanto ao resultado, ou seja, quanto à síntese adotada, mas infiel quanto aos argumentos que deviam ter sido enfrentados e corretamente refutados.[67]

Aplicação e interpretação pelo STF:

Nova redação do art. 127 da LEP/1984 e limite de perda dos dias remidos em até um terço
2. É firme a jurisprudência desta Corte no sentido de que a prática de falta grave no decorrer da execução penal interrompe o prazo para concessão de progressão de regime, reiniciando-se, a partir do cometimento da infração disciplinar grave, a contagem do prazo para que o condenado possa pleitear novamente o referido benefício executório. Precedentes. 3. A Lei 12.433/2011 alterou a redação do art. 127 da LEP/1984 para limitar a revogação dos dias remidos à fração de um terço, mantendo a previsão de reinício da contagem do prazo para a obtenção de benefícios. A nova lei mais benéfica, portanto, deve retroagir para beneficiar o condenado, por força do que dispõe o art. 5º, XL, da CF/1988. 4. Recurso ordinário improvido. Ordem concedida de ofício, para que o juízo da execução limite a perda dos dias remidos em até um terço.
[RHC 114.967, Rel. Min. Teori Zavascki, Segunda Turma, julgamento em 22-10-2013, *DJE* 219 de 6-11-2013]

2. Praticada a falta grave no curso da execução da pena, o art. 127 da Lei 7.210/1984, em sua redação original, previa a perda total dos dias remidos pelo trabalho e o reinício do prazo para a obtenção de novos benefícios. Com o advento da Lei 12.433/2011, a revogação ficou limitada a no máximo 1/3 do tempo remido pelo trabalho, mantendo-se a previsão de reinício da contagem do prazo para a obtenção de benefícios. 3. O art. 127 da LEP/1984 foi recepcionado pela CF/1988 no que dispõe a respeito

---

[67] No debate de aprovação do dia 12.06.2008, o Min. Marco Aurélio demonstrou resistência à proposta de sumulação, dizendo-se contrário a "...toda e qualquer proposta de verbete de súmula feita no Plenário sem a observância de um certo procedimento - a submissão à Comissão de Jurisprudência". Isso porque a proposta não teria sido incluído formalmente em pauta, sendo apresentada em mesa pelo Min. Presidente, Ricardo Lewandowski. Na matéria de fundo, o Min. Marco Aurélio ressalvou que em seu entendimento a súmula não tratava do conceito de falta grave e que "...a perda dos dias remidos pode se dar por forma proporcional à gravidade da falta". Em contrapartida, os Ministros Carlos Britto e Gilmar Mendes afirmaram, respectivamente, que a súmula diz apenas "...que a previsão da perda dos dias remidos é constitucional", "e que, portanto, não haveria falar em direito adquirido, porque estaria submetido a regras específicas" (p. 32).

da perda dos dias remidos e do reinício da contagem do prazo para a obtenção de benefícios.
[HC 110.462, Rel. Min. Luiz Fux, Primeira Turma, julgamento em 9-4-2013, *DJE* 80 de 30-4-2013]

Retroatividade da Lei 12.433/2011 para benefício do réu
1. A falta grave cometida no curso da execução da pena, consoante o art. 127 da Lei 7.210/1984, em sua redação original, implicava a perda total dos dias remidos pelo trabalho e o reinício do prazo para a obtenção de novos benefícios. 2. O advento da Lei 12.433/2011 limitou a revogação a no máximo 1/3 do tempo remido pelo trabalho, mantendo-se a previsão de reinício da contagem do prazo para a obtenção de benefícios. 3. A lei nova é *lex in melius* e, por isso, deve retroagir para limitar a perda dos dias remidos ao máximo de um terço, nos termos do art. 5º, XL, da CF/1988, *verbis*: "a lei penal não retroagirá, salvo para beneficiar o réu".
[HC 111.459, Rel. Min. Luiz Fux, Primeira Turma, julgamento em 25-6-2013, *DJE* 159 de 15-8-2013]

No caso, concluo tratar-se de lei penal mais benéfica, devendo, portanto, retroagir para beneficiar o réu. É que, antes da superveniência da Lei 12.433/2011, o cometimento de falta grave tinha como consectário lógico a perda de todos os dias remidos, diferentemente da sistemática atual, que determina a revogação de até 1/3 do tempo remido, permitindo-se, assim, uma melhor adequação da sanção às peculiaridades do caso concreto.
[HC 110.040, voto do Rel. Min. Gilmar Mendes, Segunda Turma, julgamento em 8-11-2011, *DJE* 226 de 29-11-2011]

Falta grave anterior à publicação da Súmula Vinculante 9
5. O julgamento do agravo ocorreu em data posterior à edição da Súmula Vinculante 9, como inclusive foi expressamente reconhecido pela Corte local. 6. O fundamento consoante o qual o enunciado da referida Súmula não seria vinculante em razão da data da decisão do juiz das execuções penais ter sido anterior à sua publicação não se mostra correto. 7. Com efeito, a tese de que o julgamento dos recursos interpostos contra decisões proferidas antes da edição da súmula não deve obrigatoriamente observar o enunciado sumular (após sua publicação na imprensa oficial), *data venia*, não se mostra em consonância com o disposto no art. 103-A, *caput*, da CF/1988, que impõe o efeito vinculante a todos os órgãos do Poder Judiciário, a partir da publicação da súmula na imprensa oficial.
[Rcl 6.541, Rel. Min. Ellen Gracie, Plenário, julgamento em 25-6-2009, *DJE* 167 de 4-9-2009]

Impossibilidade de extensão do limite temporal de um terço do tempo remido aos demais benefícios da execução penal

1. É firme a jurisprudência desta Corte no sentido de que a prática de falta grave no decorrer da execução penal interrompe o prazo para concessão de progressão de regime, reiniciando-se, a partir do cometimento da infração disciplinar grave, a contagem do prazo para que o condenado possa pleitear novamente o referido benefício executório. Precedentes. 2. O art. 127 da LEP/1984, com a redação dada pela Lei 12.433/2011, impôs a limitação de 1/3 somente à revogação dos dias remidos, não havendo previsão legal que permita a extensão desse limite a todos os benefícios executórios que dependam da contagem de tempo.
[HC 114.370, Rel. Min. Teori Zavascki, Segunda Turma, julgamento em 17-9-2013, DJE 196 de 4-10-2013]

II — O art. 127 da LEP/1984, com a redação conferida pela Lei 12.433/2011, impõe ao juízo da execução que, ao decretar a perda dos dias remidos, atenha-se ao limite de 1/3 do tempo remido e leve em conta, na aplicação dessa sanção, a natureza, os motivos, as circunstâncias e as consequências do fato, bem como a pessoa do faltoso e seu tempo de prisão. III — Embora a impetrante postule a aplicação da referida norma ao caso sob exame, verifica-se que o juízo da execução não decretou a perda do tempo remido, o que impede a concessão da ordem para esse fim. IV — Da leitura do dispositivo legal, infere-se que o legislador pretendeu limitar somente a revogação dos dias remidos ao patamar de 1/3, razão pela qual não merece acolhida a pretensão de se estender o referido limite aos demaisbenefícios da execução.
[HC 112.178, Rel. Min. Ricardo Lewandowski, Segunda Turma, julgamento em 22-5-2012, DJE 109 de 5-6-2012]

Audiência de justificação e processo administrativo-disciplinar para apurar falta grave

1. Ao contrário do que afirma a recorrente, foi instaurado procedimento administrativo disciplinar (...), o qual não foi homologado pelo Juízo de Direito da Vara de Execução Criminal de Novo Hamburgo/RS, que entendeu que a defesa do apenado deveria ser feita por advogado habilitado. 2. No entanto, essa irregularidade foi suprida pela repetição do procedimento em juízo, quando foi feita a oitiva do paciente, devidamente acompanhado de seu defensor e na presença do Ministério Público estadual. Portanto, não há que se falar em inobservância dos preceitos constitucionais do contraditório e da ampla defesa no ato que reconheceu a prática de falta grave pelo paciente. 3. Aquele juízo na audiência de justificação, ao não potencializar a forma pela forma, que resultaria na pretendida nulidade do PAD pela defesa, andou na melhor trilha processual, pois entendeu que aquele ato solene teria alcançado,

de forma satisfatória, a finalidade essencial pretendida no procedimento administrativo em questão. Cuida-se, na espécie, do princípio da instrumentalidade das formas, segundo o qual se consideram válidos os atos que, realizados de outro modo, lhe preencham a finalidade essencial (art. 154 do CPC/1973) e, ainda que a lei prescreva determinada forma, sem cominação de nulidade, o juiz poderá, mesmo que realizado de outro modo, considerá-lo hígido quando tenha alcançado sua finalidade essencial (art. 244 do CPC/1973).

[RHC 109.847, Rel. Min. Dias Toffoli, Primeira Turma, julgamento em 22-11-2011, *DJE* 231 de 6-12-2011]

Proposta de cancelamento ou revisão da Súmula Vinculante 9 em razão de alteração legislativa superveniente que impõe limitação da perda dos dias remidos

RECURSO EXTRAORDINÁRIO. EXECUÇÃO PENAL. PERDA DOS DIAS REMIDOS. ART. 127 DA LEI DE EXECUÇÃO PENAL. SUPERVENIÊNCIA DA LEI 12.433/2011. NATUREZA PENAL EXECUTIVA. RETROATIVIDADE DA *NOVATIO LEGIS IN MELLIUS*. ART. 5º, XL, DA CF/1988. APLICAÇÃO DA ORIENTAÇÃO FIXADA PELA CORTE AOS RECURSOS PENDENTES E FUTUROS. POSSIBILIDADE. CANCELAMENTO DA SÚMULA VINCULANTE 9. REPERCUSSÃO GERAL RECONHECIDA.

[RE 638.239 RG1, Rel. Min. Luiz Fux, Plenário, julgamento em 22-9-2011, *DJE* 176 de 11-9-2014]

Trata-se de proposta de cancelamento da Súmula Vinculante 9, encaminhada pelo Defensor Público-Geral Federal (...). O Ministro Cezar Peluso despachou, em 24-2-2012, determinando a tramitação conjunta desta proposta com a PSV 64, em razão da identidade da matéria versada. (...) Na sequência, o Ministério Público Federal manifestou-se pelo regular processamento e pela revisão da Súmula Vinculante 9, reportando-se ao parecer oferecido na PSV 64. (...) No presente caso, a legitimidade ativa do proponente é indiscutível, nos termos do art. 3º, VI, da Lei 11.417/2006. Ademais, a proposta de cancelamento está suficientemente fundamentada, haja vista se tratar de modificação da lei em que se fundou a edição do enunciado da Súmula Vinculante (Lei 11.417/2006, art. 5º).

[PSV 60, Rel. Min. Cezar Peluso, dec. monocrática proferida no exercício da Presidência, julgamento em 7-8-2013, *DJE* 158 de 14-8-2013]

SÚMULA VINCULANTE Nº 10

A Súmula Vinculante nº 10 tem o seguinte texto:

Viola a cláusula de reserva de plenário (CF, artigo 97) a decisão de órgão fracionário de tribunal que, embora não declare expressamente a inconstitucionalidade de lei ou ato normativo do poder público, afasta sua incidência, no todo ou em parte.

Os precedentes declarados dessa súmula são os seguintes julgamentos: REs 482090, 240096, 544246, 319181 e AI 472987 AgR. No último deles, são mencionados ainda os seguintes precedentes, não indicados no rol respectivo: RE 432597-AgR, AI 473019-AgR e AI 587880-AgR.

Assim como na SV anterior, em nenhum dos julgamentos houve deliberação específica acerca do regime da repercussão geral ou da sumulação vinculante, muito embora ela tenha ocorrido de forma incidental no precedente-guia da SV nº 01 (RE 418918, julgamento ocorrido na sessão de 30.03.2005 e publicado em 01.07.2005), no qual o Ministro Gilmar Ferreira Mendes registrou a interpretação "heterodoxa" dada pelo STF em torno do art. 97 da CF, como forma de justificar o conhecimento do RE interposto de decisão de órgão singular da 1ª Turma Recursal da Seção Judiciária do Rio de Janeiro. A rigor, a menção a essa interpretação "heterodoxa" do art. 97 da CF também dizia respeito ao fato de o STF haver dispensado a afetação do julgamento ao órgão Pleno ou Especial dos tribunais em geral caso a matéria constitucional já houvesse sido nele apreciada, com respeito portanto da chamada reserva de plenário ou cláusula constitucional do *full bench*.

No caso específico da SV em comento, o STF lidou com as seguintes situações nas quais o juízo *a quo* fracionário teria reconhecido a inconstitucionalidade de lei ou ato normativo, embora sem assumi-lo expressamente: 1) em dois precedentes (1º e 3º), o RE foi interposto de Acórdão de uma das Turmas do STJ que havia decidido que a alteração introduzida pelo art. 4º da LC nº 118/2005 seria aplicável apenas às ações de repetição de indébito fiscal distribuídas posteriormente à data de sua vigência, em negativa de aplicação retroativa de tal dispositivo, sob os argumentos da proteção do direito à segurança jurídica e da violação do "...princípio constitucional da autonomia e independência dos poderes (CF, art. 2º) e o da garantia do direito adquirido, do ato jurídico perfeito e da coisa julgada (CF, art. 5º, XXXVI)". Em resumo, aquele dispositivo alterou a interpretação até então adotada pelo próprio STJ acerca do termo inicial de contagem do prazo prescricional do direito à repetição do indébito fiscal relativo aos tributos de lançamento por homologação, que antes era de 5 (cinco) anos da data da homologação do lançamento, ocorrido até 5 (cinco) anos da data do fato gerador na forma tácita (tese dos cinco mais cinco), e passou a ser de 5 (cinco) anos a partir do pagamento antecipado do tributo. Nesses dois casos, o STF considerou que a aplicação daquele dispositivo de forma modulada em seus efeitos (somente a partir da vigência, e não retroativamente) ocorreu em sede de controle incidental de constitucionalidade, incidindo assim o Acórdão do órgão fracionário em violação da cláusula de reserva de plenário do art. 97 da CF.; 2) no 2º precedente, recorria-se de Acórdão de Turma do TRF da 2ª Região que havia negado aplicação ao critério de correção dos benefícios previdenciários previsto no art. 41, II, da Lei nº 8213/91. Referido dispositivo desatrelava o valor dos benefícios do número correspondente a salários-mínimos, como antes fazia o art. 58 do ADCT, providência considerada incompatível com a garantia da preservação do valor real dos benefícios, prevista no §2º do art. 201 da CF. Também nesse caso o STF considerou que a negativa de aplicação daquele dispositivo infraconstitucional ocorreu em sede de controle incidental de constitucionalidade, incidindo assim o Acórdão do órgão fracionário em violação da cláusula de reserva de plenário do art. 97 da CF. Além disso, nesse julgamento (assim como nos 3º e 5º precedentes) foi estabelecido que essa cláusula diz respeito não apenas ao controle difuso, para o qual foi originariamente concebida, na CF de 1934, como também ao controle concentrado (em específico em relação ao STF e também aos TJs, nas ADIs Estaduais mencionadas no art. 125, §2º, da CF); 3) no 4º precedente, o RE foi interposto de Acórdão de uma das Turmas do TRF da 1ª Região, que havia negado aplicação ao art. 272 do Dec. nº 2637/98, o qual exigira a produção de maços de cigarro com no mínimo 20 (vinte) unidades, ao argumento de que assim havia violado "...o princípio da livre concorrência (art. 170, IV, da CF)"; 4) no 5º precedente, recorria-se de Acórdão de uma das Turmas do STJ, que havia negado aplicação ao art. 56 da Lei 9430/96, o qual derrogara isenção tributária prevista na LC nº 70/91, ao argumento de malferimento da reservação constitucional de lei complementar.

Disso tudo podem ser extraídas as seguintes conclusões: 1) quanto à suficiência dos precedentes, eles justificam numericamente a exigência de "...reiteradas decisões sobre matéria constitucional..." (art. 103-A, *caput*, da CF), inclusive porque além dos precedentes expressamente citados existem outros três que deviam contudo ter sido enumerados no rol respectivo. As mesmas ressalvas feitas na análise da SV anterior aqui também se aplicam, a saber: a) a inexistência de um precedente-guia obscurece a construção do "romance em cadeia" que deve haver entre os precedentes e o texto final da súmula; b) mais uma vez a sumulação se mostra nebulosa, porque nenhuma proposta a respeito chegou a ser discutida em qualquer um dos precedentes (salvo de forma incidente no precedente-guia da SV nº 1); 2) quanto à fidelidade entre os julgamentos precedentes e o texto da súmula, ela é total quanto ao resultado, ou seja, quanto à síntese adotada, mas parcialmente infiel quanto às demais leituras dadas ao art. 97 da CF, quais sejam: a) tal dispositivo diz respeito não apenas ao controle difuso, para o qual foi originariamente concebida, na CF de 1934, como também ao controle concentrado (em específico em relação ao STF e também aos TJs, nas ADINs estaduais mencionadas no art. 125, §2º, da CF); b) o órgão fracionário só pode dispensar a afetação do julgamento de matéria constitucional ao pleno ou órgão especial se este já tiver se manifestado a respeito.[68]

Aplicação e interpretação pelo STF:

Princípio da reserva de plenário fundamentado em jurisprudência firmda pelo Pleno do STF
AGRAVO REGIMENTAL. RECLAMAÇÃO. SÚMULA VINCULANTE 10. ACÓRDÃO RECLAMADO COM FUNDAMENTO EM DECISÃO DO PLENÁRIO DO STF.
1. No julgamento do RE 389.808, o Plenário do Supremo Tribunal Federal julgou inconstitucional o art. 6º da LC105/2001. Assim, os Tribunais podem deixar de submeter a arguição de inconstitucionalidade aos seus próprios plenários, aplicando o disposto no parágrafo único do art. 481 do CPC/1973. 2. É certo que a questão está em revisão no âmbito do Supremo Tribunal, tendo sido admitida, no RE 601.314, a repercussão geral do tema. A despeito disso, os tribunais que seguem a orientação atualmente fixada não necessitam submeter a questão aos respectivos plenários (Rcl 17.574, Rel. Min. Gilmar Mendes). 3. Agravo regimental a que se nega provimento.
[Rcl 18.598 AgR, Rel. Min. Roberto Barroso, Primeira Turma, julgamento em 7-4-2015, *DJE* 82 de 5-5-2015]

---

[68] No debate de aprovação do dia 18.06.2008 aquela primeira leitura "esquecida" não foi tratada, sendo que a segunda dela foi mencionada de forma sutil pelo Min. Marco Aurélio, ao afirmar que "havendo decisão do próprio Tribunal, claro que não tem de ocorrer sucessivos incidentes" (p. 32). Contudo, essa observação ou texto semelhante no mesmo sentido não se fez presente no texto da SV.

Exceção à cláusula de reserva de plenário em razão de pronunciamento prévio do plenário ou do órgão especial

Não se vislumbra contrariedade à Súmula Vinculante 10 deste Supremo Tribunal por inobservância do princípio da reserva de plenário, pois "os órgãos fracionários dos tribunais não submeterão ao plenário, ou ao órgão especial, a arguição de inconstitucionalidade, quando já houver pronunciamento destes ou do Plenário do Supremo Tribunal Federal sobre a questão" (parágrafo único do art. 481 do CPC/1973). A Súmula Vinculante 10 do Supremo Tribunal Federal não retirou, como não o poderia, a higidez da exceção ao princípio da reserva de plenário (art. 97 da Constituição da República), conforme se extrai dos precedentes mencionados na elaboração do verbete citado. Não se exige a reserva estabelecida no art. 97 da CF/1988 quando o plenário, ou órgão equivalente de tribunal, já tiver decidido sobre a questão.
[RE 876.067 AgR, voto da Rel. Min. Cármen Lúcia, Segunda Turma, julgamento em 12-5-2015, *DJE* 96 de 22-5-2015]

Exceção à cláusula de reserva de plenário e desnecessidade de aplicação literal de precedente

A jurisprudência desta Corte admite exceção à cláusula de reserva de plenário, quando o órgão fracionário declara a inconstitucionalidade de uma norma com base na própria jurisprudência do Supremo Tribunal Federal.
[Rcl 11.055 ED, Rel. Min. Roberto Barroso, Primeira Turma, julgamento em 4-11-2014, *DJE* 227 de 19-11-2014]

1. A Corte de origem aplicou adequadamente o entendimento constante da ADI 1.089/DF. As razões de decidir extraídas do referido precedente são suficientes para demonstrar que a Corte Suprema não permite que o Estado-membro crie uma nova hipótese de incidência sem o amparo da norma geral editada pela União. 2. A aplicação do precedente não precisa ser absolutamente literal. Se, a partir do julgado, for possível concluir um posicionamento acerca de determinada matéria, já se afigura suficiente a invocação do aresto para afastar a vigência da norma maculada pelo vício da inconstitucionalidade já reconhecido pelo SupremoTribunal Federal.
[RE 578.582 AgR, Rel. Min. Dias Toffoli, Primeira Turma, julgamento em 27-11-2012, *DJE* 248 de 19-12-2012]

I — A obediência à cláusula de reserva de plenário não se faz necessária quando houver orientação consolidada do STF sobre a questão constitucional discutida. II — Possibilidade de reconhecimento de inconstitucionalidade de lei ou ato normativo do Poder Público pelos

órgãos fracionários dos Tribunais, com base em julgamentos do plenário ou órgão especial que, embora não guardem identidade absoluta com o caso em concreto, analisaram matéria constitucional equivalente.
[RE 571.968 AgR, Rel. Min. Ricardo Lewandowski, Segunda Turma, julgamento em 22-5-2012, DJE 109 de 5-6-2012]

Exceção à cláusula de reserva de plenário quando a inconstitucionalidade é declarada com base em jurisprudência do Pleno ou de ambas as Turmas do STF

(...) ressalte-se que o Supremo Tribunal Federal afasta a incidência da reserva de plenário quando o entendimento adotado pelo acórdão recorrido se revela alinhado com a jurisprudência assentada pelo Plenário ou por ambas as Turmas deste Tribunal.
[ARE 784.441, Rel. Min. Roberto Barroso, dec. monocrática, julgamento em 15-2-2016, DJE 30 de 18-2-2016]

2. Não há reserva de Plenário (art. 97 da CF/1988) à aplicação de jurisprudência firmada pelo Pleno ou por ambas as Turmas desta Corte. Ademais, não é necessária identidade absoluta para aplicação dos precedentes dos quais resultem a declaração de inconstitucionalidade ou de constitucionalidade. Requer-se, sim, que as matérias examinadas sejam equivalentes. Assim, cabe à parte que se entende prejudicada discutir a simetria entre as questões fáticas e jurídicas que lhe são peculiares e a orientação firmada por esta Corte. 3. De forma semelhante, não se aplica a reserva de Plenário à constante rejeição, por ambas as Turmas desta Corte, de pedido para aplicação de efeitos meramente prospectivos à decisão.
[AI 607.616 AgR, Rel. Min. Joaquim Barbosa, Segunda Turma, julgamento em 31-8-2010, DJE 185 de 1º-10-2010]

Turma Recursal de Juizados Especiais ou de Pequenas Causas e inaplicabilidade do princípio da reserva de plenário

1. O princípio da reserva de plenário não se aplica no âmbito dos juizados de pequenas causas (art. 24, X, da CF/1988) e dos juizados especiais em geral (art. 98, I, da CF/1988), que, pela configuração atribuída pelo legislador, não funcionam, na esfera recursal, sob o regime de plenário ou de órgão especial. 2. A manifesta improcedência da alegação de ofensa ao art. 97 da Carta Magna pela Turma Recursal de Juizados Especiais demonstra a ausência da repercussão geral da matéria, ensejando a incidência do art. 543-A do CPC/1973.
[ARE 868.457 RG1, Rel. Min. Teori Zavascki, Plenário, julgamento em 16-4-2015, DJE 77 de 24-4-2015]

Realmente, o art. 97 da CF/1988, ao subordinar o reconhecimento da inconstitucionalidade de preceito normativo a decisão nesse sentido da "maioria absoluta de seus membros ou dos membros dos respectivos órgãos especiais", está se dirigindo aos Tribunais indicados no art. 92 e aos respectivos órgãos especiais de que trata o art. 93, XI. A referência, portanto, não atinge juizados de pequenas causas (art. 24, X) e juizados especiais (art. 98, I), que, pela configuração atribuída pelo legislador, não funcionam, na esfera recursal, sob regime de plenário ou de órgão especial. As Turmas Recursais, órgãos colegiados desses juizados, podem, portanto, sem ofensa ao art. 97 da CF/1988 e à Súmula Vinculante 10, decidir sobre a constitucionalidade ou não de preceitos normativos.
[ARE 792.562 AgR, voto do Rel. Min. Teori Zavascki, Segunda Turma, julgamento em 18-3-2014, *DJE* 65 de 2-4-2014]

Violação à reserva de plenário e recurso extraordinário interposto com outro fundamento
Da decisão que declara a inconstitucionalidade de lei federal, sem observância da reserva de Plenário, é cabível o recurso extraordinário fundado na violação do art. 97 da CF/1988 (art. 102, III, *a*, da CF/1988). Descabe sobrepor as hipóteses de cabimento do recurso extraordinário para viabilizar o julgamento de mérito de demanda cujas razões recursais são deficientes (interposição exclusivamente nos termos do art. 102, III, *b*, da CF/1988).
[RE 432.884 AgR, Rel. Min. Joaquim Barbosa, Segunda Turma, julgamento em 26-6-2012, *DJE* 158 de 13-8-2012]

Reserva de plenário e decisão proferida pelo Pleno ou órgão especial após interposição do recurso extraordinário
Na esteira da jurisprudência desta Corte, ao afastar a aplicação da Lei 14.406/2008, o órgão fracionário do Tribunal de origem desatendeu a cláusula de reserva de plenário, prevista no art. 97 da CF/1988, nos termos da Súmula Vinculante 10 (...). Ressalte-se que a superveniência de decisão proferida, em sede de arguição de inconstitucionalidade, pelo órgão especial do Tribunal de origem não elide a nulidade verificada quando da prolação do acórdão pelo órgão fracionário. (...) Ante o exposto, dou provimento ao recurso extraordinário para determinar o retorno dos autos ao Tribunal de origem, a fim de que profira novo julgamento, observada a previsão contida no art. 97 da CF/1988 (557, §1º-A, do CPC/1973).
[RE 613.725, Rel. Min. Rosa Weber, dec. monocrática, julgamento em 27-11-2012, *DJE* 237 de 4-12-2012]

(...) esta Corte, em Sessão Plenária de 18-6-2008, corroborada pela discussão que envolveu o julgamento do RE 482.090/SP, Rel. Min.

Joaquim Barbosa, aprovou a Súmula Vinculante 10 (...). Ressalte-se que, durante os debates, fixou-se entendimento de que a afronta ao art. 97 da CF/1988 persiste mesmo que o Tribunal *a quo* tenha, por meio do Pleno ou de seu órgão especial, declarado, após a interposição do recurso extraordinário sob julgamento, a inconstitucionalidade do dispositivo afastado. Nessa hipótese, a decisão atacada também será cassada, mas apenas para aplicação, pelo relator ou pelo órgão fracionário, do precedente firmado pelo Pleno ou pelo órgão especial competente para a declaração de inconstitucionalidade.
[RE 594.801 AgR, Rel. Min. Ricardo Lewandowski, dec. monocrática, julgamento em 12-6-2012, *DJE* 116 de 15-6-2012]

Reserva de plenário e interpretação da lei aplicável ao caso
Registro, ainda, que é permitido aos magistrados, no exercício de atividade hermenêutica, revelar o sentido das normas legais, limitando a sua aplicação a determinadas hipóteses, sem que estejam declarando a sua inconstitucionalidade. Se o Juízo reclamado não declarou a inconstitucionalidade de norma nem afastou sua aplicabilidade com apoio em fundamentos extraídos da CF/1988, não é pertinente a alegação de violação à Súmula Vinculante 10 e ao art. 97 da CF/1988.
[Rcl 12.122 AgR, voto do Rel. Min. Gilmar Mendes, Plenário, julgamento em 19-6-2013, *DJE* 211 de 24-10-2013]

Cumpre assinalar, no ponto, que não transgride a autoridade da Súmula Vinculante 10/STF o acórdão proferido por órgão fracionário que, sem invocar nas razões conflito entre ato do Poder Público e critérios resultantes do texto constitucional, limita-se a interpretar normas de direito local. Cabe ter presente, por relevante, que o Plenário desta Corte, defrontando-se com idêntica situação jurídica, enfatizou que a discussão da matéria ora em exame envolve típica hipótese de interpretação de normas locais, circunstância esta que descaracteriza o alegado desrespeito ao enunciado da Súmula Vinculante 10/STF.
[Rcl 13.514 AgR, voto do Rel. Min. Celso de Mello, Segunda Turma, julgamento em 10-6-2014, *DJE* 148 de 1º-8-2014]

1. A simples ausência de aplicação de uma dada norma jurídica ao caso sob exame não caracteriza, apenas por isso, violação da orientação firmada pelo Supremo Tribunal Federal. 2. Para caracterização da contrariedade à Súmula Vinculante 10 do Supremo Tribunal Federal, é necessário que a decisão fundamente-se na incompatibilidade entre a norma legal tomada como base dos argumentos expostos na ação e a CF/1988. 3. O Superior Tribunal de Justiça não declarou a inconstitucionalidade ou afastou a incidência dos arts. 273, §2º, e 475-O

do CPC/1973 e do art. 115 da Lei 8.213/1991, restringindo-se a considerá-los inaplicáveis ao caso.
[Rcl 6.944, Rel. Min. Cármen Lúcia, Plenário, julgamento em 23-6-2010, *DJE* 149 de 13-8-2010]

Reserva de plenário e embasamento de decisão em princípios constitucionais
ENSINO SUPERIOR. SUPLETIVO. IDADE MÍNIMA NÃO ALCANÇADA. SÚMULA STF 10. ART. 97, CF/1988: INAPLICABILIDADE. 1. Para a caracterização de ofensa ao art. 97 da CF/1988, que estabelece a reserva de plenário (*full bench*), é necessário que a norma aplicável à espécie seja efetivamente afastada por alegada incompatibilidade com a CF/1988. 2. Não incidindo a norma no caso e não tendo sido ela discutida, não se caracteriza ofensa à Súmula Vinculante 10 do Supremo Tribunal Federal. 3. O embasamento da decisão em princípios constitucionais não resulta, necessariamente, em juízo de inconstitucionalidade.
[RE 566.502 AgR, Rel. Min. Ellen Gracie, Segunda Turma, julgamento em 1º-3-2011, *DJE* 55 de 24-3-2011]

Reserva de plenário e decisão cautelar
Agravo regimental em reclamação. Súmula Vinculante 10. Decisão liminar monocrática. Não configurada violação da cláusula de reserva de plenário. Agravo regimental ao qual se nega provimento. 1. Decisão proferida em sede de liminar prescinde da aplicação da cláusula de reserva de plenário (art. 97 da CF/1988) e, portanto, não viola a Súmula Vinculante 10. Precedentes. 2. A atuação monocrática do magistrado, em sede cautelar, é medida que se justifica pelo caráter de urgência da medida, havendo meios processuais para submeter a decisão liminar ao crivo do órgão colegiado em que se insere a atuação do relator original do processo. 3. Agravo regimental não provido.
[Rcl 17.288 AgR, Rel. Min. Dias Toffoli, Primeira Turma, julgamento em 25-6-2014, *DJE* 105 de 2-6-2014]

AGRAVO REGIMENTAL NA RECLAMAÇÃO. DECISÃO MONOCRÁTICA QUE INDEFERE MEDIDA CAUTELAR EM AÇÃO DIRETA DE INCONSTITUCIONALIDADE ESTADUAL. ALEGAÇÃO DE CONTRARIEDADE À SÚMULA VINCULANTE 10 DO SUPREMO TRIBUNAL FEDERAL. AGRAVO AO QUAL SE NEGA PROVIMENTO. 1. Indeferimento de medida cautelar não afasta a incidência ou declara a inconstitucionalidade de lei ou ato normativo. 2. Decisão proferida em sede cautelar: desnecessidade de aplicação da cláusula de reserva de plenário estabelecida no art. 97 da Constituição da República.
[Rcl 10.864 AgR, Rel. Min. Cármen Lúcia, Plenário, julgamento em 24-3-2011, *DJE* 70 de 13-4-2011]

Reserva de plenário e decisão de primeira instância
O art. 97 da CF/1988 e a SV 10 são aplicáveis ao controle de constitucionalidade difuso realizado por órgãos colegiados. Por óbvio, o requisito é inaplicável aos juízos singulares, que não dispõem de "órgãos especiais". Ademais, o controle de constitucionalidade incidental, realizado pelos juízes singulares, independe de prévia declaração de inconstitucionalidade por tribunal. A tese exposta na inicial equivaleria à extinção do controle de constitucionalidade difuso e incidental, pois caberia aos juízes singulares tão somente aplicar decisões previamente tomadas por tribunais no controle concentrado e abstrato de constitucionalidade.
[Rcl 14.889 MC, Rel. Min. Joaquim Barbosa, dec. monocrática, julgamento em 13-11-2012, *DJE* 226 de 19-11-2012]

Veja-se, assim, que o objetivo da Súmula Vinculante 10 é dar eficácia à cláusula constitucional da reserva de plenário, cuja obediência é imposta aos tribunais componentes da estrutura judiciária do Estado Brasileiro. Ocorre que a decisão, ora reclamada, foi proferida por juiz singular, o que torna o objeto da presente ação incompatível com o paradigma de confronto constante da Súmula Vinculante 10. Isso porque é inviável a aplicação da súmula ou da cláusula de reserva de plenário, dirigida a órgãos judicantes colegiados, a juízo de caráter singular, por absoluta impropriedade, quando da realização de controle difuso de constitucionalidade.
[Rcl 13.158, Rel. Min. Dias Toffoli, dec. monocrática, julgamento em 8-8-2012, *DJE* 160 de 15-8-2012]

Reserva de plenário e órgão que exerce atividade de caráter administrativo
Sendo esse o contexto, passo a analisar a pretensão deduzida nesta sede reclamatória. E, ao fazê-lo, assinalo que o exame do contexto delineado nos presentes autos leva-me a reconhecer a inexistência, na espécie, de situação caracterizadora de transgressão ao enunciado constante da Súmula Vinculante 10/STF. É que a alegação de desrespeito à exigência constitucional da reserva de plenário (CF/1988, art. 97) supõe, para restar configurada, a existência de decisão emanada de autoridades ou órgãos judiciários proferida em sede jurisdicional. Assinalo, no entanto, que o Conselho da Magistratura do E. Tribunal de Justiça do Estado do Paraná, no âmbito de suas atribuições, exerce atividade de caráter eminentemente administrativo, circunstância essa que descaracteriza, por completo, a alegação de desrespeito ao enunciado constante da Súmula Vinculante 10/STF.
[Rcl 15.287 MC, Rel. Min. Celso de Mello, dec. monocrática, julgamento em 30-9-2013, *DJE* 194 de 2-10-2013]

Reserva de plenário e norma anterior à CF/1988
AGRAVO REGIMENTAL. RECLAMAÇÃO. ALEGADO DESRESPEITO À CLÁUSULA DE RESERVA DE PLENÁRIO. VIOLAÇÃO DA SÚMULA VINCULANTE 10. NÃO OCORRÊNCIA. NORMA PRÉ-CONSTITUCIONAL. AGRAVO REGIMENTAL A QUE SE NEGA PROVIMENTO.

I — A norma cuja incidência teria sido afastada possui natureza pré-constitucional, a exigir, como se sabe, um eventual juízo negativo de recepção (por incompatibilidade com as normas constitucionais supervenientes), e não um juízo declaratório de inconstitucionalidade, para o qual se imporia, certamente, a observância da cláusula de reserva de plenário.
[Rcl 15.786 AgR, Rel. Min. Ricardo Lewandowski, Plenário, julgamento em 18-12-2013, *DJE* 34 de 19-2-2014]

1. A cláusula de reserva de plenário (*full bench*) é aplicável somente aos textos normativos erigidos sob a égide da CF/1988. 2. As normas editadas quando da vigência das Constituições anteriores se submetem somente ao juízo de recepção ou não pela atual ordem constitucional, o que pode ser realizado por órgão fracionário dos Tribunais sem que se tenha por violado o art. 97 da CF/1988.
[AI 669.872 AgR, Rel. Min. Luiz Fux, Primeira Turma, julgamento em 11-12-2012, *DJE* 29 de 14-2-2013]

(...) sustenta o recorrente que houve violação ao art. 97 da CF/1988, bem como ao enunciado da Súmula Vinculante 10, em virtude de o Tribunal *a quo* ter negado aplicação ao §3º do art. 4º da Lei 4.156/1962, sem, contudo, declarar sua inconstitucionalidade. No entanto, verifico que a pretensão do recorrente não encontra amparo na jurisprudência do Supremo Tribunal Federal, uma vez que o diploma legislativo afastado é anterior à CF/1988. Dessa forma, inaplicável a reserva de plenário prevista no art. 97 da CF/1988, existindo mero juízo de recepção do texto pré-constitucional. Em outros termos, examinar se determinada norma foi ou não revogada pela CF/1988 não depende da observância do princípio do *Full Bench*.
[AI 831.166 AgR, voto do Rel. Min. Gilmar Mendes, Segunda Turma, julgamento em 29-3-2011, *DJE* 159 de 19-8-2014]

Violação à reserva de plenário e Súmula 331, IV, do TST
1. Acórdão que entendeu ser aplicável ao caso o que dispõe o inciso IV da Súmula TST 331, sem a consequente declaração de inconstitucionalidade do art. 71, §1º, da Lei 8.666/1993 com a observância da cláusula da reserva de Plenário, nos termos do art. 97 da CF/1988. 2. Não houve no julgamento do Incidente de Uniformização de Jurisprudência

TST-IUJ-RR-297.751/96 a declaração formal da inconstitucionalidade do art. 71, §1º, da Lei 8.666/1993, mas apenas e tão somente a atribuição de certa interpretação ao mencionado dispositivo legal. (...) 6. O acórdão impugnado, ao aplicar ao presente caso a interpretação consagrada pelo Tribunal Superior do Trabalho no item IV do Enunciado 331, esvaziou a força normativa do art. 71, §1º, da Lei 8.666/1993. 7. Ocorrência de negativa implícita de vigência ao art. 71, §1º, da Lei 8.666/1993, sem que o Plenário do Tribunal Superior do Trabalho tivesse declarado formalmente a sua inconstitucionalidade. 8. Ofensa à autoridade da Súmula Vinculante 10 devidamente configurada. 9. Agravo regimental provido. 10. Procedência do pedido formulado na presente reclamação. 11. Cassação do acórdão impugnado.

[Rcl 8.150 AgR, Rel. Min. Eros Grau, Red. p/ ac. Min. Ellen Gracie, Plenário, julgamento em 24-11-2010, *DJE* 42 de 3-3-2011]

Responsabilidade subsidiária da Administração Pública por débitos trabalhistas

1. Na ADC 16, este Tribunal afirmou a tese de que a Administração Pública não pode ser responsabilizada automaticamente por débitos trabalhistas de suas contratadas ou conveniadas. Só se admite sua condenação, em caráter subsidiário, quando o juiz ou tribunal conclua que a entidade estatal contribuiu para o resultado danoso ao agir ou omitir-se de forma culposa (*in eligendo* ou *in vigilando*). 2. Afronta a autoridade da ADC 16 e da Súmula Vinculante 10 acórdão de órgão fracionário de Tribunal que sustenta a responsabilidade da Administração em uma presunção de culpa — i.e., que condena o ente estatal com base no simples inadimplemento da prestadora.

[Rcl 16.846 AgR, Rel. Min. Roberto Barroso, Primeira Turma, julgamento em 19-5-2015, *DJE* 153 de 5-8-2015]

Não vislumbro, desse modo, a ocorrência do alegado desrespeito à autoridade da decisão que esta Corte proferiu, com eficácia vinculante, no julgamento da ADC 16/DF. De outro lado, e no que concerne ao alegado desrespeito à diretriz resultante da Súmula Vinculante 10/STF, não verifico, na decisão de que ora se reclama, a existência de qualquer juízo, ostensivo ou disfarçado, de inconstitucionalidade do art. 71 da Lei 8.666/1993. Na realidade, tudo indica que, em referido julgamento, o órgão judiciário reclamado apenas reconheceu, no caso concreto, a omissão do Poder Público, em virtude do descumprimento de sua obrigação de fiscalizar a fiel execução das obrigações trabalhistas pela contratada, não havendo formulado juízo de inconstitucionalidade, o que afasta, ante a inexistência de qualquer declaração de ilegitimidade inconstitucional, a ocorrência de transgressão ao enunciado constante da Súmula Vinculante 10/STF.

[Rcl 12.580 AgR, voto do Rel. Min. Celso de Mello, Plenário, julgamento em 21-2-2013, *DJE* 48 de 13-3-2013]

SÚMULA VINCULANTE Nº 11

A Súmula Vinculante nº 11 tem o seguinte texto:

Só é lícito o uso de algemas em casos de resistência e de fundado receio de fuga ou de perigo à integridade física própria ou alheia, por parte do preso ou de terceiros, justificada a excepcionalidade por escrito, sob pena de responsabilidade disciplinar, civil e penal do agente ou da autoridade e de nulidade da prisão ou do ato processual a que se refere, sem prejuízo da responsabilidade civil do Estado.

Os precedentes declarados dessa súmula são os seguintes julgamentos: RHC 56465 e HCs 71195, 89429 e 91952. No terceiro precedente, todavia, a Ministra-Relatora, Cármen Lúcia, fez remissão ao HC nº 89416 e a outros 3 (três) HCs, supostamente com idêntico objeto, sem contudo declinar seus números.[69] Já no quarto precedente, o Ministro Carlos Britto mencionou os Pedidos de Extradição nºs 1122 e 1087, nos quais teria constado a recomendação do uso apenas excepcional de algemas.

O precedente-guia foi o último (HC 91952), porque apenas nele foi discutida a proposta de sumulação vinculante, sugerida nas entrelinhas pelo Ministro Presidente, Gilmar Ferreira Mendes, e depois expressamente pelos Ministros Cezar Peluso e Marco Aurélio (Relator), com a concordância dos demais. Entretanto, no terceiro precedente, a matéria também foi examinada com extensão, em especial no voto da Ministra-Relatora, Cármen Lúcia, de modo que também ele deve ser considerado um precedente importante.

A tônica dos julgamentos precedentes oficiais é a mesma: o caráter excepcional do uso de algemas, em especial em julgamento do tribunal do júri, no qual os jurados são leigos e podem ficar sugestionados a pressupor a culpa do acusado diante da imagem de periculosidade gerada pelas mesmas. Isso atentaria contra o princípio da presunção de inocência.

Contudo, no terceiro precedente o caso concreto era diverso, porque o paciente almejava ordem para não ser algemado e assim exposto à mídia durante o trajeto entre a Polícia Federal e o STJ, bem como "...em qualquer outro procedimento" policial. Nessa hipótese, a violação não seria contra a presunção de inocência, mas à proporcionalidade e à razoabilidade da medida.

---

[69] Cf. p. 921 (Relatório), 940 e 941 (debates). A menção a 3 (três) HCs foi feita na p. 941, sendo que na página anterior a mesma Ministra afirmou que havia "...vários *habeas corpus*" a respeito.

Nos votos dos terceiro e quarto precedentes, os Ministros-Relatores fizeram uma longa digressão histórica sobre a matéria, invocando inclusive o direito internacional, e foram coincidentes quanto à lacunosidade do CPP a respeito, ao menos até a edição da Lei nº 11.689/2008,[70] que na data do último julgamento estava ainda em período de *vacatio legis*, conforme enfatizou o Ministro Joaquim Barbosa. Em resumo, até a data do julgamento do último precedente havia previsão expressa sobre algemas no sistema infra-constitucional apenas no CPP Militar (§1º do art. 234),[71] sendo que a Lei de Execução Penal (Lei 7210/84) conferia ao Poder Executivo a regulamentação da matéria para os processos comuns (art. 199).[72] Mesmo o novo §3º do art. 474 do CCP limitou a disciplina do uso das algemas ao tribunal do júri, permanecendo portanto em branco as demais hipóteses genéricas, em especial aquela versada no terceiro precedente, acerca do trajeto entre a prisão e o tribunal.[73] Numa frase: fora das hipóteses legais expressamente tratadas, o uso de algemas faria parte do poder discricionário das autoridades policiais e judiciárias que estivessem com a custódia do preso sob sua responsabilidade.

Nada de diferente foi dito a respeito, até que no quarto precedente os Ministros Carlos Britto e Cezar Peluso ignoraram a lacuna infraconstitucional, dizendo que a matéria estava suficientemente tratada na

---

[70] Referida Lei introduziu no art. 474 do CCP o §3º, com a seguinte redação: "Não se permitirá o uso de algemas no acusado durante o período em que permanecer no plenário do júri, salvo se absolutamente necessário à ordem dos trabalhos, à segurança das testemunhas ou à garantia da integridade física dos presentes".

[71] "§1º O emprego de algemas deve ser evitado, desde que não haja perigo de fuga ou de agressão da parte do preso, e de modo algum será permitido, nos presos a que se refere o art. 242", que diz respeito a algumas autoridades ali indicadas.

[72] "Art. 199. O emprego de algemas será disciplinado por decreto federal". A Ministra Cármen Lúcia também lembrou a previsão do art. 10, III, da Lei 9537/97, que trata da segurança de tráfego em águas territoriais brasileiras, segundo o qual o comandante da embarcação pode "...ordenar a detenção de pessoas em camarote ou alojamento, se necessário com algemas, quando imprescindível para a manutenção da integridade física de terceiros, da embarcação ou da carga".

[73] Curiosamente, nos debates do terceiro precedente a mesma Ministra-Relatora reconhece que, "...no transporte, nesse uso é que a matéria parece ter de ficar mesmo na discrição administrativa das autoridades policiais" (p. 941-942), parecendo contradizer a concessão do salvo conduto. Porém, no resultado aquela ressalva ficou expressa, já que a ordem foi a de "...determinar às autoridades tidas como coatoras que se abstenham de fazer uso de algemas no Paciente, a não ser em caso de reação violenta que venha a ser por ele adotada e que coloque em risco a sua segurança ou a de terceiros, e que, em qualquer situação, deverá ser imediatamente e motivadamente comunicado a esse Tribunal". Em outras palavras, a autoridade policial permaneceu com o poder discricionário de usar as algemas, quando considerar existentes as situações de risco descritas, devendo apenas comunicar o fato à autoridade judiciária competente.

própria CF, mais precisamente nos incs. III e XLIX do art. 5º da CF, ou seja e respectivamente, a excepcionalidade do uso de algemas decorreria dos direitos fundamentais ao tratamento digno e à integridade moral do preso, no pressuposto de que o uso indiscriminado configuraria por si mesmo uma pena autônoma. Logo, uma vez adotadas as algemas fora das situações de risco que justificam o seu uso, a autoridade incorreria em tese no crime de abuso de autoridade versado na alínea "b" do art. 4º da Lei nº 4898/65.[74]

O problema dessa interpretação supra é que ela não deixa margem lógica para a discricionariedade policial ou judiciária, justamente porque a avaliação das exceções ao uso das algemas depende de critérios descritos na legislação infra-constitucional, ainda que lacunosa. Por essa razão, ao final dos debates do último precedente a Ministra Ellen Gracie indagou aos Ministros Presidente e Relator, Gilmar Mendes e Marco Aurélio, se o texto da SV seguiria o padrão redacional do CPP Militar, obtendo a seguinte resposta daquele último: "a norma primária seria a Constituição Federal e a subsidiária – porque o nosso sistema jurídico, a meu ver, é único – o Código de Processo Penal".

Comparativamente, os dois primeiros precedentes reforçam a discricionariedade judiciária quando do uso de algemas determinado em sessões de julgamento, enquanto que os dois últimos reforçam precisamente o oposto, ou seja, o caráter excepcional da medida e, portanto, também da discricionariedade policial ou judiciária, a ponto de se exigir motivação precisa, sob pena de incidência no crime de abuso de autoridade.

Disso tudo podem ser extraídas as seguintes conclusões: 1) quanto à suficiência dos precedentes, eles justificam numericamente a exigência de "...reiteradas decisões sobre matéria constitucional..." (art. 103-A, *caput*, da CF), inclusive porque além dos precedentes expressamente citados existem outros três que deviam, contudo, ter sido enumerados no rol respectivo. A única ressalva que se pode fazer nesse caso é que não há perfeita sincronia entre os enfoques dados à matéria entre os dois primeiros e os dois últimos precedentes. Por outro lado, todos eles adotam a mesma premissa: o caráter excepcional do uso das algemas; 2) quanto à fidelidade entre os julgamentos precedentes e o texto da súmula, ela é parcial, porque não abrange nenhuma particularidade dos dois primeiros precedentes, mas apenas dos dois

---

[74] "Art. 4º. Constitui também o crime de abuso de autoridade: ...b) submeter pessoa sob sua guarda ou custódia a vexame ou a constrangimento não autorizado por lei;..."

últimos, nos quais a parte final acerca da responsabilidade civil do Estado não foi debatida expressamente.[75]
Aplicação e interpretação pelo STF:

> Uso de algema em réu preso e necessidade de justificação idônea por escrito pelo magistrado
> (...) a decisão desvirtua a lógica da Súmula. Compreende que a infração que motiva a acusação não afasta a periculosidade do agente, partindo da inconfessada premissa de que o uso de algemas configura regra não afastada pelo caso concreto. Mas a ótica da Súmula é inversa. E ótica vinculante! O fato de o réu encontrar-se preso é absolutamente neutro, pois não se imagina que o uso de algemas seja cogitado na hipótese de acusado que responde à acusação em liberdade. À obviedade, ao exigir causa excepcionante, a Súmula não se contenta com os requisitos da prisão, naturalmente presentes. Com efeito, é certo que as impressões do Juiz da causa merecem prestígio e podem sustentar, legitimamente, o uso de algemas. Não se admite, contudo, que mediante mero jogo de palavras, calcado no singelo argumento de que não se comprovou a inexistência de exceção, seja afastada a imperatividade da Súmula Vinculante. Se a exceção não se confirmou, a regra merece aplicação, de modo que, a teor do verbete, o ato judicial é nulo, com prejuízo dos posteriores.
> [Rcl 22.557, Rel. Min. Edson Fachin, dec. monocrática, julgamento em 14-12-2015, DJE 254 de 17-12-2015]

> O uso de algemas durante audiência de instrução e julgamento pode ser determinado pelo magistrado quando presentes, de maneira concreta, riscos à segurança do acusado ou das pessoas ao ato presentes. (...) II — No caso em análise, a decisão reclamada apresentou fundamentação idônea justificando a necessidade do uso de algemas, o que não afronta a Súmula Vinculante 11.

---

[75] No incidente de repercussão geral do 7º precedente da SV n. 21 (AI 698626 RG-QO) essa lacuna foi suscitada pelo Ministro Marco Aurélio, *verbis*: "se formos aos precedentes, não vamos encontrar um único sequer sobre controvérsia quanto à responsabilidade civil, à responsabilidade administrativa, à responsabilidade penal do agente, muito menos sobre a responsabilidade do Estado" (p. 1267). Em resposta, disse o Ministro Gilmar Mendes, no mesmo julgamento e a propósito da SV n. 11, "...que acertamos *in totum*, inclusive quanto à responsabilidade civil, penal e administrativa, porque ela decorre do sistema como um todo..." (p. 1271). Como se percebe, ambos estavam errados, porque o problema quanto à responsabilidade civil foi a ausência de debate a respeito, enquanto que pelo menos a responsabilidade penal foi expressamente debatida. No debate de aprovação do dia 13.08.2008 os Ministros renovaram a tese da excepcionalidade da medida e voltaram ao tema da responsabilidade pessoal do agente e civil do Estado, agora como reforço do cumprimento da própria SV, abordagem que o Min. Cezar Peluso considerou extravagante.

[Rcl 9.468 AgR, Rel. Min. Ricardo Lewandowski, Plenário, julgamento em 24-3-2011, *DJE* 68 de 11-4-2011]

Necessidade de justificação por escrito pela autoridade policial para o uso de algema em cumprimento de mandado de prisão temporária

(...) nestes autos os reclamantes insurgem-se contra ato praticado por policiais em cumprimento ao mandado de prisão temporária decretado pelo Juízo da 2ª Vara Criminal da Comarca de Betim/MG. (...) Destaco, também, que o Juízo da 2ª Vara Criminal da Comarca de Betim/MG, ao decretar a prisão temporária dos reclamantes, consignou que o mandado deveria ser cumprido "com as cautelas previstas em lei, evitando qualquer abuso ou arbitrariedade por parte dos seus cumpridores" (...). No caso, a utilização excepcional das algemas foi devidamente justificada pela autoridade policial, nos termos exigidos pela Súmula Vinculante 11. Ficou demonstrada a existência de fundado perigo à integridade física dos conduzidos, de terceiros e dos agentes policiais que realizaram a escolta. Ademais, como bem destacado pelo MPF, "eventual nulidade decorrente do uso de algemas no cumprimento do mandado não vicia a prisão processual".
[Rcl 8.409, Rel. Min. Gilmar Mendes, dec. monocrática, julgamento em 29-11-2010, *DJE* 234 de 3-12-2010]

Relaxamento de prisão em flagrante indeferido e justificação por escrito pelo magistrado

No caso em comento, o enunciado da Súmula Vinculante 11 assentou o entendimento de que a utilização de algemas se revela medida excepcional, notadamente quando envolver processos perante o Tribunal do Júri em que jurados poderiam ser influenciados pelo fato de o acusado ter permanecido algemado no transcurso do julgamento. Com efeito, a utilização das algemas somente se legitima em três situações, a saber: (i) quando há fundado receio de fuga, (ii) quando há resistência à prisão ou (iii) quando há risco à integridade física do próprio acusado ou de terceiros (*e.g.*, magistrados ou autoridades policiais). Mais que isso, é dever do agente apresentar, posteriormente, por escrito, as razões pelas quais o levou a proceder à utilização das algemas. Do contrário, haverá a responsabilização tanto do agente que efetuou a prisão (criminal, cível e disciplinar) quanto do Estado, bem como a decretação de nulidade da prisão e/ou dos atos processuais referentes à constrição ilegal da liberdade ambulatorial do indivíduo. Ocorre que, *in casu*, a autoridade reclamada (Juízo da 2ª Vara Criminal da Comarca de Americana/SP) apresentou extensa fundamentação ao indeferir o pedido de relaxamento da prisão. Daí por que se mostra infundada a pretensão dos Reclamantes.
[Rcl 12.511 MC, Rel. Min. Luiz Fux, dec. monocrática, julgamento em 16-10-2012, *DJE* 204 de 18-10-2012]

Descabimento de reclamação para prevenir uso de algemas

Nesse contexto, a leitura da inicial não permite identificar ato concreto passível de ser impugnado mediante reclamação, uma vez que a decisão do Juízo da 5ª Vara Criminal da Circunscrição Judiciária de Brasília/DF não desrespeitou o que definido por esta Corte na Súmula Vinculante 11. Ao indeferir o pedido da defesa [impedir a utilização de algemas quando do comparecimento do reclamante à audiência de interrogatório dos réus], o juízo reclamado deixou o uso das algemas à discrição da autoridade policial responsável pela escolta do reclamante, conforme as circunstâncias e as necessidades do caso concreto. Cumpre ressaltar, nesse ponto, que a Súmula Vinculante 11 não aboliu o uso das algemas, mas pretendeu apenas evitar os abusos que, se comprovados, implicam a responsabilização

penal e administrativa dos responsáveis. Dessa forma, considerando-se a natureza preventiva do pedido, veiculado contra ato futuro e incerto, não há falar em afronta à autoridade da Súmula Vinculante 11 desta Corte. [Rcl 14.434, Rel. Min. Ricardo Lewandowski, dec. monocrática, julgamento em 28-8-2012, *DJE* 172 de 31-8-2012]

Impossibilidade de reavaliação do fundamento de magistrado para o uso de algemas em habeas corpus

A decisão atacada levou em conta a existência de fundado perigo consubstanciado no envolvimento dos acusados com facção criminosa, na deficiência da segurança do Fórum e, ainda, no grande número de advogados e funcionários presentes à sala de audiência. 5. O uso de algemas durante a audiência de instrução e julgamento somente afronta o enunciado da Súmula Vinculante 11 quando impõe constrangimento absolutamente desnecessário, o que não se verifica nos autos. 6. Não é possível admitir-se, em sede de *habeas corpus*, qualquer dúvida a respeito das questões de fato apontadas pela magistrada para determinar o uso das algemas durante a realização das audiências.
[HC 103.003, Rel. Min. Ellen Gracie, Segunda Turma, julgamento em 29-3-2011, *DJE* 162 de 24-8-2011]

Impossibilidade de reavaliação do fundamento de magistrado para o uso de algemas em reclamação

A descrição dos fatos corresponde ao conteúdo da ata de audiência. Assim, a magistrada de primeiro grau indeferiu o pleito de retirada das algemas do Reclamante e dos outros sete acusados por motivo justificável — fundado receio de perigo à integridade física alheia, ocasionada pelo alto número de réus e reduzida quantidade de policiais que pudessem garantir a segurança para a realização da audiência. Agregue-se o fato de que a peça inaugural acusatória indica a possível periculosidade dos envolvidos, que se associaram para o cometimento

reiterado da conduta ilícita do art. 33 da Lei 11.343/2006 — tráfico interestadual de entorpecentes. (...) Neste contexto, entendo que, naquele ato, fundamentada a decisão que manteve as algemas dos envolvidos, não tendo o condão de influenciar negativamente ou prejudicar a instrução do feito. (...) Portanto, a situação presente nos autos não representa violação do enunciado à Súmula Vinculante 11.
[Rcl 14.663, Rel. Min. Rosa Weber, dec. monocrática, julgamento em 19-10-2012, *DJE* 210 de 25-10-2012]

Ausência de comprovação nos autos do uso de algemas
Quanto ao tema atinente ao uso de algemas no interrogatório do paciente, não prospera a irresignação do impetrante, uma vez que não há qualquer comprovação nos autos de que o réu esteve algemado, bem como não houve a insurgência da defesa em tempo hábil, restando a matéria preclusa. De qualquer modo, também não ficou demonstrado prejuízo à defesa, bem como as situações físicas da sala de audiências justificam, em tese, o uso de algemas.
[HC 121.350, voto do Rel. Min. Luiz Fux, Primeira Turma, julgamento em 13-5-2014, *DJE* 189 de 29-9-2014]

Verifico, portanto, não haver, nos autos da presente reclamação, substrato fático ou jurídico capaz de atrair a incidência do enunciado da Súmula Vinculante 11, visto que há, *in casu*, justificativa idônea para o uso das algemas durante a realização da audiência. Assim, não é possível admitir-se, em reclamação, qualquer dúvida a respeito das questões de fato apontadas pelo magistrado para determinar o uso das algemas durante a realização das audiências.
[Rcl 9.877, Rel. Min. Ellen Gracie, dec. monocrática, julgamento em 11-6-2010, *DJE* 116 de 25-6-2010]

SÚMULA VINCULANTE Nº 12

A Súmula Vinculante nº 12 tem o seguinte texto:

A cobrança de taxa de matrícula nas universidades públicas viola o disposto no art. 206, IV, da Constituição Federal.

Os precedentes declarados dessa súmula são os julgamentos dos REs nºs 500171, 542422, 536744, 536754, 526512, 543163, 510378, 542594, 510735, 511222, 542646 e 562779, que ocorreram todos na mesma sessão do dia 13.08.2008, na relatoria do Ministro Ricardo Lewandowski.

O incidente de repercussão geral, todavia, não se deu em nenhum daqueles REs acima mencionados, mas, sim, no RE 567801, na relatoria do Ministro Menezes Direito. Referido julgamento devia assumir, assim, a condição de precedente-guia, mas curiosamente, não foi incluído sequer no rol dos precedentes. Uma explicação possível para tal lacuna pode ser extraída do esclarecimento inicialmente feito pelo Ministro Menezes Direito naquela sessão conjunta do dia 13.08.2008. Após o incidente de repercussão geral, naquele RE relegado, a decisão respectiva foi publicada e depois cancelada, oportunidade em que o Ministro Lewandowski solicitou a inclusão em pauta do RE 500171 para julgamento conjunto, que de qualquer forma não incluiu o RE 567801.[76]

Assim, na falta do RE 567801, o RE 500171 passou a ser o precedente-guia. Nele, assim como nos demais, estava em questão a constitucionalidade ou não do ato de cobrança de "taxa" de matrícula em universidades públicas, à luz do inc. IV do art. 206 da CF, que institui como um dos princípios do ensino a "gratuidade do ensino público em estabelecimentos oficiais".

A interpretação vitoriosa, capitaneada pelo voto do Ministro Relator, seguiu a seguinte linha de argumentos: 1) a gratuidade do ensino público, versado no inv. IV do art. 206, não se reduz à gratuidade do ensino fundamental obrigatório mencionada no inc. I do art. 208 da CF, porque o primeiro é um princípio e um direito de segunda geração, enquanto que o segundo é um dever dirigido ao Estado;[77] 2) o princípio da gratuidade do ensino público se conjuga com o princípio da "igualdade de condições para o acesso e permanência na escola",

---

[76] No voto do Ministro Relator também foi lembrado o julgamento da ADI 2643, na qual a matéria dizia respeito à cobrança da "taxa" de vestibular. Trata-se de julgamento que também devia ter constado no rol de precedentes, inclusive porque se havia necessidade de distinção entre "taxa" de matrícula e "taxa" de (inscrição no) vestibular, ela devia ter sido feita no texto da SV. Em particular nesse julgamento, o STF reconheceu a constitucionalidade de uma lei estadual que concedeu isenção indistinta da "taxa" de vestibular a todos os inscritos concorrentes a vagas de uma universidade também estadual. Logo, *contrario sensu*, esse mesmo julgamento reconheceu também que a cobrança era lícita, já que a isenção funcionou como uma exceção à regra. Se a exceção pode ser total, também seria lícito uma exceção parcial (isenção parcial, decerto dos mais carentes). Nesse caso, há em tese uma incongruência entre se admitir a constitucionalidade de uma lei de isenção da "taxa" para depois considerar a própria "taxa" inconstitucional.

[77] No entendimento do Ministro Cezar Peluso, a cobrança seria assim uma restrição inconstitucional ao princípio da gratuidade. Em resposta, o Ministro Gilmar Mendes sustentou que essa restrição não seria incompatível com o princípio, porque o subsídio dos mais carentes seria feito por aqueles que tivessem melhores condições econômicas, atendendo-se assim à universalidade de acesso e de permanência, naquilo que chamou de "concordância prática", ou seja, de aplicação da máxima da proporcionalidade.

versado no inc. I do art. 206 da CF; 3) o art. 212 determina à União que destine 18% de sua receita às despesas com educação, o que exclui a necessidade de cobrança de "taxa" de matrícula, mesmo quando instituída com o fim de custear a permanência de estudantes carentes nos bancos escolares, pois do contrário haveria dupla exação fiscal.

Embora coerente, a tese vitoriosa sofreu o embate dos votos divergentes de quatro Ministros (Cármen Lúcia, Eros Grau, Celso de Mello e Gilmar Mendes), com base nos seguintes argumentos: 1) o princípio da gratuidade contido no inc. IV do art. 206 não exclui a cobrança da "taxa" de matrícula, diante do princípio da solidariedade previsto no art. 205 da CF; 2) a cobrança seria feita também em nome do princípio da universidade do acesso à educação, com reconhecimento do direito à isenção dos mais carentes, conforme teria fixado o próprio STF "...em inúmeras ocasiões..."; 3) a arrecadação respectiva seria uma forma diferida de garantir não o acesso à educação, mas principalmente a permanência dos mais carentes até a finalização dos estudos.

Assim, entre tese e antítese, venceu a maioria.

Disso tudo podem ser extraídas as seguintes conclusões: 1) quanto à suficiência dos precedentes, eles justificam numericamente a exigência de "...reiteradas decisões sobre matéria constitucional..." (art. 103-A, *caput*, da CF), inclusive porque além dos precedentes expressamente citados existe mais um (RE 567801) que devia, contudo, ter sido enumerado no rol respectivo. A única ressalva que se pode fazer nesse caso é a mesma feita para a SV nº 6: o julgamento conjunto de vários REs surge como mais uma exceção à exigência de reiteradas decisões anteriores, critério de tempo de todo modo flexível, porque se os REs fossem incluídos cada um em pautas de dias diferentes o resultado seria o mesmo; 2) quanto à fidelidade entre os julgamentos precedentes e o texto da súmula, ela é parcial, porque o "esquecimento" da ADI 2643 não permitiu o exame da incoerência lógica entre primeiro se reconhecer a constitucionalidade de leis de isenção de "taxa" e depois pronunciar a própria "taxa" inconstitucional de forma indistinta.[78]

---

[78] Essa incoerência não foi objeto do debate de aprovação do dia 13.08.2008, no qual o Min. Eros Grau demonstrou preocupação com a duplicação do regime de repercussão geral em incidente de sumulação vinculante, assim se manifestando: "hoje fico muito preocupado com o fato de da repercussão geral chegarmos diretamente à súmula. Porque há casos e casos. E hoje julgamos uma porção de recurso extraordinários, entre os quais seguramente há casos inteiramente distintos um do outro". A defesa desse procedimento cumulativo foi feita pelo Min. Ricardo Lewandowski: "...o Supremo Tribunal Federal adotou uma praxe salutar e logo após votada a repercussão geral nós elaboramos uma súmula vinculante.

Aplicação e interpretação pelo STF:

Cobrança de taxa de matrícula em universidade pública
EDUCAÇÃO. ENSINO SUPERIOR. TAXA DE MATRÍCULA. COBRANÇA. IMPOSSIBILIDADE.
O Plenário deste Tribunal fixou entendimento no sentido de que a exigência da cobrança de taxa de matrícula nas universidades públicas viola o disposto no art. 206, IV, da Constituição do Brasil [Súmula Vinculante 12].
[AI 672.123 AgR, Rel. Min. Eros Grau, Segunda Turma, julgamento em 1º-12-2009, *DJE* 237 de 18-12-2009]

Modulação de efeitos da declaração de inconstitucionalidade da cobrança de taxa de matrícula nas universidades públicas
Cumpre mencionar que, em 16-3-2011, este Supremo Tribunal, por maioria, acolheu os embargos de declaração opostos no RE 500.171, para atribuir efeitos *ex nunc* à declaração de inconstitucionalidade da cobrança da taxa em debate. (...) Decidiu-se, também, que seriam resguardados os direitos dos estudantes que tivessem ingressado individualmente em juízo para pleitear o seu ressarcimento, não sendo autorizada, apenas, a devolução em massa pelas universidades públicas.
[RE 563.386 AgR, voto da Rel. Min. Cármen Lúcia, Primeira Turma, julgamento em 14-6-2011, *DJE* 125 de 1º-7-2011]

II. Modulação dos efeitos da decisão que declarou a inconstitucionalidade da cobrança da taxa de matrícula nas universidades públicas a partir da edição da Súmula Vinculante 12, ressalvado o direito daqueles que já haviam ajuizado ações com o mesmo objeto jurídico.
[RE 500.171 ED, Rel. Min. Ricardo Lewandowski, Plenário, julgamento em 16-3-2011, *DJE* 106 de 3-6-2011]

Cobrança de taxa para inscrição em processo seletivo seriado ou vestibular
TAXA DE INSCRIÇÃO EM PROCESSO SELETIVO SERIADO. INGRESSO NO ENSINO SUPERIOR. UNIVERSIDADE PÚBLICA. ART. 206, IV, DA CF/1988

Isso tem desatravancado os nossos trabalhos, tem esclarecido os jurisdicionados. Parece-me uma prática que, *data venia*, deve ser mantida". Numa frase: em nome da otimização do trabalho a sumulação vinculante pode ser catapultada pelo regime da repercussão geral. Se esse era o objetivo, o regime da repercussão geral era suficiente, dispensando assim a edição sumular, ou então era inútil diante da sumulação.

O mesmo raciocínio utilizado na elaboração do Verbete Vinculante 12 deve ser observado nas hipóteses de cobrança de taxa para inscrição de processo seletivo seriado em Universidade Pública, considerada a gratuidade do ensino público em estabelecimentos oficiais.

[AI 748.944 AgR, Rel. Min. Marco Aurélio, Primeira Turma, julgamento em 5-8-2014, DJE 164 de 26-8-2014]

Vislumbro, neste juízo prévio, o confronto entre o ato emanado do juízo reclamado e o que expressamente dispõe a Súmula Vinculante 12 (...). É que, ao julgar o RE 500.171/GO, Rel. Min. Ricardo Lewandowski, DJE 23-10-2008, que originou a referida súmula, o Plenário desta Suprema Corte estabeleceu que a cobrança de matrícula para cursar a universidade é que ofende o art. 206, IV, da CF/1988, e não a taxa cobrada para inscrição em processo de seleção.

[Rcl 7.831 MC, Rel. Min. Ellen Gracie, dec. monocrática, julgamento em 6-4-2009, DJE 70 de 16-4-2009]

Cobrança de taxa de matrícula em curso de língua estrangeira

À primeira vista, afigura-se plausível a pretensão do reclamante no sentido de que a decisão impugnada teria aplicado indevidamente o enunciado da Súmula Vinculante 12 (...). Isso porque, da análise dos autos, pode-se constatar que a reclamante, Universidade Federal do Ceará, está cobrando taxa de matrícula para os cursos de línguas estrangeiras, realizados dentro do Projeto "Casas de Cultura Estrangeira" (fls. 55-56), e não para a matrícula em seus cursos de graduação. A análise dos precedentes desta Suprema Corte que motivaram a aprovação da Súmula Vinculante 12 não tratam de qualquer curso realizado pelas universidades públicas, mas apenas dos cursos de ensino superior.

[Rcl 8.596 MC, Rel. Min. Ayres Britto, dec. monocrática proferida pelo Min. Gilmar Mendes no exercício da Presidência, julgamento em 10-7-2009, DJE 146 de 5-8-2009]

Cobrança de taxa para expedição de diploma

O Tribunal, no RE 562.779/DF, da relatoria do ministro Ricardo Lewandowski, sob o ângulo da repercussão geral, assentou a inconstitucionalidade da cobrança de taxa de matrícula como requisito para ingresso em universidade federal, por representar violação ao art. 206, IV, da Carta da República. Consignou constituir a matrícula formalidade essencial para acesso do aluno à educação superior, de modo que se apresenta inadequada qualquer limitação ao princípio constitucional do ensino público gratuito nos estabelecimentos oficiais. Na ocasião, votei com a maioria, ressaltando a ideia básica que serve de causa ao

princípio: viabilizar o acesso dos que não podem cursar o nível superior sem prejuízo do próprio sustento e da família. Nesse sentido, o Pleno aprovou o Verbete Vinculante 12. O mesmo raciocínio e conclusão devem ser empregados no caso de cobrança de taxa para expedição de diploma.
[RE 597.872 AgR, voto do Rel. Min. Marco Aurélio, Primeira Turma, julgamento em 3-6-2014, *DJE* 164 de 26-8-2014]

Cobrança de taxa de alimentação em instituição pública de ensino profissionalizante

A interpretação conjunta dos citados arts. 206, IV, e 208, VI, revela, a mais não poder, que programa de alimentação de estudantes em instituição pública de ensino profissionalizante que se apresente oneroso a estes consiste na própria negativa de adoção do programa. O princípio constitucional da gratuidade de ensino público em estabelecimento oficial alcança não apenas o ensino em si, mas também as garantias de efetivação do dever do Estado com a educação previsto na CF/1988 e, entre essas, o atendimento ao educando em todas as etapas da educação básica, incluído o nível médio profissionalizante, fornecendo-lhe alimentação. O envolvimento, na espécie, de autarquia federal de ensino profissional conduz à impossibilidade da cobrança pretendida. Conclusão diversa, como a atacada por meio deste recurso, distorce o sistema de educação pública gratuita consagrado na Carta da República. Bem andou o Juízo ao julgar procedente o pedido formulado na ação civil pública, assentando a impropriedade da cobrança relativa à questionada anuidade alimentícia.
[RE 357.148, voto do Rel. Min. Marco Aurélio, Primeira Turma, julgamento em 25-2-2014, *DJE* 62 de 28-3-2014]

Gratuidade de ensino prestado por fundação pública

A gratuidade do ensino em estabelecimentos oficiais já foi pacificada pelo Supremo, resultando, inclusive, na edição do Verbete 12 da Súmula Vinculante do Tribunal. O mesmo raciocínio utilizado na elaboração do referido enunciado deve ser observado nos casos de cobrança por serviços de ensino fundamental e médio prestados por fundação pública, integrante da Administração Indireta municipal, considerada a regra do art. 206, IV, da Carta de 1988.
[RE 490.839, Rel. Min. Marco Aurélio, dec. monocrática, julgamento em 1º-6-2015, *DJE* 111 de 11-6-2015]

SÚMULA VINCULANTE Nº 13

A Súmula Vinculante nº 13 tem o seguinte texto:

A nomeação de cônjuge, companheiro ou parente em linha reta, colateral ou por afinidade, até o terceiro grau, da autoridade nomeante ou de servidor da mesma pessoa jurídica investido em cargo de direção, chefia ou assessoramento, para o exercício de cargo em comissão ou de confiança ou, ainda, de função gratificada na administração pública direta e indireta em qualquer dos Poderes da União, dos Estados, do Distrito Federal e dos Municípios, compreendido o ajuste mediante designações recíprocas, viola a Constituição Federal.

Os precedentes declarados dessa súmula são os seguintes julgamentos: ADI 1521-MC, MS 23780, ADC 12-MC, ADC 12 e RE 579951.

O incidente de repercussão geral se deu no último julgamento, que é também o mais recente do ponto de vista cronológico, de modo que ele é o precedente-guia. Contudo, em nenhum deles, nem mesmo nesse último, o regime da sumulação vinculante foi sequer mencionado.

Para o exame dessa Súmula, convém resumir o pano de fundo de cada um dos julgamentos acima mencionados, a fim de se ter um melhor panorama da matéria.

O primeiro deles[79] tinha por objeto alguns artigos da EMC 12/1995 à Constituição do Estado do Rio Grande do Sul, entre os quais o 5º (quinto) deles assim asseverava: "os cargos em comissão não podem ser ocupados por cônjuges ou companheiros e parentes, consanguíneos, afins ou por adoção, até o segundo grau". Em seu voto, o Ministro-Relator, Marco Aurélio, registrou os casos em que a matéria já estava assentada, a partir da manifestação da Assembleia Legislativa do RS: junto ao TCU (Lei 9165/95), junto ao próprio STF (art. 357 de seu RI) e junto ao TRT da 4ª Região (art. 326 de seu RI), estabelecendo as seguintes premissas: a) "...o mérito é a fórmula eficiente para chegar-se à qualidade total desejada aos serviços públicos..."; b) a EMC objeto da ADI "...rendeu homenagem aos princípios da legalidade, da impessoalidade, da moralidade, da isonomia e do concurso público obrigatório..."; c) disso decorre a exigência de tratamento linear na

---

[79] Esse precedente foi publicado como MC (medida "cautelar") e assim se manteve, porque não chegou a ser confirmado em julgamento definitivo, como ocorreu com o 3º precedente, confirmado pelo 4º. Sua inclusão no rol de precedentes ocorreu por sugestão ao Ministro Marco Aurélio, no debate de aprovação do texto da súmula (pp. 23-24).

matéria, ou seja, "...a abranger os três Poderes, o Executivo, o Judiciário e o Legislativo, deixando-se de ter a admissão de servidores públicos conforme a maior ou menor fidelidade do Poder aos princípios básicos decorrentes da Constituição Federal".[80] Deixa-se de examinar outros pontos do voto, porque dizem respeito a temas que não influenciaram a sumulação em exame. Em resumo, a parte do voto acima descrita recebeu adesão unânime dos demais Ministros, resultando, assim, no indeferimento da medida liminar, com a consequente manutenção do texto proibitivo do nepotismo. Merecem registro, outrossim, os votos divergentes dos Ministros Ilmar Galvão, Carlos Velloso, Octavio Gallotti e Néri da Silveira, que propuseram interpretação conforme tendente a excepcionar da regra proibitiva os ocupantes de cargos efetivos que, embora parentes, sofreriam a discriminação de nunca poderem ocupar cargos em comissão ou funções de confiança. O raciocínio, aqui, foi duplo: 1) a CF não proíbe que nenhum parente de administrador público se submeta a concurso para cargo efetivo; 2) a mesma CF dizia, na época do julgamento, que os cargos em comissão e as funções de confiança seriam ocupados "preferencialmente" por servidores de carreira.[81] Com isso, exsurge mesmo incoerente que ao menos fora da vinculação direta do parente superior, ou seja, em outra estrutura funcional, o parente ocupante de cargo efetivo não possa nunca ocupar cargos em comissão ou funções de confiança, inclusive porque essa mesma exceção se encontra prevista no RI do próprio STF: o servidor ocupante de cargo efetivo, parente de um dos Ministros, pode exercer cargo em comissão ou função de confiança (§7º do art. 355), desde que fora do gabinete (art. 357, parágrafo único). Embora razoável, essa

---

[80] Esse tratamento linear ou único foi fundamentado expressamente no art. 39 da CF, que na época (a Sessão de julgamento ocorreu em 12.03.97) exigia regime jurídico único para os servidores da administração direta, autárquica e fundacional de todos os entes federativos. Referido dispositivo foi alterado pela EMC n. 19/98, que deixou de fazer aquela exigência, até ser julgada inconstitucional pelo próprio STF na ADI 2.135, em sede liminar (Sessão de 02.08.2007), retornando-se então ao regime originário de 1988. Esse hiato, todavia, não desnatura o fundamento usado para o tratamento uniforme da matéria, porque especialmente nos 3 (três) últimos precedentes a regra da proibição do nepotismo foi tirada diretamente do texto da CF, conforme se verá adiante. De qualquer modo, o início da tendência à sumulação vinculante pode ser registrado nesse voto, assim como no voto do Ministro Maurício Correa no mesmo julgamento em exame (p. 132).

[81] Na dicção dada pela EMC 19/98, as funções de confiança devem ser ocupadas exclusivamente por servidores efetivos, que mantém preferência de ocupação dos cargos em comissão, "...nos casos, condições e percentuais mínimos previstos em lei..." (inc. V do art. 37 da CF). Considerando que aquela EMC foi proclamada inconstitucional, vale aqui a mesma conclusão indicada na nota de rodapé anterior.

divergência não foi vitoriosa. Caso contrário, seria uma exceção a ser tratada no texto da súmula.

No segundo precedente (MS 23780), uma servidora estadual do Maranhão, ocupante de cargo efetivo, foi colocada à disposição do TRT da 16ª Região e ali foi nomeada para alguns cargos de confiança. Contudo, referida servidora era também irmã do então Vice-Presidente daquele Tribunal, razão pela qual foi exonerada após manifestação do TCU nesse sentido, decerto com base no disposto no inc. IX (e sob as penas do inc. X) do art. 71 da CF, vindo então a se insurgir contra aquele ato por via do *mandamus*. A ordem do TCU teve como base a Decisão nº 118/1994 e o art. 10 da Lei nº 9421/1996, que assim se encontrava redigido:

> Art. 10. No âmbito da jurisdição de cada Tribunal ou Juízo é vedada a nomeação ou designação, para os Cargos em Comissão e para as Funções Comissionadas de que trata o art. 9º, de cônjuge, companheiro ou parente até o terceiro grau, inclusive, dos respectivos membros ou juízes vinculados, salvo a de servidor ocupante de cargo de provimento efetivo das Carreiras Judiciárias, caso em que a vedação é restrita à nomeação ou designação para servir junto ao Magistrado determinante da incompatibilidade.[82]

Em seu voto vencedor, o Ministro-Relator, Joaquim Barbosa, asseverou que mesmo a legislação anterior às nomeações (Lei nº 8432/1992) já as proibia no caso em exame, uma vez que a servidora em questão não ocupava cargo efetivo no próprio Tribunal, concluindo assim que a exoneração "...é medida que homenageia e concretiza o princípio da moralidade administrativa...". Com isso, a segurança foi denegada.

No terceiro precedente (ADC 12-MC), o objeto era a Res. nº 07/2005 do CNJ, que proíbe o nepotismo no âmbito do Poder Judiciário: a) nas mesmas hipóteses do art. 6º da Lei nº11.416/2006 (portanto, inclusive

---

[82] Referido diploma legal foi revogado pela Lei nº 11.416/2006, que seu art. 6º reproduz a mesma regra anterior, com apenas uma alteração substancial (a extensão da proibição ao parentesco por afinidade), *verbis*: "Art. 6º No âmbito da jurisdição de cada tribunal ou juízo é vedada a nomeação ou designação, para os cargos em comissão e funções comissionadas, de cônjuge, companheiro, parente ou afim, em linha reta ou colateral, até o terceiro grau, inclusive, dos respectivos membros e juízes vinculados, salvo a de ocupante de cargo de provimento efetivo das Carreiras dos Quadros de Pessoal do Poder Judiciário, caso em que a vedação é restrita à nomeação ou designação para servir perante o magistrado determinante da incompatibilidade".

dos parentes por afinidade)[83] e também de parentes de servidores investidos em cargo de direção ou de assessoramento; b) do tipo "cruzado", ou seja, enquanto "...ajuste para burlar a regra do inciso anterior mediante reciprocidade nas nomeações ou designações"; c) nas contratações temporárias; d) nas contratações de pessoas jurídicas cujos sócios sejam parentes, especificamente nos casos de dispensa ou inexigibilidade de licitação. Em seu voto, o Ministro-Relator, Carlos Ayres Britto, estabeleceu as seguintes premissas: 1) os regimentos dos tribunais têm natureza ambivalente: primária, quanto à competência e ao funcionamento dos órgãos jurisdicionais e administrativos, e, secundária, quanto à observância das regras de processo; 2) a CF prevê ao menos uma hipótese de regulamento autônomo,[84] mais especificamente o poder reconhecido ao Presidente da República de dispor, por decreto, sobre "organização e funcionamento da administração federal..." (art. 84, VI, "a", da CF), conforme teria reconhecido o STF no julgamento da ADI nº 2564; 3) os poderes conferidos ao CNJ nos incisos do §4º do art. 103-B da CF têm natureza primária, no pressuposto de que: a) a regulação a respeito "...traz consigo a dimensão da normatividade em abstrato..."; b) aquele é o único dos três Conselhos (CJF e CSJT) previstos na EMC n. 45/2004 cujas competências não foram remetidas à disciplina infra-constitucional ("...na forma da lei"); 4) além disso, o CNJ é "...uma genuína instância do Poder Judiciário..." e tem atribuição de controle sobre tal Poder que, diferentemente dos demais Poderes, tem caráter nacional ou uno; 5) a Resolução objeto da ADC, portanto, pode regulamentar em abstrato os princípios constitucionais que a fundamentam, a saber: impessoalidade,[85] eficiência e igualdade; 6) tais princípios já impõem, por si mesmos, a proibição genérica ao

---

[83] Num primeiro momento, o Ministro-Relator, Carlos Britto, entendeu ter havido exorbitância da Resolução do CNJ quanto a tal conceito de parentesco (parente por afinidade até o 3º grau, quando devia ser limitado, por interpretação conforme, "aos irmãos do cônjuge ou companheiro"), não previsto no CCB e, segundo seu entendimento, sujeito à reserva de lei (p. 44), mas depois aceitou as ponderações contrárias dos Ministros Nelson Jobim e Cezar Peluso (p. 62), parecendo reformar seu voto neste ponto (p. 63).

[84] Em seu voto, o Ministro Joaquim Barbosa incluiu mais uma hipótese: precisamente o poder do CNJ de "zelar pela observância do art. 37" (art. 103-B, §4º, II).

[85] Esse seria o princípio que, por excelência, vedaria a prática do nepotismo, em cujo conceito o Ministro-Relator exclui os parentes não-concursados (p. 34), olvidando que essa exceção não foi aceita no primeiro precedente. Esse é um ponto que passou despercebido pelos demais Ministros, mas que devia ter sido enfrentado, seja para confirmar a sua rejeição, como outrora ocorreu, seja para refutá-la, inclusive porque no quinto precedente (RE 579951) foi expressamente admitida uma exceção à regra, quanto aos cargos assim chamados políticos: Ministros de Estado e Secretários Estaduais e Municipais.

nepotismo,[86] de modo que "...as restrições constantes do ato normativo do CNJ são, no rigor dos termos, as mesmas restrições já impostas pela Constituição de 1988...". Grosso modo, tais premissas foram seguidas pelos demais Ministros, à exceção do Ministro Marco Aurélio, para quem o CNJ não teria poderes normativos abstratos. Vale registrar que esse mesmo Ministro havia aconselhado, no primeiro precedente, o tratamento linear ou nacional da proibição do nepotismo, ideia que acabou sendo retomada no julgamento em exame, conquanto de modo não expresso, com base na premissa da agressão direta daquela prática aos princípios constitucionais da moralidade e da impessoalidade.[87]

O Acórdão do quarto precedente (ADC 12) foi publicado após a publicação do texto da SV, e confirma a constitucionalidade da Res. nº 07/2005 do CNJ, objeto da medida liminar deferida no 3º precedente, sem qualquer alteração substancial. As únicas inovações dignas de nota são: 1) a advertência do Ministro Marco Aurélio "aos apressados", no sentido de que a sua posição naquele julgamento não devia ser interpretada como uma concordância com nepotismo, já que havia se manifestado contra tal prática em seu voto no 1º precedente;[88] 2) o voto do Ministro Menezes Direito, que não participara do julgamento do 3º precedente, no sentido de acompanhar o voto do Ministro Relator, contudo sem interpretação conforme, porque em seu entendimento a proibição do nepotismo alcança os cargos de chefia; 3) os termos da Ementa, quanto a esses cargos de chefia, para os quais foi adotada interpretação conforme, deixaram de se referir a uma "inclusão" nos princípios dos incs. II, III, IV e V do art. 2º daquela Resolução, para se referir a uma "dedução" desses mesmos princípios.

No quinto precedente (RE 579951) foi dado tratamento objetivo ou abstrato à matéria, diante do regime da repercussão geral nele adotado, mas o caso concreto era o seguinte: o irmão de um vereador e

---

[86] A propósito, asseverou o Ministro Gilmar Ferreira Mendes em seu voto que "a Constituição, ao atuar por meio de princípios, determina os fins sem indicar explicitamente os meios", concluindo assim que, "...quando a Constituição confere ao CNJ a competência de fiscalizar a atuação administrativa do Poder Judiciário e fazer cumprir o art. 37, implicitamente concede os poderes necessários para o exercício eficaz dessa competência" (p. 72).

[87] Não obstante se tenha reconhecido expressamente, por exemplo no voto do Ministro Gilmar Ferreira Mendes, que a vinculação do ato em exame era limitada aos órgãos do Poder Judiciário (p. 75). Tal limite também havia sido declarado pelo STF no julgamento das Reclamações ns. 4547 e 4512, de acordo com o voto do Ministro-Relator, Ricardo Lewandowski, no julgamento do quinto precedente (p. 1882, nota 1).

[88] Mais adiante, nos debates, o Ministro Marco Aurélio aderiu à tese do poder normativo do CNJ (p. 23).

o irmão do Vice-Prefeito do Município de Água Nova do Estado do Rio Grande do Norte foram nomeados, respectivamente, para os cargos em comissão de Secretário Municipal de Saúde e de motorista, e tiveram as suas nomeações questionadas com base na Res. nº 07/2005 do CNJ. Embora o relatório e o voto do Ministro-Relator, Ricardo Lewandowski, não esclareçam com detalhes, deduz-se que o caso foi discutido em juízo e da sentença se interpôs apelação (desconhece-se o resultado da sentença e, portanto, o recorrente), finalmente julgada pelo TJ daquele Estado no sentido de que "...é a Constituição que permite o chamado 'nepotismo', na medida em que dá ao administrador público liberdade para ocupar parte dos cargos que tem à sua disposição com pessoas de sua confiança, independentemente do fato de serem ou não seus parentes". Além disso, entendeu aquele TJ que a Resolução do CNJ era restrita ao Poder Judiciário (a propósito como ficou implícito no terceiro precedente) e não podia ser aplicada ao Poder Executivo Municipal sem lei formal nesse sentido. Trata-se de decisão que, portanto, contraria o ponto de chegada do terceiro precedente, segundo o qual a proibição do nepotismo decorre diretamente dos princípios constitucionais da moralidade e da impessoalidade. Nesse caso, as premissas adotadas pelo Ministro-Relator foram basicamente as mesmas da medida liminar da ADC nº 12, valendo como resumo a seguinte passagem, manifestada durante os debates após o voto principal:

> Estou afirmando, no meu voto, a partir de um caso concreto, que, realmente, os princípios são auto-aplicáveis, que a vedação ao nepotismo decorre exatamente da conjugação desses princípios da Constituição, com o *etos* prevalente na sociedade brasileira (p. 1903).

A lembrança do caso concreto ou do casuísmo que a matéria encerra, mormente quanto às possíveis exceções à regra, foi novamente feita pelo Ministro-Relator em outras duas passagens (pp. 1911 e 1925), depois que o Ministro Marco Aurélio restringiu o provimento ao parente motorista, negando provimento no caso do parente Secretário, diante da natureza política da nomeação, no que foi a propósito seguido pela maioria dos demais Ministros[89] e, por fim, pelo próprio Ministro-Relator. Essa lembrança é simbólica, porque num julgamento objetivo

---

[89] Carlos Britto (p. 1913), Menezes Direito (p. 1915), Cármen Lúcia (p. 1918), Eros Grau (p. 1921), Cezar Peluso (p. 1928), Gilmar Mendes (p. 1939) e inclusive, por fim, o próprio Relator (p. 1929).

o registro de uma exceção no caso concreto exige tratamento também abstrato ou genérico, mormente quando ela mesma comporta ressalva, como aquela feita pelo Ministro-Relator aos casos de nepotismo cruzado (p. 1929), que foi contudo ignorada na redação do Acórdão e da própria SV. Numa frase: o julgamento admitiu exceção à regra da proibição do nepotismo nos casos de cargos políticos, como sejam os de Secretários Municipais e, por simetria, de Secretários Estaduais e de Ministros de Estado, deixando todavia de estender a proibição a esses mesmos cargos quando a nomeação advier de troca de favores entre os administradores nomeantes. Referido incidente foi sucessivamente debatido entre os Ministros, mas o mais importante deles ficou estrito a uma única fala do Ministro Carlos Britto, quando invocou a extensão da regra proibitiva a todos os Poderes, e não apenas ao Poder Judiciário. Após a intervenção da Ministra Cármen Lúcia, na qual reafirmava a aplicação imediata dos princípios do art. 37 da CF, independentemente de integração legislativa infraconstitucional, o Ministro Carlos Britto emendou: "E alcança os Poderes todos", obtendo adesão logo em seguida daquela mesma Ministra (p. 1917) e, tacitamente, de todos os demais. Tanto que na redação do Acórdão, em seu item I, constou que, "embora restrita ao âmbito do Judiciário, a Resolução 7/2005 do Conselho Nacional de Justiça, a prática do nepotismo nos demais Poderes é ilícita".

Conforme se viu acima, o início da tendência à sumulação vinculante pode ser registrado nos votos dos Ministros Marco Aurélio (quanto ao tratamento "linear" ou nacional da matéria) e Maurício Correa, no primeiro precedente (pp. 118 e 132), e em seguida nos votos dos Ministros Gilmar Mendes e Celso de Mello (quanto à proibição direta do nepotismo pelos princípios constitucionais da moralidade e da impessoalidade), no terceiro precedente (pp. 73-74 e 97), mas em nenhum momento tal regime foi expressamente discutido (em nenhum precedente) e tampouco no quinto precedente a extensão da proibição a todos os Poderes foi debatida pelos Ministros, ao menos com a mesma ênfase com que o foi a exceção dada aos cargos políticos, em relação à qual se esqueceu do problema do nepotismo cruzado.

Em alguns casos posteriores (Rcl 6.650-MC, Rcl 6.938-MC, Rcl 7.590-MC, Rcl 7.602-MC, Rcl 7.602, Rcl 7.834-MC, Rcl 7.834, Rcl 8.005-MC, Rcl 8005, Rcl 8.019-MC, Rcl 14.316-MC, Rcl 14.549-MC) o STF promoveu *distinguishing* para excluir a incidência da norma sumulada relativamente aos cargos de secretários municipal e estadual, providência que a rigor era desnecessária diante da *ratio decidendi* contida no último precedente oficial da SV, mas que acabou se impondo porque o texto sumulado não foi fiel a ela.

Disso tudo podem ser extraídas as seguintes conclusões: 1) quanto à suficiência dos precedentes, eles justificam a exigência de "...reiteradas decisões sobre matéria constitucional..." (art. 103-A, *caput*, da CF), embora o primeiro deles tenha se mantido como uma decisão precária, tomada em sede liminar, que não devia portanto fundamentar uma Súmula com carga definitiva e vinculante sem antes ser confirmado no mérito. Os segundo, terceiro e quarto precedentes restringem a proibição do nepotismo ao Poder Judiciário (de acordo, inclusive, com os julgamentos do STF nas Reclamações ns. 4547 e 4512), enquanto que o primeiro diz respeito aos poderes públicos do Estado do Rio Grande do Sul, faltando assim decisões anteriores nas quais tal proibição tenha sido nacionalizada ou assim considerada; 2) quanto à fidelidade entre os julgamentos precedentes e o texto da súmula, ela é parcial, porque: a) não se incluiu no texto a exceção aos cargos políticos, tal como admitida no último precedente (inclusão que, de todo modo, devia também prever a proibição de nepotismo cruzado nas nomeações para tais cargos), matéria objeto de *distinguishing* posterior pelo STF em várias reclamações de competência; b) a extensão nacional da matéria e em relação a todos os Poderes somente foi admitida no último precedente, e ainda assim de forma demasiadamente tímida e rápida, *deficit* que não pode ser ignorado quando a matéria também não foi objeto de discussão nos precedentes anteriores e passou a ter força normativa após a sua inclusão em uma SV.

Aplicação e interpretação pelo STF:

Agente político e nepotismo

A jurisprudência do STF preconiza que, ressalvada situação de fraude à lei, a nomeação de parentes para cargos públicos de natureza política não desrespeita o conteúdo normativo do enunciado da Súmula Vinculante 13.

[RE 825.682 AgR, Rel. Min. Teori Zavascki, Segunda Turma, julgamento em 10-2-2015, *DJE* 39 de 2-3-2015]

5. Em princípio, a questão parece enquadrar-se no teor da Súmula Vinculante 13: o interessado é parente de segundo grau, em linha colateral, da Vice-Prefeita do Município, que, embora não seja a autoridade nomeante, encaixa-se na categoria de "servidor da mesma pessoa jurídica investido em cargo de direção, chefia ou assessoramento", se compreendida de forma ampla. Resta saber, portanto, se a circunstância de se tratar de cargo de natureza política impediria a incidência do enunciado. 6. Na Rcl 6.650 MC-AgR/PR (Rel. Min. Ellen Gracie), esta

Corte afirmou a "[i]mpossibilidade de submissão do reclamante, Secretário Estadual de Transporte, agente político, às hipóteses expressamente elencadas na Súmula Vinculante 13, por se tratar de cargo de natureza política". No entanto, não se pode perder de vista que se estava em sede cautelar, de modo que a matéria não foi conhecida de forma exauriente e aprofundada. Tanto assim que, nessa ocasião, alguns Ministros observaram que a caracterização do nepotismo não estaria afastada em todo e qualquer caso de nomeação para cargo político, cabendo examinar cada situação com a cautela necessária. (...) 7. Notas semelhantes foram feitas quando do julgamento do precedente que resultou na edição da Súmula Vinculante (RE 579.951/RN, Rel. Min. Ricardo Lewandowski). Além do Relator, os Ministros Cármen Lúcia e Cezar Peluso registraram a possibilidade de se caracterizar o nepotismo em algumas dessas situações — o que só se poderia examinar no caso concreto. 8. Estou convencido de que, em linha de princípio, a restrição sumular não se aplica à nomeação para cargos políticos. Ressalvaria apenas as situações de inequívoca falta de razoabilidade, por ausência manifesta de qualificação técnica ou de inidoneidade moral.
[Rcl 17.627, Rel. Min. Roberto Barroso, dec. monocrática, julgamento em 8-5-2014, *DJE* 92 de 15-5-2014]

Assim, em linha com o afirmado pelo reclamante, tenho que os acórdãos proferidos por este Supremo Tribunal Federal no RE 579.951 e na medida cautelar na Rcl 6.650 não podem ser considerados representativos da jurisprudência desta Corte e tampouco podem ser tomados como reconhecimento definitivo da exceção à Súmula Vinculante 13 pretendida pelo município reclamado. Bem vistas as coisas, o fato é que a redação do verbete não prevê a exceção mencionada e esta, se vier a ser reconhecida, dependerá da avaliação colegiada da situação concreta descrita nos autos, não cabendo ao relator antecipar-se em conclusão contrária ao previsto na redação da súmula, ainda mais quando baseada em julgamento proferido em medida liminar. Registro, ainda, que a apreciação indiciária dos fatos relatados, própria do juízo cautelar, leva a conclusão desfavorável ao reclamado. É que não há, em passagem alguma das informações prestadas pelo município, qualquer justificativa de natureza profissional, curricular ou técnica para a nomeação do parente ao cargo de secretário municipal de educação. Tudo indica, portanto, que a nomeação impugnada não recaiu sobre reconhecido profissional da área da educação que, por acaso, era parente do prefeito, mas, pelo contrário, incidiu sobre parente do prefeito que, por essa exclusiva razão, foi escolhido para integrar o secretariado municipal.
[Rcl 12.478 MC, Rel. Min. Joaquim Barbosa, dec. monocrática, julgamento em 3-11-2011, *DJE* 212 de 8-11-2011]

As nomeações para cargos políticos não se subsumem às hipóteses elencadas nessa súmula. Daí a impossibilidade de submissão do caso do reclamante, nomeação para o cargo de Secretário Estadual de Transporte, agente político, à vedação imposta pela Súmula Vinculante 13, por se tratar de cargo de natureza eminentemente política. Por esta razão, não merece provimento o recurso ora interposto.
[Rcl 6.650 MC-AgR, voto da Rel. Min. Ellen Gracie, Plenário, julgamento em 16-10-2008, *DJE* 222 de 21-11-2008]

Nepotismo e conselheiro de Tribunal de Contas
Com efeito, a doutrina, de um modo geral, repele o enquadramento dos Conselheiros dos Tribunais de Contas na categoria de agentes políticos, os quais, como regra, estão fora do alcance da Súmula Vinculante 13, salvo nas exceções acima assinaladas, quais sejam, as hipóteses de nepotismo cruzado ou de fraude à lei. (...) Convém assinalar, ainda, que se afigura de duvidosa constitucionalidade, à luz do princípio da simetria, a escolha de membros do Tribunal de Contas pela Assembleia Legislativa por votação aberta, quando o art. 52, III, *b*, da CF/1988 determina que seja fechada em casos análogos, instituída para a proteção dos próprios parlamentares. Não fosse tudo isso, a nomeação do irmão, pelo Governador do Estado, para ocupar o cargo de Conselheiro do TCE, agente incumbido pela CF/1988 de fiscalizar as contas do nomeante, está a sugerir, ao menos neste exame preliminar da matéria, afronta direta aos mais elementares princípios republicanos.
[Rcl 6.702 MC-AgR, voto do Rel. Min. Ricardo Lewandowski, Plenário, julgamento em 4-3-2009, *DJE* 79 de 30-4-2009]

Servidor público efetivo sem cargo de direção, chefia ou assessoramento e relação de parentesco com servidor comissionado no mesmo órgão
Considerada a amplitude e a complexidade da estrutura administrativa dos diversos órgãos do Poder Judiciário no tocante à gestão de seus servidores (efetivos ou não), entendo que não configura nepotismo a nomeação de pessoa sem vínculo efetivo com o órgão para cargo de direção, chefia ou assessoramento sem que se questione a existência de qualquer influência do servidor efetivo com quem o nomeado é casado, mantém relação estável ou possui relação de parentesco sobre a autoridade nomeante, seja para fins de se alcançarem interesses pessoais do servidor efetivo (devido a relações de amizade, subordinação ou mudança de localidade, por exemplo) ou da autoridade nomeante (mediante troca de favores), sob pena se afrontar um dos princípios que a própria Resolução CNJ 7/2005 e a Súmula Vinculante 13 pretenderam resguardar, qual seja, o princípio constitucional da impessoalidade. (...) para se configurar o nepotismo, o cônjuge, servidor efetivo, da nomeada em cargo em comissão, deve estar investido em cargo de chefia, direção

ou de assessoramento. E essa verificação deve ser feita na data da nomeação da impetrante.
[MS 28.485, voto do Rel. Min. Dias Toffoli, Primeira Turma, julgamento em 11-11-2014, *DJE* 238 de 4-12-2014]

Configuração objetiva de nepotismo em razão do parentesco
Pelos documentos citados, tem-se que o irmão do Impetrante fora investido no cargo de Juiz Federal quando o Impetrante foi nomeado para exercer função comissionada no Tribunal Regional Federal da 1ª Região. (...) Não prospera, portanto, o argumento de que seria necessária comprovação de "vínculo de amizade ou troca de favores" entre o irmão do ora Impetrante e o desembargador de quem é assistente processual, pois é a análise objetiva da situação de parentesco entre o servidor e a pessoa nomeada para exercício de cargo em comissão ou de confiança na mesma pessoa jurídica da Administração Pública que configura a situação de nepotismo vedada, originariamente, pela Constituição da República. Logo, é desnecessário demonstrar a intenção de violar a vedação constitucional ou a obtenção de qualquer benefício com o favorecimento de parentes de quem exerça poder na esfera pública para que se estabeleça relação de nepotismo.
[MS 27.945, voto da Rel. Min. Cármen Lúcia, Segunda Turma, julgamento em 26-8-2014, *DJE* 171 de 4-9-2014]

Lei estadual que prevê hipóteses de exceção ao nepotismo
A previsão impugnada, ao permitir (excepcionar), relativamente a cargos em comissão ou funções gratificadas, a nomeação, a admissão ou a permanência de até dois parentes das autoridades mencionadas no *caput* do art. 1º da Lei estadual 13.145/1997 e do cônjuge do chefe do Poder Executivo, além de subverter o intuito moralizador inicial da norma, ofende irremediavelmente a CF/1988.
[ADI 3.745, Rel. Min. Dias Toffoli, Plenário, julgamento em 15-5-2013, *DJE* 148 de 1º-8-2013]

Lei municipal que veda participação em licitações em decorrência de parentesco
É importante registrar que a Lei nº 8.666/1993 estabelece, em seu art. 9º, uma série de impedimentos à participação nas licitações. (...) É certo que o referido art. 9º não estabeleceu, expressamente, restrição à contratação com parentes dos administradores, razão por que há doutrinadores que sustentam, com fundamento no princípio da legalidade, que não se pode impedir a participação de parentes nos procedimentos licitatórios, se estiverem presentes os demais pressupostos legais, em particular a existência de vários interessados em disputar o certame (*v.g.* BULOS, Uadi Lammêgo. Licitação em caso de parentesco. In: BLC: Boletim de

licitação e contratos, v. 22, n. 3, p. 216-232, mar. 2009). Não obstante, entendo que, em face da ausência de regra geral para este assunto, o que significa dizer que não há vedação ou permissão acerca do impedimento à participação em licitações em decorrência de parentesco, abre-se campo para a liberdade de atuação dos demais entes da Federação, a fim de que eles legislem de acordo com suas particularidades locais (no caso dos municípios, com fundamento no art. 30, II, da CF/1988), até que sobrevenha norma geral sobre o tema. E dentro da permissão constitucional para legislar sobre normas específicas em matéria de licitação, é de se louvar a iniciativa do Município de Brumadinho/MG de tratar, em sua Lei Orgânica, de questão das mais relevantes em nossa *pólis*, que é a moralidade administrativa, princípio-guia de toda a atividade estatal, nos termos do art. 37, *caput*, da CF/1988.
[RE 423.560, voto do Rel. Min. Joaquim Barbosa, Segunda Turma, julgamento em 29-5-2012, *DJE* 119 de 19-6-2012]

Servidores concursados e norma antinepotismo

Evidente que se devem retirar da incidência da norma os servidores admitidos mediante concurso público, ocupantes de cargo de provimento efetivo. A norma antinepotismo deve incidir sobre cargos de provimento em comissão, as funções gratificadas e os cargos de direção e assessoramento. Esse o quadro, julgo procedente, em parte, a ação direta para emprestar interpretação conforme à Constituição para declarar constitucional o inciso VI do art. 32 da Constituição do Estado do Espírito Santo, somente quando incida sobre os cargos de provimento em comissão, função gratificada, cargos de direção e assessoramento: é o meu voto.
[ADI 524, voto do Rel. Min. Sepúlveda Pertence, Red. p/ ac. Min. Ricardo Lewandowski, Plenário, julgamento em 20-5-2015, *DJE* 151 de 3-8-2015]

Competência do TCU para apurar ato de nepotismo cruzado

Reconhecida a competência do Tribunal de Contas da União para a verificação da legalidade do ato praticado pelo impetrante, nos termos do art. 71, VIII e IX, da CF/1988. Procedimento instaurado no TCU a partir de encaminhamento de autos de procedimento administrativo concluído pelo Ministério Público Federal no Estado do Espírito Santo. No mérito, configurada a prática de nepotismo cruzado, tendo em vista que a assessora nomeada pelo impetrante para exercer cargo em comissão no Tribunal Regional do Trabalho da 17ª Região, sediado em Vitória/ES, é nora do magistrado que nomeou a esposa do impetrante para cargo em comissão no Tribunal Regional do Trabalho da 1ª Região, sediado no Rio de Janeiro/RJ. A nomeação para o cargo de assessor do impetrante é ato formalmente lícito. Contudo, no momento em que é apurada a finalidade contrária ao interesse público, qual seja, uma troca de favores

entre membros do Judiciário, o ato deve ser invalidado, por violação ao princípio da moralidade administrativa e por estar caracterizada a sua ilegalidade, por desvio de finalidade.
[MS 24.020, Rel. Min. Joaquim Barbosa, Segunda Turma, julgamento em 6-3-2012, DJE 114 de 13-6-2012]

Nepotismo e conceito de parentesco por afinidade segundo o Código Civil/2002
A Súmula Vinculante 13 é expressa em incluir a nomeação de parentes por afinidade, até o terceiro grau, inclusive, no conceito de nepotismo. Tal formulação, é verdade, pode se entender que conflitaria com o conceito de parentesco delimitado na lei civil, que, conforme já ressaltado, limita-o aos ascendentes, descendentes e irmãos do cônjuge ou companheiro. Essa suposta incompatibilidade, contudo, foi afastada por este Tribunal por ocasião do julgamento da ADC 12 MC/DF, Rel. Min. Ayres Britto. (...) Verifica-se, dessa forma, que há independência entre as esferas civil e administrativo-constitucional, razão pela qual o conceito de parentesco estabelecido no Código Civil/2002 não tem o mesmo alcance para fins de obediência aos princípios da impessoalidade, moralidade e eficiência, que vedam a prática de nepotismo na Administração Pública.
[Rcl 9.013, Rel. Min. Ricardo Lewandowski, dec. monocrática, julgamento em 21-9-2011, DJE 184 de 26-9-2011]

SÚMULA VINCULANTE Nº 14

A Súmula Vinculante nº 14 tem o seguinte texto:

É direito do defensor, no interesse do representado, ter acesso aos elementos de prova que, já documentados em procedimento investigatório realizado por órgão com competência de polícia judiciária, digam respeito ao exercício do direito de defesa.

Os precedentes declarados dessa súmula são os julgamentos dos seguintes HCs: 88520, 90232, 88190, 92331, 87827, 82354 e 91684.
Nenhum deles, contudo, pode ser considerado precedente-guia, porque a SV em exame foi objeto de proposição do Conselho Federal da OAB, com base no disposto no art. 3º, V, da Lei nº 11.417/2006. A propósito, essa foi a primeira vez em que o STF adotou o que passou a chamar internamente de Proposta da Súmula Vinculante, e que tem o virtuoso objetivo de discutir especificamente o incidente da sumulação, superando assim o amadorismo das sumulações anteriores, muitas vezes sequer debatidas expressamente.

Nos precedentes propriamente ditos, ficou assentado que: 1) o inquérito policial não tem natureza jurídica processual, porque nele não se estabelece e tampouco se decide conflitos, mas nem por isso deixa de sofrer a incidência de direitos fundamentais do indiciado, entre os quais o de fazer-se representar por advogado ou defensor; 2) o advogado ou defensor tem o direito de acessar os autos de inquérito policial, de acordo com o art. 7º, XIV, da Lei 8906/1994; 3) esse direito se mantém mesmo quando os autos se encontrem guardados por sigilo decretado pela autoridade competente, relativamente às diligências já praticadas; 4) tal extensão é excepcionada apenas em relação às diligências em curso.

Logo se vê, com isso, que o texto da SV em comento guarda boa fidelidade geral aos precedentes, em grande parte porque foi objeto de consenso redacional e interpretativo de todos os Ministros nas Sessões de julgamento do PSV.

A propósito, muitos trechos do texto foram debatidos especificamente, a saber: 1) a parte relativa ao defensor surgiu no voto do Ministro Marco Aurélio, que sugeriu a remissão à defensoria pública (p. 38), sofrendo depois a restrição à figura do defensor, no voto do Ministro Menezes Direito (p. 70), ao entendimento de que tal figura incluiria não apenas os defensores públicos, como também os advogados, no que foi acompanhado pelos Ministros Celso de Mello e Cezar Peluso e, por fim, pelo próprio Ministro Marco Aurélio (p. 72); 2) a parte referente ao representado surgiu no voto do Ministro Cézar Peluso, que sugeriu a substituição da figura do "cliente" pela do "investigado" (p. 73), até o Ministro Ricardo Lewandowski sugerir a remissão ao "representado", que tornaria a relação impessoal (p. 74), no que foi acompanhado pelos Ministros Cézar Peluso, Carlos Britto, Cármen Lúcia (p. 80) e Menezes Direito (pp. 74 e 80); 3) a parte alusiva aos elementos de prova teve origem no voto do Ministro Cézar Peluso, para matizar a distinção entre provas já colhidas e juntadas aos autos do inquérito e as peças de diligências pendentes ainda não juntadas e que podem sofrer restrição ao acesso, a fim de preservar a integridade das provas (pp. 27 e 31), diferença com a qual depois aderiram os Ministros Gilmar Mendes (p. 67) e Carlos Britto (p. 69);[90] 4) a parte relativa ao

---

[90] Referida distinção resolveu dois problemas, a saber: 1) o das diligências pendentes e também daquelas conexas com as diligências já concluídas, cujo sigilo seja necessário para a preservação das provas respectivas, criando-se assim uma exceção mais segura para a regra do acesso às provas já colhidas. Vale aqui o registro do Ministro Celso de Mello acerca dos autos apartados nas interceptações telefônicas (art. 8º da Lei nº 9296/1996), que

exercício do direito de defesa adveio do voto do Ministro Marco Aurélio, que se insurgiu contra a remissão ao "interessado", porque ela daria margem à subjetividade (p. 75), no que acedeu o Ministro Menezes Direito (p. 76).

Outras passagens da decisão da PSV são também dignas de nota, em específico quanto: 1) à justificativa da própria sumulação vinculante: a) na evitação do congestionamento da "massa de processos", em nome da administração judiciária (Min. Ellen Gracie - pp. 12-13); b) na proteção de direitos fundamentais de defesa (Min. Menezes Direito - p. 10), à publicidade (Min. Lewandowski - p. 17) ou à dignidade humana (Min. Gilmar Mendes - pp. 64-66 e 68); c) nas decisões judiciais controvertidas (Min. Carlos Britto - p. 21); d) na segurança jurídica, decorrente da unidade interpretativa (Min. Ellen Gracie - p. 34); 2) à natureza da sumulação vinculante em si mesma, que: a) para o Ministro Carlos Britto, seria de um mandado de otimização, na linha de Robert Alexy e, portanto, um princípio e não uma regra; b) para a Ministra Ellen Gracie, seria não interpretativa, ou seja, teria de ser autosuficiente na própria aplicação, eliminando assim qualquer margem para "...maior tergiversação" (p. 34).

Esses dois últimos trechos merecem as seguintes réplicas, respectivamente: 1) o conceito proposto pelo Ministro Carlos Britto revela uma dificuldade operatória evidente para o conhecedor da teoria de Alexy, porque a lei de ponderação somente pode ser aplicada em casos concretos, enquanto que a SV visa unificar em abstrato interpretações controvertidas, portanto em caráter genérico, mais se aproximando portanto das regras do que dos princípios; 2) o conceito proposto pela Ministra Ellen Gracie olvida a correta interpretação dos §3º do art. 56 e art. 64-A da Lei 9784/99, introduzidos pela Lei 11.417/2006, acima empreendida, além de emprestar ao regime das SV's o mesmo conceito da vetusta Escola da Exegese, que limitava o papel do Juiz ao de mero leitor da lei.

Disso tudo podem ser extraídas as seguintes conclusões: 1) quanto à suficiência dos precedentes, eles justificam numericamente a exigência de "...reiteradas decisões sobre matéria constitucional..." (art. 103-A, *caput*, da CF); 2) quanto à fidelidade entre os julgamentos precedentes e o texto da súmula, ela é total, revelando o acerto do procedimento da Proposta de Súmula Vinculante.

somente se tornam acessíveis quando apensados aos autos do inquérito (pp. 71-72); 2) o da dispensa de registro expresso da exceção relativa ao sigilo, lembrado a propósito nos votos dos Ministros Menezes Direito (p. 8), Celso de Mello (p. 45) e Gilmar Mendes (p. 59)

Aplicação e interpretação pelo STF:

Inviabilidade do acesso pela defesa a procedimentos investigatórios não concluídos
Agravo regimental em reclamação. 2. Súmula Vinculante 14. Violação não configurada. 3. Os autos não se encontram em Juízo. Remessa regular ao Ministério Público. 4. Inquérito originado das investigações referentes à operação "Dedo de Deus". Existência de diversas providências requeridas pelo *Parquet* que ainda não foram implementadas ou que não foram respondidas pelos órgãos e que perderão eficácia se tornadas de conhecimento público. 5. Ausência de argumentos capazes de infirmar a decisão agravada. 6. Agravo regimental a que se nega provimento.
[Rcl 16.436 AgR, Rel. Min. Gilmar Mendes, Plenário, julgamento em 28-5-2014, *DJE* 167 de 29-8-2014]

II — A decisão ora questionada está em perfeita consonância com o texto da Súmula Vinculante 14 desta Suprema Corte, que, como visto, autorizou o acesso dos advogados aos autos do inquérito, apenas resguardando as diligências ainda não concluídas. III — Acesso que possibilitou a apresentação de defesa prévia com base nos elementos de prova até então encartados, sendo certo que aquele ato não é a única e última oportunidade para expor as teses defensivas. Os advogados poderão, no decorrer da instrução criminal, acessar todo o acervo probatório, na medida em que as diligências forem concluídas.
[Rcl 10.110, Rel. Min. Ricardo Lewandowski, Plenário, julgamento em 20-10-2011, *DJE* 212 de 8-11-2011]

Em face do exposto, acolho os presentes embargos tão somente para esclarecer, com base, inclusive, na Súmula Vinculante 14 do STF, que o alcance da ordem concedida refere-se ao direito assegurado ao indiciado (bem como ao seu defensor) de acesso aos elementos constantes em procedimento investigatório que lhe digam respeito e que já se encontrem documentados nos autos, não abrangendo, por óbvio, as informações concernentes à decretação e à realização das diligências investigatórias pendentes, em especial as que digam respeito a terceiros eventualmente envolvidos.
[HC 94.387 ED, voto do Rel. Min. Ricardo Lewandowski, Primeira Turma, julgamento em 6-4-2010, *DJE* 91 de 21-5-2010]

Direito do acesso pela defesa a provas já concluídas que constem de outro processo
Apesar das informações, se foram tiradas fotografias ou realizadas filmagens durante a busca e apreensão, tais provas devem ser franqueadas à Defesa. O fato de integrarem um outro processo e que estaria com o

Ministério Público não exclui esse direito. Não foi ainda esclarecido pela autoridade coatora se haveria algum prejuízo à investigação decorrente de eventual acesso da Defesa a tal prova. Não havendo esclarecimento, mesmo tendo sido ele oportunizado, é de se presumir que não existe prejuízo. Por outro lado, basta a entrega à Defesa de cópia das fotografias e filmagens realizadas quando da busca e apreensão, não sendo necessário franquear acesso a todo o referido processo que correria perante o Ministério Público e que não integra o objeto desta reclamação. Negar à Defesa o acesso a supostas fotografias ou filmagens realizadas durante busca e apreensão já encerrada representa, ainda que não fosse essa a intenção da autoridade reclamada, violação à Súmula Vinculante 14.
[Rcl 13.156, Rel. Min. Rosa Weber, dec. monocrática, julgamento em 1º-2-2012, *DJE* 42 de 29-2-2012]

Direito de acesso a provas já documentadas em investigação criminal promovida pelo Ministério Público

O Ministério Público dispõe de competência para promover, por autoridade própria, e por prazo razoável, investigações de natureza penal, desde que respeitados os direitos e garantias que assistem a qualquer indiciado ou a qualquer pessoa sob investigação do Estado, observadas, estritamente, por seus agentes, as hipóteses de reserva constitucional de jurisdição e, também, as prerrogativas profissionais de que se acham investidos, em nosso País, os Advogados (Lei 8.906/1994, art. 7º, notadamente os incisos I, II, III, XI, XIII, XIV e XIX), sem prejuízo da possibilidade — sempre presente no Estado democrático de Direito — do permanente controle jurisdicional dos atos, necessariamente documentados (Súmula Vinculante 14), praticados pelos membros dessa instituição.
[RE 593.7271, Rel. Min. Cezar Peluso, Red. p/ ac. Min. Gilmar Mendes, voto do Min. Celso de Mello, Plenário, julgamento em 14-5-2015, *DJE* 175 de 8-9-2015]

Súmula Vinculante 14 e inaplicabilidade para procedimentos de natureza cível ou administrativa

O Verbete 14 da Súmula Vinculante do Supremo não alcança sindicância administrativa objetivando elucidar fatos sob o ângulo do cometimento de infração administrativa.
[Rcl 10.771 AgR, Rel. Min. Marco Aurélio, Primeira Turma, julgamento em 4-2-2014, *DJE* 33 de 18-2-2014]

Como já demonstrado, a Súmula Vinculante 14 é aplicada apenas a procedimentos administrativos de natureza penal, sendo incorreta sua observância naqueles de natureza cível.
[Rcl 8.458 AgR, voto do Rel. Min. Gilmar Mendes, Plenário, julgamento em 26-6-2013, *DJE* 184 de 19-9-2013]

Proibição da retirada do processo da Secretaria

Conforme ressaltado na manifestação da Procuradoria-Geral da República, as informações prestadas revelam haver sido viabilizado o acesso ao processo, apenas se obstaculizando fosse retirado da Secretaria do Juízo, a fim de evitar prejuízo aos demais advogados e tumulto processual. Inexiste, nessa providência, inobservância ao Verbete Vinculante 14 da Súmula do Supremo.

[Rcl 13.215, voto do Rel. Min. Marco Aurélio, Primeira Turma, julgamento em 23-4-2013, *DJE* 89 de 14-5-2013]

Contraditório diferido e inquérito policial

O inquérito não possui contraditório, mas as medidas invasivas deferidas judicialmente devem se submeter a esse princípio, e a sua subtração acarreta nulidade. Obviamente não é possível falar-se em contraditório absoluto quando se trata de medidas invasivas e redutoras da privacidade. Ao investigado não é dado conhecer previamente — sequer de forma concomitante — os fundamentos da medida que lhe restringe a privacidade. Intimar o investigado da decisão de quebra de sigilo telefônico tornaria inócua a decisão. Contudo, isso não significa a ineficácia do princípio do contraditório. Com efeito, cessada a medida, e reunidas as provas colhidas por esse meio, o investigado deve ter acesso ao que foi produzido, nos termos da Súmula Vinculante 14. Os fundamentos da decisão que deferiu a escuta telefônica, além das decisões posteriores que mantiveram o monitoramento, devem estar acessíveis à parte investigada no momento de análise da denúncia e não podem ser subtraídas da Corte, que se vê tolhida na sua função de apreciar a existência de justa causa da ação penal. Trata-se de um contraditório diferido, que permite ao cidadão exercer um controle sobre as invasões de privacidade operadas pelo Estado.

[Inq 2.266, voto do Rel. Min. Gilmar Mendes, Plenário, julgamento em 26-5-2011, *DJE* 52 de 13-3-2012]

Acesso a dados de testemunha ou vítima protegida

Assim, injustificável o óbice à extração de cópia da pasta referente à proteção de vítima e testemunha, mormente porque na denúncia sequer consta o nome da "vítima" arrolada pela acusação (...). Ante o exposto, julgo procedente a presente reclamação (art. 557, §1º, do CPC/1973), para garantir o direito de o reclamante extrair cópia reprográfica da pasta de vítimas e testemunhas protegidas (Provimento 32/2000 TJ/SP), esclarecendo-se que o acesso diz respeito apenas aos dados das vítimas e testemunhas referentes aos autos (...).

[Rcl 11.358, Rel. Min. Gilmar Mendes, dec. monocrática, julgamento em 10-12-2012, *DJE* 244 de 13-12-2012]

Restou esclarecido nos autos que o fundado temor das testemunhas de acusação sofrerem atentados ou represálias é que ensejou o sigilo de seus dados qualificativos. Inobstante, consignado também que a identificação das testemunhas protegidas fica anotada em separado, fora dos autos, com acesso exclusivo ao magistrado, promotor de justiça e advogados de defesa, a afastar qualquer prejuízo ao acusado. Não bastasse, a magistrada de primeiro grau ressaltou que o acessoa tais dados já fora franqueado ao Reclamante, possibilitando-lhe identificar, a qualquer tempo, as testemunhas protegidas no referido arquivo, com o que resguardado o exercício do postulado constitucional da ampla defesa. 7. Portanto, não há, nos autos da presente reclamação, substrato fático ou jurídico capaz de atrair a incidência do enunciado da Súmula Vinculante 14, diante do acesso do Reclamante às informações referentes às testemunhas de acusação.
[Rcl 10.149, Rel. Min. Rosa Weber, dec. monocrática, julgamento em 22-2-2012, *DJE* 42 de 29-2-2012]

SÚMULA VINCULANTE Nº 15

A Súmula Vinculante nº 15 tem o seguinte texto:

O cálculo de gratificações e outras vantagens do servidor público não incide sobre o abono utilizado para se atingir o salário mínimo.

Os precedentes declarados dessa súmula são os seguintes julgamentos: RE 439360 AgR, RE 518760 AgR, RE 548983 AgR, RE 512845 AgR, RE 490879 AgR, RE 474381 AgR, RE 436368 AgR e RE 572921 RG-QO. Além desses, foram ainda referidos os seguintes julgamentos também relacionados à mesma matéria: AI 559812-ED, RE 485812 AgR-ED, RE 493642 AgR, RE 477975 AgR, RE 510508 AgR,[91] RE 527989 AgR,[92] RE 489955 AgR, RE 493440 AgR, RE 489947 AgR, RE 500010 AgR,[93] RE 436368 AgR,[94] RE 283741 AgR,[95] RE 482274, RE 515911 AgR e RE 564090.[96]

---

[91] Conf. relatório do Min. Celso de Mello nas pp. 1000-1001 do 1º precedente.
[92] Conf. voto do Min. Menezes Direito na p. 716 do 3º precedente.
[93] Conf. voto do Min. Ricardo Lewandowski na p. 533 do 5º precedente.
[94] Conf. relatório do Min. Joaquim Barbosa na p. 2238 do 6º precedente.
[95] Conf. voto do Min. Gilmar Mendes na p. 584 do 7º precedente.
[96] Conf. voto do Min. Ricardo Lewandowski na p. 2308 do 8º precedente.

O precedente-guia é o último dos precedentes expressos, no qual foi resolvido o incidente de repercussão geral. Nele se estabeleceu uma divergência interpretativa que não se verificou nos precedentes anteriores, e cuja análise depende da descrição do caso concreto de base.

Em resumo, o pano de fundo de todos os julgamentos precedentes foi o mesmo: servidores públicos estaduais do Estado do Rio Grande do Norte, que recebiam vencimento-base inferior ao salário-mínimo, passaram e receber um abono tendente a equivaler a importância do vencimento-base (ou padrão) ao valor do salário-mínimo, e pretendiam que também sobre a quantia do abono houvesse a incidência das vantagens que integram a remuneração total e que são ordinariamente calculadas com base no vencimento-padrão.

Nos precedentes, sem exceção, o entendimento predominante foi duplo: 1) a garantia de um salário-mínimo conferida ao servidor público, pela combinação do art. 7º, IV, com o art. 39, §2º, da CF, diz respeito à remuneração total (vencimento-padrão e vantagens), donde se deduz que, em tese, o vencimento-padrão pode ser inferior ao salário-mínimo, contanto que a sua soma com as demais vantagens alcance aquela importância mínima garantida; 2) o abono tendente a equivaler o vencimento-padrão ao valor do salário-mínimo não pode ser usado como base de cálculo das vantagens calculadas sobre o vencimento-padrão, porque nesse caso haveria uma indexação indireta das vantagens ao salário-mínimo, expressamente vedada pela parte final do inc. IV do art. 7º da CF.

Logo se vê que a segunda conclusão tem relação direta com a matéria já consolidada na SV nº 4, enquanto que a primeira tem relação direta com a matéria consolidada na SV nº 16.

O raciocínio que anima a presente SV pode ser encontrado com fidelidade na seguinte passagem do voto do Ministro Ricardo Lewandowski, proferido na p. 533 do 5º precedente:

> ...a incidência de gratificações e outras vantagens sobre o resultado da soma do vencimento com o abono contraria o art. 7º, IV, da CF/88, porquanto a cada aumento do salário mínimo e, por consequência, do abono, aumentar-se-iam, indiretamente, também as gratificações e vantagens dos servidores. Consubstanciaria, dessa forma, uma vinculação indireta ao salário mínimo, vedada pela Constituição.

Durante o julgamento do incidente de repercussão geral, no último precedente, os Ministros Marco Aurélio e Carlos Britto suscitaram uma divergência importante: as vantagens estimadas sobre um vencimento-padrão inferior ao salário-mínimo têm como base de cálculo uma quantia submínima, o que contrariaria o princípio do mínimo existencial, consagrado precisamente no inc. IV do art. 7º da CF. Referido entendimento estaria absolutamente correto, não fosse a compreensão majoritária no sentido de que a garantia de um salário-mínimo conferida ao servidor público, pela combinação do art. 7º, IV, com o art. 39, §2º, da CF, diz respeito à remuneração total (vencimento-padrão e vantagens), e não ao vencimento-base ou padrão. Outra questão suscitada foi a da natureza do abono, que acabou resolvida como espécie do gênero acréscimo, no voto da Ministra Cármen Lúcia, com a sua consequente autonomia sobre as demais parcelas da remuneração, consoante o disposto no inc. XIV do art. 37 da CF, segundo o qual "os acréscimos pecuniários percebidos por servidor público não serão computados nem acumulados para fins de concessão de acréscimos ulteriores".

Disso tudo podem ser extraídas as seguintes conclusões: 1) quanto à suficiência dos precedentes, eles justificam numericamente a exigência de "...reiteradas decisões sobre matéria constitucional..." (art. 103-A, *caput*, da CF), inclusive porque além dos precedentes expressamente citados existem mais 15 (quinze) que deviam, contudo, ter sido enumerados no rol respectivo; 2) quanto à fidelidade entre os julgamentos precedentes e o texto da súmula, ela é total.

Aplicação e interpretação pelo STF:

Total de remuneração e vedação constitucional à percepção inferior ao salário mínimo

É pacífica a jurisprudência desta Corte de que a garantia de percepção de salário mínimo conferida ao servidor por força dos arts. 7º, IV, e 39, §3º, da CF/1988 corresponde à sua remuneração total e não apenas ao vencimento básico, que pode ser inferior ao mínimo, e, também, que sobre o abono pago para atingir o salário mínimo não devem incidir as gratificações e demais vantagens pecuniárias, sob pena de ofensa ao art. 7º, IV, da CF/1988.
[RE 499.937 AgR, Rel. Min. Dias Toffoli, Primeira Turma, julgamento em 25-10-2011, *DJE* 228 de 1º-12-2011]

De acordo com a jurisprudência desta Corte, a incidência de gratificações e outras vantagens sobre o resultado da soma do vencimento com o abono contraria o art. 7º, IV, da CF/1988, porquanto, a cada aumento do salário mínimo e, por consequência, do abono, aumentar-se-iam, indiretamente, também as gratificações e vantagens dos servidores.

Consubstanciaria, dessa forma, uma vinculação indireta ao salário mínimo, vinculação, essa, vedada pela CF/1988 e objeto de reiteradas decisões desta Casa.
[RE 518.933 AgR, Rel. Min. Ricardo Lewandowski, dec. monocrática, julgamento em 30-9-2009, *DJE* 197 de 20-10-2009]

SÚMULA VINCULANTE Nº 16

A Súmula Vinculante nº 16 tem o seguinte texto:

Os artigos 7º, IV, e 39, §3º (redação da EC 19/98), da Constituição, referem-se ao total da remuneração percebida pelo servidor público.

Os precedentes declarados dessa súmula são os seguintes julgamentos: REs 199098, 197072 e 265129, AI 492967 AgR, AI 601522 AgR e RE 582019 RG-QO. Além desses, foram ainda referidos os seguintes julgamentos também relacionados à mesma matéria: RE 198982,[97] RE 283741 AgR, AI 477483 AgR,[98] AI 601522, RE 304842 AgR, RE 199088, RE 369010 AgR, RE 265129,[99] RE 455137-ED,[100] RE 579431 QO, RE 582650 QO, RE 580108 QO, RE 591068 QO e RE 585235 QO.[101]

O precedente-guia, assim como na SV anterior, é o último dos precedentes expressos, no qual foi resolvido o incidente de repercussão geral.

Em resumo, o pano de fundo de todos os julgamentos precedentes foi o mesmo: dispositivos constitucionais estaduais confeririam ao vencimento-padrão dos servidores públicos equivalência ao salário-mínimo, com base no art. 7º, IV, c/c o art. 39, §2º, da CF, e foram questionados em sua constitucionalidade por via de recurso extraordinário, após os tribunais ordinários dos Estados de origem haverem decidido a respeito.

As decisões precedentes com base nas quais se afirmou que a combinação do art. 7º, IV, c/c o art. 39, §2º, da CF dizia respeito à remuneração total ou vencimentos, no plural, e não ao vencimento-base ou

---

[97] Conf. voto do Min. Ilmar Galvão na p. 1191 do 1º precedente.
[98] Conf. voto do Min. Eros Grau na p. 1174 do 4º precedente.
[99] Conf. voto do Min. Gilmar Mendes nas pp. 1063-1064 e 1066 do 5º precedente.
[100] Conf. voto do Min. Ricardo Lewandowski na p. 1029 do 6º precedente.
[101] Conf. Ementa do Acórdão do 6º precedente.

padrão foram animadas pela mesma interpretação de base adotada na SV nº 4, ou seja, caso o vencimento-padrão fosse vinculado ao salário-mínimo, toda correção feita sobre esse último implicaria num efeito cascata não apenas sobre o vencimento-padrão, como também em todas as vantagens sobre ele calculadas, promovendo assim uma indexação indireta vedada pela parte final do inv. IV do art. 7º da CF.

De resto, essa matéria foi referida como uma das premissas da sumulação anterior: a garantia de um salário-mínimo conferida ao servidor público, pela combinação do art. 7º, IV, com o art. 39, §2º, da CF, diz respeito à remuneração total (vencimento-padrão e vantagens), donde se deduz que, em tese, o vencimento-padrão pode ser inferior ao salário-mínimo, contanto que a sua soma com as demais vantagens alcance aquela importância mínima garantida. E essa foi a mesma conclusão tirada pelo Min. Néri da Silveira no voto dissidente que proferiu no primeiro precedente: "O Estado pode dizer que nenhum servidor perceberá menos que o salário mínimo, mas não pode dizer que nenhum servidor perceberá salário básico inferior ao salário mínimo" (p. 1196).

Disso tudo podem ser extraídas as seguintes conclusões: 1) quanto à suficiência dos precedentes, eles justificam numericamente a exigência de "...reiteradas decisões sobre matéria constitucional..." (art. 103-A, *caput*, da CF), inclusive porque além dos precedentes expressamente citados existem mais 14 (catorze) que deviam contudo ter sido enumerados no rol respectivo; 2) quanto à fidelidade entre os julgamentos precedentes e o texto da súmula, ela é total.

Aplicação e interpretação pelo STF:

Impossibilidade de remuneração total inferior ao salário mínimo
(...) o Plenário do Supremo Tribunal Federal, ao apreciar o RE 572.921/RN e o RE 582.019/SP, ambos da relatoria do Ministro Ricardo Lewandowski, reconheceu a existência da repercussão geral das matérias constitucionais versadas nestes feitos e reafirmou a jurisprudência dominante nesta Corte no sentido de que a garantia de percepção de salário mínimo conferida ao servidor por força dos arts.7º, IV, e 39, §3º, da CF/1988 corresponde à sua remuneração total e não apenas ao vencimento básico, que pode ser inferior ao mínimo, e, também, que sobre o abono pago para atingir o salário mínimo não devem incidir as gratificações e demais vantagens pecuniárias, sob pena de ofensa ao art. 7º, IV, da CF/1988. (...) Nesse contexto, o Supremo Tribunal Federal aprovou os enunciados das Súmulas Vinculantes 15 e 16 (...).
[RE 499.937 AgR, voto do Rel. Min. Dias Toffoli, Primeira Turma, julgamento em 25-10-2011, *DJE* 228 de 1º-12-2011]

Redução de jornada de trabalho e remuneração inferior ao salário mínimo

Vê-se que o direito constitucional à remuneração não inferior ao salário mínimo, aplicável aos servidores em razão do art. 39, §3º, da CF/1988, não comporta exceções. Assim, esse entendimento é de ser conferido no caso do servidor que trabalha em regime de jornada reduzida. Ressalte-se que a previsão constitucional da possibilidade de redução da jornada de trabalho não afasta nem tempera a aplicabilidade da garantia constitucional do salário mínimo.
[AI 815.869 AgR, voto do Rel. Min. Dias Toffoli, Primeira Turma, julgamento em 4-11-2014, *DJE* 230 de 24-11-2014]

Servidor inativo e impossibilidade de remuneração proporcional inferior ao salário mínimo

Em casos semelhantes ao dos presentes autos, em que se discute a possibilidade de pagamento de vencimentos proporcionais de servidores em valor inferior ao salário mínimo, esta Corte tem se pronunciado no sentido de que os proventos proporcionais pagos a servidor aposentado não podem ter valor inferior ao salário mínimo. (...) Embora os precedentes citados tratem do pagamento de proventos de aposentadoria proporcionais ao tempo de serviço, entendo que se amoldam perfeitamente ao presente caso, pois a questão de fundo é a mesma, impossibilidade de pagamento de remuneração proporcional de servidores públicos, inativos ou não, em valor inferior ao salário mínimo.
[RE 547.281, Rel. Min. Ellen Gracie, dec. monocrática, julgamento em 6-4-2011, *DJE* 76 de 26-4-2011]

Ação rescisória e aplicação da Súmula Vinculante 16

CONSTITUCIONAL. ADMINISTRATIVO. AGRAVO REGIMENTAL EM AGRAVO DE INSTRUMENTO. SERVIDOR PÚBLICO. PERCEPÇÃO DE VENCIMENTO BASE NÃO INFERIOR AO SALÁRIO MÍNIMO. AÇÃO RESCISÓRIA. SÚMULA 343 DO SUPREMO TRIBUNAL FEDERAL. NÃO INCIDÊNCIA. ACÓRDÃO RECORRIDO EM DESACORDO COM A SÚMULA VINCULANTE 16.

1. É cabível ação rescisória por ofensa à literal disposição constitucional, ainda que a decisão rescindenda tenha por fundamento interpretação controvertida ou seja anterior à orientação assentada pelo Supremo Tribunal Federal (RE 328.812 ED, da relatoria do MinistroGilmar Mendes). 2. Nos termos da Súmula Vinculante 16, "os art. 7º, IV, e 39, §3º (redação da EC 19/1998), da CF/1988 referem-se ao total da remuneração percebida pelo servidor público". 3. Agravo regimental desprovido.
[AI 659.048 AgR-segundo, Rel. Min. Ayres Britto, Segunda Turma, julgamento em 20-9-2011, *DJE* 216 de 14-11-2011]

SÚMULA VINCULANTE Nº 17

A Súmula Vinculante nº 17 tem o seguinte texto:

Durante o período previsto no parágrafo 1º do art. 100 da Constituição, não incidem juros de mora sobre os precatórios que nele sejam pagos.

Os precedentes declarados dessa súmula são os seguintes julgamentos: RE 591085 RG-QO, RE 298616, RE 305186, RE 372190 AgR, RE 393737 AgR, RE 589345, RE 571222 AgR e RE 583871. Além desses, foram ainda referidos os seguintes julgamentos também relacionados à mesma matéria: 1) no mesmo sentido da SV: RE 579431 QO-RS, RE 582650 QO-BA, RE 580108 QO-SP, RE 591068 QO-PR, RE 585235 QO-MG, RE 586935 SE, RE 588820 SP, RE 569353 RS;[102] RE 158430, RE 149466;[103] RE 393111 AgR, RE 420163 AgR;[104] RE 486593 AgR, RE 544191 AgR e RE 571222 AgR;[105] 2) em sentido contrário: RE 304354 SP (decisão monocrática do Ministro Marco Aurélio), RE 351806 Agr-PE, AI 337005,[106] RE 155981, RE 178207.[107]

Da relação oficial, os 6º e 8º precedentes são decisões monocráticas nas quais os REs foram conhecidos e providos nas condições do art. 557, §1º A, do CPC (art. 932, V, "a", do NCPC), já que os Acórdãos recorridos estavam em desacordo com a jurisprudência dominante do STF, em específico aquela formada pelo 2º precedente oficial, citado em ambas as decisões, e pelos julgamentos dos REs 486593 AgR, RE 544191 AgR e RE 571222 AgR, citados apenas no 8º precedente. Volta-se assim ao mesmo problema anteriormente verificado, sobre se decisões monocráticas, ainda que antecipatórias do mérito recursal, podem ou não representar precedentes capazes de formar número mínimo de julgamentos que conduza a uma sumulação vinculante.

Na literalidade da exigência quantitativa do *caput* do art. 103-A da CF ("...após reiteradas decisões sobre a matéria constitucional...")

---

[102] Conf. item I da Ementa, o relatório e o voto do Min. Ricardo Lewandowski nas pp. 1733 e 1735 do 1º precedente.
[103] Conf. voto do Min. Ilmar Galvão na p. 625 do 3º precedente. Esses julgamentos dizem respeito ao parcelamento previsto no art. 33 do ADCT da CF.
[104] Conf. voto do Min. Eros Grau na p. 2136 do 7º precedente n. 7.
[105] Conf. decisão monocrática do Min. Carlos Britto no 8º precedente.
[106] Conf. voto do Min. Carlos Veloso nas pp. 440 e 444 do 2º precedente.
[107] Conf. voto do Min. Maurício Correa na p. 446 do 2º precedente nº 2. Esse julgamento e aqueles citados pelo Min. Carlos Veloso no mesmo precedente dizem respeito ao nível infraconstitucional da matéria relativa aos juros.

não existe restrição ao tipo de julgamento mencionado no §1º A do art. 557 do CPC (art. 932, V, "a", do NCPC), mas a decisão somente pode ser atribuída ao tribunal por ficção, já que tomado unilateralmente num órgão colegiado, a pretexto de respeitar a posição de um grupo que anteriormente tenha decidido a matéria. Com efeito, esse tipo de julgamento monocrático é em última análise imputado ao colegiado e, portanto, possui a marca de um consenso interpretativo anterior, adotado por unanimidade ou por maioria, mas o que se põe em dúvida, aqui, é a sua legitimidade como precedente de uma sumulação vinculante, que parece exigir muito mais do que uma simples decisão monocrática remissiva a outras decisões colegiadas.

Outro aspecto que merece exame é o fato de alguns julgamentos anteriores contrários ao sentido da SV não terem sido relacionados como precedentes. Ora, por conceito os precedentes são uma sucessão de julgamentos que levam a um consenso interpretativo e cuja história não é necessariamente linear. Logo, mesmo os precedentes contrários ao entendimento sumulado deviam ser relacionados oficialmente como tais, já que eles fazem parte dessa espécie de "romance em cadeia" à moda dworkiniana.

A propósito, nos julgamentos em sentido contrário ao texto da SV está o germe da discussão.

Nos REs 155981 e 178207, de acordo com o voto do Min. Maurício Correa no 2º precedente, o conhecimento dos recursos foi negado porque o pano de fundo do Acórdão recorrido era a Lei n. 4414/64[108] e o CCB e, portanto, a ofensa constitucional não era direta, ou seja, a matéria relativa aos juros foi considerada infraconstitucional. Mas no caso em exame, entendeu o mesmo Ministro que a matéria era constitucional, no mesmo pressuposto do 3º precedente, qual seja, o de que as EMCs 30 e 37 trataram da matéria acerca dos juros.

Ao citar em seu voto no 2º precedente os julgamentos do RE 351806 Agr-PE e do AI 337005, o Min. Carlos Velloso refutou precisamente o entendimento vencedor do 3º precedente, concluindo que,

...para eliminar o precatório complementar ou suplementar, foi preciso que fosse editada a EC 30, de 2000, a estabelecer que a atualização do débito será feita quando do pagamento do precatório; não há, nos antigos

---

[108] De acordo com o art. 1º da Lei nº 4414/64, "a União, os Estados, o Distrito Federal, os Municípios e as autarquias, quando condenados a pagar juros de mora, por este responderão na forma do direito civil".

ou nos novos dispositivos constitucionais - C.F., art. 100 e §§- nenhuma palavra sobre juros. Estes, como é sabido, continuam regidos por normas infraconstitucionais.

Tal argumento foi refutado no mesmo julgamento (2º precedente) no voto do Min. Sepúlveda Pertence, para quem "a interpretação constitucional não prescinde nunca de certos conceitos jurídicos inequívocos, ainda que instituídos e regulados em leis ordinárias". Em outras palavras, o conceito de juros estaria embutido no conceito de mora, por sua vez implícito na regra dos precatórios, do mesmo modo que o conceito de crime doloso (que pertence à legislação infraconstitucional) está embutido na competência constitucional do tribunal do júri para julgar os crimes dolosos contra a vida (art. 5º, XXXVIII, da CF).

Essa não foi, todavia, a mesma premissa adotada no voto vencedor do Min. Ilmar Galvão no julgamento do 3º precedente. Nesse voto, o ponto de partida era saber se no contexto do §1º do art. 100 da CF, na redação que lhe dera a EMC n. 30, "...além de eventual correção monetária, cabem juros de mora no interregno fixado pelo dispositivo constitucional", uma vez que na dicção daquele dispositivo os créditos expressos em precatórios apresentados até 1º de julho seriam atualizados naquela data, "...fazendo-se o pagamento até o final do exercício seguinte". Citando primeiro os julgamentos do STF nos RE's 158430 e 149466, concluiu o Ministro que o parcelamento de créditos representados por precatórios previsto no art. 33 do ADCT da CF não inclui juros, porque inexistente na hipótese a *mora solvendi*. Ato contínuo, reforçou o argumento citando agora o art. 1º da Lei nº 4414/64 e o art. 955 do CCB e concluindo que o prazo de pagamento previsto no §1º do art. 100 da CF "...com maior razão..." exclui os juros de mora, uma vez cumprido "...o prazo constitucionalmente estabelecido". Por fim, indicou o duplo propósito do texto examinado:

> ...atualização protraída para o ocasião do pagamento, exatamente para evitar a perenização da dívida, com precatórios sucessivos; e atualização especificada como natureza monetária, sem menção a juros de mora....

Afinal, o conceito de juros contido no conceito de mora devia então estar subentendido na regra constitucional dos precatórios ou excluído dessa regra precisamente no pressuposto de que o prazo constitucional de pagamento não implica *mora solvendi*? A primeira parte da pergunta corresponde à colocação do Ministro Sepúlveda Pertence, enquanto que a segunda corresponde à colocação do Ministro Ilmar Galvão, que se valeu do conceito infraconstitucional de juros da dívida da fazenda para interpretar o dispositivo constitucional mencionado, naquilo que a doutrina chama inversamente de interpretação da constituição conforme a lei.[109]

Não se duvida que o conceito de juros de mora é um consequente dedutivo do conceito de mora, mas a questão era saber se os juros de mora são devidos na pendência do pagamento dos créditos representados por precatórios, e não se seu conceito (reconhecidamente do direito infraconstitucional) está ou não embutido na regra constitucional dos precatórios. Nesse sentido o mesmo voto do Ministro Sepúlveda Pertence bem colocou as coisas:

> Ora, juros de mora, perdoe-me o óbvio, supõe mora. E não está em mora quem tem prazo para pagamento, em parte do qual, ademais, lhe é impossível solver a obrigação: com efeito, até a inclusão da verba no orçamento, o pagamento é impossível. E depois se fará conforme as forças do depósito, na ordem cronológica dos precatórios, até o final do exercício.[110]

Desconstruindo o raciocínio supra, tem-se o seguinte: a dívida de prestação de dar em dinheiro da fazenda pública (de grande valor), tornada líquida em procedimento específico, não pode ser satisfeita antes de sua inclusão na lei orçamentária anual, devendo ser paga dentro do prazo que medeia o dia 1º de julho de um ano e o dia 31 de dezembro do ano seguinte, período no qual a devedora não se encontra em *mora solvendi*; ou por outra: a impossibilidade de pagamento de dívidas da fazenda pública sem previsão orçamentária exige que no

---

[109] GARCÍA, Enrique Alonso. *La Interpretacion de la Constitucion*. Madrid: CEC, 1984, pp. 500-515. Referido autor examina sete hipóteses nas quais o direito infraconstitucional influencia de alguma forma a interpretação constitucional, sendo que a primeira delas é a da constitucionalização dos princípios ordinários. Nessa hipótese põe-se em voga a distinção entre legalidade e constitucionalidade, porque para maioria o direito ordinário não reflete princípios fundamentais e, portanto, não pode alimentar a interpretação constitucional, mas quando se trata de aplicar conceitos do direito civil, reclama-se a sua incidência na interpretação constitucional, entendimento último refutado pelo autor, "... porque difícilmente el legislador constituido puede definir el contenido de los conceptos constitucionales...". Essa é precisamente a hipótese em exame!

[110] O voto do Ministro Moreira Alves no mesmo precedente foi no mesmo sentido: "Entendo, também, que só cabem juros de mora, obviamente quando há mora; e, no caso, não há mora, porque há prazo para pagamento".

período de inclusão da despesa na lei respectiva e de sua realização haja uma suspensão da mora preexistente.

A principal antítese a esse argumento foi apresentada pelo Ministro Marco Aurélio, quando na decisão monocrática do RE 304354 SP firmou os seguintes pontos de partida: 1) pagamento e requisição de pagamento (precatório) são institutos diversos e, portanto, o precatório não pode gerar os mesmos efeitos do ato de pagar (e, portanto, tampouco do ato de depositar);[111] 2) na pendência da dívida o crédito não está satisfeito, mantendo-se então o estado de mora; 3) a não inclusão de juros de mora no período de 1º de julho de um ano a 31 de dezembro do ano seguinte (ou antes disso, até o efetivo pagamento) representa um enriquecimento sem causa da fazenda pública;[112] 4) o art. 100 da CF não abriga qualquer regime equivalente a uma moratória.[113] Em outras duas passagens o mesmo Ministro invocou outros dois argumentos complementares: 1) na p. 458 de seu voto no 2º precedente, disse haver um paradoxo da mora interrompida entre 1º de julho de um ano e 31 de dezembro do ano seguinte, com retomada da mora no dia imediatamente posterior em caso de não satisfação do crédito naquele prazo constitucional; 2) nas pp. 13-14 da Proposta de Súmula Vinculante n. 32, que deu origem ao texto da SV 17, citou o parcelamento previsto no art. 78 do ADCT e a expressa previsão de juros naquela hipótese.

Desses argumentos, o último incide na mesma petição de princípio da interpretação adotada pelo Min. Ilmar Galvão acerca do art. 33 do ADCT da CF em seu voto no 3º precedente, porque os regimes do dispositivo supra e do art. 78 do mesmo ADCT são excepcionais, enquanto que o regime do art. 100 da CF é geral. De qualquer modo,

---

[111] Esse argumento é importante, porque o §4º do art. 9º da Lei n. 6830/80 (LEF) diz que "somente o depósito em dinheiro, na forma do art. 32, faz cessar a responsabilidade pela atualização monetária e juros de mora", revelando assim uma total assimetria entre os créditos e as dívidas da fazenda pública, os primeiros dignos de juros de mora até o pagamento ou o depósito em dinheiro pelo devedor, e os últimas indignas dos mesmos juros no prazo fixado pelo art. 100 da CF para o efetivo pagamento. Inexiste diferença ontológica entre os juros de mora do devedor privado e do devedor público e, portanto, nada justifica tal distinção.

[112] Esse argumento também foi usado pelo Ministro Carlos Velloso, sem seu voto na 2º precedente (p. 436).

[113] No julgamento do 2º precedente os Ministros Moreira Alves (p. 454) e Sepúlveda Pertence (p. 455) reconheceram que na hipótese do art. 33 do ADCT da CF existe um regime de moratória, fato que explica assim o entendimento contido nos julgamentos dos RE's 158430 e 149466, mencionados no voto do Ministro Ilmar Galvão na p. 625 do 3º precedente, e que devia portanto excluí-lo do regime geral do art. 100 da CF, e não incluí-lo "...com maior razão...", como disse esse último Ministro. Afinal, no art. 100 da CF não existe mesmo um regime de moratória!

os demais argumentos são assaz coerentes e podem ser resumidos na seguinte passagem do voto do mesmo Ministro no 1º precedente: "...a inadimplência é originária. A inadimplência conduziu ao ajuizamento da ação e a uma decisão condenatória, presente a obrigação de dar. A inadimplência persiste nesse prazo – constitucional, realmente – de dezoito meses para a liquidação do débito" (p. 1741).

O único contra-argumento a essa antítese foi esgrimado pelo Ministro Ilmar Galvão, na p. 626 de seu voto no 3º precedente:

...a simples atualização monetária do montante pago no exercício seguinte à expedição do precatório já corrige, junto com o principal, todas as verbas acessórias, inclusive os juros lançados na conta originária. Sendo assim, a incidência contínua de juros moratórios representaria capitalização de tais juros, o que não se justificaria nem mesmo em face dos créditos de natureza alimentar.

Em outras palavras, a correção monetária no período constitucional de 1º de julho de um ano e 31 de dezembro do ano seguinte teria então o poder de capitalizar juros de mora, caso incidentes nesse período (???).[114]

Como se vê, trata-se de argumento falacioso, que mais confirma do que exclui as antíteses do Ministro Marco Aurélio, apoiadas a propósito numa premissa comum a vários outros Ministros,[115] qual seja, a de que havia *mora solvendi* da fazenda pública antes de 1º de julho e que ela sobrevêm a 31 de dezembro caso o pagamento não ocorra dentro desse prazo.

Trata-se de uma exceção que foi prevista expressamente na S. TRF-1 nº 45, segundo a qual "não é devida a inclusão de juros

---

[114] Esse argumento parece ter sido referendado pelo Min. Gilmar Mendes, quando em seu voto no 1º precedente disse que "...os títulos de precatórios são considerados títulos hiperremunerados, se compararmos com outros títulos existentes" (p. 1747), e quando em seu voto na PSV nº 32, a propósito da mora superveniente mencionada pelo Min. Cezar Peluso, disse que "quanto à conta de liquidação, a rigor, já está contemplada" [a mora superveniente] (p. 10).

[115] 1) no 1º precedente: a) no voto do Min. Ricardo Lewandowski (p. 1734); b) no voto do Min. Marco Aurélio (p. 1748); 2) no 2º precedente: a) no item 6 da Ementa; b) no voto do Min. Gilmar Mendes (p. 433); c) no voto do Min. Carlos Velloso (p. 451-452); d) no voto do Min. Moreira Alves (p. 452); 3) no 3º precedente, no voto do Min. Ilmar Galvão (p. 623); 4) no 5º precedente, no voto do Min. Sepúlveda Pertence (p. 1603); 5) na Proposta de Súmula Vinculante nº 32, nos votos dos Ministros Cezar Peluso, Gilmar Mendes, Cármen Lúcia e Ellen Gracie, concluindo todos que a falta de pagamento no prazo constitucional não fazia parte da matéria discutida (???).

moratórios em precatório complementar, salvo se não foi observado o prazo previsto no art. 100, parágrafo 1º, da Constituição Federal, no pagamento do precatório anterior".

Por mais incrível que possa parecer, mesmo sendo uma exceção à regra geral fixada pela maioria dos Ministros do STF, entenderam os Ministros Cezar Peluso, Gilmar Mendes, Cármen Lúcia, na PSV nº 32, que essa era uma matéria estranha àquela expressamente tratada, ou melhor, que se cuidava de uma "outra hipótese", como se a exceção não decorresse da regra e tivesse uma existência autônoma capaz de merecer tratamento em outra súmula. Deixaram com isso um espaço de dúvida sobre se a mora preexistente é retomada ou não no período de 1º de julho de um ano e 31 de dezembro do ano seguinte caso não haja pagamento dentro desse prazo.

Esse é um tema que foi posto em dúvida algumas vezes pelo Min. Marco Aurélio, que não a respondeu, e que foi objeto de duas passagens: 1) do Ministro Sepúlveda Pertence, que na p. 1603 do 5º precedente assim se manifestou: "...é da próprio lógica da jurisprudência aplicada que, findo o prazo constitucional para a liquidação do precatório, os juros de mora voltem a correr, o que, aliás, ficou explícito na discussão em plenário do *leading case*";[116] 2) da Ministra Ellen Gracie, que na p. 12 da PSV nº 32 assim se manifestou: "...na hipótese excepcional de que o pagamento seja feito mais além deste prazo [31 de dezembro], não se volte a contar a partir da origem [1º de julho], ou seja, todo o ano de graça que a Súmula visa conceder".

A exceção, pois, não fez parte da SV porque a matéria não foi discutida, mas se tivesse sido o período de 1º de julho de um ano a 31 de dezembro do ano seguinte correria "de graça", ou seja, sem juros de mora, caso no fim do prazo se verificasse mora superveniente.

Essa conclusão, além de moralmente reprovável, obscurece os institutos jurídicos envolvidos e definitivamente não contribui para a pacificação da matéria, já que muitos Estados e Municípios deixam sistematicamente de efetuar o pagamento dentro do prazo constitucional e agora podem realimentar o tema com a discussão sobre o termo inicial de contagem dos juros de mora superveniente,

---

[116] Essa última afirmação não é verdadeira, antes de tudo porque há dúvida sobre qual foi o *leading case*: o 1º precedente foi julgado em 04.12.2008, enquanto que o 2º precedente foi julgado em 31.10.2002 e é o mais citado nos demais precedentes, que também mencionam o julgamento do RE 305186 SP, na Sessão de 17.09.2002. Depois, porque em nenhum desses julgamentos houve enfrentamento "explícito" a respeito, a não ser na PSV, na qual a matéria ficou mal resolvida.

quando um simples exercício de lógica deôntica resolveria o problema: o que não foi proibido na SV 17 (contagem de juros de mora no período constitucional) é então permitido (retomada imediata dos juros de mora no dia seguinte ao da mora superveniente).

Disso tudo podem ser extraídas as seguintes conclusões: 1) quanto à suficiência dos precedentes, eles justificam numericamente a exigência de "...reiteradas decisões sobre matéria constitucional..." (art. 103-A, *caput*, da CF), inclusive porque além dos precedentes expressamente citados existem vários outros, que deviam contudo ter sido enumerados no rol respectivo; 2) quanto à fidelidade entre os julgamentos precedentes e o texto da súmula, ela é parcial, porque a exceção à regra geral devia ter sido examinada, mormente para solver a dúvida sobre a retomada retroativa ou não dos juros de mora em caso de mora superveniente.

Aplicação e interpretação pelo STF:

Trânsito em julgado e afastamento da jurisprudência do STF
Como afirmado na decisão agravada, o Tribunal *a quo* assentou o trânsito em julgado da sentença exequenda que estabeleceu a incidência de juros de mora até o depósito integral da dívida, não se aplicando, portanto, a jurisprudência deste Supremo Tribunal firmada no sentido da impossibilidade de incidência de juros moratórios durante o prazo constitucionalmente previsto para pagamento do precatório (...). Ademais, este Supremo Tribunal tem entendimento de que a discussão relativa aos limites objetivos da coisa julgada é de natureza infraconstitucional.(...) Os argumentos da Agravante, insuficientes para modificar a decisão agravada, demonstram apenas inconformismo e resistência em pôr termo a processos que se arrastam em detrimento da eficiente prestação jurisdicional.
[RE 654.571 AgR, voto da Rel. Min. Cármen Lúcia, Segunda Turma, julgamento em 12-5-2015, *DJE* 94 de 21-5-2015]

(...) tratando-se de pleito que visa a definir o alcance do dispositivo de sentença transitada em julgado, também se mostra incabível o acolhimento em recurso extraordinário, por se tratar de questão de natureza jurídica infraconstitucional, que desafiaria recurso especial. A questão só poderia ser alçada ao crivo do Supremo mediante recurso de pronunciamento de colegiado do Superior Tribunal de Justiça, em última instância. Todavia, o recurso especial foi desprovido e já certificado o trânsito em julgado. Logo, preclusa a alegação, conforme bem sustentado pelos agravados. 3. A arguição do agravo demonstra inconformismo com a conclusão proferida na ponderação entre a norma do art. 5º, XXXVI, e a do art. 100, §1º, ambas da CF/1988, e o Verbete

Vinculante 17. Isto é, pretende nova interpretação, que equivale a novo julgamento da causa, medida notadamente inviável.
[RE 651.134 AgR, Rel. Min. Luiz Fux, Primeira Turma, julgamento em 16-10-2012, *DJE* 220 de 8-11-2012]

Divergência sobre o termo inicial de incidência de juros de mora em caso de pagamento do precatório fora do prazo constitucional
A pretensão da agravante é no sentido da exclusão dos juros moratórios no período relativo ao lapso temporal previsto no art. 100, §1º, da CF/1988. O Plenário, ao examinar o RE 298.616, no qual fiquei vencido, assentou que, observada a época própria do julgamento do precatório, impossível é cogitar da mora, porque ausente a inadimplência. (...) Na espécie, contudo, tem-se a inadimplência, ante o pagamento fora do prazo previsto constitucionalmente. Ante o quadro, conheço do agravo e o desprovejo.
[ARE 841.864 AgR, voto do Rel. Min. Marco Aurélio, Primeira Turma, julgamento em 16.12.2014, *DJE* 28 de 11-2-2015]

1. Em razão do regime constitucional e legal de administração financeira do Estado e de execução contra a Fazenda Pública entre 1º de julho e o último dia do exercício financeiro seguinte, não há que se falar em atraso do Poder Público no pagamento de precatórios. 2. O juro de mora é encargo decorrente da demora no adimplemento da obrigação, somente se justificando sua incidência no período que extrapola o tempo ordinário de pagamento do precatório. 3. Para os precatórios expedidos até 1º de julho e não pagos pelo Poder Público até o último dia do exercício financeiro seguinte, correrão juros de mora do primeirodia do exercício financeiro seguinte ao fim do prazo constitucional até a data do efetivo pagamento.
[Rcl 13.684 AgR, Rel. Min. Dias Toffoli, Primeira Turma, julgamento em 28-10-2014, *DJE* 229 de 21-11-2014]

No caso *sub judice*, o Tribunal de origem, ao proferir o acórdão recorrido, divergiu do entendimento desta Corte, porquanto concluiu que a quitação do precatório após o prazo constitucional estipulado no art. 100, §1º, da CF/1988 importa na incidência de juros de mora de forma retroativa à data da expedição do precatório, e não a partir do fim do exercício orçamentário em que deveria ter sido pago. (...) Consectariamente, não incide juros de mora no período compreendido entre a data de expedição do precatório e a do efetivo pagamento, se realizado no prazo estipulado constitucionalmente (art. 100, §1º, da CF/1988), máxime porque a *res judicata* incide sobre o núcleo declaratório do julgado, não incidindo em meros cálculos aritméticos para cuja elaboração revela-se indiferente qualquer ato de cognição com cunho

de definitividade. *Ex positis*, dou provimento ao agravo regimental, a fim de conhecer do recurso extraordinário e dar-lhe provimento para excluir a incidência de juros moratórios relativos ao período de que trata o art. 100, §1º, da CF/1988.
[AI 795.809 AgR, voto do Rel. Min. Luiz Fux, Primeira Turma, julgamento em 18-12-2012, *DJE* 33 de 20-2-2013]

Juros de mora e condenações contra a Fazenda Pública
No julgamento da ADI 4.357 e da ADI 4.425, o Plenário do Supremo Tribunal Federal julgou inconstitucional a fixação dos juros moratórios com base na TR apenas quanto aos débitos estatais de natureza tributária. (...) Destarte, a decisão do Supremo Tribunal Federal foi clara no sentido de que o art. 1º-F da Lei 9.494/1997, com a redação dada pela Lei 11.960/2009, não foi declarado inconstitucional por completo. Especificamente quanto ao regime dos juros moratórios incidentes sobre as condenações impostas à Fazenda Pública, a orientação firmada pela Corte foi a seguinte: quanto aos juros moratórios incidentes sobre condenações oriundas de relação jurídico-tributária, devem ser aplicados os mesmos juros de mora pelos quais a Fazenda Pública remunera seu crédito tributário; quanto aos juros moratórios incidentes sobre condenações oriundas de relação jurídica não tributária, devem ser observados os critérios fixados pela legislação infraconstitucional, notadamente os índices oficiais de remuneração básica e juros aplicados à caderneta de poupança, conforme dispõe o art. 1º-F da Lei 9.494/1997, com a redação dada pela Lei 11.960/2009.
[RE 870.947 RG, voto do Rel. Min. Luiz Fux, Plenário, julgamento em 16-4-2015, *DJE* 77 de 27-4-2015]

Atualização monetária da condenação contra a Fazenda Pública
Já quanto ao regime de atualização monetária das condenações impostas à Fazenda Pública, a questão reveste-se de sutilezas formais. Explico. Diferentemente dos juros moratórios, que só incidem uma única vez até o efetivo pagamento, a atualização monetária da condenação imposta à Fazenda Pública ocorre em dois momentos distintos. O primeiro se dá ao final da fase de conhecimento com o trânsito em julgado da decisão condenatória. Esta correção inicial compreende o período de tempo entre o dano efetivo (ou o ajuizamento da demanda) e a imputação de responsabilidade à Administração Pública. A atualização é estabelecida pelo próprio juízo prolator da decisão condenatória no exercício de atividade jurisdicional. O segundo momento ocorre já na fase executiva, quando o valor devido é efetivamente entregue ao credor. Esta última correção monetária cobre o lapso temporal entre a inscrição do crédito em precatório e o efetivo pagamento. Seu cálculo é realizado no exercício de função administrativa pela Presidência do

Tribunal a que vinculado o juízo prolator da decisão condenatória. Pois bem. O Supremo Tribunal Federal, ao julgar a ADI 4.357 e a ADI 4.425, declarou a inconstitucionalidade da correção monetária pela TR apenas quanto ao segundo período, isto é, quanto ao intervalo de tempo compreendido entre a inscrição do crédito em precatório e o efetivo pagamento. Isso porque a norma constitucional impugnada nas ações diretas de inconstitucionalidade (art. 100, §12, da CRFB/1988, incluído pela EC 62/2009) referia-se apenas à atualização do precatório e não à atualização da condenação ao concluir-se a fase de conhecimento.
[RE 870.947 RG, voto do Rel. Min. Luiz Fux, Plenário, julgamento em 16-4-2015, *DJE* 77 de 27-4-2015]

Declaração de inconstitucionalidade parcial do art. 1º-F da Lei 9.494/1997

As expressões uma única vez e até o efetivo pagamento dão conta de que a intenção do legislador ordinário foi reger a atualização monetária dos débitos fazendários tanto na fase de conhecimento quanto na fase de execução. Daí por que o STF, ao julgar a ADI 4.357 e a ADI 4.425, teve de declarar a inconstitucionalidade por arrastamento do art. 1º-F da Lei 9.494/1997. Essa declaração, porém, teve alcance limitado e abarcou apenas a parte em que o texto legal estava logicamente vinculado no art. 100, §12, da CRFB/1988, incluído pela EC 62/2009, o qual se refere tão somente à atualização de valores de requisitórios. Na parte em que rege a atualização monetária das condenações impostas à Fazenda Pública até a expedição do requisitório (*i.e.*, entre o dano efetivo/ajuizamento da demanda e a condenação), o art. 1º-F da Lei 9.494/1997 ainda não foi objeto de pronunciamento expresso do Supremo Tribunal Federal quanto à sua constitucionalidade e, portanto, continua em pleno vigor. Ressalto, por oportuno, que este debate não se colocou na ADI 4.357 e ADI 4.425, uma vez que, naquelas demandas do controle concentrado, o art. 1º-F da Lei 9.494/1997 não foi impugnado originariamente e, assim, a decisão por arrastamento foi limitada à pertinência lógica entre o art. 100, §12, da CRFB/1988 e o aludido dispositivo infraconstitucional.
[RE 870.947 RG, voto do Rel. Min. Luiz Fux, Plenário, julgamento em 16-4-2015, *DJE* 77 de 27-4-2015]

Modulação dos efeitos da declaração de inconstitucionalidade do índice de correção monetária estabelecido na EC 62/2009

(...) acordam os Ministros do Supremo Tribunal Federal, em Sessão Plenária (...), por maioria e nos termos do voto, ora reajustado, do Ministro Luiz Fux (Relator), em resolver a questão de ordem nos seguintes termos: 1) modular os efeitos para que se dê sobrevida ao regime especial de pagamento de precatórios, instituído pela EC 62/2009, por 5 (cinco) exercícios financeiros a contar de 1º de janeiro de 2016; 2) conferir eficácia prospectiva à declaração de inconstitucionalidade dos

seguintes aspectos da ação direta de inconstitucionalidade, fixando como marco inicial a data de conclusão do julgamento da presente questão de ordem (25-3-2015) e mantendo-se válidos os precatórios expedidos ou pagos até esta data, a saber: 2.1.) fica mantida a aplicação do índice oficial de remuneração básica da caderneta de poupança (TR), nos termos da EC 62/2009, até 25-3-2015, data após a qual (i) os créditos em precatórios deverão ser corrigidos pelo Índice de Preços ao Consumidor Amplo Especial (IPCA-E) e (ii) os precatórios tributários deverão observar os mesmos critérios pelos quais a Fazenda Pública corrige seus créditos tributários; e 2.2.) ficam resguardados os precatórios expedidos, no âmbito da administração pública federal, com base nos arts. 27 da Lei 12.919/2013 e da Lei 13.080/2015, que fixam o IPCA-E como índice de correção monetária.
[ADI 4.425 QO, Rel. Min. Luiz Fux, Plenário, julgamento em 25-3-2015, DJE 152 de 4-8-2015]

Precatório e não incidência de juros moratórios no período entre a elaboração da conta e a sua expedição

I — A jurisprudência do STF entende que, não havendo atraso na satisfação do débito, não incidem juros moratórios entre a data da expedição e a data do efetivo pagamento do precatório. Súmula Vinculante 17 do STF. II — Esse entendimento se aplica ao período entre a elaboração da conta e a expedição do precatório.
[RE 592.869 AgR, Rel. Min. Ricardo Lewandowski, Segunda Turma, julgamento em 26-8-2014, DJE 171 de 4-9-2014]

RPV e a incidência de correção monetária entre a elaboração dos cálculos e a sua expedição

A diferença determinante entre precatórios e requisições de pequeno valor é a quantia a ser paga pelo ente público condenado em sentença transitada em julgado. Cada ente federado pode estabelecer o valor que entende ser de menor monta, para pagamento no prazo de sessenta dias, sem a necessidade de inclusão em listas ordinatórias de antiguidade e relevância para pagamento no exercício subsequente. A diferença baseada no valor é irrelevante para determinação da mora, pois em ambos os casos, precatórios e RPVs, os entes públicos estão proibidos de optar pela inadimplência. Portanto, a orientação firmada para precatórios é adequada para o tratamento da mora de RPVs. Em relação à correção monetária, cabe o mesmo tratamento dispensado aos juros. Ao passo em que os juros moratórios servem de elemento de dissuasão do atraso no cumprimento da obrigação de pagar os valores das condenações judiciais transitadas em julgado, a correção monetária recupera a perda do poder aquisitivo da moeda. (...) Portanto, caracterizada a mora e a inflação, é cabível a correção monetária do

crédito de RPV pago a destempo. (...) Ante o exposto, conheço do recurso extraordinário e lhe dou provimento, para reconhecer o direito à aplicação de correção monetária, calculado no período entre a elaboração da conta e a expedição da RPV.
[ARE 638.195, voto do Rel. Min. Joaquim Barbosa, Plenário, julgamento em 29-5-2013, DJE 246 de 13-12-2013]

Juros de mora sobre precatórios e arts. 33 e 78 do ADCT
Ademais, conforme mencionado na decisão agravada, a jurisprudência desta Corte firmou-se no sentido de que não incidem juros compensatórios ou moratórios no pagamento de precatórios efetuado na forma prevista no art. 33 do ADCT, salvo, quanto aos últimos, na hipótese de atraso na quitação das prestações mencionadas naquele dispositivo. (...) Ressalto que esse entendimento foi mantido pelo Plenário do Supremo Tribunal Federal no recente julgamento do RE 590.751 RG/SP, de minha relatoria, que entendeu que a interpretação conferida pela Corte ao art. 33 do ADCT aplica-se, também, ao art. 78 do mesmo Ato, ante a identidade teleológica dos dois dispositivos. Desse modo, concluiu-se pela não incidência de juros moratórios e compensatórios sobre as frações resultantes do parcelamento de precatórios previsto naquelas duas normas.
[RE 561.149 AgR, voto do Rel. Min. Ricardo Lewandowski, Segunda Turma, julgamento em 22-5-2012, DJE 109 de 5-6-2012]

Observação:
A PSV 59 e a PSV 111, que requerem a revisão ou cancelamento da SúmulaVinculante 17, foram sobrestadas em razão da repercussão geral reconhecida no RE 579.431 QO, cujo mérito aguarda julgamento pelo STF.

SÚMULA VINCULANTE Nº 18

A Súmula Vinculante nº 18 tem a seguinte redação:

A dissolução da sociedade ou do vínculo conjugal, no curso do mandato, não afasta a inelegibilidade prevista no §7º do artigo 14 da Constituição Federal.

Os precedentes declarados dessa súmula são os seguintes julgamentos: RE 568596-9 MG, RE 433450 PR e RE 446999-5 PE. Outros dois julgamentos foram mencionados nesses precedentes oficiais, embora não tenham sido relacionados: RE 158314 e RE 344882 BA.[117]

Pela ordem cronológica, o precedente guia devia ser o 3º, mas como o caso concreto nele examinado foi considerado diferente daquele examinado no 1º precedente, de julgamento mais recente, este é que foi considerado o *leading case*. Contudo, vale começar o exame pelo precedente mais antigo, porque há um ponto de contato importante entre ele e o precedente considerado guia.

No 3º precedente, julgado em 28.06.2005, discutia-se o caso de um homem que se casara em 27.02.1991, se separara de fato em 1999, obtivera o divórcio judicial por sentença proferida em 18.12.2003 (transitada em julgado em 27.02.2004), cujo sogro foi prefeito de um município entre 2001 e 2004 e que se candidatara ao mesmo cargo em 2004, obtendo a vitória contra o ex-sogro, que concorria à reeleição.

Nesse caso, aplicada à risca a regra do §1º do art. 1571 do CCB,[118] a dissolução do casamento somente teria ocorrido em 2004, pouco importando a época da separação de fato, que teve influência apenas para justificar o divórcio direto (§2º do art. 1580 do CCB), e não para explicar o *status* preexistente dos sujeitos do matrimônio. No caso do parentesco por afinidade (civil ou não natural), entre um dos cônjuges e os ascendentes, descendentes e irmãos do outro (sogros, enteados e cunhados), diz o §2º do art. 1595 do CCB que "...a afinidade não se extingue com a dissolução do casamento ou da união estável". Como bem registrou a Ministra Relatora Ellen Gracie, o propósito dessa última regra foi o de prevenir o "tabu do incesto", e não o de perenizar o vínculo matrimonial já extinto idealmente com a morte ou com o divórcio.

Contudo, essa época pregressa da separação de fato foi considerada relevante, não apenas porque mencionada na sentença de divórcio (decerto com base em provas orais), mas porque ela teria o condão de explicar a não concomitância do parentesco por afinidade durante o mandato do ex-sogro de fato (2001 a 2004) e de direito (2004 em diante), exclusivamente para fins eleitorais. Isso porque ex-genro e ex-sogro foram os únicos concorrentes do certame de 2004, sendo que um dos impugnantes da candidatura do candidato vitorioso foi precisamente o ex-sogro, que disputava a reeleição. Afastada assim a hipótese de

---

[117] Ambos foram mencionados na decisão monocrática do Min. Carlos Britto proferida no 2º precedente (itens 4 e 5), enquanto que o segundo foi mencionado nos votos do Min. Celso de Mello nos 1º (p. 3265) e 3º precedentes (p. 947).

[118] "§1º O casamento válido só se dissolve pela morte de um dos cônjuges ou pelo divórcio".

divórcio fraudulento, considerou a Ministra Relatora atendido o fim da regra de inelegibilidade do §7º do art. 14 da CF.[119]

Tal leitura finalística foi seguida pelo Ministro Celso de Mello, que em seu voto no mesmo precedente (p. 953) concordou com a conclusão da Ministra Relatora, dizendo que ela está de acordo com os propósitos daquela regra constitucional: evitar oligarquias políticas locais, fundadas em laços familiares, o continuísmo e a perpetuação de um mesmo grupo no poder.

No mesmo precedente, o Min. Carlos Velloso divergiu do voto da Ministra Relatora, estabelecendo os seguintes pontos: 1) "...o divórcio ocorreu no decurso do mandato eletivo. Subsiste, então, a inelegibilidade, pois em algum momento do mandato existiu a sociedade conjugal" (p. 941); 2) "A interpretação que se quer dar à separação de fato, capaz de afastar o parentesco que implica inelegibilidade, extrapola do disposto no §7º do art. 14 da Constituição Federal" (p. 942); 3) "...somente a sentença de dissolução anterior ao mandato é que afasta o parentesco que geraria inelegibilidade" (p. 945).

Logo se vê que o voto divergente seguiu a regra do §1º do art. 1571 do CCB, assim como a jurisprudência do próprio TSE, sendo que nos apartes o Ministro divergente, analisando o argumento da separação de fato mencionada na sentença de divórcio, fez o seguinte registro, referindo-se à Ministra Relatora: "Não estaria Vossa Excelência examinando a prova para decidir o recurso extraordinário?" (p. 944).

Trata-se de um constrangimento argumentativo, porque uma coisa é decidir sobre os efeitos que em tese uma separação de fato pode gerar em termos de inelegibilidade, e outra é considerar num caso específico a época em que uma separação de fato ocorreu, em cotejo com a época da sentença de divórcio, para estabelecer seus efeitos sobre a regra constitucional da inelegibilidade. A primeira afirmação tem cabimento no recurso extraordinário, mas a segunda não, diante do que dispõe o próprio STF na Súmula n. 456.[120]

Além desse constrangimento, há um outro que não foi lembrado no julgamento mas que não é menos importante e diz respeito à eficácia

---

[119] "§7º São inelegíveis, no território de jurisdição do titular, o cônjuge e os parentes consangüíneos ou afins, até o segundo grau ou por adoção, do Presidente da República, de Governador de Estado ou Território, do Distrito Federal, de Prefeito ou de quem os haja substituído dentro dos seis meses anteriores ao pleito, salvo se já titular de mandato eletivo e candidato à reeleição".

[120] "O Supremo Tribunal Federal, conhecendo do recurso extraordinário, julgará a causa, aplicando o direito à espécie".

da sentença de divórcio. Nesse tipo de demanda, a pretensão deduzida é a de dissolução do casamento e, portanto, o provimento respectivo tem natureza desconstitutiva, que de regra gera efeitos *ex nunc*, e não *ex tunc*, tal como confirma o art. 8º da Lei 6515/77: "A sentença que julgar a separação judicial produz seus efeitos à data de seu trânsito em julgado, ou à da decisão que tiver concedido separação cautelar".

A decisão tomada no 3º precedente, a pretexto de atender à teleologia do §7º do art. 14 da CF, excepcionou assim as regras do §1º do art. 1571 do CCB, da S. STF nº 456 e do art. 8º da Lei 6515/77, ao fixar como termo inicial de contagem da inelegibilidade a data da separação de fato assim reconhecida na sentença de divórcio, e não a data do trânsito em julgado da sentença de divórcio.

Esse é o ponto de contato entre o 3º e o 1º precedentes, embora se tenha afirmado categoricamente o contrário neste último, especificamente no voto do Ministro Relator Ricardo Lewandowski:

> O caso decidido [3º precedente], no entanto, difere da situação sob análise, porquanto trata de separação de fato, ocorrida em 1999, antes do início do mandato do ex-sogro do recorrente, que exerceu a chefia do Executivo no período de 2001 a 2004. Não há falar, portanto, em elegibilidade da recorrente, dado que a separação de fato do casal ocorreu durante o primeiro mandato do então Prefeito e a dissolução da sociedade conjugal, depois convertida em divórcio, durante o segundo mandato, não havendo o Prefeito, seu ex-marido, se desincompatibilizado seis meses antes do pleito.

Ora, se aplicado o mesmo marco de contagem da inelegibilidade do 3º precedente no 1º, a recorrente cairia na mesma hipótese então decidida: separada de fato no primeiro mandato, com sentença de divórcio transitada em julgado no segundo, não haveria em tese o impedimento do §7º do art. 14 da CF. A rigor, essa devia ter sido a mesma solução a ser adotada no 1º precedente, caso se utilizasse da abstração teórica prevista na S. STF nº 456, o que significa dizer que foram circunstâncias fáticas que distinguiram os casos, e não as circunstâncias estritamente jurídicas: em ambos os casos a separação de fato ocorreu antes do mandato e o trânsito da sentença de divórcio ocorreu em seu curso, mas no primeiro não havia indícios de fraude, enquanto que no segundo havia.

Mais do que isso, o 1º precedente é contraditório com o 3º, porque o voto vencedor do Ministro Relator se filia à Resolução TSE n. 22.729/2008, segundo a qual apenas o "...trânsito em julgado da sentença [de separação ou divórcio] anterior ao exercício do segundo mandato..." exclui a inelegibilidade. Dito de outro modo: no *leading case* se manda respeitar as regras §1º do art. 1571 do CCB e do art. 8º da Lei 6515/77, quando houver indícios de fraude, enquanto que no 3º precedente se manda excepcioná-las, quando inexistentes tais indícios.

Em resumo, convida-se a um casuísmo interpretativo do §7º do art. 14 da CF e, o que é pior, em sede de recurso extraordinário, que não devia abrigar considerações fáticas para a interpretação do direito objetivo.

Além do voto dissonante do Ministro Carlos Velloso no 3º precedente, merece registro também o voto divergente do Ministro Marco Aurélio no 1º precedente (pp. 3263-3264), proferido com base nos seguintes argumentos, a saber: 1) vícios de vontade dependem de prova e, portanto, têm de ser provados e examinados caso a caso; 2) regras constitucionais que limitam direitos fundamentais devem ser interpretadas restritivamente; 3) somente as inelegibilidades expressamente previstas na Constituição são impeditivas do direito à candidatura.

Os dois últimos fundamentos não foram levados a sério pelo mesmo Ministro quando da edição da Súmula Vinculante n. 13, já que nela também se abriga um finalismo constitucional moralizante, relativo à extinção do nepotismo no âmbito dos três poderes, para além do texto expresso da Constituição, mas o primeiro deles realça a problemática acima exposta.

Disso tudo podem ser extraídas as seguintes conclusões: 1) quanto à suficiência dos precedentes, eles somente justificam numericamente a exigência de "...reiteradas decisões sobre matéria constitucional..." (art. 103-A, *caput*, da CF) caso se incluam os precedentes não relacionados (RE 158314 e RE 344882 BA), inclusive porque um dos precedentes formais (o 2º) não passa de uma decisão monocrática, que não se enquadra perfeitamente no conceito de precedente, conforme já analisado; 2) quanto à fidelidade entre os julgamentos precedentes e o texto da súmula, ela não existe, diante do sério antagonismo teórico entre os 1º e 3º precedentes, do casuísmo que ambos encerram e mormente do mal resolvido efeito que a separação de fato exerce sobre a inelegibilidade do §7º do art. 14 da CF.

Aplicação e interpretação pelo STF:

Dissolução da sociedade conjugal durante o mandato e causa objetiva de inelegibilidade

A pretensão, portanto, esbarra no enunciado da Súmula Vinculante 18 (...).Como se observa, a inelegibilidade preconizada no enunciado da referida Súmula é objetiva, isto é, se a dissolução da sociedade ou do vínculo conjugal ocorrer apenas no transcorrer do segundo mandato do então Prefeito, o cônjuge, tal como o ex-mandatário com quem mantinha o vínculo matrimonial, mantém-se inelegível para disputar o cargo de Chefe do Executivo municipal para o pleito subsequente. Pouco importa, portanto, se houve ou não anterior separação de fato deflagrada no primeiro mandato exercido por seu ex-marido. Além disso, a discussão quanto à existência de fraude é irrelevante, pois, como dito, a hipótese descrita na súmula exige o preenchimento de circunstância objetiva, requerendo para sua configuração, tão somente, a ocorrência da dissolução do vínculo conjugal no curso do mandato, como de fato ocorreu no caso ora em exame.

[AC 3.311 AgR, voto do Rel. Min. Ricardo Lewandowski, Segunda Turma, julgamento em 19-3-2013, *DJE* 63 de 8-4-2013]

Cônjuge supérstite e inelegibilidade

CONSTITUCIONAL E ELEITORAL. MORTE DE PREFEITO NO CURSO DO MANDATO, MAIS DE UM ANO ANTES DO TÉRMINO. INELEGIBILIDADE DO CÔNJUGE SUPÉRSTITE. CF/1988, ART. 14, §7º. INOCORRÊNCIA.

1. O que orientou a edição da Súmula Vinculante 18 e os recentes precedentes do STF foi a preocupação de inibir que a dissolução fraudulenta ou simulada de sociedade conjugal seja utilizada como mecanismo de burla à norma da inelegibilidade reflexa prevista no §7º do art. 14 da CF/1988. Portanto, não atrai a aplicação do entendimento constante da referida súmula a extinção do vínculo conjugal pela morte de um dos cônjuges.

[RE 758.461, Rel. Min. Teori Zavascki, Plenário, julgamento em 22-5-2014, *DJE* 213 de 30-10-2014]

2. Há plausibilidade na alegação de que a morte de Prefeito, no curso do mandato (que passou a ser exercido pelo Vice-Prefeito), não acarreta a inelegibilidade do cônjuge, prevista no art. 14, §7º, da CF/1988. Trata-se de situação diferente da que ocorre nos casos de dissolução da sociedade conjugal no curso do mandato, de que trata a Súmula Vinculante 18.

[AC 3.298 MC-AgR, Rel. Min. Teori Zavascki, Segunda Turma, julgamento em 24-4-2013, *DJE* 235 de 29-11-2013]

Vínculo familiar afetivo e inelegibilidade

Com efeito, o acórdão recorrido se funda em interpretação teleológica do art. 14, §7º, da CF/1988, que, com substrato no princípio republicano,

impede a formação de oligarquias políticas capazes de fragilizar o equilíbrio das eleições, diante do risco de manipulação da máquina pública em prol da perpetuação de um grupo delimitado no poder. (...) Embora a filiação socioafetiva não se revista dos mesmos rigores formais da adoção, a leitura do art. 14, §7º, da CF/1988 à luz do princípio republicano conduz a que a inelegibilidade também incida *in casu*. É que o chamado filho de criação, da mesma forma como ocorre com a filiação formal, acaba por ter sua candidatura beneficiada pela projeção da imagem do pai socioafetivo que tenha exercido o mandato, atraindo para si os frutos da gestão anterior com sensível risco para a perpetuação de oligarquias. Parece clara, assim, a perspectiva de desequilíbrio no pleito, atraindo, por identidade de razões, a incidência da referida regra constitucional.
[AC 2.891 MC, Rel. Min. Luiz Fux, dec. monocrática, julgamento em 6-6-2011, *DJE* 115 de 16-6-2011]

Eleição suplementar e inelegibilidade de cônjuge
O que está em questão é saber se em eleição suplementar para prefeito (cujo titular anterior teve seu mandato cassado) o prazo, dito de desincompatibilização, também é de 6 (seis) meses, conforme previsto no art. 14, §7º, da CF/1988 (...). Mas a questão não pode ser vista por esse ângulo. Não se trata, aqui, de desincompatibilização da esposa candidata, até porque ela não exercia o cargo do qual devesse, ela própria, desincompatibilizar-se. A hipótese é de inelegibilidade, e como tal deve ser considerada para todos os efeitos. 4. Conforme jurisprudência assentada no Tribunal, (...) o §7º do art. 14 da CF/1988 tem o desiderato ético, político e social de prevenir possível apoderamento familiar dos mandatos eletivos, inclusive com utilização indevida da estrutura administrativa. Trata-se de hipótese constitucional de inelegibilidade e, como tal, insuscetível de mitigação em favor dos seus destinatários.
[RE 843.455, voto do Rel. Min. Teori Zavascki, Plenário, julgamento em 7-10-2015, *DJE* 18 de 1º-2-2016]

SÚMULA VINCULANTE Nº 19

A Súmula Vinculante nº 19 tem a seguinte redação:

A taxa cobrada exclusivamente em razão dos serviços públicos de coleta, remoção e tratamento ou destinação de lixo ou resíduos provenientes de imóveis, não viola o artigo 145, II, da Constituição Federal.

Os precedentes declarados dessa súmula são os seguintes julgamentos: RE 576321 RG-QO, RE 256588 ED-EDv, AI 476945 AgR, AI 460195 AgR, RE 440992 AgR, AI 481619 AgR, AI 684607 AgR, RE 273074 AgR, RE 532940 AgR, RE 411251 AgR, RE 481713 AgR, RE 473816 AgR, AI 457972 AgR, RE 393331 AgR, AI 459051 AgR, RE 362578 AgR e RE 206777. O primeiro precedente, de julgamento mais recente (04.12.2008), foi o precedente-guia e nele é que se encontram citados os demais acima descritos. Contudo, outros julgamentos também foram mencionados nos demais precedentes, a saber: 1) no sentido da inconstitucionalidade de leis que instituíram taxa de coleta de lixo ou resíduos residenciais em conjunto com a limpeza urbana,[121] cujos serviços foram considerados *uti universi* de maneira global e, portanto, impassíveis de atomização ou autonomia apenas dos serviços de coleta de lixo domiciliar: RREE 190126, RREE 185050,[122] RE 249070,[123] RE 250946 AgR/RJ,[124] RE 361437, AI 508756 AgR, AI 497488 AgR, RE 337349 AgR, AI 482624 AgR, AI 514728 AgR,[125] AI 579884 AgR,[126] AI 501679 AgR, AI 460195 AgR,[127]

---

[121] Varrição, lavagem e capinação de vias e logradouros públicos, limpeza de praias, túneis, córregos, valas, galerias pluviais, bueiros e caixas de ralo.
[122] Conf. voto do Min. Ilmar Galvão na p. 414 do 17º precedente.
[123] Conf. votos dos Min. Ellen Gracie e Carlos Velloso nas pp. 358 e 370 do 2º precedente; citado também no voto do Min. Carlos Ayres Britto na p. 698 do 4º precedente.
[124] Conf. voto do Min. Carlos Velloso nas pp. 372-373 do 2º precedente. O RE 250946 AgR/RJ também foi citado no mesmo sentido pelo Min. Carlos Velloso em seu voto no 2º precedente (p. 372).
[125] Conf. voto da Min. Ellen Gracie na p. 1041 do 3º precedente. O AI 482624 AgR também foi citado pelo Min. Gilmar Mendes na p. 1656 do 11º precedente e pelo Min. Celso de Mello na p. 1951 do 7º precedente, porém como exemplo de decisão no sentido da inconstitucionalidade de lei que instituía taxa de limpeza e conservação públicas, cujos serviços foram considerados *uti universi*. No voto proferido pelo Min. Ricardo Lewandowski no 16º precedente (p. 990) há uma citação expressa da ementa do AI 482624 AgR/RJ, na qual consta que o julgamento diz respeito a ambas as taxas. Já o RE 361437 também foi citado pelo Min. Eros Grau na p. 1236 do 9º precedente, porém como exemplo de julgamento no qual supostamente se reconheceu a constitucionalidade da taxa de limpeza pública "...quando não vinculada à limpeza de ruas e de logradouros públicos...", sugerindo-se com isso que no julgamento em questão se reconheceu como regra a inconstitucionalidade da taxa de limpeza pública que inclua tanto os serviços de coleta de lixo domiciliar quanto outros serviços de limpeza, na linha do voto da Min. Ellen Gracie no 3º precedente, acima mencionado, e da presente classificação, e como exceção a constitucionalidade da lei que institua apenas a taxa de coleta de lixo domiciliar. Aparentemente no mesmo sentido, o Min. Eros Grau citou também o RE 206777 em seu voto no 9º precedente (p. 1236), sendo que em seu relatório no 10º precedente citou indiretamente o mesmo julgamento agora como exemplo de constitucionalidade de lei que tenha instituído exclusivamente a taxa de coleta de resíduos sólidos urbanos (lixo domiciliar), fazendo o mesmo ao citar indiretamente no mesmo relatório o RE 361437.
[126] Conf. voto da Min. Cármen Lúcia na p. 2972 do 6º precedente; citado também no voto do Min. Joaquim Barbosa na p. 745 do 13º precedente.
[127] Conf. voto do Min. Joaquim Barbosa na p. 745 do 13º precedente.

RE 370106 AgR/RJ,[128] RE 345416 AgR/RJ, RE 382519/RJ;[129] 2) no sentido da inconstitucionalidade de lei que instituiu taxa de limpeza e conservação públicas, cujos serviços foram considerados *uti universi*: AI 463910 AgR,[130] RE 188391, RE 337349 AgR,[131] RREE 196550, RE 357140 AgR,[132] AI 449535 AgR/RJ, RE 247563 AgR/SP, RE 353250 AgR/RJ,[133] RE 346177 AgR/MG;[134] 3) no sentido da constitucionalidade de leis que instituíram taxa de coleta de lixo e de limpeza pública, no pressuposto do caráter *uti singuli* do primeiro serviço e de sua atomização ou autonomia do segundo: RE 440992 AgR;[135] 4) no sentido da constitucionalidade de lei municipal que instituiu como base de cálculo da taxa de coleta de lixo a metragem do imóvel, considerada então diversa da base de cálculo do IPTU, no pressuposto da distinção entre base imponível (custo do serviço) e alíquota (metragem): RE 241790/SP, RE 232393/SP,[136] AI 441038 AgR/RS, RE 346695 AgR/MG, RE 229976/SP, RE 393715/CE;[137] 5) no sentido da constitucionalidade de lei municipal que instituiu exclusivamente taxa de coleta de lixo domiciliar, considerada de caráter *uti singuli*: AI 413248 AgR.[138]

---

[128] Conf. voto do Min. Celso de Mello na p. 1951 do 7º precedente e o voto do Min. Ricardo Lewandowski na p. 990 do 16º precedente.
[129] Conf. voto do Min. Ricardo Lewandowski na p. 990 do 16º precedente.
[130] Conf. voto da Min. Cármen Lúcia na p. 2971 do 6º precedente.
[131] Conf. voto do Min. Joaquim Barbosa nas pp. 743-744 do 13º precedente.
[132] Conf. voto do Min. Gilmar Mendes na p. 1656 do 11º precedente.
[133] Conf. voto do Min. Celso de Mello na p. 1951 do 7º precedente.
[134] Conf. voto do Min. Carlos Velloso na p. 373 do 2º precedente.
[135] Conf. voto do Min. Gilmar Mendes na p. 700 do 12º precedente. Os RE 256588 ED/RJ e RE 220316/MG foram citados no relatório do Min. Lewandowski do 16º precedente (p. 988) aparentemente nesse mesmo sentido.
[136] Conf. voto do Min. Carlos Britto na ementa e nas p. 873, 875 e 876 do 5º precedente. Nesse precedente há menção expressa à taxa de limpeza pública, mas, quanto aos serviços, foram citados exclusivamente os de remoção de lixo domiciliar, que foram considerados *uti singuli*, assim se justificando a constitucionalidade de lei objeto do recurso. Se essa suposição estiver correta, o 5º precedente também pode ser enquadrado na quinta classificação. No julgamento do RE 232393, cuja ementa encontra-se na p. 876 do mencionado precedente (e também na p. 983 do 1º precedente, no voto do Min. Ricardo Lewandowski, e nas p. 1236-1237 do 9º precedente, no voto do Min. Eros Grau), o caráter *uti singuli* aparentemente não foi objeto de exame, mas sim a questão da base de cálculo da taxa de coleta de lixo, deixando entrever que a lei municipal em questão (Município de São Carlos) parece não ter incluído os demais serviços de limpeza pública (como também sugere o voto do Min. Eros Grau na p. 1236 do 9º precedente). O RE 241790/SP também foi citado no mesmo sentido no voto do Min. Ricardo Lewandowski na p. 983 do 1º precedente.
[137] Conf. voto do Min. Ricardo Lewandowski na p. 983 do 1º precedente.
[138] Conf. voto do Min. Gilmar Mendes na p. 698 do 12º precedente. Se a suposição supra estiver correta, o RE 232393 também se enquadra na presente classificação. O RE 399309 foi citado pelo Min. Eros Grau em seu relatório do 10º precedente aparentemente no mesmo sentido.

Como se percebe, há uma grande diversidade de situações jurídicas como pano de fundo dos julgamentos mencionados tanto como precedentes oficiais como precedentes não oficiais, que gerou também uma diversidade de interpretações na mesma matéria.

Nos julgamentos mencionados discutia-se basicamente a constitucionalidade ou inconstitucionalidade de leis municipais que instituíram taxas de limpeza pública, cujos requisitos se encontram descritos no art. 145, II, e §2º, da CF, quais sejam: 1) exação decorrente de serviços públicos: a) de uso efetivo ou potencial; b) específicos; c) divisíveis; d) prestados ao contribuinte ou postos à sua disposição; 2) base de cálculo distinta da dos impostos. Os conceitos respectivos são encontrados no art. 79 CTN, a saber: 1) uso efetivo: quando o serviço for usufruído a qualquer título; 2) uso potencial: quando o serviço for de utilização compulsória e posto à disposição "...mediante atividade administrativa em efetivo funcionamento"; 3) especificidade: serviços que "...possam ser destacados em unidades autônomas de intervenção, de utilidade ou de necessidade públicas"; 4) divisibilidade: "quando suscetíveis de utilização, separadamente, por parte de cada um de seus usuários".

As interpretações desses dispositivos nos julgamentos acima mencionados podem ser classificadas do seguinte modo: 1) leis que instituem taxas de limpeza pública, *tout court*, são inconstitucionais por dizerem respeito a serviços considerados *uti universi*, contrariando assim a exigência de divisibilidade; 2) leis que instituem taxas de limpeza pública, incluindo serviços de limpeza urbana e de coleta de lixo domiciliar, são inconstitucionais pela mesma razão acima mencionada; 3) leis que instituem taxas de limpeza pública, incluindo serviços de limpeza urbana e de coleta de lixo domiciliar, são inconstitucionais pela mesma razão acima mencionada, admitindo-se porém, em tese, o caráter *uti singuli* daquele último serviço, caso previsto isoladamente em outra lei, diante de sua não autonomia dos demais serviços; 4) leis que instituem taxas de limpeza pública, incluindo serviços de limpeza urbana e de coleta de lixo domiciliar, são constitucionais diante do caráter *uti singuli* desse último serviços e de sua autonomia do primeiro; 5) leis que instituem taxa de coleta de lixo domiciliar, *tout court*, são constitucionais diante do caráter *uti singuli* do serviço respectivo; 6) leis que instituem taxa de coleta de lixo (com ou sem serviço de limpeza urbana) são constitucionais quando utilizam como base de cálculo a metragem do imóvel, que não guarda identidade com a base de cálculo do IPTU, no pressuposto da distinção entre base imponível (custo do serviço) e alíquota (metragem).

Como se vê, as interpretações que os vários precedentes produziram conduzem também a sérias divergências, sendo imprescindível para resolvê-las historiar os julgamentos na ordem cronológica em que ocorreram.

O precedente oficial mais antigo é precisamente o último da ordem (17º). Nesse julgamento, estavam em questão três leis do Município de Santo André que instituíram IPTU progressivo, taxa de limpeza urbana (limpeza em geral e serviço de coleta de lixo domiciliar) e taxa de segurança. Desses três objetos, apenas o segundo deles interessa para a súmula em comento, sendo que nessa matéria o julgamento foi conclusivo no sentido da inconstitucionalidade da lei, diante do caráter *uti universi* dos serviços respectivos e também da base de cálculo fincada na área edificada e na metragem linear, que foi considerada coincidente com a base de cálculo do IPTU. Nada foi discutido sobre o caráter global dos serviços, sobre a índole em tese *uti singuli* do serviço de coleta domiciliar e tampouco sobre a impossibilidade de isolamento do serviço de coleta de lixo dos demais para a possível constitucionalidade parcial da lei.

No segundo precedente mais antigo, que coincide com a ordem oficial (2º), as questões acima mencionadas como de omissão relevante foram suscitadas e debatidas. Aqui, o objeto era uma lei do Município de São Carlos que instituíra taxa de limpeza pública para os serviços de limpeza em geral e também de coleta de lixo domiciliar. Também nesse caso a lei foi declarada inconstitucional, com a mesma premissa do precedente anterior, porém com duas importantes inovações: admitiu-se em tese o caráter *uti singuli* do serviço de coleta de lixo domiciliar, rejeitando-se o seu isolamento dos demais serviços. Isso ocorreu diante de divergência de entendimento na matéria entre as duas Turmas do c. STF: a 2ª Turma considerou a mesma lei constitucional, relativamente à taxa de coleta de lixo domiciliar, assim como a sua base de cálculo na metragem dos imóveis, enquanto que a 1ª Turma compreendera o contrário, relativamente a outra lei estadual que instituíra taxa para os mesmos serviços. Nos debates que sucederam o voto da Ministra Relatora, Ellen Gracie, o Ministro Nelson Jobim suscitou dúvida sobre a possibilidade de cisão dos serviços de limpeza urbana e de coleta de lixo. A resposta negativa a essa dúvida traria dois problemas, um declarado e outro subentendido: 1) a fixação da base de cálculo, nessa hipótese, seria proporcional ou não à mesma base de cálculo dos serviços considerados impassíveis de taxação?; 2) a inconstitucionalidade parcial seria então admitida? O Min. Carlos Velloso, que na origem havia considerado constitucional a lei municipal em questão, pediu vista e em seu voto nos Embargos de Divergência concluiu que não seria possível destacar os serviços em exame, porque "...a taxa remuneraria a coleta de lixo e os demais serviços, sem possibilidade...de serem individualizados os contribuintes" (pp. 373-374). Com isso, o voto da Min. Relatora restou vitorioso, deixando de lado o problema da base de cálculo na metragem dos imóveis, já que a lei foi considerada inteiramente inconstitucional.

No mesmo sentido supra seguiram-se os 15º, 14º, 4º, 3º, 8º, 11º, 16º e 7º precedentes, na ordem cronológica.

No 5º precedente (julgado entre o 3º e o 8º precedentes oficiais) a 1ª Turma do c. STF, ao julgar um Agravo Regimental em sede de RE, declarou constitucional uma lei do município de Natal que parece haver instituído uma taxa de limpeza pública exclusivamente para o serviço de coleta e remoção de lixo domiciliar. Embora se faça menção a limpeza pública, tal título parece abrigar apenas aquele tipo de serviço, que já havia sido considerado em tese *uti singuli* e, portanto, passível de taxação. Quanto à base de cálculo, a metragem do imóvel foi tida como parâmetro de "...avaliação do consumo de lixo de cada residência", diversamente da base de cálculo do IPTU, que leva em consideração o valor venal do imóvel, cuja metragem seria apenas um dos elementos constitutivos da base de incidência.

No mesmo sentido supra seguiram-se os 10º e 12º precedentes, contudo de forma mais clara: neles, uma lei do município de Belo Horizonte (Lei n. 8147/2000) e outra do Município de Araçatuba, respectivamente, instituíram taxa de coleta de resíduos sólidos urbanos e, portanto, com a exclusividade desse tipo de serviço as leis foram declaradas constitucionais e a exação foi considerada legítima.

No precedente seguinte (9º), a 2ª Turma do c. STF esteve diante de uma lei do Município de Curitiba que instituíra a taxa de coleta de lixo, decidindo então no mesmo sentido do 5º precedente, acima examinado, porém com uma novidade: reconheceu-se a constitucionalidade da lei também quanto à base de cálculo (metragem do imóvel), considerada então diversa da base de cálculo do IPTU, no pressuposto da distinção entre base imponível (custo do serviço) e alíquota (metragem), de acordo com o julgamento do Pleno no RE 232393.[139] Nesse sentido,

---

[139] Esse precedente não oficial também foi citado no 5º precedente no voto do Ministro Relator (p. 876), mas o fundamento usado não foi o mesmo, tal como se encontra no Acórdão

esse precedente diverge do 17º precedente, aproximando-se, porém, do 5º precedente, no qual a matéria também foi examinada, embora com outro enfoque. No 5º precedente se distinguiu a metragem (para a taxa) do valor venal (para o IPTU), reconhecendo-se que aquela era um dos elementos constitutivos da base de incidência do imposto, de modo que a coincidência seria apenas parcial. Já no 9º precedente a base não seria propriamente a metragem, mas o custo do serviço, ainda que calculado com base nela (alíquota).

No precedente mais recente (1º),[140] o Ministro Relator, Ricardo Lewandowski, estabeleceu as hipóteses que resumem os precedentes anteriores: 1) a taxação dos serviços simultâneos de limpeza urbana e de coleta de lixo domiciliar viola o disposto no art. 145, II, da CF, diante do caráter *uti universi* dos primeiros e de sua inseparabilidade dos últimos; 2) a taxação dos serviços exclusivos de coleta de lixo domiciliar está de acordo com aquele dispositivo constitucional, diante de seu caráter *uti singuli*. Partindo-se daí, os Ministros então debateram o tema da base de cálculo para essa segunda hipótese.

No voto do Ministro Relator consta sua adesão tácita ao 5º precedente nessa matéria, ao renovar a validade da coincidência parcial da base de cálculo da taxa em questão com a base de cálculo do IPTU, assim se manifestando:

> O que a Constituição reclama é a ausência de completa identidade com a base de cálculo própria dos impostos e que, em seu cálculo, se verifique uma equivalência razoável entre o valor pago pelo contribuinte e o custo individual do serviço que lhe é prestado (p. 982).

No debate que se seguiu, os Ministros Carlos Britto e Marco Aurélio questionaram a base de cálculo da taxa, até então estabelecida na metragem do imóvel, dizendo que esse parâmetro não corresponde à volumetria do lixo, ou seja, os moradores é que produzem lixo, e não o imóvel. A réplica do Ministro Relator se fundamentou nos argumentos contidos no 5º precedente: "...a melhor forma...para que haja o mínimo de isonomia, é tomar como base um dos elementos para o cálculo do IPTU, que é a grandeza do imóvel, porque, realmente, sugere que o imóvel maior produza mais lixo do que o menor" (p. 988). Olvidou-se da

---

que desafiou o Agravo Regimental que deu origem ao julgamento. Esse julgamento é 2º precedente da SV nº 29.
[140] Que também figura como 1º precedente da SV nº 29.

distinção feita no 9º precedente entre base imponível (custo do serviço) e alíquota (metragem), a propósito de acordo com o julgamento do Pleno no RE 232393. Essa distinção salvaria o argumento do 5º precedente do constrangimento teórico óbvio da falta de correspondência entre o valor do serviço de coleta de lixo e a metragem do imóvel, que apenas por ficção podia ser admitida.

Disso tudo podem ser extraídas as seguintes conclusões: 1) quanto à suficiência dos precedentes, eles justificam numericamente a exigência de "...reiteradas decisões sobre matéria constitucional..." (art. 103-A, *caput*, da CF), inclusive porque além dos precedentes expressamente citados existem vários outros, que deviam, contudo, ter sido enumerados no rol respectivo; 2) quanto à fidelidade entre os julgamentos precedentes e o texto da súmula, ela é parcial, porque houve omissão de uma das hipóteses presentes nos precedentes, qual seja: a taxação dos serviços simultâneos de limpeza urbana e de coleta de lixo domiciliar viola o disposto no art. 145, II, da CF, diante do caráter *uti universi* dos primeiros e de sua inseparabilidade dos últimos.[141]

Aplicação e interpretação pelo STF:

Constitucionalidade da cobrança da taxa de coleta de lixo proveniente de imóveis
A jurisprudência deste Tribunal já firmou o entendimento no sentido de que o serviço de coleta de lixo domiciliar deve ser remunerado por meio de taxa, uma vez que se trata de atividade específica e divisível, de utilização efetiva ou potencial, prestada ao contribuinte ou posta à sua disposição. Ao inverso, a taxa de serviços urbanos, por não possuir tais características, é inconstitucional.
[AI 702.161 AgR, voto do Rel. Min. Roberto Barroso, Primeira Turma, julgamento em 15-12-2015, *DJE* 25 de 12-2-2016]

O Supremo Tribunal Federal firmou entendimento no sentido da legitimidade da taxa de coleta de lixo proveniente de imóveis, entendendo como específico e divisível o serviço público de coleta e tratamento de lixo domiciliar prestado ao contribuinte ou posto à sua disposição.
[AI 311.693 AgR, Rel. Min. Dias Toffoli, Primeira Turma, julgamento em 6-12-2011, *DJE* 78 de 23-4-2012]

---

[141] Na hipótese consagrada (a taxação dos serviços exclusivos de coleta de lixo domiciliar está de acordo com aquele dispositivo constitucional, diante de seu caráter *uti singuli*) não houve menção à base de cálculo expressamente admitida nos precedentes, em especial nos 5º e 9º e também no RE 232393, que devia ter sido incluído no rol oficial de precedentes, diante de sua importância. Mas essa matéria acabou apropriada pela SV 29.

1. O exame da possibilidade de o serviço público ser destacado em unidades autônomas e individualizáveis de fruição não se esgota com o estudo da hipótese de incidência aparente do tributo. É necessário analisar a base de cálculo da exação, que tem por uma de suas funções confirmar, afirmar ou infirmar o critério material da regra-matriz de incidência.
[RE 571.241 AgR, Rel. Min. Joaquim Barbosa, Segunda Turma, julgamento em 20-4-2010, *DJE* 100 de 4-6-2010]

SÚMULA VINCULANTE Nº 20

A Súmula Vinculante nº 20 tem a seguinte redação:

A Gratificação de Desempenho de Atividades Técnico-Administrativas - GDATA, instituída pela Lei nº 10.404/2002, deve ser deferida aos inativos nos valores correspondentes a 37,5 (trinta e sete vírgula cinco) pontos no período de fevereiro a maio de 2002 e, nos termos do artigo 5º, parágrafo único, da Lei nº 10.404/2002, no período de junho de 2002 até a conclusão dos efeitos do último ciclo de avaliação a que se refere o artigo 1º da Medida Provisória nº 198/2004, a partir da qual passa a ser de 60 (sessenta) pontos.

Os precedentes declarados dessa súmula são os seguintes julgamentos: RE 476279, RE 476390 e RE 597154 RG-QO. Nesse 3º precedente foram citados ainda os seguintes julgamentos acerca do mesmo tema: 1) decisões colegiadas: RE-AgR 592480, RE-AgR-ED 480141 e RE-AgR 564709; 2) decisões singulares: AI-AgR 703474, AI 671822, AI 636863 e AI-AgR 551320.[142] Com isso, tem-se um número suficiente de precedentes para atender a exigência das reiteradas decisões em matéria constitucional, mesmo com a exclusão dos julgamentos monocráticos, que a rigor não atendem ao requisito quantitativo, pelos motivos já externados anteriormente. De qualquer modo, repete-se a falha de não se mencionar como precedentes oficiais outros julgamentos anteriores igualmente importantes.

O precedente-guia foi o primeiro, no qual se encontra literalmente a solução adotada no enunciado da Súmula, sendo imprescindível historiar a matéria de fundo, porque nela reside não apenas a justificativa da edição, como também o seu verdadeiro objetivo, não declarado.

---

[142] Conf. voto do Min. Gilmar Mendes na p. 1691 do 3º precedente.

A Lei nº 10.404/2002 instituiu a Gratificação de Desempenho de Atividade Técnico-Administrativa (GDATA) para os servidores alcançados pelo Anexo V da Lei 9367/1996[143] e pela Lei 6550/1978[144] e que estivessem desprovidos de: 1) organização em carreira; 2) alteração em sua estrutura remuneratória entre 30.09.2001 e a data de publicação da lei (10.01.2002); 3) recebimento de qualquer outra vantagem fundamentada em desempenho profissional, individual ou institucional ou em produção.

Para tais servidores, a GDATA seria paga do seguinte modo: 1) para os da ativa: a) ordinariamente: entre o mínimo de 10 (dez) e o máximo de 100 (cem) pontos (art. 2º); b) extraordinariamente: b.1) até 31.05.2002 e até a edição dos atos regulamentadores, no valor correspondente a 37,5 (trinta e sete e meio) pontos (art. 6º; b.2) para os cedidos[145] e à disposição,[146] até que efetivadas as avaliações, no valor correspondente a 50 (cinquenta) pontos (art. 7º); 2) para os inativos e pensionistas: com base na média dos valores recebidos nos últimos 60 (sessenta) meses ou no valor correspondente a 10 (dez) pontos, quando percebida por período inferior a 60 (sessenta) meses (art. 5º).

Com a edição do Dec. n. 4247/2002, publicado no DOU de 23.05.2002, foram estabelecidos critérios para aplicação dos limites do item 1.a supra (arts. 4º e 7º), ficando para os atos dos titulares de cada órgão ou entidade a regulamentação do limite do item b.1, supra, mantendo-se até lá a mesma pontuação de 37,5 (trinta e sete e meio), de acordo com o §4º do art. 9º e com o art. 12. O mesmo ocorreu com o limite do item b.2, supra, cuja pontuação permaneceu a mesma, ao menos até a edição desses mesmos atos regulamentadores (art. 17), com exceção dos servidores ocupantes de cargo em comissão (art. 17-B), para os quais foram fixados outros limites provisórios. Considerando que os inativos não foram expressamente tratados nesse Decreto, entende-se

---

[143] Servidores das Carreiras de Diplomata, Auditoria do Tesouro Nacional, Polícia Federal, Polícia Civil do DF e dos Policiais Civis dos Extintos Territórios Federais, Orçamento de Finanças e Controle, Procuradoria da Fazenda Nacional, Esperialistas em Políticas Públicas e Gestão Governamental, Carreira de Ciência e Tecnologia dos servidores da SAE, FCBIA, Susep, CVM, Ipea, Ibama, Embratur, Incra, CFIAer, IBPC, Ibac, FBN, FCRB, FCP, LBA, Funai. Funag, FAE, Enap, FNS, Roquette Pinto, FNDE, Sudam, Suframa. Sudene, Ceplac, Tabela de Especialistas das Técnico-administrativos das instituições Federais de Ensino, conforme art. 3º e seguintes da Lei nº 7.596/87 e aos Cargos do Sistema de Cargos Instituídos pelas Leis nºs 5.645/70 e 6.550/78, Tribunal Marítimo e AGU.

[144] Servidores do serviço civil dos Territórios Federais, com exclusão do Território de Fernando de Noronha.

[145] Para os Estados do Amapá, Roraima e Rondônia.

[146] Dos Estados, DF e Municípios.

que receberam a mesma pontuação mínima dos ativos (10 pontos), até o advento da MP n. 198/2004.[147]

O limite mínimo do item 2, supra, foi alterado para 30 (trinta) pontos pela MP n. 198,[148] publicada no DOU de 16.07.2004, que também revogou o art. 7º da Lei 10.404/2002, de modo que o parâmetro do item b.2 em tese cessou na data de sua publicação.

Por fim, a GDATA foi substituída pela Gratificação de Desempenho de Atividade Técnico-Administrativa e de Suporte – GDPGTAS pela Lei nº 11.357/2006, cujos efeitos não foram objeto de exame nos julgamentos mencionados, no pressuposto de que a discussão se centrava "...em período que antecede ao Plano Geral de Cargos do Poder Executivo", nas palavras do Min. Gilmar Mendes.[149]

O histórico da matéria parece localizá-la no plano infraconstitucional, mas o mérito das ações que animaram os julgamentos dos recursos extraordinários era a extensão ou não aos servidores aposentados e a seus pensionistas de critério geral mais benéfico do que aquele estipulado no inc. II do art. 6º da Lei 10.404/2002 (10 pontos até a MP 198/2004 e 30 pontos depois dela), de acordo com a regra de paridade do §8º do art. 40 da CF, na redação dada pela EMC n. 20/98. Isso porque os limites dos itens b.1 (37,5 pontos) e b.2 (50 pontos), supra, não dependiam de qualquer avaliação específica e foram pré-fixados ou pré-taxados independentemente de qualquer condição ou produção individual dos servidores da ativa. Em outras palavras, tais limites não foram instituídos em caráter *pro labore faciendo*, ao contrário daquele ordinariamente estabelecido no art. 2º daquele primeiro diploma legal, de modo que, em tese, deviam ter sido fixados também para os servidores aposentados e para seus pensionistas, que receberam, todavia, uma pontuação inferior.

Tratava-se, portanto, de aplicação do princípio da igualdade,[150] cuja premissa foi fixada no julgamento do RE 463363, no qual se

---

[147] Conf. o voto do Min. Gilmar Mendes na p. 2339 do 2º precedente.
[148] Referida MP foi depois convertida na Lei nº 10.971/2004, que não inovou nos pontos em exame.
[149] P. 2333 do 2º precedente.
[150] Esse fundamento foi matizado pelo Min. Sepúlveda Pertence em um aparte do 1º precedente (do qual era Relator), porque o fundamento usado no Acórdão recorrido (assim como no Acórdão do 2º precedente) foi a razoabilidade ou "justiça" da extensão dos pontos lineares aos aposentados e pensionistas, *verbis*: "o que o acórdão chama de princípio da razoabilidade nada mais é, no caso, que o princípio genérico da isonomia, em que se entendeu que se deve estender aos inativos, indistintamente, em todos esses períodos, aquela gratificação arbitrariamente posta pela lei aos servidores que, cedidos a outras Unidades da Federação, estavam na ativa mas não poderiam ter avaliação de desempenho. O conhecimento do recurso é basicamente o artigo 40, §8º" (p. 677).

considerou extensível aos aposentados e pensionistas uma gratificação de caráter geral, que camuflava um reajuste não linear de vencimentos, e *contrario sensu* do que restou decidido no RE-AgR 469256 e RE 213806, nos quais foi negada a mesma extensão relativamente à vantagem e gratificação consideradas específicas ou decorrentes do exercício efetivo do cargo ou do desempenho.

Tanto assim que o julgamento originário do 2º Precedente foi afetado ao Pleno do STF, porque, no entendimento do Min. Relator Gilmar Mendes, o caso era

...relevante não por conta da questão concreta exatamente envolvida, mas por se tratar de um caso de escola, um modelo que se reproduz fundamentalmente. Em geral, para fugir à aplicação do art. 40, §8º, vem-se optando por fazer uma concessão mínima generalizável, portanto extensível também aos inativos, e o mais se concede via aferição de desempenho, o que já envolve excluir, praticamente, de fato, todos os inativos da concessão, parecendo, na verdade, uma fraude ao modelo constitucional.[151]

Mais do que a questão temporal das diferentes pontuações pré-fixadas na lei e em suas posteriores modificações (chamada no 3º precedente de "sucessão de leis de regência") e ainda do que a modalidade de decisão interpretativa a ser adotada (interpretação conforme com decisão aditiva ou interpretação conforme a Constituição, *tout court*),[152] a matéria que realmente importava era a interpretação da regra de paridade do §8º do art. 40 da CF, na redação dada pela EMC

---

[151] p. 2329 da Proposta de Remessa do Pleno.
[152] Essa classificação foi esboçada pelo Min. Gilmar Mendes respectivamente na Proposta de Remessa ao Pleno (p. 2329) e em seu voto (p. 2338) do 2º precedente, porém sem maior preocupação conceitual, porque as decisões do primeiro tipo, conhecidas no direito italiano, são aquelas que acrescentam a um dispositivo (suporte físico) infraconstitucional uma ou mais opções interpretativas (normas) que não derivam expressamente do texto sob controle, mas que dele se deduzem, ou que, como no direito espanhol, suprimem uma omissão inconstitucional ou a lacuna gerada pela pronúncia de uma inconstitucionalidade, enquanto que nas últimas, conhecidas no direito alemão, se reconhece a compatibilidade do texto infraconstitucional sob controle com a Constituição, reduzindo-se contudo as opções interpretativas do preceito àquelas indicadas na decisão, com exclusão tácita das demais opções possíveis (conf. JEVEAUX, *op. cit.*, p. 322-331). A rigor, a decisão foi aditiva ao modo espanhol, porque reconheceu uma inconstitucionalidade parcial e a suprimiu com a extensão de um direito a pessoas (recorrentes) que dele eram beneficiárias (*ibidem*, p. 336-338). Logo, nessa decisão não houve eficácia *erga omnes*, como seria natural no ambiente em que normalmente esse tipo de *decisum* é praticado, ou seja, no controle concentrado de constitucionalidade.

n. 20/98, que permanece relevante mesmo depois de sua supressão pela EMC 41/2003, já que ela se manteve como regra de transição para os servidores empossados até a data de sua publicação, consoante seu art. 7º, norma que se viu repetida no art. 3º da EMC 47/2005.

Tal entendimento tem sua importância acrescida porque, em linha de princípio, representa uma exceção ou uma oposição franca ao disposto na S. STF nº 339 (convertida depois na SV nº 37), conforme a qual "não cabe ao Poder Judiciário, que não tem função legislativa, aumentar vencimentos de servidores públicos sob fundamento de isonomia".

Não obstante, no julgamento que deu origem ao 3º precedente houve perda desse foco, voltando os Ministros a decidir sobre os critérios de pontuação e a temporalidade das "leis de regência", nos mesmos termos do 1º precedente, perdendo assim grande oportunidade de sumular a matéria que realmente interessava e que teria efeito genérico compatível com o instituto da sumulação vinculante.

Disso tudo podem ser extraídas as seguintes conclusões: 1) quanto à suficiência dos precedentes, eles justificam numericamente a exigência de "...reiteradas decisões sobre matéria constitucional..." (art. 103-A, *caput*, da CF), inclusive porque além dos precedentes expressamente citados existem três outros de natureza colegiada, que deviam, contudo, ter sido enumerados no rol respectivo. Outrossim, se o verdadeiro objetivo da sumulação fosse observado, outros três julgamentos teriam de ser incluídos no rol dos precedentes: RE 463363, RE-AgR 469256 e RE 213806; 2) quanto à fidelidade entre os julgamentos precedentes e o texto da súmula, ela é parcial, porque se verifica apenas quanto à interpretação *in concreto* da matéria, ou seja, em torno da pontuação genérica extensível aos aposentados e pensionistas e da temporalidade da lei que instituiu a GDATA e de suas posteriores modificações, deixando de fora o tema *in abstracto* que melhor se comprazia com a natureza da sumulação vinculante (a propósito, como fez o STF na SV 21) e cuja relevância foi expressamente ressaltada no 2º precedente, qual seja, o direito dos servidores aposentados (cuja posse tenha ocorrido até a data da publicação da ECM 41/2003 e cuja jubilação futura não ocorra na forma do art. 2º dessa Emenda) e de seus pensionistas à extensão isonômica de qualquer vantagem ou gratificação conferida de forma linear aos servidores da ativa em detrimento da regra de paridade prevista no §8º do art. 40 da CF (como antes previa o texto originário do §4º), na redação dada pela EMC 20/98.

Aplicação e interpretação pelo STF:

Caráter geral da GDATA e sua extensão aos servidores inativos
(...) o Plenário do Supremo Tribunal Federal, no julgamento do RE 476.279/DF, decidiu que os servidores inativos têm direito à percepção da Gratificação de Desempenho de Atividade Técnico-Administrativa (GDATA), na proporção em que ela se caracterizar como geral, nos termos da Lei 10.404/2002.
[RE 612.920 AgR, voto do Rel. Min. Dias Toffoli, Primeira Turma, julgamentoem 28-2-2012, DJE 64 de 29-3-2012]

Extensão de gratificações de caráter geral aos servidores inativos
O entendimento adotado no acórdão recorrido não diverge da jurisprudência firmada no âmbito deste Supremo Tribunal Federal no sentido de que as vantagens de caráter geral, concedidas aos servidores da ativa, são extensíveis aos inativos e pensionistas, conforme disposto no art. 40, §8º, da CF/1988.
[RE 752.493 AgR, Rel. Min. Rosa Weber, Primeira Turma, julgamento em 12-8-2014, DJE 165 de 27-8-2014]

I — O STF firmou entendimento no sentido de que se deve estender aos inativos gratificação de natureza geral paga de maneira indistinta a todos os servidores em atividade.
[AR 1.688 AgR, Rel. Min. Ricardo Lewandowski, Plenário, julgamento em 14-5-2014, DJE 108 de 5-6-2014]

Ambas as Turmas desta Corte têm entendido que vantagens concedidas de forma geral aos servidores militares da ativa devem ser estendidas aos inativos e seus pensionistas.
[RE 418.379 AgR, Rel. Min. Joaquim Barbosa, Segunda Turma, julgamento em 5-6-2012, DJE 122 de 22-6-2012]

Gratificação pro labore faciendo e sua extensão aos servidores inativos
O Supremo Tribunal Federal entende que, após a implementação dos critérios de avaliação de desempenho, não se afigura possível a manutenção, para os servidores inativos, do mesmo percentual das gratificações concedidas aos servidores em atividade.
[RE 736.909 AgR, Rel. Min. Rosa Weber, Primeira Turma, julgamento em 12-8-2014, DJE 171 de 4-9-2014]

I — A Gratificação de Desempenho de Atividade de Ciência e Tecnologia — GDACT, instituída pelo art. 19 da MP 2.048-26/2000, de

29 de junho de 2000, por ocasião de sua criação, tinha o caráter de gratificação pessoal, *pro labore faciendo*, e, por esse motivo, não foi estendida, automaticamente, aos já aposentados e pensionistas. II — O art. 60-A, acrescentado pela Lei 10.769/2003 à MP 2.229-43/2001, estendeu aos inativos a GDACT, no valor correspondente a trinta por cento do percentual máximo aplicado ao padrão da classe em que o servidor estivesse posicionado. III — Dessa forma, não houve redução indevida, pois, como visto, a GDACT é gratificação paga em razão do efetivo exercício do cargo e não havia percentual mínimo assegurado ao servidor em exercício.
[RE 572.884, Rel. Min. Ricardo Lewandowski, Plenário, julgamento em 20-6-2012, *DJE* 34 de 21-2-2013]

Repercussão geral sobre o termo final do direito dos servidores inativos à paridade em casos de efetiva avaliação
GRATIFICAÇÃO DE DESEMPENHO DE ATIVIDADE TÉCNICA DE FISCALIZAÇÃO AGROPECUÁRIA - GDATFA. TERMO FINAL DO DIREITO À PARIDADE REMUNERATÓRIA ENTRE SERVIDORES ATIVOS E INATIVOS. DATA DE REALIZAÇÃO DA AVALIAÇÃO DO PRIMEIRO CICLO.
1. O termo inicial do pagamento diferenciado das gratificações de desempenho entre servidores ativos e inativos é o da data da homologação do resultado das avaliações, após a conclusão do primeiro ciclo de avaliações, não podendo a Administração retroagir os efeitos financeiros a data anterior.
[RE 662.406, Rel. Min. Teori Zavascki, Plenário, julgamento em 11-12-2014, *DJE* 31 de 18-2-2015]

A hipótese descrita nos autos é análoga àquela decidida por este Tribunal no julgamento do RE 476.279/DF e do RE 476.390/DF, quando se discutiu a respeito da extensão de outra gratificação (GDATA) aos inativos, entendimento sedimentado na Súmula Vinculante 20 (...). A GDATFA e a GDATA são gratificações com as mesmas natureza e características. Originalmente, ambas foram concedidas a todos os servidores de forma geral e irrestrita, apesar de terem sido criadas com o propósito de serem pagas de modo diferenciado, segundo a produção ou o desempenho profissional, individual ou institucional. (...) Num ponto, entretanto, a GDATFA difere da GDATA: ao contrário dessa última, em relação à GDAFTA a Administração iniciou e efetivou as avaliações que justificam o uso do critério diferenciador no pagamento (desempenho individual do servidor e institucional do órgão de lotação), passando a justificar a ausência de paridade entre os servidores ativos e os servidores inativos e pensionistas. Portanto, a meritocracia pretendida com a criação das gratificações de desempenho foi efetivada, o que passou a permitir a diferença no seu pagamento entre os servidores na ativa (de acordo com a produtividade e o desempenho profissional de cada um), e entre estes e os aposentados e pensionistas. A Súmula Vinculante 20 limita-se a prever que, considerando a ausência de realização das avaliações individuais e a institucional durante a vigência da GDATA, não é permitida a discriminação no seu pagamento. Por essa razão, determina o pagamento aos inativos e pensionistas no mesmo montante devido aos servidores ativos. (...) Em suma, a Súmula Vinculante 20 tratou de gratificação específica (GDATA) que, durante sua vigência, foi paga de modo contrário ao determinado na CF/1988, por não existir critérios de avaliação justificadores do tratamento diferenciado dos servidores ativos e inativos. De outro lado, a gratificação discutida neste processo (GDAFTA) surgiu com as mesmas características da GDATA, mas durante sua vigência surgiu causa que validou o pagamento diferenciado da gratificação, em cada ciclo de avaliação. Porém, isso gerou discussão sobre o termo final do direito à paridade (...). Considerando essa nova discussão, que envolve a observância da paridade prevista no art. 40, §8º, da CF/1988 (com a redação anterior à EC 41/2003), faz--se necessário o reconhecimento da repercussão geral em recurso extraordinário, com a diferenciação entre a tese sobre o termo final e o que foi consolidado na Súmula Vinculante 20 (que é insuficiente para a resolução dessa questão), para resolver a quantidade elevada de processos judiciais existentes sobre o assunto.

[RE 662.406 RG, voto do Rel. Min. Teori Zavascki, Plenário, julgamento em 20-6-2013, *DJE* 157 de 13-8-2013]

SÚMULA VINCULANTE Nº 21

A Súmula Vinculante nº 21 tem a seguinte redação:

É inconstitucional a exigência de depósito ou arrolamento prévios de dinheiro ou bens para admissibilidade de recurso administrativo.

Os precedentes declarados dessa súmula são os seguintes julgamentos: RE 388359, RE 389383, RE 390513, AI 398933 AgR, AI 408914 AgR, ADI 1976, AI 698626 RG-QO, RE 370927 AgR, AI 431017 AgR, RE 504288 AgR, AC 1887 MC, AI 351042 AgR-ED, AI 649432, RE 563844 e AI 687411. Além desses precedentes oficiais, foram mencionados ainda os seguintes julgamentos: 1) no sentido da constitucionalidade do depósito: ADI 1049, RE 210246,[153] RE 219234, RE 210369, RE 210380,

---

[153] Conf. voto do Min. Joaquim Barbosa na p. 93 do 6º precedente.

RE 218752,[154] ADI 1922,[155] RE 224958, RE 223179, RE 210192, RE 210243, RE 235833[156] e RE 212696;[157] 2) no sentido da inconstitucionalidade: ADI 1074[158] e RE 402904 AgR.[159] Os três últimos precedentes oficiais são decisões monocráticas, que não deviam, portanto, figurar no rol respectivo, pelas razões anteriormente expostas. Por outro lado, tanto os julgamentos proferidos no mesmo sentido da súmula quanto os anteriores, nos quais se pronunciou a constitucionalidade da exigência legal de depósito prévio recursal, deviam figurar no rol dos precedentes, os primeiros porque coincidem com a interpretação que prevaleceu e os últimos porque fazem parte do histórico da matéria constitucional.

A propósito, os fundamentos usados nos precedentes vencidos eram os seguintes: 1) inexistência de garantia constitucional do duplo grau administrativo (*contrario sensu* da garantia do duplo grau judicial); 2) distinção teórica entre pressuposto de admissibilidade recursal e pagamento de taxa para exercício de direito de petição, o que excluiria essa última figura do tema; 3) consequente diferença entre depósito, como pressuposto recursal, e pagamento, como pressuposto de validade da prática de um ato administrativo (reconhecidamente vedado no inc. XXXIV, "a", do art. 5º da CF);[160] 4) princípio da inafastabilidade da via judiciária, que dispensa a interposição do recurso administrativo.[161]

Tais fundamentos prevaleceram no STF mesmo depois da não repetição no texto constitucional de 1988 do disposto no §4º do art. 153 da CF de 1967, na redação dada pela EMC n. 07/77,[162] no qual se admitia o uso da via judicial apenas após o exaurimento da via administrativa. Esse foi, aliás, o ponto de partida do voto do Min. Ricardo Lewandowski no 1º precedente para afirmar a inconstitucionalidade da exigência de depósito recursal,[163] em clara sintonia com o chamado silêncio eloquente

---

[154] Conf. voto do Min. Marco Aurélio na p. 817 do 1º precedente.
[155] Conf. voto do Min. Joaquim Barbosa na p. 822 do 1º precedente.
[156] Conf. relatório e voto do Min. Sepúlveda Pertence nas p. 1778-1779 do 4º precedente.
[157] Conf. relatório do Min. Cezar Peluso na p. 1258 do 9º precedente.
[158] Conf. voto do Min. Cezar Peluso na p. 1260 do 9º precedente.
[159] Conf. decisão monocrática do Min. Menezes Direito no 13º precedente.
[160] Conf. voto do Min. Moreira Alves no julgamento da medida cautelar do 6º precedente, reproduzido na p. 93 pelo Min. Joaquim Barbosa.
[161] Conf. voto do Min. Sepúlveda Pertence na p. 838 do 1º precedente (invocando seu voto proferido na ADI 1922).
[162] §4º - A lei não poderá excluir da apreciação do Poder Judiciário qualquer lesão de direito individual. O ingresso em juízo poderá ser condicionado a que se exauram previamente as vias administrativas, desde que não exigida garantia de instância, nem ultrapassado o prazo de cento e oitenta dias para a decisão do pedido.
[163] p. 832-833.

ou relevante, segundo o qual o silêncio em textos constitucionais novos, relativamente a matéria ou dispositivo anteriormente previsto, tem efeito negativo ou revogador. A esse argumento, todavia, o Min. Sepúlveda Pertence opôs um contra-argumento, segundo o qual o princípio da inafastabilidade do judiciário, previsto sem reservas na CF de 1988, reforçaria ainda mais a constitucionalidade da exigência de depósito recursal, já que o prejudicado não é obrigado a esgotar a via administrativa e, portanto, pode ajuizar ação ao invés de recorrer administrativamente.[164] A resposta mais do que óbvia a esse contra-argumento é que mesmo nessas "opções" subsiste um custo ao prejudicado, que de um modo ou de outro terá que despender dinheiro ou patrimônio para recorrer ou ajuizar ação, nesse último caso com maior ônus, diante das custas e também dos honorários advocatícios, consequência que seria evitada com a interposição não onerosa do recurso administrativo.

Os novos fundamentos, expostos tanto nos 3 (três) primeiros precedentes (que têm o mesmo conteúdo) quanto no 6º precedente,[165] sintetizam as antíteses às teses anteriores, a saber: 1) o recurso administrativo está inserido no direito de petição previsto no inc. XXXIV do art. 5º da CF e, como tal, não está condicionado ao pagamento de "taxa", expressão que deve ser interpretada de forma genérica, ou seja, como despesa, custo, gasto ou dispêndio; 2) no contexto abrangente do direito de petição deve ser observado o devido processo legal administrativo e, com ele, o direito ao contraditório e à ampla defesa (inc. LV do art. 5º da CF) e, por dedução, o direito ao duplo grau administrativo (§2º do art. 5º da CF), em especial quando a decisão administrativa recorrível prejudica o particular; 3) a exigência de depósito prévio ou de arrolamento de bens para a interposição do recurso administrativo viola ainda: a) o princípio da igualdade, porque distingue os prejudicados com base em sua capacidade econômica,

---

[164] p. 839.
[165] Os demais precedentes não inovam esses fundamentos e são remissivos a esses precedentes principais, sendo que o *leading case* é formado pelo julgamento conjunto dos três primeiros precedentes. Os atos normativos sob controle difuso eram os seguintes: 1) federais: a) §§1º e 2º do art. 126 da Lei 8213/91 (com a redação do art. 10 da Lei 9639/98); b) art. 32 da Lei 10.522/2002, que deu nova redação ao art. 33, §2º, ao Dec. 70.235/72; c) art. 10 da Lei n. 9639/98; d) *caput* do art. 19 da Lei 8870/94); 2) estadual: art. 250 do DL n. 5/75 do Estado do Rio de Janeiro, com a redação dada pelas Leis nºs. 3188/99 e 3444/99). O depósito previsto no §1º do art. 636 da CLT não foi objeto dos precedentes oficiais, mas de alguns precedentes vencidos, mencionados pelo Min. Marco Aurélio no 1º precedente (p. 817). De qualquer modo, ele também foi abrangido pela fórmula genérica dada corretamente pelo STF na súmula em estudo.

dificultando ou impedindo o exercício do direito de recorrer daquele menos capaz exclusivamente por conta desse critério, que favorece então apenas o mais capaz sem uma causa suficiente que justifique o tratamento desigual; b) o princípio da razoabilidade, porque impõe a oneração de um patrimônio ou o dispêndio de uma quantia que o prejudicado considera indevida, apenas e tão somente para ver seu recurso julgado, o que significa, grosso modo, a instituição de um direito com uma inibição de ordem prática ao seu próprio exercício; c) os princípios da legalidade e da revisão ou da autotutela da administração, porque inibe que a administração pública possa rever eventuais ilegalidades contidas no ato recorrível, providência que também otimizaria o princípio da eficiência, no sentido de prevenir novos atos ilegais; d) o princípio do procedimento democrático, que assegura não apenas o controle dos atos administrativos, como também a sua transparência ou publicidade, e por isso exige amplo acesso, tanto judicial quanto administrativamente; e) a máxima da proporcionalidade (chamada nos votos de princípio), porque a medida seria inadequada, já que o depósito recursal não impede o uso da via judicial, e desnecessária, posto que o valor devido pode ser cobrado ao final do procedimento e outro meio menos gravoso poderia ser exigido, como uma multa por abuso do direito ao recurso administrativo, que seria suficiente para inibir a interposição protelatória; 4) a cláusula *solve et repete* (paga e reclama) é incompatível com o regime constitucional em geral e com o regime tributário em particular, que prevê como causas distintas de suspensividade da exigência do crédito tributário tanto o depósito quanto a simples interposição do recurso administrativo (art. 153, II e III, do CTN), de modo que tampouco as leis reguladoras do processo tributário administrativo podem impor depósito prévio como pressuposto recursal; 5) assim, ao prever a legislação tributária ordinária tal recurso prévio, incide ela em abuso do poder legiferante, já que apenas por lei complementar tal matéria poderia ser tratada.

Todos esses argumentos, analisados em conjunto, são autossuficientes para rebater as teses anteriores, mas dois aspectos merecem análise mais detida.

O primeiro diz respeito às passagens nas quais o Ministro Joaquim Barbosa afirmou textualmente que "...não há como visualizar uma diferença ontológica entre o recurso administrativo e o recurso contencioso",[166] enfoque que não parece diferir daquele dado ao tema

---

[166] Conf. p. 825 do 1º precedente e p. 96 do 6º precedente.

pelo Ministro Gilmar Mendes, quando admitiu rever sua posição anterior, agora no sentido da inconstitucionalidade da exigência legal de depósito recursal administrativo, dizendo que "temos...uma jurisprudência que referenda fórmulas semelhantes no que concerne às próprias ações judiciais".[167] Trata-se, enfim, de saber se a mesma solução poderia ser dada à exigência de depósito recursal judicial, especificamente daquele previsto nos §§1º a 6º do art. 899 da CLT e que, a rigor, padece dos mesmos males imputados à oneração dos recursos administrativos. Essa era uma matéria que em tese poderia ser tratada, já que a solução final, ao contrário do que se passou com a SV 20, não foi a de privilegiar a interpretação *in concreto*, ou seja, o exame pontual das várias leis questionadas em sua constitucionalidade pela via difusa, mas a de se concentrar na interpretação *in abstracto* do tema. Perdeu-se, assim, uma excelente oportunidade de se examinar a matéria também em seu aspecto processual.

O segundo diz respeito ao chamado "princípio" da proporcionalidade, que foi adotado nos julgamentos de forma coincidente com o princípio da razoabilidade, quando eles têm histórico, conteúdo e propósito distintos. Enquanto o princípio da razoabilidade surgiu na Inglaterra e se desenvolveu nos EUA, a máxima da proporcionalidade surgiu na europa da evolução do chamado princípio da vedação do excesso e adquiriu quadro teórico assaz elaborado, especialmente na Alemanha. Enquanto o primeiro leva em consideração apenas a legitimidade dos meios em relação aos fins, o segundo avança na análise da concomitância de dois meios igualmente legítimos. Enquanto o primeiro visa ao controle de constitucionalidade e, portanto, a uma relação hierárquica, o segundo visa à compatibilidade entre dois direitos fundamentais e, portanto, a uma relação não hierárquica.

De resto, a aproximação entre ambos ocorre porque a submáxima da adequação da máxima da proporcionalidade se vale da mesma relação de meios e fins adotada no princípio da razoabilidade.

Por exemplo, pela ótica do princípio da razoabilidade, em específico do direito americano, em caso de tratamento desigual dado pela lei exige-se que a classificação diferencial seja razoável e racional.

---

[167] Conf. p. 864 do 1º precedente. O Ministro se referia decerto ao julgamento da ADIn. nº 1074, que é o único precedente oficial da SV nº 28.

De acordo com Carlos Roberto de Siqueira Castro,

isto requer dizer que a norma classificatória não deve ser arbitrária, implausível ou caprichosa, devendo, ao revés, operar como meio idôneo, hábil e necessário ao atingimento de finalidades constitucionalmente válidas. Para tanto, há de existir uma indispensável relação de congruência entre a classificação em si e o fim a que ela se destina. Se tal relação de identidade entre meios e fins - *means-end-relationship*, segundo a nomenclatura norte-americana - da norma classificatória não se fizer presente, de modo que a distinção jurídica resulte leviana e injustificada, padecerá ela do vício da arbitrariedade, consistente na falta de 'razoabilidade' e de 'racionalidade', vez que nem mesmo ao legislador legítimo, como mandatário da soberania popular, é dado discriminar injustificadamente entre pessoas, bens e interesses na sociedade política.[168]

Se o meio empregado não atingir o fim desejado pelo dispositivo constitucional, a autoridade que o editou terá exorbitado de sua competência, praticando um ato de abuso de poder, e como todo o sistema constitucional se encontra construído com o objetivo de evitar tal abuso, segue-se que tal meio será inconstitucional. Logo, o propósito do princípio da razoabilidade e da racionalidade no direito americano é o de fornecer um critério para o controle de constitucionalidade, diferentemente da máxima da proporcionalidade para os europeus, que serve para solucionar colisões entre princípios.[169]

É fácil perceber, portanto, que quando se diz que o meio empregado na regra de exigência do depósito recursal não é adequado ao

---

[168] *O Devido Processo Legal e a Razoabilidade das Leis na Nova Constituição do Brasil*. Rio de Janeiro: Forense, 1989, p. 157.

[169] A evolução da máxima da proporcionalidade na Europa poder ser conferida em SANDULLI, Aldo. Eccesso di Potere e Controllo di Proporzionalità. Profili Comparati. *Rivista Trimestrale di Diritto Publico*, Roma, v. 2, p. 329-370, 1995; e em CANAS, Vitalino. O princípio da proibição de excesso na Constituição: arqueologia e aplicações. In: MIRANDA, Jorge; WEBER, Albrecht. *Perspectivas constitucionais: nos 20 anos da Constituição de 1976*. Coimbra: Coimbra Editora, 1997. v. II, p. 323-357). Os americanos resolvem o problema da colisão de princípios por intermédio do *test of balancing* (cf. GARCÍA, Enrique Alonso, *op. cit*, p. 413 *et seq*.), que é um "principle basic to the justice system of weighing both sides of an issue. Examining the pros and cons. The ultimate goal is to seek equality or evenhandedness (a perfect balance). Constitutionally, it involves individual rights guaranteed by the Constitution weighed against state rights in such areas as equal protection and freedon of sppech and press" (cf. GIFIS, Steven H. *Law dictionary*. New York: Barron's, 2003. p. 44 - "princípio básico de justiça do sistema de pesagem entre dois lados da uma mesma questão. Exame de prós e contras. O objetivo fundamental é o de encontrar a eqüidade ou a imparcialidade (como equilíbrio perfeito). Constitucionalmente, o princípio envolve direitos individuais garantidos pela Constituição ponderados diante de direitos estatais, em áreas como as da proteção da igualdade e de liberdade de expressão e de imprensa").

fim por ele visado, qual seja, a limitação do acesso à via judicial, não se faz comparação com qualquer outro meio que esteja limitando o exercício do direito ao recurso, mas simplesmente indicando que o fim não justifica ou legitima o meio. Em outras palavras, faz-se exame de razoabilidade, e não de proporcionalidade, que deve ser relativo a outro direito, e não à validade de uma exigência legal.

O exame da adequação, no sentido da submáxima da proporcionalidade, exige encontrar num contradireito ao direito que se pretende exercer, porque tal análise é relativista, ou seja, ocorre entre direitos igualmente subjetivos e de natureza fundamental. Nesse caso, teria de haver um direito administrativo de se exigir depósito recursal para viabilizar seu conhecimento.

A propósito, o trabalho de Marcelo Martins Altoé se concentra precisamente nesse enfoque. O tema principal de seu estudo são as restrições ao princípio da ampla defesa no processo administrativo-tributário, tendo Robert Alexy por marco teórico. Grosso modo, a preocupação do autor foi a de investigar se as restrições infraconstitucionais ao princípio da ampla defesa, feitas em nome da agilidade do procedimento administrativo-tributário, são razoáveis e racionais, num primeiro momento (adequação e necessidade), e por fim proporcionais.[170]

Logo se vê que a pesquisa segue a linha europeia da união da razoabilidade/racionalidade com a proporcionalidade, nas três etapas da máxima da proporcionalidade (adequação, necessidade e proporcionalidade em sentido estrito), objeto de elaboração teórica lenta e dedicada, fora portanto do contexto americano do exame separado da *means-end relationship* e do *test of balancing*. Em outras palavras, o enfoque principal não foi o do simples controle de constitucionalidade dos expedientes infraconstitucionais que introduziram restrições ao direito de ampla defesa no procedimento administrativo-tributário, mas a possível solução do embate de direitos fundamentais em sentido amplo: o direito individual à ampla defesa e o direito coletivo ao bem estar social, representado pelo dever de pagar tributos.

Em nenhum momento o autor faz a defesa prévia e irrefletida do contribuinte ou do fisco, já que o pressuposto teórico é o da "lei de colisão" de Alexy, segundo a qual a precedência entre um direito e outro depende das conseqüências jurídicas dos princípios constitucionais que

---

[170] *Direito versus dever tributário. Colisão de direitos fundamentais.* São Paulo: RT, 2009.

os abrigam, sendo, pois, uma premissa fática do princípio precedente, ou por outra, quando se trata de colisão entre direitos fundamentais não há uma relação de precedência absoluta entre eles, já que não são previamente quantificáveis em seu peso abstrato e precisam ser "pesados" de forma concreta e relativa (um ao outro).[171] Com isso, o trabalho não toma partido de qualquer um dos titulares envolvidos na colisão e tampouco pode ser acusado de promover a figura do passageiro clandestino de John Rawls, que é aquele que não cumpre a sua parte no dever coletivo de pagar tributos e mesmo assim recebe o produto do bem público.[172]

Em resumo, nas palavras do autor, "...pretendemos verificar, por meio da utilização da máxima da proporcionalidade, se as restrições previstas em legislação federal, que criam óbices à ampla defesa no processo administrativo tributário, são justificáveis pelo dever fundamental de pagar os tributos".[173]

Grosso modo, não se recusa aos expedientes infraconstitucionais o poder de agilizar os procedimentos administrativo-tributários, exigindo-se, todavia, que as restrições criadas ao direito à ampla defesa sejam racionalmente justificáveis. Numa frase: a legitimidade constitucional da restrição depende de sua justificação discursiva.

Desse modo, o estudo em comento pode ser enquadrado na recente discussão acerca do neoconstitucionalismo,[174] na vertente da sucessiva relação entre direito e moral, tema que tem dupla linhagem:

---

[171] Conf. JEVEAUX, op. cit., p. 127-129.
[172] Uma teoria da justiça. São Paulo: 2000. p. 295-296, 635.
[173] op. cit., p. 121.
[174] Termo sobre o qual inexiste ainda acordo semântico e que abriga vários enfoques, a saber: 1) interesse das teorias do direito (Kelsen, Hart e Dworkin) e das teorias da justiça (Rawls e seus críticos) pelo direito constitucional; 2) discricionariedade das cortes constitucionais, com três conseqüências diretas: a) de ordem política: "modulação" dos efeitos do controle de constitucionalidade (eufemismo para a adoção dos efeitos que mais convém ao cálculo das conseqüências políticas e econômicas das decisões); b) de ordem jurídica: b.1) adoção de decisões interpretativas como alternativa ao tudo e ao nada do constitucional e do inconstitucional do modelo kelseniano; b.2) aproximação prática dos modelos de controle concentrado e difuso (com expedientes como o incidente de inconstitucionalidade, no controle concentrado, e o das súmulas vinculantes e da repercussão geral do recurso extraordinário, no controle difuso); c) de ordem teórica: c.1) crise da teoria do poder constituinte, que sempre reservou o poder de criação constitucional a um órgão legislativo delegado e em nome da qual as cortes constitucionais são acusadas de praticar direito constitucional sem a constituição; c.2) crise da teoria da separação de poderes, como resultado da separação semântica entre dispositivo/enunciado (significante) e norma (significado); 3) surgimento de teorias elaboradas em torno dos princípios constitucionais, umas sob a ótica moral (Dworkin) e outras sob a ótica discursiva (Alexy); 4) constitucionalização do direito internacional, de que faz exemplo o projeto de constituição européia.

uma antiga, desde Maquiavel, e outra recente, motivada pela obra de Kelsen, que vai de Hart a Dworkin.

Na primeira linhagem, que interessa mais de perto ao trabalho citado, vale lembrar que a exigência de justificação dos fins pelos meios (*means-end relationship*) é uma resposta moral contrária à teoria realista[175] de Maquiavel, segundo a qual, "...nelle actione di tutti li uomini, e maxime de'principi, dove non è iudizio a chi reclamare, si guarda al fine".[176] Referida passagem pode ser assim interpretada, simultaneamente: 1) toda ação política é julgada pelo resultado, e não pelo meio de alcançá-lo;[177] 2) utopia da sociedade perfeita, fundada na virtude;[178] 3) comparação do "bom governante", voltado a eliminar a corrupção do Estado, e o "mau governante", que não governa pela necessidade, mas em benefício próprio;[179] 4) o bem e o mal não têm sentido na política;[180] 5) confronto entre a cultura pagã do Renascimento, em ascensão, e a moralidade católica, em queda.[181]

A teoria jurídica, fortemente influenciada pela corrente jusnaturalista, não dispensou a moral da relação entre meios e fins e é precisamente por isso que se exige coerência entre o resultado das ações públicas e os meios utilizados para alcançá-las. Assim, neste campo, os fins somente podem ser legitimados por meios igualmente legítimos, sendo certo que esse circuito legitimador é alcançado em Alexy pela racionalidade do discurso.

É portanto nesse ambiente que o trabalho de Marcelo Martins Altoé se localiza, mais precisamente na análise da legitimidade racional das restrições ao direito à ampla defesa no procedimento

---

[175] De acordo com Norberto Bobbio, Maquiavel descreveu o Estado tal como ele era, enquanto que as teorias jusnaturalistas (de Hobbes a Rousseau e a Kant) se ocuparam em descrever o Estado tal como devia ser, ou seja, "...modelos ideais de Estado, que delineiam o Estado tal como deveria ser a fim de realizar seu próprio fim" (*O conceito de sociedade civil*. Rio de Janeiro: Graal, 1994. p 19 *et seq.*).

[176] "...na conduta dos homens, especialmente aos príncipes, da qual não há recurso, os fins justificam os meios". *Il Principe*. Roma: Tascabili Economici Newton, 1995. p. 66.

[177] Conf. O'DAY, Rosemary. Guia de Estudo. In: *Curso de introdução à ciência política*: estudo de caso – o Príncipe. Brasília: UNB, 1984. p. 32; tb. MOREIRA, Marcílio Marques. O pensamento político de Maquiavel: curso de introdução à ciência política – estudo de caso: o príncipe. Brasília: UNB, 1984. p. 8.

[178] Perfeição para o futuro, tendo a república como exemplo. Ética da responsabilidade em confronto com a ética da consciência, como em WEBER, Max (MOREIRA, *op. cit.*, p. 8).

[179] O'DAY, Rosemary, *op. cit.*, p. 34.

[180] MOREIRA, *op. cit.*, p. 13.

[181] ESCOREL, Lauro. Guia de Estudo. *Curso de introdução à ciência política*: introdução ao pensamento político de Maquiavel. Brasília: UNB, 1994. p. 111-112.

administrativo-tributário, vindo a concluir que as restrições atendem à submáxima da adequação, já que a constituição acelerada do crédito tributário é justificada pelo dever de pagar tributos, mas não atende à submáxima da necessidade, diante da existência de outros meios alternativos à realização do crédito tributário, igualmente eficazes e menos gravosos ao direito à ampla defesa, tais como a extinção do recurso hierárquico, a aprovação do Estatuto dos Contribuintes, a criação do *ombudsman* fiscal, etc...

Com isso, concorda-se com as conclusões usadas nos precedentes mencionados em torno da máxima da proporcionalidade, mas não com uma de suas premissas, já que o meio usado para restringir o exercício do direito fundamental ao recurso administrativo pode ser considerado inconstitucional para o princípio da razoabilidade, mas não inadequado para a máxima da proporcionalidade, pela qual falta, isso sim, a submáxima da necessidade.

Disso tudo podem ser extraídas as seguintes conclusões: 1) quanto à suficiência dos precedentes, eles justificam numericamente a exigência de "...reiteradas decisões sobre matéria constitucional..." (art. 103-A, *caput*, da CF), inclusive porque além dos precedentes expressamente citados existem outros dois, não relacionados, no mesmo sentido do texto e vários outros em sentido contrário, que também deviam fazer parte do rol, já que alterados pelo entendimento capitaneado a partir dos três primeiros precedentes oficiais; 2) quanto à fidelidade entre os julgamentos precedentes e o texto da súmula, ela é total e possui a virtude de não restringir a interpretação ao aspecto *in concreto*, ou seja, ao exame pontual das várias leis questionadas em sua constitucionalidade pela via difusa, concentrando-se na interpretação *in abstracto* do tema (com exceção, contudo, da simetria entre recursos administrativos e recursos judiciais), providência que melhor se compraz com a natureza da sumulação vinculante.

Aplicação e interpretação pelo STF:

Compensação tributária de ofício e ausência de aderência estrita à Súmula Vinculante 21

1. Trata-se de reclamação, com pedido de liminar, contra atos da Delegacia da Receita Federal no Estado do Ceará que estariam afrontando o teor da Súmula Vinculante 21. Alega o reclamante, em síntese, que: (a) suas restituições a título de imposto de renda são objeto de retenção para compensação de tributos que a Receita Federal pensa ser devidos; (...) No caso, não há a indispensável correlação entre o decidido no ato questionado — que consistiria na compensação tributária de ofício de

valores que deveriam ser restituídos ao contribuinte de imposto de renda— e o conteúdo da Súmula Vinculante 21.
[Rcl 21.189 AgR, voto do Rel. Min. Teori Zavascki, Segunda Turma, julgamento em 25-8-2015, *DJE* 177 de 9-9-2015]

Depósito prévio e admissibilidade de recurso administrativo
1. O agravo deve ser provido. Nota-se que o presente recurso extraordinário versa sobre a inconstitucionalidade da nova redação conferida ao art. 250 do DL 5/1975, a qual condicionou a admissibilidade do recurso administrativo ao depósito de, no mínimo, 50% (cinquenta por cento) da exigência fiscal definida na decisão. 2. Trata-se de determinação eivada de inconstitucionalidade, tal como constatou o Plenário do Supremo Tribunal Federal nos autos do AI 398.933-AgR, julgado sob relatoria do Ministro Sepúlveda Pertence. (...) 3. Na oportunidade, concluiu-se que o recurso administrativo é um desdobramento do direito de petição, razão pela qual a ele deve ser assegurada a garantia prevista no art. 5º, XXXIV, da CF/1988. Ademais, afirmou-se que, por configurar patente supressão do direito de recorrer, a medida denota nítida afronta aos princípios da proporcionalidade e do contraditório. 4. Saliente-se, por fim, que referido entendimento foi ratificado pela edição da Súmula Vinculante 21 (...).
[AI 428.249 AgR, voto do Rel. Min. Roberto Barroso, Primeira Turma, julgamento em 9-4-2014, *DJE* 94 de 19-5-2014]

Recolhimento prévio de multa e admissibilidade de recurso administrativo
1. Incompatibilidade da exigência de depósito prévio do valor correspondente à multa como condição de admissibilidade de recurso administrativo interposto junto à autoridade trabalhista (§1º do art. 636 da Consolidação das Leis do Trabalho) com a CF/1988. Inobservância das garantias constitucionais do devido processo legal e da ampla defesa (art. 5º, LIV e LV); do princípio da isonomia (art. 5º, *caput*); do direito de petição (art. 5º, XXXIV, *a*). (...) Súmula Vinculante 21. 2. Ação julgada procedente para declarar a não recepção do §1º do art. 636 da Consolidação das Leis do Trabalho pela Constituição da República de 1988.
[ADPF 156, Rel. Min. Cármen Lúcia, Plenário, julgamento em 18-8-2011, *DJE* 208 de 28-10-2011]

Depósito prévio em processo judicial e ausência de identidade com a Súmula Vinculante 21
Bem examinados os autos, constato que esta reclamação é manifestamente incabível, o que impõe a imediata extinção do feito. Com efeito, a reclamante alega que foi violada a Súmula Vinculante 21 (...). Como se

observa, a referida súmula refere-se, expressamente, à impossibilidade de exigência de depósito prévio para a admissibilidade de recurso administrativo, entendimento que não é extensível, como pretende a reclamante, aos processos judiciais. Além disso, não cabe analogia na interpretação dos verbetes de súmulas vinculantes. Assim, diante da ausência de identidade material entre os fundamentos do ato reclamado e aqueles emanados da súmula vinculante ora invocada, não merece seguimento
a pretensão da reclamante.
[Rcl 11.750, Rel. Min. Ricardo Lewandowski, dec. monocrática, julgamento em 11-4-2012, *DJE* 72 de 13-4-2012]

Multa do art. 557, §2º, do CPC/1973
1. A Súmula Vinculante 21 do STF não tem a necessária relação de pertinência estrita com acórdão proferido em processo judicial que aplica a multa prevista no art. 557, §2º, do CPC/1973, com a condicionante legal do pagamento da referida multa para a interposição de outros recursos.
[Rcl 11.750 AgR, Rel. Min. Edson Fachin, Primeira Turma, julgamento em 15-9-2015, *DJE* 195 de 30-9-2015]

SÚMULA VINCULANTE Nº 22

A Súmula Vinculante nº 22 tem a seguinte redação:

A Justiça do Trabalho é competente para processar e julgar as ações de indenização por danos morais e patrimoniais decorrentes de acidente de trabalho propostas por empregado contra empregador, inclusive aquelas que ainda não possuíam sentença de mérito em primeiro grau quando da promulgação da Emenda Constitucional nº 45/04.

Os precedentes declarados dessa súmula são os seguintes julgamentos: CC 7204, AI 529763 AgR-ED, AI 540190 AgR e AC 822 MC. Este último é uma decisão monocrática, que não devia assim figurar entre os precedentes, pelas razões já expostas. Além dos precedentes oficiais, foram citados outros dois em sentido contrário, que abrigavam o entendimento anterior do próprio STF na matéria: RE 438639[182] e

---
[182] Conf. votos dos Mins. Carlos Britto (p. 310), Cezar Peluso (p. 319) e Sepúlveda Pertence (pp. 324 e 341) no 1º precedente.

RE 394943.[183] Também esses julgamentos deviam fazer parte do rol oficial, porque a exigência de reiteradas decisões na matéria constitucional não exige coincidência de entendimentos e abriga, portanto, julgamentos divergentes que se sucedem na interpretação da mesma matéria. O precedente guia foi o primeiro, cujos argumentos do voto vencedor, do Min. Carlos Britto, podem ser assim resumidos: 1) a atribuição da competência da justiça comum estadual nas ações de acidente de trabalho movidas por empregado em face do empregador decorre de uma interpretação literal e errônea da regra do art. 109, I, da CF; 2) a primeira parte desse dispositivo estabelece a competência da justiça federal em razão da pessoa envolvida (União, entidade autárquica ou empresa pública federal), enquanto que a segunda parte excepciona essa competência em razão da matéria, relativamente às causas de falência (i), de acidentes de trabalho (ii) e às sujeitas às Justiças Eleitoral (iii) e do Trabalho (iv); 3) no contexto dessas exceções, as causas relativas a acidentes de trabalho dizem respeito estritamente às chamadas ações acidentárias, movidas pelo segurado em face do INSS, cuja competência cabe à justiça comum estadual, consoante a S. STF nº 501;[184] 4) essa exceção específica tem sua razão de ser no fato de o INSS ser uma autarquia federal, que tem assim interesse a ser defendido nesse tipo de demanda e cuja natureza atrairia a competência da justiça federal, não fosse a exceção expressamente prevista; 5) nas demandas de acidente de trabalho movidas por empregado em face do empregador, outrossim, inexiste tal interesse de entidades federais de direito público e seus protagonistas permitem enquadrá-las diretamente na competência da justiça do trabalho, tal como previsto na última exceção daquele dispositivo; 6) logo, eventual exceção a essa competência não poderia ser tratada no art. 109 da CF, mas sim no art. 114, inclusive porque a causa de pedir nesse tipo de demanda tem referência direta com o contrato de trabalho, "...ou seja, o acidente de trabalho só é acidente de trabalho se ocorre no próprio âmago da relação laboral"; 7) por fim, é racional que se atribua tal competência a uma justiça especializada, mais próxima "...do dia-a-dia da complexa realidade laboral", recomendando-se assim uma interpretação extensiva ou ampliativa dos dispositivos em questão, a fim de preservar a hipossuficiência do trabalhador diante do empregador.

---

[183] Conf. votos dos Mins. Ellen Gracie (p. 327) e Carlos Britto (p. 343) no 1º precedente.

[184] "Competem à justiça ordinária estadual o processo e o julgamento, em ambas as instâncias, das causas de acidente do trabalho, ainda que promovidas contra a união, suas autarquias, empresas públicas ou sociedades de economia mista".

Tal resumo é importante, porque mesmo com a adesão majoritária ao voto do Min. Relator a interpretação por ele dada ao art. 109, I, da CF não escapou de uma crítica de ordem lógica, que surgiu no voto do Min. Cezar Peluso e que poderia infirmar a leitura do voto vencedor. O argumento do Min. Cezar Peluso funda-se no que ele chamou de unidade de convicção, especialização de conhecimentos e coerência axiológica, tudo no sentido de se atribuir a uma única justiça a competência relativa à mesma *fattispecie*, que no caso é o fato do acidente de trabalho. A preocupação que subjaz a essa premissa é decerto o bifrontismo da competência da justiça comum estadual para as ações acidentárias *stricto sensu* (entre o contribuinte empregado e o INSS) e a competência da Justiça do Trabalho para as ações acidentárias comuns (entre empregado e empregador). Embora essa abordagem não tenha ficado clara em seu voto, numa intervenção posterior ao voto do Min. Marco Aurélio o Min. Cezar Peluso foi capaz de explicitá-la melhor:

> Se o fato jurídico pode, ao mesmo tempo, ser qualificado por normas de duas taxinomias, uma de caráter acidentário e outra concernente a responsabilidade aquiliana ou negocial, as ações processuais que se irradiam de ambas essas qualificações jurídicas não podem ser atribuídas a Justiças diferentes e, pois, a órgãos jurisdicionais diversos. Doutro modo, teremos uma consequência prática gravíssima, que é a possibilidade de decisões contraditórias baseadas na apreciação retórica e na valoração jurídica do mesmo fato histórico. Noutras palavras, se o mesmo fato pode ser tomado como acidente do trabalho e, ao mesmo tempo, como fonte de responsabilidade contratual ou aquiliana, não vejo como, atribuindo-se a Justiças diferenças ambas as causas, não se corra o risco de, numa, o órgão jurisdicional reconhecer que o fato em si não existiu e, na outra, o juízo declarar que o mesmíssimo fato existiu.[185]

Com efeito, se a causa da fixação da competência fosse a *fattispecie*, apenas uma das justiças envolvidas nesse tema poderia exercê-la, já que a ação acidentária *stricto sensu* tem como causa de pedir um fato (acidente de trabalho) que também emoldura a ação acidentária comum. Assim, ou bem a exceção das causas de acidente de trabalho (ii) do art. 109, I, da CF favoreceria a justiça comum estadual, tal como preconizado na S. STF n. 501, ou bem ela seria canalizada para a

---

[185] p. 336-337. Em seu voto, o Min. Cezar Peluso já havia sugerido tal leitura: "são, agora, da competência exclusiva da Justiça do Trabalho todas as ações oriundas da relação de trabalho, sem exceção alguma, trate-se de ações acidentárias típicas ou de indenização de outra espécie e de outro título" (p. 322-323).

justiça do trabalho (iv). Nesse último caso, contudo, teria sido inútil informar as causas de acidentes de trabalho (ii) como uma hipótese autônoma de exceção à competência da justiça federal, de modo que a interpretação do Min. Carlos Britto parece mais consistente do ponto de vista sistemático. Ademais, as competências da justiça comum estadual e da justiça do trabalho não foram estabelecidas no 1º precedente com base na unidade do fato de origem, cuja interpretação divergente é uma contingência, mas sim nas exceções materiais à competência em razão da pessoa atribuída à justiça federal.

Tal leitura do art. 109, I, da CF diverge dos julgamentos anteriores não apenas em sua conclusão, como também em seus fundamentos, porque outrora a distinção das competências em comento esteve lastreada precisamente na natureza do fato constitutivo, tal como se encontra nos votos vencedores dos REs ns. 438.639-9 (Min. Cezar Peluso)[186] e 394.943 (Min. Carlos Britto),[187] a propósito como ocorrera na discussão em torno da competência da Justiça do Trabalho para processar e julgar demandas indenizatórias decorrentes de danos morais,[188] até a celeuma ser resolvida expressamente pela EMC nº 45/2004.[189]

---

[186] "...assiste ao Poder Judiciário do Estado-membro, e não à Justiça do Trabalho, a competência para processar e julgar as causas acidentárias, ainda que tenha sido instauradas contra o empregador, com fundamento no Direito Comum...".

[187] "É competente a Justiça Comum estadual para o julgamento das causas relativas à indenização por acidente de trabalho, bem assim para as hipóteses de dano material e moral, que tenham como origem esse fato jurídico, tendo em vista o disposto no artigo 109, I, da Constituição do Brasil...A nova redação dada ao artigo 114 pela EC 45/2004 não teve a virtude de deslocar para a Justiça do Trabalho a competência para o exame da matéria, pois expressamente refere-se o dispositivo constitucional a dano moral ou patrimonial decorrente de relação de trabalho".

[188] O E. TST, no RR 145366/94.7 - Ac. 1ª T. 2068/95, de 03.05.95, asseverou que a competência material da Justiça do Trabalho restringia-se à ocorrência de litígio que envolvesse título meramente laboral, e não outro de índole civil, dentre o qual se inscrevia o dano moral. Entendimento semelhante chegou o E. STJ, no CC 11.732-1(SP) - Ac. 2ª S (94/0037430-5), de 22.05.95, para quem a competência *ratione materiae* decorre da natureza jurídica da questão controvertida, a sua vez fixada pela causa de pedir e pelo pedido, não possuindo a indenização de danos morais vínculo de ordem trabalhista, ainda que de remota ligação com o contrato de trabalho, porque fundada em princípios e regras atinentes à responsabilidade civil. Em sentido contrário, o C. STF, no CJ 6.959-6(DF) - Ac. Sessão Plenária de 23.05.90, por intermédio do voto vencedor do Ministro Sepúlveda Pertence, concluiu que, mesmo sendo a obrigação controvertida de natureza civil, o fato de decorrer da relação de emprego tornava competente a Justiça Especializada: "à determinação da competência da Justiça do Trabalho não importa que dependa a solução da lide de questões de Direito Civil, mas sim, no caso, que a promessa de contratar, cujo alegado conteúdo é o fundamento do pedido, tenha sido feita em razão da relação de emprego, inserindo-se no contrato de trabalho".

[189] Referida emenda introduziu no art. 114 da CF o inc. VI, dando à Justiça do Trabalho competência para processar e julgar demandas daquela natureza.

Indiretamente, a súmula em exame acabou por excepcionar ou restringir o disposto no art. 129, II, da Lei nº 8213/91,[190] no art. 108, III, "c", da Lei Complementar nº 035/79[191] (LOMAM) e nas Súmulas STF nº 235[192] e STJ nºs 15[193] e 366.[194]

Como se percebe, a virada interpretativa foi mais extensa do que se imaginou e deixou de lado uma questão que de outra forma teria de ser tratada, qual seja, o da natureza da causa acidentária comum. Em outras palavras, se a competência em exame tivesse sido fixada com base na natureza do fato constitutivo, e não na natureza da relação jurídica material e nas exceções sistemáticas do inc. I do art. 109 da CF, o tipo de responsabilidade prevista no inc. XXVIII do art. 7º da CF teria também de ser fixado. Trata-se de tema paralelo e que assim foi tratado nos precedentes oficiais, especificamente no 1º, tudo indicando, todavia, que o STF ficaria entre as culpas contratual e aquiliana.[195]

Quanto ao marco da nova competência, fixado com base na data de prolação da sentença em cotejo com a data de promulgação da EMC 45/2004, o fundamento foi pura e simplesmente o de política judiciária, já que eventual retroação poderia gerar nulidades (§2º do art. 113 do CPC §4º do art. 64 do NCPC) prejudiciais à duração razoável do processo e tumultuárias dos atos processuais sucessivos relativamente aos já

---

[190] Art. 129. Os litígios e medidas cautelares relativos a acidentes de trabalho serão apreciados: II - na via judicial dos Estados e do Distrito Federal, segundo o rito sumaríssimo, inclusive durante as férias forenses, mediante petição instruída pela prova de efetiva notificação do evento à Previdência Social, através de Comunicação de Acidente de Trabalho - CAT.

[191] Art. 108. Poderão ser criados nos Estados, mediante proposta dos respectivos Tribunais de Justiça, Tribunais inferiores de segunda instância, denominados Tribunais de Alçada, observados os seguintes requisitos: III - limitar-se a competência do Tribunal de Alçada, em matéria cível, a recursos: c) nas ações de acidentes de trabalho. Esse dispositivo foi redigido em consonância com o art. 134, §2º, da CF de 1967 e, depois, com o art. 142, §2º, da EMC nº 01/69, que acompanharam o texto do art. 123, §1º, da CF de 1946.

[192] "É competente para a ação de acidente do trabalho a justiça cível comum, inclusive em segunda instância, ainda que seja parte autarquia seguradora". Em verdade, o texto dessa súmula foi absorvido pelo texto da S. STF nº 501.

[193] "Compete à Justiça Estadual processar e julgar os litígios decorrentes de acidente do trabalho".

[194] "Compete à Justiça estadual processar e julgar ação indenizatória proposta por viúva e filhos de empregado falecido em acidente de trabalho".

[195] De acordo com os votos dos Ministros: 1) Carlos Britto: "...para se aferir os próprios elementos do ilícito, sobretudo a culpa e o nexo causal, é imprescindível que se esteja mais próximo do dia-a-dia da complexa realidade laboral" (p. 313); 2) Cezar Peluso: "...se o mesmo fato pode ser tomado como acidente do trabalho e, ao mesmo tempo, como fonte de responsabilidade contratual ou aquiliana..." (p. 337), que antes realçara, contudo, a irrelevância da matéria para a interpretação por ele adotada ("...era e é irrelevante a província taxinômica das normas aplicáveis ao caso, se direito trabalhista ou civil, e, pois, também a natureza mesma da responsabilidade, se negocial ou aquiliana" - p. 322).

praticados. De resto, tal justificativa se encontra no item 4 da Ementa do 1º precedente:

> A nova orientação alcança os processos em trâmite pela Justiça comum estadual, desde que pendentes de julgamento de mérito. É dizer: as ações que tramitam perante a Justiça como dos Estados, com sentença de mérito anterior à promulgação da EC 45/04, lá continuam até o trânsito em julgado e correspondente execução. Quanto àquelas cujo mérito ainda não foi apreciado, hão de ser remetidas à Justiça do Trabalho, no estado em que se encontram, com total aproveitamento dos atos praticados até então. A medida se impõe, em razão das características que distinguem a Justiça comum estadual e a Justiça do Trabalho, cujos sistemas recursais, órgãos e instâncias não guardam exata correlação.

Disso tudo podem ser extraídas as seguintes conclusões: 1) quanto à suficiência dos precedentes, eles justificam numericamente a exigência de "...reiteradas decisões sobre matéria constitucional..." (art. 103-A, *caput*, da CF), inclusive porque além dos precedentes expressamente citados existem outros dois, não relacionados, que também deviam fazer parte do rol, embora em sentido contrário, já que alterados pelo entendimento manifestado nos precedentes oficiais; 2) quanto à fidelidade entre os julgamentos precedentes e o texto da súmula, ela é total.

Aplicação e interpretação pelo STF:

Competência da Justiça do Trabalho em ação de indenização decorrente de acidente de trabalho

Compete à Justiça do Trabalho processar e julgar as ações de indenização por danos morais e patrimoniais decorrentes de acidente de trabalho propostas por empregado contra empregador, inclusive naquelas em que, ao tempo da edição da EC 45/2004, ainda não havia sido proferida sentença de mérito em primeiro grau.
[ARE 656.673 AgR, Rel. Min. Roberto Barroso, Primeira Turma, julgamento em 25-3-2014, *DJE* 109 de 6-6-2014]

Ação de indenização decorrente de acidente do trabalho ajuizada por sucessor de trabalhador falecido

Ressalte-se, por oportuno, que o fato de a demanda ter sido proposta pelos herdeiros de empregado falecido da recorrente não altera a circunstância de tratar-se de ação movida em decorrência de relação de trabalho, remanescendo a competência constitucionalmente prevista para que a Justiça do Trabalho aprecie o processo, ainda que movido

pelos sucessores do empregado falecido (no desempenho de suas funções laborais), já que é dessa relação de trabalho, lamentavelmente encerrada com o óbito do obreiro, que decorre a presente ação.
[RE 600.091, voto do Rel. Min. Dias Toffoli, Plenário, julgamento em 25-5-2011, *DJE* 155 de 15-8-2011]

SÚMULA VINCULANTE Nº 23

A Súmula Vinculante nº 23 tem a seguinte redação:

A Justiça do Trabalho é competente para processar e julgar ação possessória ajuizada em decorrência do exercício do direito de greve pelos trabalhadores da iniciativa privada.

Os precedentes declarados dessa súmula são os seguintes julgamentos: RE 579658, CJ 6959, RE 238737, AI 611670,[196] AI 598457, RE 555075 e RE 576803. Os quatro últimos são decisões monocráticas, que a rigor não deviam formar precedentes, pelas razões já expostas. De qualquer modo, elas foram tomadas com base no art. 557 do CPC (arts. 932, III e V, "a", e 1021, §§2 º e 4º, do NCPC), sempre antevendo o mérito do julgamento colegiado, diante das remissões aos 1º e 2º precedentes. Além dos precedentes oficiais, foram citados ainda os seguintes julgamentos: RE 78174,[197] RE 537214,[198] RE 249740[199] e RE 537241.[200]

A matéria de fundo da súmula em comento é a competência para processar e julgar ações possessórias, mas esse tema é comum apenas aos 1º e 4º a 7º precedentes, cujas ações de origem são interditos proibitórios. Os 2º e 3º precedentes dizem respeito a ações trabalhistas ordinárias entre empregado e empregador nas quais se almejava o cumprimento de obrigação acessória, de índole civil, firmada *a lattere* do

---

[196] No *site* do c. STF o *link* desse precedente exibe o RE 611670, que trata de tema diverso daquele sumulado, mas na p. 1542 do 1º precedente há uma reprodução literal da decisão tomada no AI 611670.
[197] Conf. voto da Min. Cármen Lúcia na p. 1548 do 1º precedente.
[198] Conf. voto do Min. Ricardo Lewandowski na p. 1550 do 1º precedente. Pela proximidade dos números, esse precedente parece ser o mesmo daquele citado pelo Min. Eros Grau no 7º precedente, abaixo indicado, porém com outro número.
[199] Conf. decisão do Min. Sepúlveda Pertence no 5º precedente.
[200] Conf. decisão do Min. Eros Grau no 7º precedente.

contrato de trabalho (cumprimento de promessa de venda de imóvel) e a condenação ao pagamento de indenização por danos morais decorrentes de imputação caluniosa do crime de apropriação indébita, respectivamente. O que há de comum entre esses julgamentos é a base fática da demanda, ou seja, em todas elas a pretensão deduzida foi reconduzida à relação de trabalho, seja pelo exercício coletivo (potencial) do direito de greve, seja por uma obrigação acessória, seja pela fonte primária da obrigação de indenizar numa relação contratual.

A propósito, no 1º precedente o Ministro Relator, Menezes Direito, negou pertinência desses julgamentos ao tema, afirmando o seguinte:

> Aqui, ao contrário do que se verificou nas decisões acima referidas, o pedido e a causa de pedir não guardam ligação direta com a relação de emprego. A medida pleiteada no interdito proibitório envolve o receio de turbação da posse pelo sindicato grevista, o que não decorre necessariamente do contrato de trabalho, pois, em tese, o movimento poderia ser capitaneado por funcionários de outras instituições financeiras, sem nenhuma participação dos empregados do recorrido. Anote-se que de igual modo não se está discutindo o exercício do direito de greve...
>
> Repita-se: mesmo que se entenda que ação envolvendo o exercício do direito de greve é toda ação em que são desafiados os limites desse direito, aí não se poderá incluir o interdito proibitório manejado contra ameaça de turbação da posse, porquanto a turbação como instrumento de pressão passa ao largo da discussão sobre o exercício do direito de greve...
>
> O pedido e a causa de pedir do interdito proibitório não envolvem matéria trabalhista, não envolvem o contrato de trabalho e não envolvem o exercício do direito de greve.[201]

Com efeito, os 2º e 3º precedentes não versam sobre a relação entre o direito de posse e o direito de greve, mas também neles algumas questões consideradas estranhas ao contrato de trabalho foram objeto de exame e neles também estava em voga a origem ou fonte das obrigações correspondentes, de modo que há uma unidade interpretativa entre esses casos, que reside precisamente na relação de trabalho. Assim, nos 1º e 4º a 7º precedentes prevaleceu o entendimento segundo o qual "o exercício do direito de greve respeita à relação

---

[201] p. 1544 e 1546.

de emprego..." e constitui-se na causa de pedir da ação de interdito proibitório;[202] no 2º precedente prevaleceu o entendimento segundo o qual a competência da justiça do trabalho é determinada pela relação causal entre o contrato de trabalho e a prestação almejada, ainda que ela tenha natureza civil; no 3º precedente prevaleceu o entendimento segundo o qual a imputação caluniosa de crime a empregado pelo patrão (causa de pedir da ação reparatória de danos morais) ocorre no contexto de uma relação de emprego, sendo isso suficiente para fixar a competência da Justiça do Trabalho.

Em resumo, mesmo que excluídas as decisões monocráticas (4º a 7º precedentes), haveria ainda os três primeiros precedentes oficiais e os outros 3 (três) ou 4 (quatro), citados e não relacionados, capazes de atender ao requisito das reiteradas decisões na matéria constitucional. Mais uma vez, o que realmente importa em termos quantitativos não é o numero de precedentes firmados no mesmo sentido, mas o número de julgamentos na mesma matéria, ainda que divergentes.

Por isso, a polêmica gerada pelo Ministro Marco Aurélio na decisão da Proposta de Súmula Vinculante da súmula em exame (acompanhado neste ponto pelos Mins. Eros Grau e Joaquim Barbosa), em torno da inexistência de precedentes suficientes para ampliar a sumulação das ações de interdito proibitório para todas as ações possessórias pode ser vista com perplexidade. Antes de tudo porque, conforme lembrou o Min. Dias Toffoli, as ações possessórias são fungíveis (art. 920 do CPC – art. 554 do NCPC) e, portanto, a vinculação do direito de posse ao direito de greve podia ser feita de forma mais abrangente, e depois porque a matéria constitucional é a competência, e não o tipo de ação possessória e tampouco o direito de greve, como entendeu o Min. Carlos Britto. E para a fixação da competência bastava o estabelecimento da premissa de todos os precedentes: compete à Justiça do Trabalho processar e julgar toda demanda cuja causa de pedir remota resida no contrato de trabalho, ainda que a causa de pedir próxima e os pedidos digam respeito a matéria não trabalhista.

Esse último aspecto é também assaz importante na súmula em questão, porque nela, ao contrário da súmula anterior, o fundamento da competência da Justiça do Trabalho foi a natureza do fato constitutivo presente na causa de pedir,[203] e não a interpretação sistemática do

---

[202] Conf. itens 2 e 3 da Ementa.
[203] A causa de pedir é explicada por duas teorias, a saber: substanciação e individuação. Na teoria da substanciação, a individualização da demanda ocorre na descrição não apenas

art. 109, I, da CF.²⁰⁴ Isso porque, a rigor, a mesma premissa aqui adotada poderia abranger o conteúdo da SV 22. Afinal, se a competência da Justiça do Trabalho advém da pertinência entre a relação de emprego presente na causa de pedir e o tipo de obrigação contida nos pedidos, pouco importando que a controvérsia exija a solução de questões de direito comum (civil, comercial, previdenciário), segue-se que também a pretensão indenizatória decorrente do fato do acidente de trabalho pertence à competência material da justiça trabalhista, já que sua ocorrência se dá no contexto daquela relação jurídica material. Em outras palavras, o STF podia não apenas expandir a sumulação dos interditos proibitórios para as ações possessórias, como devia ter adotado uma interpretação mais aberta da matéria constitucional, reconhecendo a competência da Justiça do Trabalho tanto para as ações possessórias com causa de pedir fundada no direito de greve, quanto para aquelas outras alusivas a obrigações acessórias do contrato de emprego, ainda de que natureza comum (civil, comercial, previdenciário), como fez na SV n. 21.

---

da relação jurídica que tipifica o direito e a obrigação, como também do fato constitutivo específico do direito e da obrigação. Já na teoria da individuação, a primeira descrição é suficiente para identificar a demanda. Em outras palavras, a causa de pedir próxima está na natureza da relação jurídica controvertida, com a qual se contenta a teoria da individuação, enquanto que a causa de pedir remota está na afirmação *in status assertiones* das razões fáticas do direito e da obrigação. Enquanto a teoria da individuação se limita à primeira, a teoria da substanciação exige ambas. Outras distinções são as seguintes: 1) individuação: a)a identificação da demanda é autodeterminada pelo tipo/natureza da relação jurídica material controvertida; b) o objeto do processo está no pedido; c) a *mutatio libelli* é livre até o fim da fase probatória; d) a regra da eventualidade e das preclusões endoprocessuais não é prevalente; e) a coisa julgada material abrange todas as questões fáticas e jurídicas ligadas ao tipo/natureza da relação jurídica material resolvida pela sentença, ainda que não tenham sido discutidas pelas partes, no pressuposto de que poderiam tê-lo feito (deduzido e deduzível); 2) substanciação: a) a identificação da demanda é heterodeterminada pelo fato jurídico constitutivo do direito e da obrigação, ou seja, pelo título aquisitivo; b) o objeto do processo está na causa de pedir; c) a *mutatio libelli* somente pode ocorrer livremente para o Autor antes da citação; d) prevalece a regra da eventualidade e das preclusões endoprocessuais; e) a coisa julgada material abrange apenas o deduzido (TUCCI, José Rogério Cruz e. *A causa petendi no processo civil*. São Paulo: RT, 2001, p. 59, 78-92, 115-116, 123, 151 e 154-155; que se filia à corrente intermediária, de Fazzalari, para quem a relação jurídica e os fatos constitutivos são compatíveis, representando uma coordenação entre situação substancial e processo ou, por outras palavras, a exigência no modelo brasileiro não apenas dos fatos como também dos fundamentos jurídicos/relação jurídica controvertida demonstraria uma simbiose entre substanciação e individuação: p. 124-126, 131 e 146-147).

²⁰⁴ De qualquer modo, as exceções do inc. I do art. 109 da CF pediam uma interpretação mais consistente do que aquela que o próprio STF vinha fazendo, sendo esse um dos méritos da sumulação anterior.

Disso tudo podem ser extraídas as seguintes conclusões: 1) quanto à suficiência dos precedentes, eles justificam numericamente a exigência de "...reiteradas decisões sobre matéria constitucional..." (art. 103-A, *caput*, da CF), inclusive porque além dos precedentes expressamente citados existem outros três ou quatro, não relacionados, que também deviam fazer parte do rol; 2) quanto à fidelidade entre os julgamentos precedentes e o texto da súmula, ela é total, embora a interpretação da matéria constitucional (competência) pudesse ter sido mais abrangente.

Aplicação e interpretação pelo STF:

Justiça do Trabalho e ação de interdito proibitório
4. O que se põe em foco na presente reclamação é se, ao apreciar o interdito proibitório proposto por Centrais Elétricas do Pará S/A — CELPA contra o Sindicato dos Trabalhadores nas Indústrias Urbanas do Estado do Pará — STIUPA, a juíza da 13ª Vara Cível de Belém/PA, competente para processar e julgar a ação de recuperação judicial, teria desrespeitado a Súmula Vinculante 23 do SupremoTribunal Federal. (...) 6. Nesta análise preliminar se tem que a juíza da 13ª Vara Cível de Belém/PA não teria competência para apreciar o interdito proibitório proposto por Centrais Elétricas do Pará S/A — CELPA contra o Sindicato dos Trabalhadores nas Indústrias Urbanas do Estado do Pará — STIUPA, pois a causa de pedir da ação decorre de movimento grevista.
[Rcl 13.480 MC, Rel. Min. Cármen Lúcia, dec. monocrática, julgamento em 22-3-2012, *DJE* 63 de 28-3-2012]

Na espécie vertente, a decisão impugnada nesta reclamação foi substituída por novo título judicial, pelo qual se reconhece a competência da Justiça do Trabalho para processar e julgar a ação de interdito proibitório ajuizada em decorrência do exercício do direito de greve pelos trabalhadores da iniciativa privada, o que traduz típica situação de prejuízo desta reclamação, em virtude de perda superveniente de seu objeto.
[Rcl 6.762, Rel. Min. Cármen Lúcia, dec. monocrática, julgamento em 1º-2-2012, *DJE* 27 de 8-2-2012]

SÚMULA VINCULANTE Nº 24

A Súmula Vinculante nº 24 tem a seguinte redação:

Não se tipifica crime material contra a ordem tributária, previsto no art. 1º, incisos I a IV, da Lei nº 8.137/90, antes do lançamento definitivo do tributo.

Os precedentes declarados dessa súmula são os seguintes julgamentos: HC 81611, HC 85185, HC 86120, HC 83353, HC 85463 e HC 85428. Além desses, foram citados ainda os seguintes julgamentos na mesma matéria, que também deviam fazer parte do rol oficial: ADIn 1571-1, HC 77002,[205] HC 85299, RE 230020, AI 419578, HC 85457, HC 84423, HC 84092, HC 83414, HC 83901, HC 84105, HC 84925[206] e RHC 83717.[207]

O precedente-guia foi o primeiro, cujo voto vencedor do Ministro Relator, Sepúlveda Pertence, é o mesmo daquele por ele proferido no HC 77002 e que rendeu crítica acadêmica do Procurador da República que atuou em ambos os casos pelo Ministério Público, em artigo publicado na RT 796/492. As principais questões objeto da polêmica dizem respeito à natureza e à eficácia da representação fiscal para fins penais mencionada no art. 1º da Lei 9430/96[208] relativamente à ação penal persecutória do crime previsto no art. 1º da Lei 8137/90,[209] como também à interpretação sistemática da regra do art. 34 da Lei 9249/95,[210] que prevê a extinção da punibilidade desse mesmo crime em caso de pagamento do tributo "...antes do recebimento da denúncia".

---

[205] Conf. Relatório do Min. Sepúlveda Pertence nas pp. 89 e 91 do 1º precedente.

[206] Conf. voto do Min. Cezar Peluso nas pp. 856-857 do 2º precedente.

[207] Conf. relatório do Min. Sepúlveda Pertence no 3º precedente. Esse julgamento não dizia respeito ao trancamento de ação penal, mas de inquérito policial.

[208] Ao tempo do julgamento, referido dispositivo tinha a seguinte redação: "Art. 83. A representação fiscal para fins penais relativa aos crimes contra a ordem tributária definidos nos arts. 1º e 2º da Lei nº 8.137, de 27 de dezembro de 1990, será encaminhada ao Ministério Público após proferida a decisão final, na esfera administrativa, sobre a exigência fiscal do crédito tributário correspondente". Esse texto foi alterado pela Lei 12.350/2010, verbis: "Art. 83. A representação fiscal para fins penais relativa aos crimes contra a ordem tributária definidos nos arts. 1º e 2º da Lei nº 8.137, de 27 de dezembro de 1990, e aos crimes contra a Previdência Social, previstos nos arts. 168-A e 337-A do Decreto-Lei nº 2.848, de 7 de dezembro de 1940 (Código Penal), será encaminhada ao Ministério Público após proferida a decisão final, na esfera administrativa, sobre a exigência fiscal do crédito tributário correspondente".

[209] Art. 1º Constitui crime contra a ordem tributária suprimir ou reduzir tributo, ou contribuição social e qualquer acessório, mediante as seguintes condutas: I - omitir informação, ou prestar declaração falsa às autoridades fazendárias; II - fraudar a fiscalização tributária, inserindo elementos inexatos, ou omitindo operação de qualquer natureza, em documento ou livro exigido pela lei fiscal; III - falsificar ou alterar nota fiscal, fatura, duplicata, nota de venda, ou qualquer outro documento relativo à operação tributável; IV - elaborar, distribuir, fornecer, emitir ou utilizar documento que saiba ou deva saber falso ou inexato; V - negar ou deixar de fornecer, quando obrigatório, nota fiscal ou documento equivalente, relativa a venda de mercadoria ou prestação de serviço, efetivamente realizada, ou fornecê-la em desacordo com a legislação. Pena - reclusão, de 2 (dois) a 5 (cinco) anos, e multa.

[210] Art. 34. Extingue-se a punibilidade dos crimes definidos na Lei nº 8.137, de 27 de dezembro de 1990, e na Lei nº 4.729, de 14 de julho de 1965, quando o agente promover o pagamento do tributo ou contribuição social, inclusive acessórios, antes do recebimento da denúncia.

O dissenso interpretativo pode ser assim resumido, com as respectivas consequências: 1) a ação penal persecutória do crime previsto no art. 1º da Lei 8137/90 seria de natureza pública condicionada à representação fiscal mencionada no art. 83 da Lei 9430/96 ou seria pública incondicionada? No primeiro caso, a ação penal somente poderia ser ajuizada após a representação da autoridade fiscal, enquanto que no segundo caso ela seria autônoma e portanto independente daquela representação; 2) o crime em questão seria material (de dano ou de resultado) ou seria formal (de mera conduta)? No segundo caso, a concretização do crime depende apenas da conduta típica e de sua potencialidade danosa, de modo que o procedimento administrativo no qual se aperfeiçoará o lançamento não afeta a qualificação penal do fato. No primeiro caso, o proveito do agente com a ação ou omissão típica e o prejuízo do fisco exigiria, em tese, uma definição mais segura da qualificação, donde exsurgem algumas indagações complementares: nessa hipótese, a tipificação dependeria da definitividade do lançamento gerada pela decisão final no procedimento administrativo fiscal? O lançamento teria qual natureza (declaratória, constitutiva, preclusiva) e efeito sobre a qualificação penal do fato? A finalização do procedimento fiscal, com o acertamento do crédito tributário, seria um elemento normativo do tipo, uma condição objetiva de punibilidade ou uma questão prejudicial?

Respondendo tais questões, o Min. Sepúlveda Pertence estabeleceu como premissa que a representação fiscal mencionada no art. 83 da Lei nº 9430/96 não expressa uma condição de procedibilidade da ação penal persecutória do crime previsto no art. 1º da Lei nº 8137/90, tal como fixado no julgamento da medida liminar na ADIn. 1571, porque naquele dispositivo "...somente se fixa o momento – a decisão final do processo administrativo-tributário – a partir do qual se faz obrigatória para a autoridade fiscal a remessa da *noticia criminis* ao Ministério Público".[211] Logo, a ação penal em comento é de natureza pública incondicionada.[212]

---

[211] No mérito, o pedido formulado nessa ação direta foi julgado improcedente, tendo como resultado, então, a constitucionalidade do art. 83, *caput*, da Lei 9430/96.

[212] À crítica de ordem lógica, feita pelo Procurador Cláudio Fonteles, no sentido de que seria contraditório defender o lançamento definitivo como condição objetiva de punibilidade e, ao mesmo tempo, a natureza pública incondicionada da ação penal, retrucou o Ministro Sepúlveda Pertence dizendo que "o que decorre...de ser a ação penal incondicionada é que, uma vez implementada essa condição objetiva de punibilidade, não depende o MP para denunciar da 'representação fiscal' prevista na lei como simples dever de comunicação de sua ocorrência".

Invocando então o julgamento do HC 75945, pelo próprio STF, o Min. Sepúlveda Pertence considerou o crime previsto no art. 1º da Lei 8137/90 como de natureza material, de resultado, porque "...qualquer uma das condutas comissivas ou omissivas descritas nos diversos incisos serve a aperfeiçoar o crime, mas não basta à sua consumação, para a qual não se prescinde de que, de uma ou mais delas, resulte a supressão ou redução do tributo devido".

Após responder os questionamentos principais, o Ministro Relator renunciou a fazer o mesmo quanto às perguntas complementares, alegando que não seriam relevantes para a espécie, e relacionou aquilo que chamou de "pontos consensuais", a saber: 1) o lançamento decorrente da decisão final do procedimento administrativo fiscal promove o "...acertamento da existência e do conteúdo..." da obrigação, gerando assim o crédito tributário (art. 142 do CTN),[213] que não se confunde com a obrigação tributária, nascida da ocorrência do fato gerador (art. 113, §1º, do CTN)[214]; 2) a finalização do procedimento administrativo fiscal constitui o crédito em caráter definitivo, produzindo eficácia preclusiva: a) contra a administração, que fica impossibilitada de rever o lançamento (salvo na hipótese dos arts. 145, III,[215] e 149[216] do CTN),

---

[213] Art. 142. Compete privativamente à autoridade administrativa constituir o crédito tributário pelo lançamento, assim entendido o procedimento administrativo tendente a verificar a ocorrência do fato gerador da obrigação correspondente, determinar a matéria tributável, calcular o montante do tributo devido, identificar o sujeito passivo e, sendo caso, propor a aplicação da penalidade cabível.
Parágrafo único. A atividade administrativa de lançamento é vinculada e obrigatória, sob pena de responsabilidade funcional.

[214] Art. 113. A obrigação tributária é principal ou acessória.
§1º A obrigação principal surge com a ocorrência do fato gerador, tem por objeto o pagamento de tributo ou penalidade pecuniária e extingue-se juntamente com o crédito dela decorrente.

[215] Art. 145. O lançamento regularmente notificado ao sujeito passivo só pode ser alterado em virtude de:
III - iniciativa de ofício da autoridade administrativa, nos casos previstos no artigo 149.

[216] Art. 149. O lançamento é efetuado e revisto de ofício pela autoridade administrativa nos seguintes casos:
I - quando a lei assim o determine;
II - quando a declaração não seja prestada, por quem de direito, no prazo e na forma da legislação tributária;
III - quando a pessoa legalmente obrigada, embora tenha prestado declaração nos termos do inciso anterior, deixe de atender, no prazo e na forma da legislação tributária, a pedido de esclarecimento formulado pela autoridade administrativa, recuse-se a prestá-lo ou não o preste satisfatoriamente, a juízo daquela autoridade;
IV - quando se comprove falsidade, erro ou omissão quanto a qualquer elemento definido na legislação tributária como sendo de declaração obrigatória;
V - quando se comprove omissão ou inexatidão, por parte da pessoa legalmente obrigada, no exercício da atividade a que se refere o artigo seguinte;

caso a decisão lhe seja favorável, ou tem o lançamento desconstituído, em caso de decisão desfavorável; b) contra o contribuinte, que na via administrativa não pode mais discutir a dívida; 3) a segunda preclusão relativa ao fisco pode então ser encarada ou como efeito prejudicial do juízo positivo de tipicidade,[217] ou como condição objetiva de punibilidade[218] ou como, ainda, questão prejudicial obrigatória;[219] 4) seja qual for a qualificação, o que importa é "...não usurpar a competência privativa da Administração para o ato de constituição do crédito tributário (CTN, art. 142)...", cuja finalização é a causa que legitima e condiciona a ação penal.

Além desses argumentos, o Ministro Sepúlveda Pertence acrescentou outro, tomado de empréstimo do voto proferido pelo Ministro Nelson Jobim no HC 77002: o direito do contribuinte de ver extinta a punibilidade com o pagamento do tributo antes do recebimento da denúncia, previsto no art. 34 da Lei n. 9249/95, é incompatível com o ajuizamento da ação penal antes da decisão definitiva do procedimento administrativo fiscal, porque: 1) somente com a finalização do procedimento é que a dívida fiscal se torna líquida e exigível;

VI - quando se comprove ação ou omissão do sujeito passivo, ou de terceiro legalmente obrigado, que dê lugar à aplicação de penalidade pecuniária;
VII - quando se comprove que o sujeito passivo, ou terceiro em benefício daquele, agiu com dolo, fraude ou simulação;
VIII - quando deva ser apreciado fato não conhecido ou não provado por ocasião do lançamento anterior;
IX - quando se comprove que, no lançamento anterior, ocorreu fraude ou falta funcional da autoridade que o efetuou, ou omissão, pela mesma autoridade, de ato ou formalidade especial.
Parágrafo único. A revisão do lançamento só pode ser iniciada enquanto não extinto o direito da Fazenda Pública.

[217] Já que, dada a irreversibilidade da decisão administrativa favorável ao contribuinte, "... corolário iniludível da harmonia do ordenamento jurídico impede que a alguém - de quem definitivamente se declarou, na esfera competente para a constituição do crédito tributário, não haver suprimido ou reduzido tributo devido - se possa imputar ou condenar por crime que tem, na supressão ou redução do mesmo tributo, elemento essencial do tipo".

[218] Nesse caso, a punibilidade "...estará subordinada à superveniência da decisão definitiva do processo administrativo de revisão do lançamento, instaurado de ofício ou em virtude da impugnação do contribuinte ou responsável: só então o fato - embora, na hipótese considerada, já aperfeiçoada a sua tipicidade - se tornará punível. Até então, por conseguinte, a denúncia será de rejeitar-se, nos termos do art. 43, III, C. Pr. Pen., por 'faltar condição exigida pela lei para o exercício da ação penal'".

[219] Nessa qualidade, entretanto, "...a decisão subordinante estará também confiada ao Poder Judiciário, ao passo que aqui se cuidaria de subordinar a abertura do processo a uma decisão do Poder Executivo". Essa seria a qualidade da decisão administrativa fiscal para o Procurado Cláudio Fonteles, que a chamou de questão prejudicial heterogênea facultativa e que determinaria no máximo a suspensão do processo penal, nas condições do art. 93 do CCP, mas não o impedimento da ação penal.

2) antes disso, o ajuizamento da ação penal obrigaria o contribuinte a se sujeitar ao pagamento do tributo tal como tarifado unilateralmente pela autoridade fiscal para exercer aquele direito, hipótese em que, em verdade, dele renunciaria, ao deixar de discutir a validade do ato fiscal em troca da extinção da punibilidade. Logo, haveria não apenas abuso do poder de instaurar o processo penal, como também violação da cláusula do devido processo legal administrativo.

Seguiu-se um caloroso debate entre os Ministros Moreira Alves, Sepúlveda Pertence, Carlos Velloso, Nelson Jobim e Ilmar Galvão, referente a dois pontos que se entrelaçam: no caso dos impostos de autolançamento (IR, ICMS e ITBI), nos quais o lançamento é feito pelo contribuinte e a fazenda tem prazo decadencial de 5 (cinco) anos para revê-lo, seria também necessário aguardar a definitividade gerada pelo curso desse prazo para viabilizar a ação penal, período em que a prescrição penal estaria em andamento? A essas dúvidas o Ministro Carlos Velloso respondeu com as seguintes ponderações: a revisão do autolançamento pode ocorrer em cinco anos ou no dia seguinte, sendo que nesse lapso de tempo se aplica o princípio da *actio nata*, ou seja, "se não se pode propor a ação penal, não há falar em prescrição...".

Em verdade, a perplexidade teórica que se extrai dessa polêmica é a de se reconhecer à autoridade administrativa fiscal o exame de matéria penal ou, melhor dizendo, de matéria tributária com efeito penal, com a consequente restrição da competência da autoridade judiciária criminal ou inibição da legitimidade do ministério público para a ação penal correspondente, ao mesmo tempo em que se nega à autoridade judiciária a competência para a matéria fiscal. Nas palavras da Ministra Ellen Gracie, em seu pedido de vista, "a questão central envolvida neste *habeas corpus* e nesta discussão me parece fundamental delimitar exatamente a configuração do princípio da separação entre as esferas penal e administrativa".

Assim como se exige respeito à autonomia da decisão administrativa fiscal, o mesmo poderia ser exigido para a legitimidade do MP e para a competência da justiça criminal. Com efeito, se a decisão final no procedimento administrativo fiscal promove o acertamento do crédito tributário, tornando-o definitivo em sua constituição (certeza e liquidez), tomada então como juízo positivo de tipicidade ou como condição objetiva de punibilidade, a ponto de inibir o ajuizamento da ação penal, teria ela a capacidade de adentrar em matéria penal ou de gerar efeito penal negativo. Por isso, o enquadramento de tal decisão como uma questão prejudicial parece ser mais racional ou menos problemática, já que, nesse caso, a autoridade administrativa decidiria sobre matéria de sua competência privativa, cujos efeitos penais seriam reconhecidos no juízo criminal, mediante a suspensão do processo, tal como previsto no art. 93 do CPP.[220] O grande problema dessa solução mais racional ou menos problemática é que ela produz interferência sobre o direito previsto no art. 34 da Lei 9249/95 (extinção da punibilidade mediante pagamento antes da denúncia), promovendo um autêntico *solve et repete* em detrimento do devido processo legal administrativo, já que o contribuinte somente poderia exercê-lo se submetendo ao pagamento de um tributo cuja constituição não foi ainda aperfeiçoada.

Tudo isso exigiu do Ministro Relator uma adição a seu voto, na qual estabeleceu o seguinte: 1) "...enquanto dure o processo administrativo fiscal por iniciativa do contribuinte, aceito o decorrente empecilho à instauração do processo penal, a prescrição terá suspenso o seu curso"; 2) "a construção alvitrada apenas não cobre a hipótese do lançamento por homologação, enquanto pender o prazo de sua revisão de ofício: é que, aí, é a inércia da administração tributária que, retardando a definitividade do lançamento, impede a ação penal".

Em seu voto-vista, a Ministra Ellen Gracie aceitou duas premissas do Ministro Relator, referentes à autonomia da ação penal relativamente à representação fiscal e à sua natureza pública incondicionada, mas dissentiu quanto: 1) à natureza material do crime previsto no art. 1º da Lei 8137/90, cujo caráter formal seria deduzido do próprio direito previsto no art. 34 da Lei 9249/95,[221] o que significa dizer que a decisão

---

[220] Art. 93. Se o reconhecimento da existência da infração penal depender de decisão sobre questão diversa da prevista no artigo anterior, da competência do juízo cível, e se neste houver sido proposta ação para resolvê-la, o juiz criminal poderá, desde que essa questão seja de difícil solução e não verse sobre direito cuja prova a lei civil limite, suspender o curso do processo, após a inquirição das testemunhas e realização das outras provas de natureza urgente.
§1º O juiz marcará o prazo da suspensão, que poderá ser razoavelmente prorrogado, se a demora não for imputável à parte. Expirado o prazo, sem que o juiz cível tenha proferido decisão, o juiz criminal fará prosseguir o processo, retomando sua competência para resolver, de fato e de direito, toda a matéria da acusação ou da defesa.
§2º Do despacho que denegar a suspensão não caberá recurso.
§3º Suspenso o processo, e tratando-se de crime de ação pública, incumbirá ao Ministério Público intervir imediatamente na causa cível, para o fim de promover-lhe o rápido andamento.
[221] De acordo com a Ministra, "que a punibilidade da conduta esteja presente mesmo antes do desfecho da impugnação administrativa pode ser demonstrado pelo dispositivo da Lei nº 9.429/95, art. 34, que autoriza a extinção dessa punibilidade, desde que pagos os tributos antes do recebimento da denúncia".

final do procedimento administrativo fiscal não seria nem um juízo positivo de tipicidade, nem uma condição objetiva de punibilidade ou mesmo uma questão prejudicial; 2) à constituição do crédito tributário, que coincidiria com a data do fato gerador, e não com a finalização do procedimento administrativo fiscal, já que todos os elementos essenciais definidos pela lei (tipicidade, base de cálculo, alíquota, vencimento, obrigações acessórias) preexistem ao fato;[222] 3) à eficácia preclusiva da decisão final do procedimento administrativo fiscal relativamente à prescrição, porque em caso de improcedência do pedido do contribuinte o ato decisório "...assumiria eficácia puramente declaratória, com a consequência de retroatividade do lançamento à data de consumação do fato gerador", sem constituir assim uma causa impeditiva da prescrição penal (art. 116, I, do CP).[223]

Em seguida, o Ministro Nelson Jobim renovou o voto por ele proferido no HC 77001, aderindo ao voto do Ministro Relator, tendo o Ministro Joaquim Barbosa requerido vista. Na sessão seguinte, em seu voto-vista, referido Ministro fixou como premissa que a discussão "...consiste em saber se o lançamento definitivo é ou não essencial à configuração dos crimes do art. 1º da Lei 8137/1990...". Seguindo parcialmente os votos do Ministro Relator e da Ministra Ellen Gracie, o Ministro votante também aceitou a autonomia da ação penal e a sua natureza pública incondicionada, tecendo todavia outras considerações divergentes, a saber: 1) o crime definido no dispositivo legal supra seria mesmo material, e não formal, porque somente se consuma quando "...ocorre efetiva lesão à Fazenda", mas a sua relevância penal independe da decisão final do procedimento administrativo fiscal, que não é uma condição objetiva de punibilidade; 2) a condição objetiva de punibilidade diz respeito a um evento futuro e alheio à culpabilidade do agente e, portanto, não tem relação com o tipo penal, o que significa que, "...embora consumado o delito, o fato ainda não será punível, de

---

[222] Nas palavras da Ministra, "quando ocorra o fato típico nela [lei] previsto, a obrigação tributária se concretiza e individualiza. Sabe-se, a partir daí, quem deve, quanto deve e quando se deverá fazer o recolhimento". Por isso, "querer erigir o lançamento, e seus efeitos preclusivos em relação ao fisco, em momento a partir do qual surja para o contribuinte a obrigação de colaborar no custeio da máquina pública é inverter o fluxo determinado em lei". Se a autoridade fiscal "...for ineficiente ou insuficiente para evitar que alguns membros da sociedade se furtem a suas obrigações, nem por isso deixa o MP de ter justa causa para a ação penal, independentemente da fixação do *quantum debeatur*".
[223] Art. 116. Antes de passar em julgado a sentença final, a prescrição não corre:
I - enquanto não resolvida, em outro processo, questão de que dependa o reconhecimento da existência do crime.

forma que não há como se falar em pretensão penal. Disso decorre que não será possível o oferecimento de denúncia, porquanto a ação penal não será exercitável, simplesmente pela inexistência do poder-dever de punir"; 3) se o lançamento definitivo fosse uma condição objetiva de punibilidade, o *dies a quo* da prescrição penal coincidiria com a data da preclusão da decisão final do procedimento administrativo fiscal, e não com a data da consumação do crime, contrariando a regra do art. 111, I, do CP;[224] 4) a decisão final do procedimento administrativo fiscal constitui "elemento adicional de comprovação de materialidade do crime" (ou "indicativo da materialidade"), quando desfavorável ao contribuinte, e "elemento de exclusão de tipicidade", quando favorável, não sendo portanto um "evento futuro e incerto, extrínseco ao crime"; 5) o lançamento definitivo tem dupla natureza, porque declara a ocorrência do fato gerador e constitui o crédito tributário, e condiciona o ajuizamento da ação de execução fiscal, mas não o ajuizamento da ação penal, para qual expressa uma questão prejudicial, cuja solução recomenda a suspensão do processo penal, nos termos do art. 93 do CPP, e do prazo prescricional, "...para que se aguarde o desfecho acerca do lançamento"; 6) "...após a decisão administrativa sobre o lançamento definitivo..., ou a ação penal se encerrará sem julgamento do mérito, ou retomará seu curso com a prova da existência do resultado naturalístico exigido pelo art. 1º da Lei 8.137/1990"; 7) as conclusões do Ministro Relator não se aplicariam aos tributos de lançamento por homologação, porque neles inexiste uma decisão final administrativa, mas apenas um "termo objetivo de punibilidade" (cinco anos da data do fato gerador – §4º do art. 150 do CTN),[225] incoerente com a pretensão punitiva estatal, "...pois, ao mesmo tempo em que surge o relevante penal, o crédito tributário se extingue, fazendo desaparecer o *ius puniendi*"; 8) o art. 34 da Lei 9249/95 teria sido revogado pelo art. 9º, §2º, da Lei 10.684/2003,[226]

---

[224] Art. 111. A prescrição, antes de transitar em julgado a sentença final, começa a correr:
I - do dia em que o crime se consumou.

[225] Art. 150. O lançamento por homologação, que ocorre quanto aos tributos cuja legislação atribua ao sujeito passivo o dever de antecipar o pagamento sem prévio exame da autoridade administrativa, opera-se pelo ato em que a referida autoridade, tomando conhecimento da atividade assim exercida pelo obrigado, expressamente a homologa.
§4º Se a lei não fixar prazo a homologação, será ele de cinco anos, a contar da ocorrência do fato gerador; expirado esse prazo sem que a Fazenda Pública se tenha pronunciado, considera-se homologado o lançamento e definitivamente extinto o crédito, salvo se comprovada a ocorrência de dolo, fraude ou simulação.

[226] Art. 9º. É suspensa a pretensão punitiva do Estado, referente aos crimes previstos nos arts. 1º e 2º da Lei nº 8.137, de 27 de dezembro de 1990, e nos arts. 168A e 337A do Decreto-Lei no 2.848, de 7 de dezembro de 1940 – Código Penal, durante o período em que a pessoa

que prevê a extinção da punibilidade pelo pagamento antecipado ou pela decisão final favorável ao contribuinte "...a qualquer momento da ação penal...", não havendo assim qualquer incoerência no ajuizamento da ação penal na pendência do procedimento administrativo fiscal.

Desses argumentos, o último merece um parêntese, relativo à suposta revogação do art. 34 da Lei nº 9249/95 pelo art. 9º, §2º, da Lei nº 10.684/2003, porque esse último dispositivo se refere apenas ao agente relacionado a pessoa jurídica incluída no regime de parcelamento, de modo que, interpretada tal lei penal restritivamente, como sói acontecer com as leis dessa natureza, segue-se que para todos os demais contribuintes relacionados a pessoas jurídicas excluídas desse regime continua se aplicando a regra geral do art. 34 da Lei nº 9249/95, com o mesmo problema de coerência antes apontado. A rigor, a regra específica do art. 9º, §2º, da Lei nº 10.684/2003 não é mais favorável ao agente do que aquela genérica do art. 34 da Lei nº 9249/95, porque permite o uso da ação penal com fins arrecadatórios ou como meio de coação à exação fiscal antecipada. Ademais, como disse o Ministro Sepúlveda Pertence logo em seguida, "...o parcelamento tem por suposto a confissão. O pressuposto do parcelamento é a confissão do débito tributário. É exatamente a situação oposta àquela na qual o contribuinte está discutindo a existência ou o montante do seu débito".

Aos votos divergentes aderiu o Ministro Carlos Britto, afirmando que a precedência da jurisdição fiscal sobre a jurisdição penal extrapola a previsão do inc. XVIII do art. 37[227] da CF e que não se convencera "... da tese de que o crédito tributário só se consuma e se perfaz com o lançamento".

Ato contínuo, votou o Ministro Cezar Peluso, apresentando argumentos que melhor harmonizam os princípios e regras do direito tributário com os do direito penal, a saber: 1) o crime definido no art. 1º da Lei 8137/90 é de natureza material, "...cujo tipo tem por objeto material a existência do tributo", não apenas devido como também

---

jurídica relacionada com o agente dos aludidos crimes estiver incluída no regime de parcelamento.

§2º Extingue-se a punibilidade dos crimes referidos neste artigo quando a pessoa jurídica relacionada com o agente efetuar o pagamento integral dos débitos oriundos de tributos e contribuições sociais, inclusive acessórios.

[227] Art. 37. A administração pública direta e indireta de qualquer dos Poderes da União, dos Estados, do Distrito Federal e dos Municípios obedecerá aos princípios da legalidade, impessoalidade, moralidade, publicidade e eficiência e, também, ao seguinte: XVIII - a administração fazendária e seus servidores fiscais terão, dentro de suas áreas de competência e jurisdição, precedência sobre os demais setores administrativos, na forma da lei.

exigível; 2) por isso, o conceito de tributo devido é um elemento normativo do tipo penal, cuja definição compete em caráter privativo à autoridade fiscal; 3) o nascimento da obrigação tributária ocorre com o fato gerador (art. 113, §1º, do CTN), mas a sua exigibilidade surge apenas com a preclusão gerada pelo lançamento definitivo (art. 142, *caput*, do CTN), porque apenas com este é que se definem os elementos que permitirão a cobrança tributária (ocorrência do fato gerador, sujeito passivo, valor devido, penas cabíveis); 4) tanto assim que o art. 151, III, do CTN[228] confere às reclamações e recursos administrativos efeito suspensivo da exigibilidade da obrigação tributária; 5) o lançamento, então, ostenta natureza "predominantemente constitutiva", pois sem ele "...não se tem obrigação tributária exigível", sendo apenas uma ficção jurídica a sua retroação temporal à data do fato gerador (art. 144 do CTN);[229] 6) logo, antes do lançamento "...não está configurado o tipo penal, e, não o estando, evidentemente não se pode instaurar por conta dele, à falta de justa causa, nenhuma ação penal"; 7) o lançamento tampouco se configura em questão prejudicial, antes de tudo porque a decisão que a resolve e sem a qual a solução do mérito no processo penal fica prejudicada não tem natureza administrativa, mas judicial, tal como previsto no art. 93 do CPP, e depois porque "...a prejudicialidade tem sempre por objeto, sobretudo no campo penal, algum elemento que não impeça a propositura da ação penal"; 8) assim, "...se o elemento normativo do tipo não está nem estava presente, o processo penal não poderia ter legitimamente sido instaurado, e, se o foi, não é caso de ser suspenso, mas de ser extinto desde logo por falta de justa causa"; 9) a propositura da ação penal antes do esgotamento do procedimento administrativo, sem o qual o crédito não pode ser cobrado pela via judiciária civil, representa uma forma indireta de superar a suspensão da exigibilidade fiscal,[230] contra a orientação histórica firmada pelo

---

[228] Art. 151. Suspendem a exigibilidade do crédito tributário:
III - as reclamações e os recursos, nos termos das leis reguladoras do processo tributário administrativo;

[229] Art. 144. O lançamento reporta-se à data da ocorrência do fato gerador da obrigação e rege-se pela lei então vigente, ainda que posteriormente modificada ou revogada.
Nesse particular, aduz o Ministro que o campo de abrangência dessa ficção"...é aqui apenas o tributário, não tendo, por conseguinte, repercussão alguma...na província do Direito Penal".

[230] Em outras palavras, "não há como nem por onde convalidar interpretação que, com o devido respeito, permita o uso de remédio de caráter penal, para obter resultado tributário que é impossível de ser logrado na via civil".

próprio STF em hipóteses semelhantes (Súmulas nºs 70,[231] 323[232] e 547);[233] 10) quanto à prescrição, seu marco inicial coincide com a definitividade do lançamento, nos termos do art. 174 do CTN,[234] uma vez que, "antes disso, não há pretensão fiscal, porque não há obrigação exigível".[235]

Na sequência, votaram os Ministros Gilmar Mendes, Marco Aurélio e Carlos Velloso, aderindo ao voto do Ministro Relator, sendo que os dois últimos apresentaram pequenas variações, porém dignas de nota.

O Ministro Marco Aurélio citou seu voto na ADI 1571, no qual parece ter aceito a qualificação do Ministro Cezar Peluso quanto ao conceito de tributo devido ser um elemento normativo do tipo penal, ao asseverar que "inexigível, embora momentaneamente, o tributo, a sonegação fica em suspenso e, aí, tem-se o prejuízo do próprio tipo penal, deixando de haver base para a atuação do Estado-acusador, ou seja, o Ministério Público". Disse, ainda, que o próprio art. 34 da Lei nº 9249/95 era suficiente para sugerir o esgotamento da fase administrativo-tributária, tanto mais quando combinado com a regra do art. 83 da Lei nº 9430/96, que vinculou "...a comunicação que tem como objetivo maior proporcionar ao Ministério Público meios para ofertar a denúncia à decisão final no processo administrativo, uma vez que esse processo...tem efeito de suspender a exigibilidade do tributo, a teor do disposto no inciso III do artigo 151 do Código Tributário Nacional".

Já o Ministro Carlos Velloso sustentou que os crimes definidos nos arts. 1º e 2º da Lei nº 8137/90 são materiais, de redução ou supressão de tributo, cuja consumação somente ocorre com o lançamento definitivo, antes do qual a obrigação tributária não é exigível. Em outras palavras, "...se não houve redução ou supressão de tributo, não há crime", sendo que apenas com o lançamento definitivo os elementos

---

[231] É inadmissível a interdição de estabelecimento como meio coercitivo para cobrança de tributo.

[232] É inadmissível a apreensão de mercadorias como meio coercitivo para pagamento de tributos.

[233] Não é lícito a autoridade proibir que o contribuinte em débito adquira estampilhas, despache mercadorias nas alfândegas e exerça suas atividades profissionais.

[234] Art. 174. A ação para a cobrança do crédito tributário prescreve em cinco anos, contados da data da sua constituição definitiva.

[235] Mais adiante, após um debate entre os Ministros, o Ministro Cezar Peluso pronunciou-se acerca da prescrição penal, concordando com o argumento do Ministro Carlos Velloso quando ao fato de o crime de sonegação fiscal previsto no art. 1º da Lei 8137/90 somente se consumar na data da constituição definitiva do lançamento, sendo que, na hipótese do lançamento por homologação, "...a partir do momento em que o Fisco pode fazê-la..., porque aí só depende, o início da prescrição, de ato do Fisco".

definidores do tipo penal estarão presentes, nos termos do art. 14, I, do CP.[236] Como consequência da regra do art. 111, I, do CP, a prescrição penal somente tem início com a constituição definitiva do crédito fiscal. Antes disso não se há de se falar em suspensão do prazo prescricional, que não chegou sequer a ter início.

Boa parte do debate que se seguiu girou em torno dessa última questão, sendo que o Ministro Relator aderiu expressamente a esse entendimento, corrigindo-se em relação ao que sustentara em seu voto originário: "quando falei de suspensão, usei de uma expressão doutrinária imprópria para o que o Código Penal chama de impedimento do curso da prescrição". Não obstante, o texto da ementa continuou mencionando a "suspensão" do prazo prescricional durante a pendência do procedimento administrativo.

No 2º precedente, a maior parte do julgamento se concentrou na aplicação, revogação ou exceção ao disposto na S. STF nº 691,[237] já que o HC fora impetrado de decisão liminar de indeferimento de outro HC junto ao STJ.[238] Na matéria de fundo, houve expressa remissão ao julgamento do 1º precedente, sem nenhum dissenso, o mesmo ocorrendo com os 3º,[239] 4º, 5º e 6º precedentes.

Quando se chegou à votação do Projeto de Súmula Vinculante, quatro Ministros que participaram do julgamento do precedente-guia e dos demais já não mais compunham a Corte (Moreira Alves, Sepúlveda Pertence, Nelson Jobim e Carlos Velloso). Isso acarretou uma espécie de perda da memória das linhas principais desse julgamento, inclusive por parte de alguns que dele participaram.

---

[236] Art. 14. Diz-se o crime:
I - consumado, quando nele se reúnem todos os elementos de sua definição legal;

[237] Não compete ao Supremo Tribunal Federal conhecer de habeas corpus impetrado contra decisão do Relator que, em habeas corpus requerido a tribunal superior, indefere a liminar.

[238] No resultado, manteve-se a Súmula STF nº 691, porém "...com atenuação do alcance do enunciado da súmula", no sentido de que o STF pode processar e julgar HC naquelas circunstâncias "...quando se trate de flagrante constrangimento ilegal...", nos termos de outro precedente específico (HC 84014-AgReg), a propósito como se considerou ocorrer na espécie em exame, por conta do que restou decidido no 1º precedente. O mais interessante desse incidente do 2º precedente é que o STF acabou por aceitar a técnica do *distinguish*, mencionada no voto do Ministro Gilmar Mendes, que ocorre quando se demonstra que um caso aparentemente similar ao do *leading case* na matéria é suficientemente diferente para excepcioná-lo. Trata-se de técnica menos grave do que a do *overrule*, pela qual a interpretação estabelecida pelo *leading case* originário é substituída por outra num julgamento posterior na mesma matéria, que se torna assim um novo *leading case*. Com isso, admitiu-se a possibilidade de interpretação das súmulas, contra uma antiga afirmação do Ministro Victor Nunes Leal, para quem a súmula que exigia interpretação merecia ser cancelada.

[239] Nesse precedente não se tratava de trancar a ação penal, mas sim o inquérito policial.

O primeiro item desse "esquecimento" foi a prescrição penal, que se considerou sequer ter fluência antes do lançamento definitivo, seja pela finalização do procedimento administrativo, seja pelo lançamento tácito ou expresso nos tributos de lançamento por homologação. No *leading case*, o Ministro Relator, Sepúlveda Pertence, embora reconhecendo seu erro de qualificação na matéria, renovou menção ao efeito suspensivo da prescrição em sua ementa, mas a matéria ficara pacificada após o voto do Ministro Carlos Velloso. Nesse sentido, o próprio Ministro Cezar Peluso, autor do texto vitorioso da SV, num complemento de seu voto, aceitou o argumento do Ministro Carlos Velloso, quanto ao fato de o crime de sonegação fiscal previsto no art. 1º da Lei 8137/90 somente se consumar na data da constituição definitiva do lançamento, dizendo que, na hipótese do lançamento por homologação, o *dies a quo* da prescrição ocorreria "...a partir do momento em que o Fisco pode fazê-la..., porque aí só depende, o início da prescrição, de ato do Fisco".

A polêmica que se instaurou no PSV, em torno desse tema, foi sobre a sua natureza constitucional ou infraconstitucional, a partir da intervenção do Ministro Ricardo Lewandowski. Para referido Ministro, a prescrição é um tema infraconstitucional e que, portanto, não pode fazer parte da sumulação vinculante, que exige reiteradas decisões em matéria constitucional, obtendo adesão do Ministro Cezar Peluso, para quem, de todo modo, a prescrição "...é consequência inexorável da tese...Se não há crime ainda, não começa a prescrição. A administração pública pode, depois de definido o lançamento, a todo o tempo desencadear a ação penal". Logo, se esse tema fez parte da tese, ele devia ter sido enunciado no texto da súmula. O único a defender a natureza constitucional da matéria foi o Ministro Gilmar Mendes, para quem a prescrição diz respeito a uma "reserva legal penal", ou seja, "...o que configura o tipo penal".

Esse último item também fez parte do "apagão" de memória, porque no *leading case* não houve proclamação de vitória seja da tese do conceito de tributo devido como um elemento normativo do tipo penal (cujo lançamento definitivo seria um juízo positivo de tipicidade), seja da tese do lançamento definitivo como condição objetiva de punibilidade ou como, ainda, questão prejudicial (obrigatória ou facultativa). Tanto assim que no item 1 de sua ementa consta que "...falta justa causa para a ação penal pela prática do crime tipificado no art. 1º da L. 8137/90... enquanto não haja decisão definitiva do processo administrativo de lançamento, quer se considere o lançamento definitivo uma condição objetiva de punibilidade ou um elemento normativo de tipo". A tese do elemento normativo de tipo foi vencedora no texto da SV porque seu autor, o Ministro Cezar Peluso, assim se pronunciara em seu voto no *leading case*, com o qual aderiram os Ministros Marco Aurélio e Carlos Velloso. No mínimo curioso, então, a passagem do voto do Ministro Marco Aurélio no PSV em que afirma que no *leading case* "...o que se discutia...não era o tipo, mas uma condição de procedibilidade...", ou seja, "...não se versava a tipologia".

No mesmo tipo de equívoco acabou incidindo o Ministro Gilmar Mendes, para quem o Ministro Sepúlveda Pertence, em seu voto no *leading case*, teria defendido a tese do lançamento como uma condição objetiva do tipo, quando em verdade ele sustentou a tese do lançamento como uma questão prejudicial obrigatória.

A rigor, tampouco a tese do lançamento como uma condição objetiva do tipo devia ter sido objeto de sumulação, porque a matéria constitucional era outra: o direito fundamental do contribuinte de esgotar o procedimento administrativo fiscal, com todos os meios e recursos inerentes ao devido processo legal (inc. LV do art. 5º da CF), em detrimento do poder-dever estatal de persecução do crime tributário (art. 129, I, da CF), enquanto não ocorrido o lançamento definitivo, marco inicial de contagem da prescrição penal. Noutras palavras, a matéria constitucional não era nem a "reserva legal penal", como disse o Ministro Gilmar Mendes, nem o lançamento (art. 146, III, "b", da CF), como sustentou o Ministro Carlos Britto.

Disso tudo podem ser extraídas as seguintes conclusões: 1) quanto à suficiência dos precedentes, eles justificam numericamente a exigência de "...reiteradas decisões sobre matéria constitucional..." (art. 103-A, *caput*, da CF), inclusive porque além dos precedentes expressamente citados existem vários outros, não relacionados, que também deviam fazer parte do rol; 2) quanto à fidelidade entre os julgamentos precedentes e o texto da súmula, ela é parcial, antes de tudo porque abrange apenas dois itens do tema anteriormente debatido, em torno das teses do conceito de tributo devido como um elemento normativo do tipo penal (cujo lançamento definitivo seria um juízo positivo de tipicidade) e do lançamento definitivo como condição objetiva de punibilidade ou como, ainda, questão prejudicial (obrigatória ou facultativa), proclamando vitória da primeira delas, depois porque, mesmo que aceita tal tese como a vitoriosa no campo dos debates, que não equacionaram a matéria nem nos precedentes e tampouco no PSV, não houve menção ao tema da prescrição, exaustivamente debatido antes da sumulação, e por fim porque, a rigor, a matéria constitucional era outra: o direito fundamental do contribuinte de esgotar o procedimento administrativo fiscal, com todos os meios e recursos inerentes ao devido processo legal (inc. LV do art. 5º da CF), em detrimento do poder-dever estatal de persecução do crime tributário (art. 129, I, da CF), enquanto não ocorrido o lançamento definitivo, marco inicial de contagem da prescrição penal.

Aplicação e interpretação pelo STF:

Termo inicial da prescrição em crimes contra a ordem tributária

Ademais, padece de plausibilidade jurídica a tese do recorrente de que a observância do enunciado da Súmula Vinculante 24 no caso concreto importaria interpretação judicial mais gravosa da lei de regência. Com efeito, a SúmulaVinculante em questão é mera consolidação da jurisprudência da Corte, que, há muito, tem entendido que "a consumação do crime tipificado no art. 1º da Lei 8.137/1990 somente se verifica com a constituição do crédito fiscal, começando a correr, a partir daí, a prescrição" (HC 85.051/MG, Segunda Turma, Rel. Min. Carlos Velloso, *DJ* de 1º-7-2005). De fato, não haveria lógica permitir que a prescrição seguisse seu curso normal no período de duração do processo administrativo necessário à consolidação do crédito tributário. Se assim o fosse, o recurso administrativo, por iniciativa do contribuinte, serviria mais como uma estratégia de defesa para alcançar a prescrição com o decurso do tempo — quando se aposta na morosidade da justiça —, do que sua real finalidade, que é, segundo o Ministro Sepúlveda Pertence, propiciar a qualquer cidadão questionar, perante o Fisco, a exatidão do lançamento provisório de determinado tributo (HC 81.611/ DF, Plenário, *DJ* de 13-5-2005).
[RHC 122.774, voto do Rel. Min. Dias Toffoli, Primeira Turma, julgamento em 19-5-2015, *DJE* 111 de 11-6-2015]

Segundo a Súmula Vinculante 24, o termo inicial para a contagem do prazo prescricional, nos delitos do art. 1º, I a IV, da Lei 8.137/1990, é a data do lançamento definitivo do crédito tributário. No presente caso, não há que se falar em prescrição retroativa, uma vez que não transcorreu o decurso de 04 (quatro) anos entre a constituição definitiva do crédito e o recebimento da denúncia, ou entre os demais marcos interruptivos. É antiga a jurisprudência desta Corte no sentido de que os crimes definidos no art. 1º da Lei 8.137/1990 são materiais e somente se consumam com o lançamento definitivo do crédito. Por consequência, não há que falar-se em prescrição, que somente se iniciará com a consumação do delito,nos termos do art. 111, I, do CP/1940.
[ARE 649.120, Rel. Min. Joaquim Barbosa, dec. monocrática, julgamento em 28-5-2012, *DJE* 107 de 1º-6-2012]

Com efeito, considerado o lançamento definitivo do tributo como elemento típico do delito, verifico que o posicionamento adotado pelo Tribunal Regional Federal da 2ª Região converge para o entendimento assentado por esta Suprema Corte, no sentido de que, "até o momento da consumação delitiva, sequer é de se cogitar da contagem do prazo prescricional" (...).
[Rcl 13.220, Rel. Min. Rosa Weber, dec. monocrática, julgamento em 27-2-2012, *DJE* 56 de 5-3-2012]

(...) considerada a constituição definitiva do débito tributário como elemento típico do delito, não é possível aderir, automaticamente, à proposição defensiva da extinção da punibilidade pela prescrição. É que, até o momento da consumação delitiva, sequer é de se cogitar da contagem do prazo prescricional, nos termos do inciso I do art. 111 do CP/1940.
[HC 105.115 AgR, Rel. Min. Ayres Britto, Segunda Turma, julgamento em 23-11-2010, *DJE* 28 de 11-2-2011]

Por fim, também não merece prosperar a alegação de consumação da prescrição da pretensão punitiva, decorrente do lapso temporal entre a data dos fatos e a do recebimento da denúncia. No presente caso, ao contrário do que fora sustentado pelo agravante, não se pode considerar a data dos fatos como o termo inicial da prescrição da pretensão punitiva. Isto porque o delito pelo qual foi condenado (art. 1º, II, da Lei 8.137/1990) é crime material que se consuma apenas quando do lançamento definitivo do tributo, entendimento este consignado no enunciado da Súmula Vinculante 24 desta Corte.
[HC 105.114 AgR, voto do Rel. Min. Joaquim Barbosa, Segunda Turma, julgamento em 26-10-2010, *DJE* 20 de 1º-2-2011]

Inviabilidade de instauração da persecução penal antes da constituição definitiva do crédito tributário

1. É pacífica a jurisprudência do Supremo Tribunal Federal quanto à necessidade do exaurimento da via administrativa para a validade da ação penal, instaurada para apurar infração aos incisos I a IV do art. 1º da Lei 8.137/1990. (...) 2. A denúncia ministerial pública foi ajuizada antes do encerramento do procedimento administrativo fiscal. A configurar ausência de justa causa para a ação penal. Vício processual que não é passível de convalidação. 3. Ordem concedida para trancar a ação penal.
[HC 100.333, Rel. Min. Ayres Britto, Segunda Turma, julgamento em 21-6-2011, *DJE* 201 de 19-10-2011]

Com efeito, revela-se juridicamente inviável a instauração de persecução penal, mesmo na fase investigatória, enquanto não se concluir, perante órgão competente da administração tributária, o procedimento fiscal tendente a constituir, de modo definitivo, o crédito tributário. Enquanto tal não ocorrer, como sucedeu neste caso, estar-se-á diante de comportamento desvestido de tipicidade penal (RTJ 195/114), a evidenciar, portanto, a impossibilidade jurídica de se adotar, validamente, contra o (suposto) devedor, qualquer ato de persecução penal, seja na fase pré-processual (inquérito policial), seja na fase processual (*persecutio criminis in judicio*), pois — como se sabe — comportamentos atípicos (como na espécie) não justificam, por razões óbvias, a utilização, pelo Estado, de medidas de repressão criminal.

[Rcl 10.644 MC, Rel. Min. Celso de Mello, dec. monocrática, julgamento em 14-4-2011, *DJE* 74 de 19-4-2011]

Instauração de inquérito policial para apurar crimes que independem de conclusão de processo administrativo-fiscal

Nos termos da Súmula Vinculante 24, a persecução criminal nas infrações contra a ordem tributária (art. 1º, I a IV, da Lei 8.137/1990) exige a prévia constituição do crédito tributário. Entretanto, não se podendo afastar de plano a hipótese de prática de outros delitos não dependentes de processo administrativo, não há falar em nulidade da medida de busca e apreensão. É que, ainda que abstraídos os fatos objeto do administrativo fiscal, o inquérito e a medida seriam juridicamente possíveis.

[HC 107.362, Rel. Min. Teori Zavascki, Segunda Turma, julgamento em 10-2-2015, *DJE* 39 de 2-3-2015]

Instauração de inquérito policial antes do encerramento do processo administrativo-fiscal

1. A questão posta no presente *writ* diz respeito à possibilidade de instauração de inquérito policial para apuração de crime contra a ordem tributária, antes do encerramento do procedimento administrativo-fiscal. 2. O tema relacionado à necessidade do prévio encerramento do procedimento administrativo-fiscal para configuração dos crimes contra a ordem tributária, previstos no art. 1º da Lei 8.137/1990, já foi objeto de aceso debate perante esta Corte (...). 3. A orientação que prevaleceu foi exatamente a de considerar a necessidade do exaurimento do processo administrativo-fiscal para a caracterização do crime contra a ordem tributária (Lei 8.137/1990, art. 1º) (...). 4. Entretanto, o caso concreto apresenta uma particularidade que afasta a aplicação dos precedentes mencionados. 5. Diante da recusa da empresa em fornecer documentos indispensáveis à fiscalização da Fazenda estadual, tornou-se necessária a instauração de inquérito policial para formalizar e instrumentalizar o pedido de quebra do sigilo bancário, diligência imprescindível para a conclusão da fiscalização e, consequentemente, para a apuração de

eventual débito tributário. 6. Deste modo, entendo possível a instauração de inquérito policial para apuração de crime contra a ordem tributária, antes do encerramento do processo administrativo-fiscal, quando for imprescindível para viabilizar a fiscalização.
[HC 95.443, Rel. Min. Ellen Gracie, Segunda Turma, julgamento em 2-2-2010, *DJE* 30 de 19-2-2010]

Análise do caso concreto e esgotamento do processo administrativo-fiscal
Crime tributário. Processo administrativo. Persecução Criminal. Necessidade. Caso a caso, é preciso perquirir a necessidade de esgotamento do processo administrativo-fiscal para iniciar-se a persecução criminal. Vale notar que, no tocante aos crimes tributários, a ordem jurídica constitucional não prevê a fase administrativa para ter-se a judicialização. Crime tributário. Justa causa. Surge a configurar a existência de justa causa situação concreta em que o Ministério Público haja atuado a partir de provocação da Receita Federal tendo em conta auto de infração relativa à sonegação de informações tributárias a desaguarem em débito do contribuinte.
[HC 108.037, Rel. Min. Marco Aurélio, Primeira Turma, julgamento em 29-11-2011, *DJE* 22 de 1º-2-2012]

Desnecessidade de lançamento definitivo do tributo devido para consumação do crime de descaminho
2. Quanto aos delitos tributários materiais, esta nossa Corte dá pela necessidade do lançamento definitivo do tributo devido, como condição de caracterização do crime. Tal direção interpretativa está assentada na ideia-força de que, para a consumação dos crimes tributários descritos nos cinco incisos do art. 1º da Lei 8.137/1990, é imprescindível a ocorrência do resultado supressão ou redução de tributo. Resultado aferido, tão somente, após a constituição definitiva do crédito tributário (Súmula Vinculante 24). 3. Por outra volta, a consumação do delito de descaminho e a posterior abertura de processo-crime não estão a depender da constituição administrativa do débito fiscal. Primeiro, porque o delito de descaminho é rigorosamente formal, de modo a prescindir da ocorrência do resultado naturalístico. Segundo, porque a conduta materializadora desse crime é "iludir" o Estado quanto ao pagamento do imposto devido pela entrada, pela saída ou pelo consumo de mercadoria. E iludir não significa outra coisa senão fraudar, burlar, escamotear. Condutas, essas, minuciosamente narradas na inicial acusatória.
[HC 99.740, Rel. Min. Ayres Britto, Segunda Turma, julgamento em 23-11-2010, *DJE* 20 de 1º-2-2011]

Natureza tributária das contribuições devidas à Previdência Social

A questão reside em saber se o crédito é ou não devido, e não em averiguar quem deve ou pode averiguar sua exigibilidade. Acrescentando-se, por respeito à argumentação, que a competência reconhecida pelo art. 114, VII, da CF/1988, à Justiça do Trabalho para executar as contribuições previdenciárias é aquela decorrente das sentenças que proferir. Logo, o pressuposto de exigibilidade é a constituição do crédito pela própria decisão trabalhista. (...) esta Corte tem reiteradamente considerado, em seus julgados, que as contribuições devidas à Previdência Social possuem natureza tributária (...). Assim, a sistemática de imputação penal por crimes de sonegação contra a Previdência Social deve se sujeitar à mesma lógica aplicada àqueles contra a ordem tributária em sentido estrito. (...) Enquanto pendente a constituição definitiva de crédito previdenciário, que possui natureza tributária, não há como se imputar a alguém a prática de sonegação de contribuição previdenciária, simplesmente por persistir a dúvida quanto ao fato de essa contribuição ser devida ou não.

[Inq 3.102, voto do Rel. Min. Gilmar Mendes, Plenário, julgamento em 25-4-2013, *DJE* 184 de 19-9-2013]

Crime contra a administração tributária e afastamento da Súmula Vinculante 24

É que o presente caso não versa, propriamente, sonegação de tributos, mas, sim, crimes supostamente praticados por servidores públicos em detrimento da administração tributária. Anoto que o procedimento investigatório foi instaurado pelo *Parquet* com o escopo de apurar o envolvimento de servidores públicos da Receita estadual na prática de atos criminosos, ora solicitando ou recebendo vantagem indevida para deixar de lançar tributo, ora alterando ou falsificando nota fiscal, de modo a simular crédito tributário. (...) Com efeito, nos termos do que destacado pelo Ministério Público do Estado de Minas Gerais, a presente controvérsia não trata daquelas hipóteses ordinárias em que o contribuinte, mediante as condutas-meios descritas no art. 1º da Lei 8.137/1990, simplesmente suprime ou reduz tributo. Na espécie, há notícia de que os denunciados, dentre eles fiscais da Receita estadual, simplesmente ignorando o seu dever de agir, em conluio com policiais militares, advogados e um empresário, conceberam uma união que visava a possibilitar a passagem de caminhões sem que se procedesse à devida fiscalização, o que sequer permitia o lançamento do tributo. Nesse diapasão, sob todo o ângulo que se olhe, mormente diante do acervo documental acostado, plenamente razoável a instauração da persecução penal.

[HC 84.965, voto do Rel. Min. Gilmar Mendes, Segunda Turma, julgamento em 13-12-2011, *DJE* 70 de 11-4-2012]

Constituição definitiva de crédito tributário e extradição
O requisito da dupla tipicidade previsto no art. 77, II, da Lei 6.815/1980 também foi atendido. Isso porque, ao atribuir a prática de 15 delitos de sonegação de impostos, sendo duas tentativas, mediante a omissão de declarações de imposto de renda, imposto de renda de pessoa jurídica e imposto sobre transações referentes aos anos de 2000 a 2004. O art. 370 do Código Penal Alemão assim dispõe:(...). Tal figura típica encontra perfeita correspondência no Brasil no tipo penal previsto no art. 1º, I, da Lei 8.137/1990 (sonegação fiscal): (...). 5. Ademais, não há que falar na exigência da comprovação da constituição definitiva do crédito tributário para a concessão da extradição. Exige-se, sim, a tipicidade em ambos os Estados para o reconhecimento do pedido, e não que o Estado requerente siga as mesmas regras fazendárias existentes no Brasil. (...) 9. Ante o exposto, preenchidos todos os requisitos legais necessários, defiro a extradição (...).
[Ext 1.222, voto do Rel. Min. Teori Zavascki, Segunda Turma, julgamento em 20-8-2013, *DJE* 172 de 3-9-2013]

SÚMULA VINCULANTE Nº 25

A Súmula Vinculante nº 25 tem a seguinte redação:

É ilícita a prisão civil de depositário infiel, qualquer que seja a modalidade do depósito.

Os precedentes declarados dessa súmula são os seguintes julgamentos: RE 562051 RG, RE 349703, RE 466343, HC 87585, HC 95967, HC 91950, HC 93435, HC 96687 MC, HC 96582, HC 90172 e HC 95170 MC. Os 8º, 9º e 11º precedentes são decisões singulares que, por isso, não deviam constar no rol oficial, pelos motivos já expostos. Além desses, foram citados ainda vários outros, alguns mais recentes, no mesmo sentido da SV, e muitos outros em sentido contrário e que demonstram a antiga orientação do STF, mas que deviam fazer parte do rol oficial, como, por exemplo: HC 72131, RE 206482, RE 253071, HC 74875, HC 75925, HC 76712, HC 77387, HC 79870, ADI 1480,[240] HC 71286, RHC 79785, RE 80004, HC 72131, HC 77053, RHC 80035.[241]

---

[240] Conf. voto do Min. Ilmar Galvão nas pp. 689 e 691-2 do 2º precedente.
[241] Conf. voto do Min. Gilmar Mendes no 2º precedente.

O precedente-guia foi o segundo,[242] sendo metodologicamente indicado historiar os fundamentos de cada voto nele proferido, diante de sua extensão e da complexidade da matéria.

O pano de fundo do 2º precedente era a potencial inconstitucionalidade do art. 1º do DL 911/69 frente ao inc. LXVII do art. 5º da CF, porque, ao equiparar ficticiamente o devedor fiduciário ao depositário, para os fins do art. 1287 do CCB revogado (atual art. 652), referido dispositivo estaria restringindo o direito fundamental à liberdade de forma indevida, tanto mais diante dos arts. 11 do Pacto Internacional dos Direitos Civis e Políticos[243] e 7º da Convenção Americana Sobre Direitos Humanos (Pacto de São José da Costa Rica)[244] c/c o §2º do art. 5º da CF.

Em seu voto, o Ministro Relator, Ilmar Galvão, registrou sua antiga posição na matéria, manifestada no julgamento do HC 72131, no qual defendeu que no contrato de alienação fiduciária o depósito não era fictício e que a Convenção Americana Sobre Direitos Humanos (Pacto de São José da Costa Rica) ingressara na ordem jurídica nacional com *status* de lei ordinária. Nesse julgamento, essa última premissa foi compartilhada por todos os Ministros, que dissentiram apenas sobre o caráter especial ou geral do Pacto, relativamente ao poder revogador da lei ordinária nacional. A adesão do Brasil àquele documento internacional ocorrera depois da edição do DL e do CCB (1916) e a regra até então observada era a de que Tratados revogavam e eram revogados por leis ordinárias internas, de acordo com a *later in time rule* ou com a máxima *lex posterior derrogat legi priori*. Na opinião da maioria, o Pacto foi considerado uma regra geral, incapaz portanto de revogar o art. 1º do DL 911/69, considerada uma lei especial. Se esse raciocínio estava correto, o Pacto teria revogado o art. 1287 do CCB então em vigor, mas essa foi uma questão que passou despercebida naquele julgamento e que não mais se sustenta, diante da renovação do mesmo conteúdo daquele dispositivo no art. 652 do CCB em vigor.

---

[242] Esse julgamento teve início em 03.04.2003, com o voto do Ministro Relator, seguido de Sessões nos dias 22.11.2006, 12.03.2008 e 03.12.2008, quando houve julgamento conjunto com os 3º, 4º e 5º precedentes. Sua maior longevidade e o fato desse grande espaço de tempo ter propiciado a mudança da composição da Corte são os melhores indicativos de que se trata do *leading case* na matéria, muito embora nos outros precedentes se faça remissão ao 3º precedente.

[243] Art. 11. Ninguém poderá ser preso apenas por não poder cumprir com a obrigação contratual.

[244] Art. 7º. Ninguém deve ser detido por dívidas. Este princípio não limita os mandados de autoridade judiciária competente expedidos em virtude de inadimplemento de obrigação alimentar.

Os novos fundamentos usados pelo Ministro Relator para rever sua antiga posição na matéria foram os seguintes: 1) a dignidade da pessoa humana é um direito fundamental, tanto na qualidade de direito subjetivo quanto na de princípio objetivo básico, tendente a orientar o ordenamento jurídico em termos de meta para o Estado (art. 3º da CF); 2) o art. 4º da CF declarou a prevalência dos direitos humanos nas relações do Brasil com a comunidade internacional; 3) o conceito de direitos humanos é mais abrangente do que o de direitos fundamentais, porque estes últimos se põem nas ordens internas, enquanto que os primeiros residem na ordem internacional, cuja universalização, proclamada nas declarações de direitos, os tornaria supra-estatais; 4) tais direitos humanos condicionam o conceito de estado de direito, mediante *standards* mínimos, quais sejam, consenso acerca da estrutura da legislação de cada sociedade e reconhecimento da "dimensão jurídica e efeito vinculativo" dos direitos proclamados na Declaração das Nações Unidas sobre Direitos Humanos (1948) e no Pacto Internacional dos Direitos Civis e Políticos (1966), cujo resultado é a internacionalização dos direitos fundamentais; 5) essa simbiose entre direitos fundamentais e direitos humanos, contudo, não produz uniformidade no rol e na extensão desses direitos, devendo-se assim observar uma "base comum", relativa à autodeterminação dos povos; 6) as constituições que possuem cláusulas abertas aos direitos humanos (ou não taxativas), tal como aquela prevista no §2º do art. 5º da CF, adotam o conceito de direitos fundamentais em sentido formal (expressos no texto) e em sentido material (deduzidos do texto ou dos documentos internacionais), o que representa a adesão a uma "ordem de valores" que ultrapassa a vontade textual do legislador constituinte; 7) essa disposição constitucional também afasta a tese dualista, "...segundo a qual os tratados não geram, por si sós, direitos subjetivos, os quais ficariam condicionados ao ato normativo editado pelo Poder competente", ao mesmo tempo em que sugere o *status* constitucional dos tratados de direitos humanos, em autêntico "bloco de constitucionalidade"; 8) eventuais conflitos entre esse tipo de tratado e a Constituição devem ser resolvidos pelo critério da "...primazia da norma mais favorável à vítima...", como "...corolário do princípio da prevalência dos direitos humanos consagrados no art. 4º, II, da Carta", a exemplo da prisão do depositário infiel, prevista no inc. LVII do art. 5º da CF e vedada pelo art. 11 do Pacto Internacional dos Direitos Civis e Políticos e pelo art. 7º do Pacto de São José da Costa Rica;

9) por isso, a previsão do §3º do art. 5º do PEC conhecido como Emenda da Reforma do Judiciário não faria mais sentido, bastando a revogação da prisão do depositário infiel prevista no inc. LXVII do art. 5º da CF. De fora parte a forma reducionista de tratar a tese do dualismo, a ideia básica foi a de conferir *status* constitucional aos tratados de direitos humanos e eficácia imediata após a adesão do Brasil, resolvendo-se as eventuais colisões de direitos fundamentais pelo critério da norma mais favorável "à vítima". Esse último critério é problemático, porque quando se põe um indivíduo como titular de um direito humano fundamental diante do Estado é fácil identificar a figura da vítima, o mesmo não ocorrendo quando os direitos em confronto são invocados por dois cidadãos. Quanto ao último argumento, ele não confirma a premissa, porque o texto do §3º do art. 5º da CF, previsto no PEC e confirmado na EMC 45/2004, não se tornou sem sentido pela leitura anterior, mas bem pelo contrário, já que condiciona o *status* constitucional dos tratados de direitos humanos a um procedimento equivalente ao das emendas e, portanto, a um *status* constitucional derivado, que torna o critério da norma mais favorável "à vítima" ainda mais complicado, quando do outro lado se invoca um direito fundamental originário.

Os votos que se seguiram foram dos Ministros Moreira Alves e Sydney Sanches, que renovaram a opinião de outrora e, assim, não aderiram à tese do Relator.

Num extenso voto, o Ministro Gilmar Mendes acabou estabelecendo o padrão do julgamento, com base na seguinte ordem de argumentos: 1) o art. 11 do Pacto Internacional dos Direitos Civis e Políticos e o art. 7º da Convenção Americana sobre Direitos Humanos (Pacto de São José da Costa Rica) abriram debate sobre a possível revogação de parte do inc. LXVII do art. 5º da CF, que trata da prisão do depositário infiel, tema que exige saber qual a eficácia que tais documentos internacionais, em especial daqueles que versam sobre direitos humanos, têm sobre a ordem constitucional, especificamente a brasileira; 2) a respeito desse tema, quatro teorias se apresentaram acerca da natureza desses documentos relativamente à ordem constitucional: a) a da natureza supraconstitucional, capitaneada por Celso Duvivier de Albuquerque Mello; b) a do caráter constitucional, defendida por Antônio Augusto Cançado Trindade e Flávia Piovesan; c) a da índole legal, até então sustentada pelo STF; d) a da natureza supralegal, defendida por Bidart Campos; 3) a primeira teoria não combina com a rigidez adotada pelo modelo constitucional brasileiro, que afirma a supremacia formal e material da Constituição sobre o ordenamento interno e permite inclusive o controle de constitucionalidade dos tratados,[245] já que esses documentos devem respeito não apenas à forma de seu ingresso na ordem jurídica interna, como também ao conteúdo material da Constituição, "...especialmente em tema de direitos e garantias fundamentais"; 4) a segunda teoria parte da premissa da incorporação direta dos tratados de direitos humanos na ordem interna, pela cláusula de abertura do §2º do art. 5º da CF, mas foi esvaziada pela nova orientação normativa do §3º daquele mesmo dispositivo, introduzido pela EMC 45/2004, que contém "...uma declaração eloquente de que os tratados já ratificados pelo Brasil, anteriormente à mudança constitucional, e não submetidos ao processo legislativo especial de aprovação no Congresso Nacional, não podem ser comparados às normas constitucionais"; 5) outrossim, essa mesma reforma realça "...o caráter especial dos tratados de direitos humanos...", ao mesmo tempo em que "... acena para a insuficiência da tese da legalidade ordinária...", que já colidia com a regra do art. 27 da Convenção de Viena (1969), segundo o qual nenhum Estado "pode invocar as disposições de seu direito interno para justificar o inadimplemento de um tratado"; 6) por isso, a última teoria é a mais adequada ao direito nacional, e por ela é possível concluir que "...a previsão constitucional da prisão civil do depositário infiel (art. 5º, inciso LXVII) não foi revogada pela adesão do Brasil..." aos documentos internacionais acima mencionados, "... mas deixou de ter aplicabilidade diante do efeito paralisante desses tratados em relação à legislação infraconstitucional que disciplina a matéria...", ou seja, desde o ato de adesão, ocorrido em 1992, "...não há base legal para aplicação da parte final do art. 5º, inciso LXVII, da Constituição, ou seja, para a prisão civil do depositário infiel", não obstante esses mesmos documentos não tenham *status* constitucional, já que não aprovados na forma prevista no §3º daquele dispositivo;[246] 7) de qualquer modo, a prisão civil do depositário infiel prevista no DL 911/69 já podia ser considerada inconstitucional diante do "princípio" da

---

[245] Esse controle poderia ocorrer, em tese, até mesmo de forma preventiva, sobre o Decreto Legislativo de aprovação do Tratado, tanto em sede de ADI quanto em sede de ADC, no sentido de "...impedir ou desaconselhar a ratificação do tratado de maneira a oferecer ao Poder Executivo possibilidades de renegociação ou aceitação com reservas".

[246] Embora seja possível submetê-los àquele procedimento: "...o legislador constitucional não fica impedido de submeter o Pacto Internacional dos Direitos Civis e Políticos e a Convenção Americana sobre Direitos Humanos - Pacto de São José da Costa Rica, além de outros tratados de direitos humanos, ao procedimento especial de aprovação previsto no art. 5º, §3º, da Constituição, tal como definido pela EC 45/2004, conferindo-lhes *status* de emenda constitucional".

proporcionalidade, já que sempre houve outros meios menos gravosos disponíveis ao credor fiduciário para exercer seu direito, ao mesmo tempo em que a equiparação do devedor fiduciário ao depositário é uma ficção jurídica que excede "...os limites do conteúdo semântico da expressão 'depositário infiel' insculpida no art. 5º, inciso LXVII, da Constituição..."; 8) além dos requisitos de adequação (legitimidade dos meios) e necessidade (meio menos oneroso), qualquer restrição infraconstitucional a um direito fundamental exige ponderação entre o seu significado para o titular desse direito e os objetivos visados pelo legislador (proporcionalidade em sentido estrito), sendo que, no caso da alienação fiduciária em garantia, "a restrição à liberdade individual do fiduciante...não é justificada pela realização do direito de crédito do fiduciário", resolvendo-se a colisão, assim, em favor do direito à liberdade individual, em detrimento do direito ao crédito;[247] 9) a prisão civil somente "...se justificaria diante da realização de outros valores ou bens constitucionais que necessitem de maior proteção, tendo em vista as circunstâncias da situação concreta, como, por exemplo, o valor da assistência familiar no caso da prisão do alimentante inadimplente"; 10) as previsões do DL 911/69 violam ainda o princípio da reserva legal proporcional, segundo o qual as restrições infraconstitucionais de direitos fundamentais devem respeitar seu âmbito de proteção ou núcleo essencial, ou seja, os direitos fundamentais podem ser limitados expressamente pela própria Constituição ou mediante reserva legal restritiva, contanto que se respeitem os bens jurídicos nele tutelados expressa ou inexpressamente; 11) os direitos fundamentais cujo âmbito de proteção ou núcleo essencial é confiado à integração legislativa (âmbito de proteção estritamente normativo) exigem conformação em lugar de restrição, porque o papel da legislação, aqui, é o de concretizar ou regulamentar esses direitos, vinculando o Estado a esse propósito; 12) por isso, cabe ao legislador infraconstitucional um "dever de preservar" o âmbito de proteção estritamente normativo, a exemplo do que se passa com o direito fundamental descrito no inc. LXVII do

---

[247] Essa ponderação foi feita em caráter abstrato entre o direito fundamental à liberdade e o direito fundamental à propriedade, representado pelo direito de crédito, quando tal expediente devia ser adotado apenas em casos concretos, segundo a teoria de Robert Alexy, autor a propósito citado no voto do Ministro. Em verdade, sequer era necessário chegar à submáxima da proporcionalidade em sentido estrito, a partir do ponto em que o exercício do direito reclamado não passou pelo teste da sub-máxima da necessidade. Em termos abstratos, o caso era de incidência do princípio da razoabilidade (conf. JEVEAUX, *op. cit.*, p. 114-145).

art. 5º da CF, dever esse que não foi observado pelo legislador da ditadura militar, já que não cuidou de regulamentá-lo, e sim de restringi-lo, criando uma ficção jurídica para imputar ao devedor fiduciário uma obrigação que somente seria típica de uma autêntica relação de depósito; 13) "...o depósito de que trata a norma do art. 5º, inciso LXVII, da Constituição, restringe-se à hipótese clássica ou tradicional na qual o devedor recebe a guarda de determinado bem, incumbindo-se da obrigação contratual ou legal de restitui-lo quando o credor o requeira", ou, em outras palavras e de acordo com o STJ, "...a expressão 'depositário infiel' abrange tão-somente os 'depósitos clássicos', previstos no Código Civil, 'sem possíveis ampliações que ponham em risco a liberdade dos devedores em geral'".

A esse voto aderiram os Ministros Cármen Lúcia, Ricardo Lewandowski e Marco Aurélio, quando então o Ministro Celso Mello pediu vista, proferindo extenso voto em outra Sessão (12.03.2008), cujas considerações podem ser assim resumidas: 1) o direito internacional público não trata mais apenas das relações entre Estados, versando também sobre a "...dimensão subjetiva da pessoa humana...", na qual o princípio da dignidade humana assume papel de "...valor fundante do ordenamento jurídico..."; 2) o Pacto de São José da Costa Rica é uma "...peça complementar no processo de tutela das liberdades públicas fundamentais", cabendo ao Judiciário em geral e ao STF em particular conferir-lhe a máxima eficácia; 3) a prisão por dívida não é admitida pela CF, que admite apenas duas exceções no inc. LXVII de seu art. 5º, dispositivo que não é autoaplicável e depende de integração legislativa infraconstitucional, o que significa dizer, diante desse caráter excepcional, que o legislador não está vinculado a regulamentá-las, podendo simplesmente deixar de fazê-lo ou fazê-lo em parte, tratando de apenas uma delas; 4) esse espaço normativo pode assim ser assumido pelos tratados que versem sobre direitos humanos, tanto mais quando se admite a sua supralegalidade, como quer o Ministro Relator, ou mais ainda a sua constitucionalidade material, como defende o Ministro votante; 5) nessa última qualidade, e frente ao texto do §3º do art. 5º, ali introduzido pela EMC 45/2004, os tratados internacionais que versem sobre direitos humanos terão *status* constitucional, quando a adesão do país tiver ocorrido: a) antes da promulgação da CF de 1988, hipótese em que se consideram formalmente recepcionados, consoante o disposto no §2º do art. 5º daquele diploma; b) entre a promulgação da CF de 1988 e a promulgação daquela EMC, hipótese em que se consideram materialmente constitucionais, "...porque essa qualificada hierarquia jurídica lhes é transmitida por efeito de sua inclusão no bloco de constitucionalidade..."; c) após a promulgação daquela EMC, desde que sejam submetidos ao procedimentos das emendas; 6) os demais tratados, que não tenham esse conteúdo, assumem hierarquia paritária com as leis ordinárias; 7) de qualquer modo, prevalece a hierarquia da Constituição em face dos tratados,[248] inclusive sobre aqueles que versem sobre direitos humanos, "...desde que, neste último caso, as convenções internacionais que o Brasil tenha celebrado (ou a que tenha aderido) importem em supressão, modificação gravosa ou restrição a prerrogativas essenciais ou a liberdades fundamentais reconhecidas e asseguradas pelo próprio texto constitucional, eis que os direitos e garantias individuais qualificam-se...como limitações materiais ao pode reformador do Congresso Nacional";[249] 8) como resultado, em caso de antinomia entre um tratado geral e a Constituição, prevalece esta última, salvo quando em confronto com um tratado que verse sobre direitos humanos, hipótese em que prevalece este último quando mais favorável; 9) nessas condições, o DL 911/69 não foi recepcionado pela CF de 1988, diante da "...existência de incompatibilidade material superveniente entre referido diploma legislativo e a vigente Constituição da República".

Ato contínuo, o Ministro Gilmar Mendes divergiu da tese da recepção dos tratados de direitos humanos firmados antes da promulgação da CF de 1988, dizendo haver com isso um risco de "atomização de normas constitucionais", ou seja, uma ampliação insegura do plano constitucional, relativamente ao plano infraconstitucional sujeito a controle. Para ele, "se se entender que, de fato, o tratado deve ser elevado à hierarquia de norma constitucional, haverá uma decisão nesse sentido por parte do próprio Congresso Nacional". Com isso, a rigor, refutou-se em conjunto a tese da natureza materialmente constitucional dos tratados de direitos humanos firmados entre a promulgação da CF de 1988 e a promulgação da EMC 45/2004, já que também aqui inexiste essa chancela do poder constituído de reforma, cuja competência se pretendia preservar.

---

[248] Mais adiante, nos debates finais, o Ministro lembrou da eventual antinomia entre tratados de direitos humanos não aprovados de acordo com o procedimento das emendas e leis infraconstitucionais, dizendo aplicar-se, aqui, um "controle de convencionalidade", porém não no plano da supralegalidade daqueles documentos, mas de sua natureza materialmente constitucional, dentro do bloco de constitucionalidade.

[249] O Min. Celso Mello admite em tese, como ocorre em Portugal, a inconstitucionalidade formal de tratados, contanto que haja reciprocidade na aplicação do dispositivo considerado inconstitucional pelos demais países aderentes.

Do ponto de vista argumentativo é incoerente sustentar o *status* constitucional (exclusivamente material) de tratados e convenções internacionais que versem sobre direitos humanos não aprovados pelo procedimento das emendas, pela via do §2º do art. 5º da CF, num regime que agora ostenta a exigência do §3º. Em outras palavras, a qualidade constitucional de tais documentos internacionais está hoje confinada tanto material quanto formalmente pelo procedimento das emendas. Não fosse assim, seria desnecessário submeter esses documentos internacionais a tal procedimento mesmo quando aprovados depois da EMC 45/2004, já que também teriam natureza materialmente constitucional pela mesma via do §2º do art. 5º da CF. A separação temporal entre tratados e convenções internacionais de direitos humanos aprovadas antes e depois da EMC 45/2004 revela-se assim como uma ficção seletiva que não resolve o problema argumentativo acima apontado, uma vez que se parte da premissa conforme a qual a natureza materialmente constitucional desses documentos é atávica e não depende, portanto, de qualquer formalização, seja qual for o tempo de sua aprovação nacional.[250]

Seguiu-se o voto[251] do Ministro Menezes Direito em outra Sessão (03.12.2008), cujos argumentos também merecem nota, a saber: 1) a Constituição não prevê a prisão civil, mas apenas exceções a ela, "...nos termos de legislação infraconstitucional...", restando saber em qual plano hierárquico devem ser concebidos o Pacto Internacional dos Direitos Civis e Políticos e a Convenção Americana de Direitos Humanos (Pacto de São José da Costa Rica), já que seus arts. 11 e 7º, respectivamente, vedam a prisão por dívida, na qual se inclui a do depositário infiel; 2) na opinião do Ministro votante, o direito internacional, em específico em matéria de direitos humanos, deve ter primazia sobre o direito nacional, já que essa categoria de direitos transcende qualquer nacionalidade e por isso são objeto de declarações; 3) como consequência, os direitos humanos têm natureza supra-estatal, "...os quais, portanto, não são dependentes do reconhecimento pelo direito interno, cabendo-lhe apenas e unicamente declará-los"; 4) não obstante, esse não foi o regime acolhido pela CF de 1988, em especial após a introdução do texto do §3º do art. 5º pela EMC 45/2004, de modo que o *status* constitucional

---

[250] Essa contradição foi percebida pelo Ministro Menezes Direito nos debates do 4º precedente (pp. 341-342 e 344-345).
[251] Voto remissivo ao voto então já proferido pelo Ministro no julgamento do HC 87585 (4º precedente).

somente pode ser reconhecido aos tratados de direitos humanos que tenham seguido o procedimento das emendas, seja qual for a época de adesão do Brasil,[252] ou, em outras palavras, "o que temos então é a inviabilidade de fazermos de logo uma equiparação dos atos normativos internacionais relativos aos direitos humanos diretamente ao plano constitucional"; 5) os tratados internacionais de direitos humanos ainda não submetidos ao procedimento das emendas, a exemplo dos documentos em exame, devem ser considerados "leis especiais", isto é, "eles ficam no plano legal, mas com hierarquia superior, porquanto ingressam de forma diferente da produção normativa doméstica"; 6) por conseguinte, são inválidas as leis que estabeleçam a prisão civil do depositário infiel, em relações privadas de depósito, o mesmo não se passando com o depósito judicial, porque nele há uma relação de direito público, de subordinação do depositário em face da autoridade judiciária nomeante, que não envolve uma obrigação civil, mas um *munus* público, ou seja, "...o depositário judicial não assume nenhuma dívida, mas, tão-só, um encargo judicial, envolvendo a própria dignidade do processo judicial".[253]

A história dos 2º e 3º precedentes começa a se unir neste ponto, ou seja, na Sessão de 03.12.2008, sendo necessário, contudo, retornar ao início do julgamento do 3º precedente (22.11.2006) e à Sessão imediatamente posterior (12.03.2008) para igualá-lo cronologicamente ao julgamento do 2º precedente.

O julgamento do 3º precedente teve início em 22.11.2006, com o voto do Ministro Relator, Cezar Peluso, que não havia participado do julgamento do 2º precedente, já que substituíra outro Ministro que já havia nele votado (Sydney Sanches). Nesse voto, sustentou-se basicamente que os contratos de depósito e de alienação fiduciária em garantia não se equiparavam, sequer por ficção jurídica, que nesse caso seria extravagante do regime de exceção do inc. LXVII do art. 5º da CF, cuja natureza rejeita interpretação extensiva e analógica. Nessas condições, a prisão civil do depositário infiel, além de ofender o disposto naquele dispositivo, ofende ainda "...o primado constitucional da dignidade humana...". Em outras palavras, a tal equiparação faltam

---

[252] O Min. Menezes Direito reconheceu que os tratados de direitos humanos têm natureza materialmente constitucional, mas negou sua qualidade de parte do bloco de constitucionalidade, diante da exigência formal do §3º do art. 5º da CF.

[253] Para corroborar essa comparação entre os depósitos privado e público, o Ministro citou os seguintes julgamentos do próprio STF: RHC 90759, HC 82682, HC 68609, RHC 80035 e HC 92541.

"requisitos racionais", que tornam as disposições respectivas do DL 911/69 inconstitucionais, sem necessidade sequer de compará-las às disposições do Pacto de São José da Costa Rica, conforme argumentou o Ministro Sepúlveda Pertence no julgamento do HC 72131, também transcrito no RE 211371. Como consequência, "...ao fiduciário está autorizado o uso da ação de depósito, mas sem cominação nem decretação da prisão do fiduciante vencido, contra o qual tem...interesse em prosseguir nos próprios autos, apenas na forma do art. 906 do Código de Processo Civil".

Seguiu-se na mesma Sessão o voto do Ministro Gilmar Mendes, que reproduz literalmente o voto proferido no *leading case* (2º precedente),[254] e ao qual aderiu a Ministra Cármen Lúcia, que sustentou a não recepção do art. 4º do DL 911/69 pela CF de 1988 e, inclusive, a restrição máxima à prisão do depositário infiel ou a não aplicabilidade da segunda parte do inc. LXVII do art. 5º da CF.

Ato contínuo, e ainda na mesma Sessão, o Ministro Ricardo Lewandowski aderiu aos votos do Ministro Relator e do Ministro Gilmar Mendes, sem atentar todavia que eram coincidentes apenas no resultado, e não nos fundamentos.

Outros dois Ministros que não participaram do julgamento do *leading case*, pelo fato de haverem substituído Ministros que já haviam votado (Moreira Alves e Ilmar Galvão, respectivamente), Joaquim Barbosa e Carlos Britto proferiram seus votos na mesma Sessão, o primeiro aderindo desde logo ao voto do Ministro Relator e acrescentando que o disposto no art. 7º do Pacto de São José da Costa Rica tem prevalência sobre o DL 911/69, já que ostenta "...norma mais favorável ao indivíduo", e o segundo aderindo ao voto do Ministro Relator e também aos argumentos do Ministro Gilmar Mendes, incidindo no mesmo problema do voto anterior.[255]

No voto subsequente do Ministro Marco Aurélio, também na mesma Sessão, houve adesão às premissas do Ministro Relator e, ao mesmo tempo, renovação dos fundamentos do voto que já havia

---

[254] Esses votos foram proferidos na mesma data (22.11.2006), em ambos os processos, que não estavam ainda reunidos formalmente, mas apenas pautados para a mesma Sessão.
[255] Após o aditamento ao voto do Ministro Cezar Peluso, o Ministro Carlos Britto aderiu de forma incondicional aos argumentos do Ministro Gilmar Mendes acerca da natureza supralegal dos tratados e convenções internacionais, por considerar que esse qualificativo melhor atende à dogmática constitucional, "...porque não se pode esquecer de que o fundamento de validade dos tratados é a Constituição Federal" e que "...temos uma Constituição rígida...". Essa mesma opinião foi por ele externada no julgamento do 4º precedente (p. 348-350).

proferido na relatoria do 4º precedente, a saber: 1) o inc. LXVII do art. 5º não seria autoaplicável e, portanto, dependia de integração legislativa infraconstitucional; 2) sobrevindo então o Pacto de São José da Costa Rica e com ele a proibição de prisão do depositário infiel, teria havido uma "derrogação" das leis até então editadas a respeito. Essa conclusão acaba por nivelar aquele documento internacional ao plano ordinário, já que a revogação é um efeito que se observa apenas entre veículos normativos de mesmo nível, pela regra *lex posterior derogat priori*. Em complemento a essa tese, e já agora no 3º precedente, o Ministro defendeu que o nível constitucional somente poderia ser conferido ao Pacto caso houvesse sua aprovação pelo mesmo procedimento das emendas, acabando assim por aderir indiretamente e em parte à tese do Ministro Gilmar Mendes.

Na Sessão posterior, em 12.03.2008, o Ministro Celso de Mello repetiu o voto proferido também na mesma data no 2º precedente, provocando a mesma intervenção feita pelo Ministro Gilmar Mendes no *leading case*.

A propósito dessa última intervenção, o Ministro Cezar Peluso fez um aditamento, considerando "...irrelevante saber qual o valor, a autoridade ou a posição taxinômica que os tratados internacionais ocupam perante o ordenamento jurídico brasileiro", já que o Pacto de São José da Costa Rica teria tratado do preceito secundário (exceção) do preceito primário (regra) do inc. LXVII do art. 5º da CF, revogando assim, de forma superveniente, todas as leis que disponham sobre a prisão civil do depositário, "...qualquer que seja a qualidade ou a natureza do depósito". Ademais, de acordo com o princípio da vedação do retrocesso (que o Ministro chamou de "lei da diminuição do *quantum* despótico", em alusão a Pontes de Miranda), sempre "...que a lei reduz o poder que o Estado tem de restringir o espaço da liberdade física da pessoa, essa redução é irremediavelmente incorporada à cultura e à ordem jurídica". Em conclusão, não obstante o registro anterior acerca da pouca importância para a matéria da posição hierárquica daquele Pacto, disse o Ministro que não aceitava a sua qualificação no nível das leis ordinárias, diante de sua importância "quase constitucional", reconhecendo então "...caráter supralegal ou caráter constitucional ao Tratado".

Essa hesitação sobre o *status* normativo dos documentos internacionais é problemática, porque ou bem é irrelevante para o resultado do julgamento, no sentido de que a ficção do DL 911/69 acerca da figura do depósito extrapola a reserva legal subentendida no "preceito secundário" do inc. LXVII do art. 5º da CF e, portanto, ofende o princípio da razoabilidade, revelando-se assim inconstitucional, ou bem o Pacto de São José da Costa Rica tem nível constitucional e produz esse mesmo efeito, ou bem ele ostenta nível supralegal e torna o DL anticonvencional, ou bem ele tem nível ordinário e revoga o DL. Por isso, o Ministro Gilmar Mendes solicitou que a Corte se posicionasse sobre a matéria, lembrando, quanto à última possibilidade, que o CCB em vigor, que é posterior ao Pacto, retomara o tratamento da prisão do depositário infiel, tornando inviável a tese da *lex posterior derogat priori*. Afinal, quando o Ministro Relator defendeu a revogação do DL pelo Pacto, tecnicamente acenou para aquela última hipótese. Não obstante essa abordagem merecesse mesmo detida atenção do Plenário, o Ministro Relator insistiu que "...me basta negar que o Tratado tenha *status* legal, equivalente ao de qualquer lei em sentido estrito, de modo que lhe não pode ser oposto o Código Civil".

Na Sessão seguinte (03.12.2008), o Ministro Menezes Direito renovou o mesmo voto proferido no 2º precedente, com a mesma remissão ao voto que proferira antes no HC 87585, quando então o Ministro Cezar Peluso proferiu uma confirmação de voto, que aparece indevidamente em ambos os julgamentos, quando devia constar apenas do 3º precedente, já que no 2º sua participação estava vetada pelo fato de haver substituído um Ministro que já havia votado (Sydney Sanches). Nesse aditamento, afirmou o Ministro Relator do 3º precedente que na ordem atual existem apenas dois tipos de tratados de direitos humanos: os formal e materialmente constitucionais, porque aprovados de acordo com o procedimento das emendas, e os materialmente constitucionais, que não se submeteram a tal procedimento. Asseverou ainda que a invalidade da prisão por dívida abrange tanto as relações privadas de depósito quanto as públicas ou judiciais, "ou seja, a modalidade do depósito é absolutamente irrelevante para efeito do reconhecimento de que o uso de estratégia jurídica que, como técnica coercitiva de pagamento, recaia sobre o corpo humano, é uma das mais graves ofensas à dignidade humana".

Essa intervenção suscitou debate acerca da abrangência ou não da invalidade da prisão do depositário contratual às relações de depósito legal ou judicial. Tanto assim que o Ministro Gilmar Mendes fez outra intervenção, sustentando

>...que também aqui a idéia básica é de proibição geral, quer dizer, aplicável também ao depositário judicial. Podemos até discutir se, em alguns casos - isso tem sido apontado às vezes por juízes -, eventuais

violações não deveriam até constituir infrações penais contra a administração da justiça. Mas a questão do depósito me parece que deve ser resolvida cabalmente com a proibição da prisão enquanto prisão civil.[256]

Diante disso, e uma vez empatados cronologicamente os julgamentos dos 2º e 3º precedentes, o Ministro Menezes Direito indagou sobre se não seria conveniente decidir essa questão, inclusive para eventualmente revogar a Súmula n. 619,[257] ou unificar o julgamento com o HC 92566,[258] que versava precisamente sobre a relação de depósito judicial, com o mesmo pano de fundo, no que foi apoiado pelos demais Ministros. Contudo, o julgamento desse HC não o transformou num precedente oficial e o julgamento conjunto acabou ocorrendo com os 2º, 3º, 4º e 5º precedentes.

Em conclusão, o Ministro Gilmar Mendes reafirmou seus apontamentos proclamando a vitória da tese da "...supralegalidade dos tratados internacionais sobre direitos humanos na ordem jurídica interna", texto que se encontra no final do julgamento dos 2º e 3º precedentes.

A rigor, essa foi a tese por ele defendida em ambos os casos, mas que acabou vitoriosa apenas no 2º precedente, no qual funcionou como Relator para o Acórdão, já que o resultado proclamado no 3º precedente foi o de concordância com o voto do Ministro Relator, Cezar Peluso, que resistiu o quanto pôde acerca do *status* normativo dos documentos internacionais na ordem interna, até declarar sua duplicidade (formal e materialmente constitucionais, quando aprovados de acordo com o procedimento das emendas, e materialmente constitucionais, quando não se submeterem a tal procedimento), tese que definitivamente não coincide com aquela defendida pelo Ministro Gilmar Mendes, para quem a materialidade constitucional dos tratados e convenções internacionais está condicionada ao procedimento das emendas, ficando os demais tratados no plano da supralegalidade, ou seja, num limbo entre as emendas constitucionais e as leis infraconstitucionais.

---

[256] Essa tese acabou sufragada no julgamento dos 4º e 5º precedentes, que trataram precisamente da prisão de depositários judiciais considerados infiéis.

[257] A prisão do depositário judicial pode ser decretada no próprio processo em que se constituiu o encargo, independentemente da propositura de ação de depósito.

[258] O julgamento desse HC havia sido afetado ao Pleno por decisão do Ministro Marco Aurélio, do dia 09.10.2007.

No julgamento dos 4º e 5º precedentes não houve novidade nessa matéria, salvo quanto ao voto da Ministra Ellen Gracie, que no segundo deles acompanhou o Ministro Gilmar Mendes, em torno da natureza supralegal do Pacto de São José da Costa Rica (p. 413), e no primeiro acompanhou o Ministro Celso Mello, acerca de sua natureza materialmente constitucional (pp. 355-356). Considerando que o voto no 5º precedente ocorreu em data anterior (11.11.2008) à data do voto proferido no 4º precedente (03.12.2008), deve-se crer que a Ministra tenha migrado da primeira para a segunda tese.

Nos demais precedentes houve apenas remissão aos precedentes anteriores, em especial aos 2º e 3º, também sem qualquer mudança substancial no tema, o mesmo ocorrendo no PSV, cujo texto de súmula proposto pelo Ministro Cezar Peluso foi aprovado sem nenhum debate.

Em termos conceituais, pode-se dizer que a redação da SV minimizou o tema da hierarquia dos tratados e convenções internacionais, porque nela não se adere textualmente à tese do Ministro Gilmar Mendes e tampouco à tese do Ministro Celso de Mello ou àquela do Ministro Cezar Peluso, posto que a menção ao caráter ilícito da prisão civil do depositário infiel pareceu manter aqueles documentos no plano legal, antes se aproximando da tese do Ministro Marco Aurélio. Essa conclusão literal somente pode ser infirmada por um exercício dedutivo, anteriormente feito pelo Ministro Gilmar Mendes para refutar o critério da *lex posterior derogat priori*: considerando que o CCB em vigor renovou a prisão do depositário infiel e é posterior ao ato de adesão do Brasil àquele Pacto, a "ilegalidade" das leis infraconstitucionais que versam sobre tal tema apenas pode ser creditada ao caráter supralegal desse documento internacional, havendo aqui, então, um controle de convencionalidade, porém não no sentido a ele dado pelo Ministro Celso de Mello, ou seja, de um parâmetro materialmente constitucional em relação a um objeto infraconstitucional, e sim de um parâmetro supralegal para um objeto legal.

Sufraga-se assim, e sem resolução do conflito de opiniões entre os Ministros nesse delicado assunto, a tese do Ministro Gilmar Mendes, mas que devia ter sido expressamente enunciada na SV, já que essa era também uma matéria constitucional, considerada inclusive pela maioria (salvo pelos Ministros Cezar Peluso e Marco Aurélio) como inseparável do tema da prisão do depositário infiel.

Remanescem contudo 3 (três) problemas lógicos, a saber: 1) não obstante o *status* supralegal atribuído aos tratados que versem sobre direitos humanos, mas não tenham sido aprovados pelo procedimento e quorum das emendas, nada esconde o fato de que seu conteúdo é materialmente constitucional e, portanto, quando usados como parâmetro de controle, em última análise esse controle será de constitucionalidade, e não propriamente de convencionalidade; 2) a eficácia "paralisante" da parte final do inc. LXVII do art. 5º da CF pelos arts. 11 do Pacto Internacional dos Direitos Civis e Políticos e 7º da Convenção Americana Sobre Direitos Humanos (Pacto de São José da Costa Rica) não passa de um eufemismo para contornar o sério problema teórico da hierarquia entre as ordens nacional e internacional, valendo-se aqui, inadequadamente, de uma nomenclatura européia usada para se referir à "relação de coordenação" entre as ordens nacionais e da CE, já que lá se nega a existência de hierarquia (relação de hierarquia) entre elas,[259] outro eufemismo para negligenciar o potencial controle do direito nacional pelo direito estrangeiro, hipótese em que os tratados em questão estariam inclusive acima da CF de 1988.

Disso tudo podem ser extraídas as seguintes conclusões: 1) quanto à suficiência dos precedentes, eles justificam numericamente a exigência de "...reiteradas decisões sobre matéria constitucional..." (art. 103-A, *caput*, da CF), inclusive porque além dos precedentes expressamente citados existem vários outros, não relacionados, que também deviam fazer parte do rol; 2) quanto à fidelidade entre os julgamentos precedentes e o texto da súmula, ela é parcial, por três motivos: a) porque abrange apenas um item do tema anteriormente debatido, em torno da "ilicitude" da prisão do depositário infiel, ainda assim de maneira conceitualmente reprovável, já que exige esforço dedutivo para conceber a tese da supralegalidade do Pacto de São José da Costa Rica (na linha interpretativa do Ministro Gilmar Mendes); b) porque as categorias hierárquicas dos tratados e convenções internacionais não foram enunciadas, em específico a natureza formal e materialmente constitucional derivada dos tratados de direitos humanos aprovados de acordo com o procedimento das emendas e a natureza supralegal dos demais tratados e convenções de direitos humanos que não tenham observado aquele procedimento, seja qual for o tempo de sua aprovação nacional; c) porque deixou margem para se atribuir aos tratados que não cuidam de direitos humanos e sequer

---

[259] PIRES, Francisco Lucas. *Introdução ao Direito Constitucional europeu*. Coimbra: Almedina, 1997, p.106-109; QUINTAS, Paula. *Da Problemática do Efeito Directo nas Directivas Comunitárias*. Porto: Dixit, 2000, p. 40-43; BACIGALUPO, Mariano. *La justicia comunitária – estudio sistemático y textos normativos básicos*. Madrid: Madrid: Marcial Pons, 1995. p. 50-51.

podem ser submetidos ao procedimento das emendas o *status* de leis ordinárias, como outrora entendia o próprio STF.
Aplicação e interpretação pelo STF:

Descabimento da prisão civil do depositário infiel
O Plenário desta Corte, no julgamento conjunto dos HC 87.585 e HC 92.566, Relator o Ministro Marco Aurélio, e dos RE 466.343 e RE 349.703, Relatores os Ministros Cezar Peluso e Carlos Britto, Sessão de 3-12-2008, fixou o entendimento de que a circunstância de o Brasil haver subscrito o Pacto de São José da Costa Rica conduziu à inexistência de balizas visando à eficácia do que previsto no art. 5º, LXVII, da CF/1988, restando, assim, derrogadas as normas estritamente legais definidoras da custódia do depositário infiel.
[RE 716.101, Rel. Min. Luiz Fux, dec. monocrática, julgamento em 31-10-2012, *DJE* 220 de 8-11-2012]

(...) impende enfatizar — quanto ao outro fundamento do recurso em questão — que a jurisprudência do Supremo Tribunal Federal firmou-se no sentido de que inexiste, em nosso sistema jurídico, a prisão civil do depositário infiel, inclusive a do depositário judicial a quem se haja atribuído infidelidade depositária (...). Essa orientação, por sua vez, acha-se contemplada em súmula desta Suprema Corte revestida de eficácia vinculante (Súmula Vinculante 25) (...).
[AI 277.940, Rel. Min. Celso de Mello, dec. monocrática, julgamento em 31-5-2011, *DJE* 111 de 10-6-2011]

Status supralegal dos tratados e convenções internacionais sobre direitos humanos
Esse caráter supralegal do tratado devidamente ratificado e internalizado na ordem jurídica brasileira — porém não submetido ao processo legislativo estipulado pelo art. 5º, §3º, da CF/1988 — foi reafirmado pela edição da Súmula Vinculante 25, segundo a qual "é ilícita a prisão civil de depositário infiel, qualquer que seja a modalidade do depósito". Tal verbete sumular consolidou o entendimento deste tribunal de que o art. 7º, item 7, da CADH teria ingressado no sistema jurídico nacional com *status* supralegal, inferior à CF/1988, mas superior à legislação interna, a qual não mais produziria qualquer efeito naquilo que conflitasse com a sua disposição de vedar a prisão civil do depositário infiel. Tratados e convenções internacionais com conteúdo de direitos humanos, uma vez ratificados e internalizados, ao mesmo passo em que criam diretamente direitos para os indivíduos, operam a supressão de efeitos de outros atos estatais infraconstitucionais que se contraponham à sua plena efetivação.

[ADI 5.240, voto do Rel. Min. Luiz Fux, Plenário, julgamento em 20-8-2015, DJE 18 de 1º-2-2016]

Pedido de revisão da Súmula Vinculante 25

(...) para admitir-se a revisão ou o cancelamento de súmula vinculante, é necessário que seja evidenciada a superação da jurisprudência da Suprema Corte no trato da matéria; haja alteração legislativa quanto ao tema ou, ainda, modificação substantiva de contexto político, econômico ou social. Entretanto, a proponente não evidenciou, de modo convincente, nenhum dos aludidos pressupostos de admissão e, ainda, não se desincumbiu da exigência constitucional de apresentar decisões reiteradas do Supremo Tribunal Federal que demonstrassem a necessidade de alteração do teor redacional da Súmula Vinculante 25, o que impossibilita a análise da presente proposta.
[PSV 54, Rel. Presidente Min. Ricardo Lewandowski, Plenário, julgamento em 24-9-2015, DJE 199 de 5-10-2015]

SÚMULA VINCULANTE Nº 26

A Súmula Vinculante nº 26 tem a seguinte redação:

Para efeito de progressão de regime no cumprimento de pena por crime hediondo, ou equiparado, o juízo da execução observará a inconstitucionalidade do art. 2º da Lei n. 8072, de 25 de julho de 1990, sem prejuízo de avaliar se o condenado preenche, ou não, os requisitos objetivos e subjetivos do benefício, podendo determinar, para tal fim, de modo fundamentado, a realização de exame criminológico.

Os precedentes declarados dessa súmula são os seguintes julgamentos: HC 82959, AI 504022 EDv-AgR, AI 460085 EDv-AgR, AI 559900 EDv-AgR, HC 90262, HC 85677 QO, RHC 86951, HC 88231 e HC 86224. O 8º precedente é uma decisão singular e, por isso, não devia constar no rol oficial, pelos motivos já expendidos.[260] Além desses julgamentos, foram citados outros que, não obstante sua contrariedade

---

[260] Desde o julgamento do 9º precedente (HC 86224), e expressamente também no 6º precedente (HC 85677 QO), houve unanimidade no sentido de que matérias já pacificadas no Pleno poderiam ser objeto de decisões singulares de mérito. Essa faculdade ou discricionariedade não afeta o fato de a exigência de reiteradas decisões na matéria constitucional pressupor julgamentos colegiados, e não singulares, pelos motivos já expostos.

à interpretação sumulada, deviam ter sido relacionados: HC 69657, HC 76371,[261] HC 69603.[262]

O precedente-guia foi o primeiro,[263] cujos votos e os respectivos argumentos passam a ser historiados abaixo.

O primeiro voto foi proferido pelo Ministro Marco Aurélio (Relator), lembrando que já havia sido vencido em julgamentos anteriores (HC 69657 e HC 76371), cujos argumentos renovou, a saber: 1) o §1º do art. 2º da Lei 8072/90,[264] que veda o regime de progressão da pena para os crimes hediondos, é inconstitucional, porque afronta: a) o princípio da individualização da pena previsto no inc. XLVI[265] do

---

[261] Conf. voto do Ministro Marco Aurélio no 1º precedente (p. 518).
[262] Conf. voto da Ministra Ellen Gracie no 1º precedente (p. 669).
[263] Nesse julgamento, o Ministro Relator, Marco Aurélio, apresentou também como tema o enquadramento do estupro e do atentado violento ao pudor na categoria do crime hediondo, provocando inclusive manifestação a respeito dos demais Ministros que o seguiram, até o voto do Ministro Gilmar Mendes. Após esse voto, o Ministro Presidente, Nelson Jobim, chamou a atenção para a limitação da causa de pedir à matéria da progressão de regime, restringindo-se o julgamento a esse tema a partir de então (não obstante a Ministra Ellen Gracie tenha apresentado adendo a seu voto, com manifestação a respeito). De qualquer modo, essa é uma matéria estranha à sumulação e, portanto, não será abordada.
[264] Referido dispositivo tinha a seguinte redação na época da publicação do Acórdão (01.09.2006):
Art. 2º Os crimes hediondos, a prática da tortura, o tráfico ilícito de entorpecentes e drogas afins e o terrorismo são insuscetíveis de:
I - anistia, graça e indulto;
II - fiança e liberdade provisória.
§1º. A pena por crime previsto neste artigo será cumprida integralmente em regime fechado.
Após a mudança promovida pela Lei n. 11.464/2007, o mesmo dispositivo passou a ter a seguinte redação:
Art. 2º Os crimes hediondos, a prática da tortura, o tráfico ilícito de entorpecentes e drogas afins e o terrorismo são insuscetíveis de:
I - anistia, graça e indulto;
II - fiança.
§1º A pena por crime previsto neste artigo será cumprida inicialmente em regime fechado.
Nessa nova redação, o §1º do mesmo art. 2º da Lei n. 8072/90 está sujeito a possível pronúncia de inconstitucionalidade, por meio da PSV n. 119, cujo texto proposto é o seguinte:
"É inconstitucional o art. 2º, §1º, da Lei nº 8.072/1990, na redação dada pela Lei nº 11.464/2007, sendo vedado ao juiz fixar regime inicial fechado de forma automática, apenas por se tratar de crime hediondo ou equiparado, o que não impede o magistrado de fixar regime inicial mais severo, desde que o faça em razão de elementos concretos e individualizados, devidamente expressos na motivação, aptos a demonstrar a necessidade de maior rigor da pena privativa de liberdade".
[265] XLVI - a lei regulará a individualização da pena e adotará, entre outras, as seguintes:
a) privação ou restrição da liberdade;
b) perda de bens;
c) multa;
d) prestação social alternativa;
e) suspensão ou interdição de direitos.

art. 5º da CF, no pressuposto de que a execução da pena é apenas uma decorrência de sua individualização na sentença condenatória, tal como previsto no art. 59, III, do CP;[266] b) o princípio da igualdade, porque, "...contrariando consagrada sistemática alusiva à execução da pena...", promoveu distinção "...entre cidadãos não a partir das condições sócio-psicológicas que lhe são próprias, mas de episódio criminoso no qual...acabaram por se envolver"; c) o princípio da dignidade humana, ao negar a perspectiva de retorno gradual ao convívio social e à ressocialização, que somente o regime progressivo da pena poderia conferir; d) o inc. XLIII[267] do art. 5º da CF, que contempla entre as restrições impostas aos que incidirem em crime hediondo apenas a vedação à fiança, à graça e à anistia, e não à progressividade da pena; 2) "a progressividade do regime está umbilicalmente ligada à própria pena, no que, acenando ao condenado com dias melhores, incentiva-o à correção de rumo e, portanto, a empreender um comportamento penitenciário voltado à ordem, ao mérito e a uma futura inserção no meio social", o que permite concluir que a sua principal razão de ser é a ressocialização; 3) a própria Lei 8072/90 é contraditória ao permitir o livramento condicional (vinculado à não reincidência), "...ou seja, o retorno do condenado à vida gregária antes mesmo do integral cumprimento da pena e sem que tenha progredido de regime", uma vez que cria um benefício maior e nega um outro de menor envergadura; 4) uma outra contradição subsequente ocorreu com a edição da Lei n. 9455/97, que definiu o crime de tortura, que é um dos crimes hediondos, e em seu §7º[268] previu que o início da pena deve ser cumprido em regime fechado, sugerindo assim a progressividade, vedada para todos os demais crimes hediondos pelo §1º do art. 2º da Lei 8072/90; 5) considerando que os crimes hediondos têm a mesma natureza, já que "... dotados de semelhante potencial ofensivo...", recomenda-se a aplicação da norma mais favorável ao réu; 6) como resultado, "verifica-se... a derrogação tácita do artigo 2º da Lei nº 8.072/90", de modo que,

---

[266] Art. 59. O Juiz, atendendo à culpabilidade, aos antecedentes, à conduta social, à personalidade do agente, aos motivos, às circunstâncias e consequências do crime, bem como ao comportamento da vítima, estabelecerá, conforme seja necessário e suficiente para reprovação e prevenção do crime:
III - o regime inicial de cumprimento da pena privativa de liberdade;

[267] XLIII - a lei considerará crimes inafiançáveis e insuscetíveis de graça ou anistia a prática da tortura, o tráfico ilícito de entorpecentes e drogas afins, o terrorismo e os definidos como crimes hediondos, por eles respondendo os mandantes, os executores e os que, podendo evitá-los, se omitirem;

[268] §7º O condenado por crime previsto nesta Lei, salvo a hipótese do §2º, iniciará o cumprimento da pena em regime fechado.

"em face de incompatibilidade decorrente da imposição constitucional de um sistema harmônico de disciplina penal - inciso XLIII, do art. 5º - não mais subsiste, por opção político-legislativa-criminal revelada no artigo 1º, §7º, da Lei nº 9.455/97 (Lei da Tortura) a regra, aliás conflitante com o princípio constitucional de individualização da pena - inciso XLVI do mesmo artigo 5º - reveladora do esdrúxulo cumprimento da pena, na integralidade, no regime fechado".[269]

Naqueles julgamentos anteriores, em especial o do HC 69657, a tese vencedora tinha sido a da autonomia da individualização da pena em face de sua execução. Grosso modo, o princípio da individualização teria limite na dosimetria da pena, ficando o regime de execução entregue à margem de ação do legislador, que podia assim excepcionar a regra do §2º do art. 33 do CP.[270] O voto acima descrito aponta destarte para uma antítese, que parte da cumulação desses dois momentos e avança para outras abordagens de ordem constitucional, com a qual não concordou o Ministro Carlos Velloso, ao renovar precisamente os argumentos da tese sufragada naquele HC. O mesmo ocorreu com o Ministro Joaquim Barbosa, cujo voto foi simplesmente mencionado, sem reprodução.

Ao contrário do Ministro que o antecedeu no voto, o Ministro Carlos Britto aderiu ao voto do Ministro Relator, anotando que os incs. XLIII e XLVI do art. 5º da CF devem ser interpretados em conjunto, sob pena de o caráter hediondo do crime se estender também ao regime fechado, dada a exclusividade criada pelo §1º do art. 2º da Lei 8072/90, o que significa que "...o Estado estará praticando a Lei de Talião: olho por olho, dente por dente".[271]

---

[269] Esse último argumento apresenta uma notória hesitação, porque primeiro aponta para a "derrogação" do §1º do art. 2º da Lei 8072/90 pelo §7º do art. 1º da Lei 9455/97, caso em que teria perdido sua validade pelo critério temporal (*lex posterior derogat priori*), para depois indicar a "incompatibilidade" daquele primeiro dispositivo com os incs. XLIII e XLVI do art. 5º da CF, caso em que teria perdido sua validade pelo critério hierárquico. Contudo, os argumentos anteriores em torno da incongruência interna da Lei 8072/90 e a contradição criada posteriormente pela Lei 9455/97 indicam que o caso era de irrazoabilidade do §1º do art. 2º daquele primeiro diploma, de forma que ambas as passagens devem ser localizadas no plano da inconstitucionalidade.

[270] Art. 33. A pena de reclusão deve ser cumprida em regime fechado, semi-aberto ou aberto. A de detenção, em regime semi-aberto, ou aberto, salvo necessidade de transferência a regime fechado.
§2º. As penas privativas de liberdade deverão ser executadas em forma progressiva, segundo o mérito do condenado, observados os seguintes critérios e ressalvadas as hipóteses de transferência a regime mais rigoroso:

[271] Após o voto do Ministro Celso Mello na Sessão de 23.02.2006 e de um debate protagonizado por ele mesmo, o Ministro Carlos Britto complementou longamente seu voto primaz, porém sem acrescentar nenhum argumento capaz de alterar o resultado que já se desenhava.

A Sessão seguinte foi iniciada com o voto do Ministro Cezar Peluso, que também aderiu ao voto do Ministro Relator, repetindo os mesmos argumentos dos itens "1.a", "1.c", "1.d", 2 e 3, supra, e acrescentando os seguintes argumentos em torno do §1º do art. 2º da Lei 8072/90: 1) referido dispositivo colide com o inc. XLIII do art. 5º da CF não apenas porque nele se nega aos crimes hediondos apenas a fiança, a graça e a anistia, mas também porque nele não se "...receitou tratamento penal *stricto sensu* (sanção penal) mais severo, quer no que tange ao incremento das penas, quer no tocante à sua execução"; 2) o núcleo essencial do direito fundamental à individualização da pena (inc. XLVI do art. 5º da CF) teria sido também ofendido, porque a adoção de um regime único e inflexível de cumprimento da pena privativa de liberdade elimina a progressividade pressuposta naquele direito; 3) também o princípio da reserva legal foi afetado, porque no regime das leis restritivas de direitos fundamentais prevalece a exigência de autorização expressa para a restrição, inexistente no caso; 4) "...a aniquilação do sistema progressivo conflita com o princípio da humanidade da pena (art. 5º, III, XLVII e LXIX, da CF)...", porque impõe ao condenado uma pena de valor igual ou superior ao mal causado, ao não permitir a sua ressocialização durante a execução; 5) finalmente, a Lei 8072/90 também se antagoniza com o Pacto de São José da Costa Rica, cujo ingresso na ordem jurídica nacional se deu pelo Dec. 678/92, seja qual for a hierarquia normativa que se queira dar a esse documento internacional, porque, além de vedar penas desumanas e degradantes (art. 5º, n. 2), diz que "as penas privativas de liberdade devem ter por finalidade essencial a reforma e a readaptação social dos condenados" (art. 5º, n. 6), desiderato que tem na progressão de regime um de seus instrumentos mais vigorosos.

O Ministro Gilmar Mendes pediu vista e proferiu seu voto numa outra Sessão, concordando basicamente com a tese da inconstitucionalidade do §1º do art. 2º da Lei 8072/90 e reforçando-a com os seguintes complementos: 1) o inc. XLVI do art. 5º da CF não se destina apenas ao legislador, como defendeu o Ministro Celso Mello no HC 69657, porque tal leitura exclusivamente abstrata esvaziaria a individualização da pena enquanto direito fundamental subjetivo, que inclui a progressão da pena; 2) tal dispositivo está sujeito a reserva legal simples ou a "simples restrição legal", o que significa dizer que está entregue à margem de ação do legislador infraconstitucional, porém com limites, em específico quanto ao núcleo essencial do direito fundamental nele contido; 3) seja qual for a teoria em torno desse último tema,[272] o dispositivo infraconstitucional em questão agride o núcleo essencial do direito fundamental à individualização da pena, porque "não é difícil perceber que fixação *in abstrato* de semelhante modelo, sem permitir que se levem em conta as particularidades de cada indivíduo, a sua capacidade de reintegração social e os esforços envidados com vistas à ressocialização, retira qualquer caráter substancial da garantia da individualização da pena"; 4) na verdade, a exclusão do regime de progressão nos crimes hediondos não passa pelo teste da necessidade e, portanto, não atende ao princípio da proporcionalidade, porque: a) pende de exame junto ao Congresso Nacional um Projeto de Lei (n. 724-A/95) que prevê um regime especial de progressão da pena para os crimes hediondos, exemplificando-se com isso "...que existem alternativas, igualmente eficazes e menos gravosas para a posição jurídica afetada"; b) a própria incongruência interna da Lei 8072/90, quanto a vedar a progressão da pena e ao mesmo tempo permitir o livramento condicional, demonstra que a vedação era inútil, além de arbitrária; c) a contradição externa com a Lei 9455/97 indica que "... não haveria justificativa para o legislador conferir tratamento díspar a situações idênticas";[273] 5) como resultado, o dispositivo em questão é inconstitucional, cabendo examinar qual a eficácia deve ser dada a essa pronúncia (*ex tunc* ou *ex nunc*), especialmente quando revela uma mudança do paradigma interpretativo até então adotado pelo STF numa ação de controle difuso, havendo para tanto dois modelos a considerar: a) o americano, no qual o controle é exclusivamente difuso e concreto, mas admite a restrição dos efeitos retroativos da pronúncia de inconstitucionalidade desde o caso *Linkletter v. Walter* (1965),[274]

---

[272] O Ministro citou três teorias, a saber: 1) teoria absoluta, segundo a qual haveria uma "unidade substancial autônoma (*substantieller Wesenskern*) que, independentemente de qualquer situação concreta, estaria a salvo de eventual decisão legislativa"; 2) teoria relativa, pela qual o núcleo essencial "...há de ser definido para cada caso, tendo em vista o objetivo perseguido pela norma de caráter restritivo" e "...mediante a utilização de um processo de ponderação entre meios e fins (*Zweck-Mittel-Prüfung*), com base no princípio da proporcionalidade"; 3) teoria conciliadora, de Konrad Hesse, segundo a qual o "princípio" da proporcionalidade seria aplicado para harmonizar o fim perseguido pelo legislador ao promover a restrição com o direito afetado pela medida.

[273] A propósito essa última observação, registrou o Ministro a seguinte advertência: "Não preconizo a aplicação do princípio da igualdade em toda a sua extensão, tal como defendido pelo Min. Marco Aurélio, porque, a rigor, foi a própria Constituição que os distinguiu em relação aos demais crimes. O que não encontra amparo constitucional, a meu ver, é a vedação, geral e abstrata, da progressão".

[274] Nesse caso foi negado ao impetrante de *habeas corpus* a mesma interpretação antes reconhecida no caso *Mapp v. Ohio* (1961), no sentido da inadmissão de provas obtidas por

com base em critérios de política legislativa;[275] b) o alemão, no qual o controle é concentrado e admite a restrição dos efeitos retroativos da pronúncia de inconstitucionalidade desde o caso do regime de execução penal (*Strafgefangene*), de 1972,[276] com base em critério estritamente constitucional; 6) no direito pátrio prevalece ainda o princípio da nulidade da lei ou ato normativo inconstitucional, mas ele deve ser excepcionado "...nos casos em que se revelar absolutamente inidôneo para a finalidade perseguida (casos de omissão; exclusão de benefício incompatível com o princípio da igualdade), bem como nas hipóteses em que a sua aplicação pudesse trazer danos para o próprio sistema jurídico constitucional (grave ameaça à segurança jurídica)"; 7) "assim, configurado eventual conflito entre o princípio da nulidade e o princípio da segurança jurídica, que, entre nós, tem *status* constitucional, a solução da questão há de ser, igualmente, levada a efeito em um processo de complexa ponderação"; 8) no Brasil se deve supor que a pronúncia de inconstitucionalidade não afeta todos os atos singulares praticados com base na lei assim proclamada, precisamente em nome do princípio da segurança jurídica, cabendo aqui a distinção "...entre o efeito da decisão no plano normativo (*Normebene*) e no plano do ato singular (*Einzelaktebene*)..."; 9) a regra do art. 27 da Lei 9868/99, que confere ao STF discricionariedade na fixação dos limites temporais da pronúncia de inconstitucionalidade no controle concentrado e abstrato, permite que se pondere, com vista em razões de segurança jurídica, se "...a supressão da norma poderá ser mais danosa para o sistema do que

---

meio ilícito, porque, embora tivesse ocorrido o mesmo em seu caso concreto, a condenação ocorrera perante uma corte estadual e o trânsito em julgado antes da decisão da Suprema Corte.

[275] Em específico, a justificativa foi o problema que tal extensão generalizada traria para a administração da justiça. O argumento usado para tanto foi retórico: "A Constituição nem proíbe nem exige efeito retroativo". Existe porém outra hipótese em que a restrição de efeitos é recomendada: quando há mudança de jurisprudência, ocasião em que a nova decisão passa a valer *pro futuro* (*prospective overruling*). "Em alguns casos, a nova regra afirmada para decisão aplica-se aos processos pendentes (*limited prospectivity*); em outros, a eficácia *ex tunc* exclui-se de forma absoluta (*pure prospectivity*). Embora tenham surgido no contexto das alterações jurisprudenciais de precedentes, as *prospectivity* têm integral aplicação às hipóteses de mudança de orientação que leve à declaração de inconstitucionalidade de uma lei antes considerada constitucional".

[276] Nesse caso, algumas restrições gerais relativas à execução da pena, antes consideradas constitucionais porque implícitas à condição dos condenados (como a intercepção de correspondência), foram reconhecidas como inconstitucionais, admitindo-se todavia a sua manutenção até que o legislador alterasse a lei. No entendimento da Corte Constitucional, "...a Lei Fundamental, enquanto ordenação objetiva de valores com ampla proteção dos direitos fundamentais, não pode admitir uma restrição *ipso jure* da proteção dos direitos fundamentais para determinados grupos de pessoas".

a sua preservação", de modo semelhante à decisão de apelo ao legislador do direito alemão,[277] devendo ser aplicada também ao controle difuso e concreto, com base no mesmo juízo de ponderação; 10) por tudo isso, o modelo mais próximo do direito nacional é o alemão, porque também aqui "...a não-aplicação do princípio da nulidade não se há de basear em consideração de política judiciária, mas em fundamento constitucional próprio"; 11) enfim, há se conferir eficácia *ex nunc* à pronúncia de inconstitucionalidade do §1º do art. 2º da Lei 8072/90, entendendo-se "...como aplicável às condenações que envolvam situações ainda suscetíveis de serem submetidas ao regime de progressão".

Segue-se o voto da Ministra Ellen Gracie na Sessão posterior, com adesão aos votos dissidentes. Em seu voto, parte-se da premissa de que a progressão de regime pertence ao universo jurídico da individualização da pena,[278] negando-se porém a conclusão que leva à inconstitucionalidade do §1º do art. 2º da Lei 8072/90, porque rejeita que a restrição de apenas uma das regras do instituto da individualização da pena, "...por opção de política criminal, possa afetar todo o instituto", "...ou seja, imaginar que o todo ficaria contaminado porque uma determinada parcela foi objeto de restrição". Além disso, as restrições do inc. XLIII do art. 5º aos crimes hediondos seriam exemplificativas, permitindo assim que o legislador ordinário limitasse o regime da progressão da pena, inclusive porque poderia em tese eliminá-la do próprio ordenamento, já que instituída em 1984 pela Lei de Execução Penal. Por fim, discordou a Ministra da tese da modulação dos efeitos da pronúncia de inconstitucionalidade em sede de controle difuso, em especial em caráter *pro futuro* (*pure prospectivity*), porque nessa hipótese a solução sequer seria aplicável ao paciente do *habeas corpus* em julgamento, além de ter utilidade apenas para o caso concreto. Tampouco seria hipótese de efeitos limitados ao paciente (*limited prospectivity*), por conta de um obstáculo lógico:

---

[277] Em outras palavras, "...o princípio da nulidade somente há de ser afastado se se puder demonstrar, com base numa ponderação concreta, que a declaração de inconstitucionalidade ortodoxa envolveria o sacrifício da segurança jurídica ou de outro valor constitucional materializável sob a forma de interesse social". A base constitucional dessa limitação de efeitos é a "necessidade de um outro princípio que justifique a não-aplicação do princípio da nulidade".

[278] "A individualização...não se esgota no título executivo penal. Ela prossegue na fase executória, visto que a pena será cumprida em estabelecimentos penais distintos de acordo com a natureza do delito, a idade e o sexo do apenado. É o que dispõe a Constituição, no seu artigo 5º, inciso XLVIII. Ao longo da execução, serão também observados procedimentos disciplinares previstos em legislação específica. E, aqui, novamente, a individualidade do apenado determinará o curso da execução".

Se as sentenças já publicadas ficam resguardadas da nova interpretação, pelo bom motivo de que os juízes que as proferiram não poderiam prever que a jurisprudência assente da Casa - e tantos anos após a promulgação da nova Constituição - se fosse reverter dessa sorte, como excetuar dessa salvaguarda a sentença condenatória no caso presente? O juiz que prolatou, tanto quanto o TJSP, encontrava-se na mesma situação fática de insciência ou imprevisibilidade de todos os seus demais colegas.

Em resumo, "a Corte estaria se avocando um arbítrio excessivo ao 'selecionar' quais réus serão beneficiados retroativamente por seu novo entendimento".

Essa última parte do voto provocou um interessante debate no qual o Ministro Gilmar Mendes revelou a preocupação que o levou a propor a eficácia retroativa para o caso concreto em julgamento e a eficácia prospectiva para os demais casos semelhantes. Em suas palavras, ao se reconhecer a inconstitucionalidade de uma lei que era antes declarada constitucional, "...vamos ter de fazer uma série de perguntas, inclusive, em matéria penal, como por exemplo, a responsabilidade civil do Estado e tudo mais". Trocando em miúdos, também no modelo brasileiro essa modulação de efeitos no controle difuso, em específico quanto à matéria penal, leva em conta razões de ordem política, e não estritamente de ordem constitucional. Afinal, como bem apontou o Ministro Sepúlveda Pertence, "...essa declaração, na verdade, equivale à introdução de uma lei penal mais benéfica e, esta, até por imperativo constitucional, teria de aplicar-se". A essa observação o Ministro Gilmar Mendes opôs o seguinte: "não posso supor que o Estado vá agora responder pela prisão, se se considera que era constitucional à época", no que foi jocosamente retrucado pelo Ministro Sepúlveda pertence: "haveria, primeiro, ação regressiva contra o Brossard e o Resek".

Apesar desse elegante sarcasmo,[279] o que mais preocupa, em termos argumentativos, não é a justificativa da modulação de efeitos

---

[279] Falando sério mais adiante, e ainda a propósito desse tema, registrou o Ministro Sepúlveda Pertence a seguinte advertência acerca da modulação proposta pelo Ministro Gilmar Mendes para o caso em julgamento e especialmente para os demais semelhantes: "não se está impondo ao juízo das execuções que abra as portas indistintamente: há de examinar caso a caso a ocorrência dos pressupostos da progressão, abstraída apenas a vedação legal que se declara inconstitucional". Depois, em seu voto, renovou a advertência: "...isso não impedirá que o condenado, que esteja, ainda, a cumprir a sua pena, postule a progressão de regime". Vale lembrar que no debate acima relatado a eficácia prospectiva para os demais casos semelhantes se aplicaria pelo restante da pena a cumprir. De acordo com o Ministro Gilmar Mendes, "se houver ainda um dia de pena, teremos a progressão".

no controle concreto, que em tese é mesmo possível, na linha de exposição do Ministro Gilmar Mendes, mas sim a opção por um modelo supostamente imunizado de razões políticas de decidir, quando as razões estritamente constitucionais de decidir não são assim tão imunes a questões de política judiciária ou econômica.

Nessa mesma Sessão votaram também os Ministros Eros Grau, Celso Mello, Sepúlveda Pertence e Nelson Jobim (Presidente).

O primeiro deles seguiu basicamente as teses do Ministro Relator, acrescentando duas abordagens originais, a saber: 1) o §1º do art. 2º da Lei nº 8072/90 também ofenderia o inc. XLVII, "e", do art. 5º da CF, que veda a imposição de penas cruéis, porque o cumprimento da pena em regime integralmente fechado seria cruel, além de desumano; 2) o inc. XLVI do art. 5º da CF seria mesmo "direcionado ao legislador" (como sustentara o Ministro Celso Mello naquele outro HC), mas isso não o autorizava "...impor regra fixa que impeça o julgador de individualizar, segundo sua avaliação, caso a caso, a pena do condenado que tenha praticado qualquer dos crimes relacionados como hediondos".

O segundo e o último votaram com os dissidentes, renovando os mesmos argumentos usados em julgamentos anteriores, em especial o HC 69657, o mesmo fazendo o terceiro, porém no mesmo sentido do Ministro Relator, com o seguinte registro acerca da proposta de modulação no controle concreto:

> ...é certo que, historicamente, o Supremo Tribunal Federal já, diversas vezes, modulou, no controle difuso, à vista da circunstância ou do caso concreto ou da equação jurídica do caso concreto, os seus efeitos.
>
> Lembro a mais recente e expressiva delas: a do cancelamento da Súmula 394, quando se estabeleceu, por decisão unânime do Plenário, que a nova orientação seria inaplicável aos processos findos. E, também, o caso dos vereadores no qual, em nome da segurança das regras do jogo eleitoral, não se quis cortar, além da metade, o mandato que fora disputado para número de vagas que o Tribunal depois entendeu exagerado.

No fim do julgamento esse tema voltou à tona, com o Ministro Gilmar Mendes renovando sua preocupação com a real causa da modulação dos efeitos, ou seja, a potencial responsabilidade civil do Estado por erro judicial ou prisão excessiva, fazendo então o Ministro Sepúlveda Pertence duas propostas: 1) deixar "...claro que a decisão não se aplica a eventuais consequências jurídicas às penas extintas"; 2) que a decisão fosse comunicada ao Senado, decerto para os fins do art. 52, X, da CF.

Essa última proposta daria à decisão um caráter *erga omnes* e *pro futuro*, mas essa já era a proposta do Ministro Gilmar Mendes, e que acabou depois generalizada no julgamento da Reclamação nº 4335-5, na qual o STF passou a atribuir ao Senado uma função meramente formal de publicação da decisão do tribunal acerca da inconstitucionalidade, reservando à própria decisão o efeito *erga omnes*.

Na soma final dos votos, foram 5 (cinco) dissidentes e acordes com a jurisprudência anterior e 6 (seis) discordantes dessa jurisprudência vencida.

Os demais precedentes dizem respeito a julgamentos posteriores, todos remissivos ao primeiro, sem abertura de novo debate sobre o tema,[280] que tampouco ocorreu no PSV, no qual se discutiu apenas a possibilidade ou não de incluir o exame criminológico como item de avaliação do direito à progressão da pena. No entendimento do Ministro Marco Aurélio, tal exame foi eliminado do art. 112 da LEP pela Lei nº 10.792/2003, facilitando assim a concessão do regime de progressão, de modo que reconhecer a validade de sua exigência, por via de súmula vinculante, seria uma forma de repristinar uma medida desfavorável ao réu. Essa não foi, todavia, a orientação do tribunal, que considerou uma faculdade do juiz da execução a exigência ou não do exame.

A ausência mais notória no PSV foi a discussão em torno dos efeitos modulados da pronúncia de inconstitucionalidade no modelo difuso, matéria que foi bastante debatida após o voto do Ministro Gilmar Mendes, é de natureza constitucional e devia portanto ter sido objeto da sumulação, inclusive para assentar de vez que o STF admite a tese, seja pela lógica do sistema misto, seja pela interpretação extensiva do art. 27 da Lei 9868/99, seja pela via do "princípio" da proporcionalidade.

Disso tudo podem ser extraídas as seguintes conclusões: 1) quanto à suficiência dos precedentes, eles justificam numericamente a exigência de "...reiteradas decisões sobre matéria constitucional..." (art. 103-A, *caput*, da CF), inclusive porque além dos precedentes expressamente citados existem outros, não relacionados, que também

---

[280] Essa é uma questão intrigante, porque a tese vitoriosa proclamada no 1º precedente foi obtida com placar assaz apertado, mostrando certa precariedade em sua manutenção *pro futuro*, diante da natural mudança de composição da Corte. De todo modo, a revisão da SV pode ocorrer por iniciativa de qualquer ente legitimado para a proposição de ADIn (§2º do art. 103-A da CF), ficando assim tal instabilidade numérica sujeita a eventual controle posterior.

deviam fazer parte do rol; 2) quanto à fidelidade entre os julgamentos precedentes e o texto da súmula, ela é parcial, por dois motivos: a) a inclusão do exame criminológico entre as exigências de concessão do regime de progressão da pena, ainda que como mera faculdade do juiz da execução penal, foi uma deliberação que somente ocorreu no PSV, e não durante o julgamento do *leading case*, no qual ele apenas foi lembrado pelos Ministros Gilmar Mendes e Sepúlveda Pertence (pp. 718-719), cabendo aqui renovar a observação no sentido de que somente podem ser sumuladas com efeito vinculante matérias constitucionais exaustivamente debatidas nos precedentes, ou seja, durante a construção da tese, e não de surpresa no PSV; 2) por outro lado, uma matéria constitucional importantíssima e exaustivamente debatida não foi incluída, qual seja, a do cabimento no modelo de controle difuso e concreto de constitucionalidade da limitação/restrição/modulação dos efeitos da pronúncia de inconstitucionalidade, seja pela lógica do sistema misto, seja pela interpretação extensiva do art. 27 da Lei 9868/99, seja pela via do "princípio" da proporcionalidade.

Aplicação e interpretação pelo STF:

Possibilidade de realização de exame criminológico para progressão de regime
A progressão de regime visa a propiciar a ressocialização do preso, possibilitando que no futuro ele possa se reintegrar à sociedade. Em casos de crimes graves, praticados com violência ou grave ameaça ou que importem em lesão significativa à sociedade, é razoável exigir-se, antes de decisão sobre a progressão de regime, laudo de exame criminológico para que o julgador disponha de melhores informações acerca das condições do preso para transferência a um regime mais brando de cumprimento de pena. Não se justifica correr o risco de reintegrar à sociedade preso por crimes gravíssimos ainda não preparado para o convívio social. Então a exigência do laudo criminológico, por meio de decisão fundamentada, como medida prévia à avaliação judicial quanto à progressão de regime, nada tem de ilegal.
[HC 111.830, voto da Rel. Min. Rosa Weber, Primeira Turma, julgamento em 18-12-2012, *DJE* 31 de 18-2-2013]

O silêncio da lei, a respeito da obrigatoriedade do exame criminológico, não inibe o juízo da execução do poder determiná-lo, desde que fundamentadamente. Isso porque a análise do requisito subjetivo pressupõe a verificação do mérito do condenado, que não está adstrito ao "bom comportamento carcerário", como faz parecer a literalidade da lei, sob pena de concretizar-se o absurdo de transformar o diretor do presídio no verdadeiro concedente do benefício e o juiz em simples homologador, como assentado na ementa do Tribunal *a quo*.

[HC 106.678, Rel. Min. Marco Aurélio, Red. p/ ac. Min. Luiz Fux, Primeira Turma, julgamento em 28-2-2012, *DJE* 74 de 17-4-2012]

O Supremo Tribunal Federal, por jurisprudência pacífica, admite que pode ser exigido fundamentadamente o exame criminológico pelo juiz para avaliar pedido de progressão de pena. Trata-se de entendimento que refletiu na Súmula Vinculante 26.
[HC 104.011, Rel. Min. Marco Aurélio, Red. p/ ac. Min. Rosa Weber, Primeira Turma, julgamento em 14-2-2012, *DJE* 59 de 22-3-2012]

Com efeito, não obstante o advento da Lei 10.792/2003, que alterou o art. 112 da LEP — para dele excluir a referência ao exame criminológico —, nada impede que os magistrados determinem a realização de mencionado exame, quando o entenderem necessário, consideradas as eventuais peculiaridades do caso, desde que o façam, contudo, em decisão adequadamente motivada, tal como tem sido expressamente reconhecido pelo E. Superior Tribunal de Justiça (...). A razão desse entendimento apoia-se na circunstância de que, embora não mais indispensável, o exame criminológico — cuja realização está sujeita à avaliação discricionária do magistrado competente — reveste-se de utilidade inquestionável, pois propicia "ao juiz, com base em parecer técnico, uma decisão mais consciente a respeito do benefício a ser concedido ao condenado" (RT 613/278). Cumpre registrar, por oportuno, que o entendimento exposto nesta decisão encontra apoio em julgamentos emanados do Supremo Tribunal Federal (...) nos quais se reconheceu que, em tema de progressão de regime nos crimes hediondos (ou nos delitos a estes equiparados), cabe, ao Juízo da execução, proceder à análise dos demais requisitos, inclusive daqueles de ordem subjetiva, para decidir, então, sobre a possibilidade, ou não, de o condenado vir a ser beneficiado com a progressão para regime mais brando de cumprimento de pena, sendo lícito, ainda, ao juiz competente, se o julgar necessário, ordenar a realização do exame criminológico (...).
[HC 101.316, voto do Rel. Min. Celso de Mello, Segunda Turma, julgamento em 22-6-2010, *DJE* 231 de 26-11-2012]

Inconstitucionalidade da obrigatoriedade do regime inicial fechado para crimes hediondos

Entendo que, se a CF/1988 menciona que a lei regulará a individualização da pena, é natural que ela exista. Do mesmo modo, os critérios para a fixação do regime prisional inicial devem-se harmonizar com as garantias constitucionais, sendo necessário exigir-se sempre a fundamentação do regime imposto, ainda que se trate de crime hediondo ou equiparado. Deixo consignado, já de início, que tais circunstâncias não elidem a possibilidade de o magistrado, em eventual apreciação das condições

subjetivas desfavoráveis, vir a estabelecer regime prisional mais severo, desde que o faça em razão de elementos concretos e individualizados, aptos a demonstrar a necessidade de maior rigor da medida privativa de liberdade do indivíduo, nos termos do §3º do art. 33 c/c o art. 59 do CP/1940. A progressão de regime, ademais, quando se cuida de crime hediondo ou equiparado, também se dá em lapso temporal mais dilatado (Lei 8.072/1990, art. 2º, §2º). (...) Feitas essas considerações, penso que deve ser superado o disposto na Lei dos Crimes Hediondos (obrigatoriedade de início do cumprimento de pena no regime fechado) para aqueles que preencham todos os demais requisitos previstos no art. 33, §§2º, b, e 3º, do CP/1940, admitindo-se o início do cumprimento de pena em regime diverso do fechado. Nessa conformidade, tendo em vista a declaração incidental de inconstitucionalidade do §1º do art. 2º da Lei 8.072/1990, na parte em que impõe a obrigatoriedade de fixação do regime fechado para início do cumprimento da pena aos condenados pela prática de crimes hediondos ou equiparados, concedo a ordem para alterar o regime inicial de cumprimento das reprimendas impostas ao paciente para o semiaberto.
[HC 111.840, voto do Rel. Min. Dias Toffoli, Plenário, julgamento em 27-6-2012, *DJE* 249 de 17-12-2013]]

Declaração incidental de inconstitucionalidade da vedação à conversão da pena privativa de liberdade em restritiva de direitos nos crimes de tráfico de drogas
12. Confirmo, então, que o centrado desafio temático deste voto é saber se a proibição estabelecida pela nova lei, isto é, a Lei 11.343/2006, encontra ou não encontra suporte no sistema de comandos da CF/1988. O que demandará elaboração teórica mais cuidadosa para a perfeita compreensão da natureza e do alcance da garantia constitucional da individualização da pena. (...) 13. Leia-se a figura do crime hediondo, tal como descrita no inciso XLIII do art. 5º da CF/1988: (...). 14. Daqui já se pode vocalizar um primeiro juízo técnico: em tema de vedações de benefícios penais ao preso, ou, então, ao agente penalmente condenado, o Magno Texto Federal impõe à lei que verse por modo igual os delitos por ele de pronto indicados como hediondos e outros que venham a receber a mesma tarja. Sem diferenciação entre o que já é hediondo por qualificação diretamente constitucional e hediondo por descrição legal. Isonomia interna de tratamento, portanto, antecipadamente assegurada pela nossa CF/1988. 15. Um novo e complementar juízo: embora o Magno Texto Federal habilite a lei para completar a lista dos crimes hediondos, a ela impôs um limite material: a não concessão dos benefícios da fiança, da graça e da anistia para os que incidirem em tais direitos. É como dizer, a própria norma constitucional cuidou de enunciar as restrições a serem impostas àqueles que venham a cometer as infrações penais adjetivadasde hediondas. Não incluindo nesse catálogo de restrições a vedação à conversão da pena privativa de liberdade em restritiva

de direitos. Ponto pacífico. Percepção acima de qualquer discussão ou contradita. 16. Insista-se na ideia: no tema em causa, a Constituição da República fez clara opção por não admitir tratamento penal ordinário mais rigoroso do que o nela mesma previsto.
[HC 97.256, voto do Rel. Min. Ayres Britto, Plenário, julgamento em 1º-9-2010, DJE 247 de 16-12-2010]

SÚMULA VINCULANTE Nº 27

A Súmula Vinculante nº 27 tem a seguinte redação:

Compete à Justiça estadual julgar causas entre consumidor e concessionária de serviço público de telefonia, quando a ANATEL não seja litisconsorte passiva necessária, assistente, nem opoente.

Os precedentes declarados dessa súmula são os seguintes julgamentos: RE 571572, AI 650085 AgR, AI 607035 AgR, AI 600608 AgR, AI 631223 AgR, AI 662330 AgR, RE 549740 AgR, RE 525852 AgR, RE 540494 AgR e AI 657780 AgR. Além desses precedentes foram mencionados ainda os seguintes julgamentos na mesma matéria, que também deviam fazer parte do rol oficial: AI 388982 AgR, RE 109483,[281] ADIn. 3533, ADIn. 3322,[282] AI 626574 AgR, RE 505135 AgR, RE 526145 AgR, AI 597052, AI 613541, AI 617543, RE 539612,[283] RE 424660, RE 210148,[284] AI 596560,[285] AI 596563 AgR, AI 607056 AgR,[286] AI 646222 AgR, AI 679165 AgR, RE 557389 AgR,[287] AI 614264 AgR,[288] AI 648526 AgR e AI 644056 AgR.[289]

O precedente-guia foi o primeiro, mas em todos eles o pano de fundo era o mesmo: particular demandara uma concessionária de serviço público de telefonia (Telemar Norte Leste S/A), com base no CDC, pretendendo restituição dos valores pagos a mais e ordem de abstenção quanto à cobrança de pulsos além da franquia, sem a

---

[281] Conf. voto do Min. Gilmar Mendes no 1º precedente (p. 945).
[282] Conf. voto do Min. Marco Aurélio no 1º precedente (p. 964).
[283] Conf. voto do Min. Celso de Mello no 2º precedente (p. 1088).
[284] Conf. relatório e voto do Min. Eros Grau no 4º precedente (p. 1709 e 1711).
[285] Conf. voto do Min. Gilmar Mendes no 5º precedente (p. 11.879).
[286] Conf. relatório do Min. Cezar Peluso no 7º precedente (p. 918).
[287] Conf. voto da Min. Ellen Gracie no 8º precedente (p. 1480).
[288] Conf. relatório da Min. Cármen Lúcia no 9º precedente (p. 2103).
[289] Conf. voto do Min. Menezes Direito no 10º precedente (p. 2974).

devida discriminação. A antítese da defesa era a de que a procedência do pedido afetava o equilíbrio econômico-financeiro do contrato de concessão, no qual supostamente aquela cobrança estava prevista, com malferimento do direito contido no inc. XXI do art. 37, assim como da regra do art. 109, I, ambos da CF, porque nesse caso haveria interesse jurídico e inclusive litisconsórcio passivo necessário da concedente (ANATEL), já que suas regras administrativas é que estariam em jogo.

Invariavelmente, em todos os precedentes se estabeleceu como premissa que a análise dessas matérias exigiria descer ao nível infraconstitucional para somente então se chegar ao plano constitucional ou, em outras palavras, a alegada ofensa à CF seria reflexa ou indireta, hipótese em que não se configura a competência recursal do STF, consoante o princípio fixado em sua Súmula n. 636.[290]

A única variação nessa abordagem ocorreu no 1º precedente que, apesar de compartilhar daquela mesma premissa,[291] acabou por ingressar no exame do direito material invocado pelas partes e, por conseguinte, no tema do interesse jurídico da ANATEL, a quem foi imputada a qualidade de litisconsorte passiva necessária.

Nesse caso específico, o Ministro Relator, Gilmar Mendes, invocou a S. STJ n. 357,[292] na qual a matéria já havia sido interpretada em favor do assinante dos serviços telefônicos, dizendo que a causa dizia respeito exclusivamente ao consumidor e à concessionária, numa relação de consumo estranha à ANATEL, assim fixando as eventuais consequências da demanda:

> Ainda que o acolhimento do pleito do autor, ora recorrido, possa repercutir, em tese, jurídica ou economicamente, na relação mantida entre a concessionária e a ANATEL - contrato de concessão, a exigir eventual ajuste nas bases da própria concessão, é certo que esta repercussão não decorre diretamente do resultado individual da presente lide e que o consumidor não mantém relação jurídica com a ANATEL. Também não é da natureza da relação de consumo a participação direta de um ente fiscalizatório e normatizador.

---

[290] Não cabe recurso extraordinário por contrariedade ao princípio constitucional da legalidade, quando a sua verificação pressuponha rever a interpretação dada a normas infraconstitucionais pela decisão recorrida.

[291] "As normas legais de direito do consumidor é que orientam o resultado da demanda, e não estão estas tendo sua constitucionalidade impugnada. Não é razoável, em situações como a que aqui se examina, a supressão deste exame para fazer incidir diretamente os preceitos constitucionais" (p. 951).

[292] A pedido do assinante, que responderá pelos custos, é obrigatória, a partir de 1º de janeiro de 2006, a discriminação de pulsos excedentes e ligações de telefone fixo para celular.

Em seu voto, o Ministro Relator afirmou que essas eventuais consequências indiretas relativamente à ANATEL decorreriam da eficácia natural da sentença, que pode em tese afetar a situação jurídica de terceiros, sem que isso seja suficiente para credenciá-los como litisconsortes necessários. Em suas palavras,

> o litisconsórcio necessário estabelece-se pela natureza da relação jurídica ou por determinação legal, sendo insuficiente, para a sua caracterização, que a decisão a ser proferida no processo possa produzir efeitos sobre esfera jurídica de terceiro.

De certo modo, esse enquadramento do litisconsórcio passivo necessário não é fiel à interpretação dada pelo próprio STF ao instituto, porque, consoante Cândido Rangel Dinamarco, em reiterada jurisprudência aquele tribunal enumerou como requisitos para a necessariedade o fato de a sentença: a) acarretar obrigação direta ao terceiro; b) prejudicá-lo; c) afetar o seu direito subjetivo.[293] Logo, pode-se dizer que assim como não é suficiente para a caracterização do litisconsórcio passivo necessário a simples produção de efeitos da sentença sobre a esfera jurídica de terceiros, resta insuficiente dizê-lo sem a ressalva das hipóteses nas quais o próprio tribunal admite aquela figura jurídica.

Prosseguindo no exame da matéria, sustentou o Ministro Relator que "a situação trazida poderá, isto sim, configurar hipótese de assistência simples ou de intervenção anômala (art. 5º, parágrafo único da Lei 9.469/97)",[294] mas "em qualquer dos casos, pela própria

---

[293] *Litisconsórcio*. São Paulo: Malheiros, 1996, p. 181. Na doutrina, o litisconsórcio passivo necessário ocorre quando a relação jurídica material é de tal forma incindível que a relação jurídica processual não pode ser constituída sem a presença de todas as partes envolvidas, impondo-se os seguintes requisitos: a) a individualização do pedido; b) a individualização dos limites objetivos e subjetivos; c) a análise da eficácia da decisão conforme a imprescindibilidade dos sujeitos na relação jurídica processual (op. cit., pp. 107,108, 159 e 210). No litisconsórcio necessário se verifica uma legitimidade conjunta, em favor do contraditório e da regularidade subjetiva, sendo pois uma condição de validade da sentença, de acordo com o art. 47 do CPC – art. 114 do NCPC (conf. MOREIRA, José Carlos Barbosa. *Litisconsórcio Unitário*. Rio de Janeiro: Forense, 1972, pp. 11-12). Para esse último autor, a ausência do litisconsorte necessário causa a nulidade da sentença, mas o art. 47 do CPC (art. 114 do NCPC), ao tempo do direito constituendo (o livro trata ainda do projeto de lei que levou à edição do CPC de 73), olvida o fato de que a necessariedade somente será efetiva condição de validade para os litisconsórcios necessários unitários, mas não para os simples, porque, neste caso, uma segunda decisão será apenas complementar da primeira (op. cit., pp. 220, 232 e 233).

[294] Art. 5º A União poderá intervir nas causas em que figurarem, como autoras ou rés, autarquias, fundações públicas, sociedades de economia mista e empresas públicas federais.

natureza dos institutos, a intervenção é espontânea", "...sendo certo que, se a intervenção ocorrer com base em mero interesse econômico...a competência da Justiça Federal se estabelecerá apenas na hipótese de recurso deste ente federal".

Em resumo, numa demanda entre consumidor e concessionário de serviço público a competência somente se deslocará da Justiça Estadual para a Justiça Federal se o ente de direito público concedente não incluído na relação jurídica processual originária for: 1) um litisconsorte necessário olvidado; 2) terceiro interessado, jurídica ou economicamente, caso último em que a mudança de competência somente ocorre em caso de recurso voluntário seu.[295]

Essa conclusão amplia as hipóteses de mudança de competência mencionadas na SV, porque nela somente se mencionam a assistência e a oposição como figuras de intervenção de terceiro, decerto por vício de linguagem do art. 109, I, da CF, mas exsurge evidente que também nas hipóteses de denunciação da lide e de chamamento ao processo,[296] acaso cabíveis, haverá a remoção da competência, porque na primeira delas haverá a formação de uma relação jurídica processual paralela e conexa à relação principal, com a força atrativa do art. 108 do CPC (art. 61 do NCPC), e na segunda haverá ampliação da relação jurídica processual originária no pólo passivo.

Outra intercorrência curiosa desse 1º precedente e digna de nota foi o fato de antes dele o STF haver fixado o regime de repercussão geral na matéria, em incidente no RE 561574, expressamente citado no Relatório. É que a ordem natural era o julgamento primaz desse RE, e não daquele que se tornou o 1º precedente. Isso mostra duas coisas: 1) desorganização interna, porque se se sabia da repercussão geral firmada em outro recurso, devia-se aguardar o seu julgamento, vale dizer, o recurso no qual se fixa aquele regime deve passar a ser o

---

Parágrafo único. As pessoas jurídicas de direito público poderão, nas causas cuja decisão possa ter reflexos, ainda que indiretos, de natureza econômica, intervir, independentemente da demonstração de interesse jurídico, para esclarecer questões de fato e de direito, podendo juntar documentos e memoriais reputados úteis ao exame da matéria e, se for o caso, recorrer, hipótese em que, para fins de deslocamento de competência, serão consideradas partes.

[295] Na intervenção anômala o terceiro não se torna parte e, assim, não pode ter o pedido julgado procedente contra si, tornando-se "parte" apenas na fase recursal, ainda na qualidade de terceiro economicamente interessado.

[296] A hipótese de nomeação à autoria é improvável no caso em exame, porque se verifica apenas nos casos de responsabilidade pelo fato de terceiro e de mera detenção ou posse em nome alheio, figuras estranhas à relação entre concedente e concessionário.

recurso principal na matéria;[297] 2) falta de precisão entre os expedientes da repercussão geral e da sumulação vinculante, que ainda eram adotados em conjunto.

Disso tudo podem ser extraídas as seguintes conclusões: 1) quanto à suficiência dos precedentes, eles justificam numericamente a exigência de "...reiteradas decisões sobre matéria constitucional..." (art. 103-A, *caput*, da CF), inclusive porque além dos precedentes expressamente citados existem vários outros, não relacionados, que também deviam fazer parte do rol; 2) quanto à fidelidade entre os julgamentos precedentes e o texto da súmula, ela é total, com a ressalva de que a competência também pode ser alterada em caso de cabimento de outras duas figuras de intervenção de terceiros (denunciação da lide e chamamento ao processo).

Aplicação e interpretação pelo STF:

Competência da Justiça estadual e causas entre consumidor e concessionária de serviço público de telefonia

Em prosseguimento, tem-se que o Plenário desta Corte, em sessão realizada por meio eletrônico, concluiu, no exame do RE 567.454/BA1, Relator o Ministro Ayres Britto, pela existência da repercussão geral da matéria constitucional versada nestes autos. No julgamento do mérito do recurso, o Plenário do Supremo Tribunal Federal decidiu que o processamento e o julgamento dos feitos em que se discute a possibilidade da cobrança de tarifa de assinatura básica mensal de serviço de telefonia fixa estão no âmbito da competência da Justiça comum, inclusive na esfera dos juizados especiais.

[AI 740.217, Rel. Min. Dias Toffoli, dec. monocrática, julgamento em 7-2-2012, *DJE* 39 de 27-2-2012]

1. Caso em que não se está a discutir o contrato de concessão entre a agência reguladora e a concessionária de serviço público. A controvérsia não vincula senão o consumidor e a concessionária de serviço de telefonia. De mais a mais, a agência reguladora a Anatel não manifestou, expressamente, interesse na solução da controvérsia. Pelo que não há falar de interesse, jurídico ou econômico, da Anatel. 2. A questão alusiva à cobrança da assinatura básica é unicamente de direito e não apresenta complexidade apta a afastar o seu processamento pelo Juizado Especial.

---

[297] Isso levou o Ministro Relator daquele outro recurso, Marco Aurélio, a dizer-se perplexo para, após a explicação do Ministro Gilmar Mendes, em torno de uma divisão interna de serviços, afirmar que "...não me senti atropelado na relatoria do recurso extraordinário a que me referi. Até disse, praticamente agradecendo, que Vossa Excelência me poupou um serviço", não obstante a perplexidade.

3. Entendimento diverso do adotado pela instância judicante de origem demandaria o reexame da legislação infraconstitucional, notadamente o CDC/1990.
[AI 611.358 AgR, Rel. Min. Ayres Britto, Segunda Turma, julgamento em 23-11-2010, *DJE* 41 de 2-3-2011]

SÚMULA VINCULANTE Nº 28

A Súmula Vinculante nº 28 tem a seguinte redação:

É inconstitucional a exigência de depósito prévio como requisito de admissibilidade de ação judicial na qual se pretenda discutir a exigibilidade de crédito tributário.

O único precedente declarado dessa súmula é o julgamento da ADI 1074, embora nele se tenha invocado também o 1º precedente da SV n. 21,[298] que diz respeito a recursos administrativos, e não a ações, e a Representação n. 1077,[299] na qual o STF considerou inconstitucional o cálculo de taxa judiciária com base em valor da causa ilimitado,[300] em nome dos mesmos princípios constitucionais tutelados: inafastabilidade da jurisdição (inc. XXXV) e contraditório e ampla defesa (inc. LV, ambos do art. 5º da CF).

O primeiro julgamento informal não se enquadra no direito à inafastabilidade da jurisdição, de modo que não seria um precedente fiel à exigência de reiteradas decisões na matéria constitucional, a menos que se considere a correlação de temas como suficiente para a edição de uma súmula vinculante secundária, como consequente lógico de outra já editada.

---

[298] Conf. voto do Min. Sepúlveda Pertence (p. 44).
[299] Conf. voto do Min. Gilmar Mendes (p. 44).
[300] Assim justificou seu voto vencedor o Ministro Moreira Alves: "...taxas cujo montante se apura com base no proveito do contribuinte (como é o caso do valor real do pedido), sobre a qual incide alíquota invariável, tem necessariamente de ter um limite, sob pena de se tornar, com relação às causas acima de determinado valor indiscutivelmente exorbitante em face do custo real da atuação do Estado em favor do contribuinte. Isso se agrava em se tratando de taxa judiciária, tendo em vista que boa parte das despesas do Estado já são cobertas pelas custas e emolumentos". Em verdade, o STF não considerou inconstitucional o uso do valor da causa como base de cálculo da taxa judiciária e das custas (ambas tidas como taxas), mas sim a inexistência de limite para a alíquota ou o uso de alíquota desproporcional ao serviço, tal como estabelecido nas ADI 948 e na ADI MC 1772 (no mesmo sentido: Rp 1074, ADI MC 1378 e ADI MC 1651).

Já o segundo julgamento informal tem relação direta com o tema constitucional resolvido, porque o cálculo de taxas judiciárias e de custas processuais com alíquota ilimitada fixada com base no valor da causa, especialmente as prévias, pode mesmo representar um sério obstáculo econômico ao exercício do direito de agir.

De qualquer modo, mesmo com a admissão desse segundo julgamento informal como um precedente fiel da súmula, prossegue duvidosa a sua legitimidade em termos quantitativos,[301] a exemplo do que já se verificou com a SV n. 01, porém com um agravante: na SV n. 01 era possível antever a repetibilidade de decisões na matéria sumulada, já que os precedentes eram recursos, potencialmente espalhados nos tribunais inferiores, mas na SV em estudo o precedente é uma ADI, cuja decisão goza por si mesma de efeitos vinculantes e *erga omnes* (§2º do art. 102 da CF).

Essa última circunstância foi inclusive realçada pelo Ministro Gilmar Mendes no PSV da súmula em comento, porém não para questionar o critério quantitativo de edição, e, sim, para justificar uma redação genérica que não ficasse limitada ao texto do dispositivo considerado inconstitucional. As propostas de redação incluíam a referência ao art. 19 da Lei 8870/94,[302] objeto da ADI, de modo que afirmar textualmente a sua inconstitucionalidade na SV seria uma redundância com os efeitos previstos no §2º do art. 102 da CF.

Tal incidente provocou decisão unânime no sentido de se extirpar do texto da SV aquela referência, não apenas para compatibilizá-la com os efeitos da ADI, mas também para abranger leis estaduais e municipais, assim como a exigência do art. 38 da Lei 6830/80,[303]

---

[301] A menos que se agreguem os julgamentos citados na nota de rodapé acima (ADIn. 948, ADIn. MC 1772, Rp 1074, ADIn. MC 1378, ADIn. MC 1426 e ADIn. MC 1651), mas nesse caso o tema muda de ângulo e passa a pertencer ao campo de incidência da SV 29, na qual a ADIn. MC 1926 figura como precedente (7º) e trata do mesmo assunto.

[302] Art. 19. As ações judiciais, inclusive cautelares, que tenham por objeto a discussão de débito para com o INSS serão, obrigatoriamente, precedidas do depósito preparatório do valor do mesmo, monetariamente corrigido até a data de efetivação, acrescido dos juros, multa de mora e demais encargos.
Parágrafo único. A propositura das ações previstas neste artigo importa em renúncia ao direito de recorrer na esfera administrativa e desistência do recurso interposto.

[303] Art. 38 - A discussão judicial da Dívida Ativa da Fazenda Pública só é admissível em execução, na forma desta Lei, salvo as hipóteses de mandado de segurança, ação de repetição do indébito ou ação anulatória do ato declarativo da dívida, esta precedida do depósito preparatório do valor do débito, monetariamente corrigido e acrescido dos juros e multa de mora e demais encargos.
Parágrafo Único - A propositura, pelo contribuinte, da ação prevista neste artigo importa em renúncia ao poder de recorrer na esfera administrativa e desistência do recurso acaso interposto.

conforme mencionaram de forma expressa os Ministros Gilmar Mendes e Joaquim Barbosa, respectivamente.

Essa última remissão é importante, porque embora a antiga Súmula TFR n. 247[304] tenha excluído o depósito prévio como pressuposto processual de validade da ação anulatória de débito fiscal, o STF havia admitido esse mesmo depósito prévio "...quando o sujeito passivo da obrigação tributária pretendesse inibir o ajuizamento da execução fiscal", no julgamento dos RE's 105552 e 103400, consoante o Ministro Relator, Eros Grau.

Na matéria de fundo também houve unanimidade: são inconstitucionais leis (federais, estaduais, municipais e, portanto, também distritais federais) que estabeleçam como pressuposto processual de validade o depósito prévio da quantia supostamente devida para qualquer tipo de ação tendente a discutir a validade do alegado crédito tributário.

O texto da SV adquire assim dimensão mais abrangente do que a decisão da ADIn., porém sem avançar para todas as demais ações que, conquanto não tenham por objeto discutir a validade do crédito tributário, tampouco podem ser obstadas por idêntico expediente pelo mesmo motivo: violação dos princípios constitucionais da inafastabilidade da jurisdição e do contraditório e da ampla defesa.

Disso tudo podem ser extraídas as seguintes conclusões: 1) quanto à suficiência dos precedentes, eles não justificam numericamente a exigência de "...reiteradas decisões sobre matéria constitucional..." (art. 103-A, *caput*, da CF), mesmo com a inclusão no rol oficial do julgamento na Representação n. 1077; 2) quanto à fidelidade entre os julgamentos precedentes e o texto da súmula, ela é total, embora fosse recomendável mencionar sua extensão às leis de todos os entes federativos que façam a mesma exigência considerada inconstitucional, inclusive quanto ao remanescente do art. 38 da Lei 6830/80, assim como ao exercício em geral do direito de agir, para além do objeto tendente a discutir a validade do crédito tributário.

Aplicação e interpretação pelo STF:

Garantia do juízo para recebimento dos embargos do devedor e afastamento da Súmula Vinculante 28

2. No julgamento da ADI 1.074, o Supremo Tribunal Federal, com fundamento no princípio da inafastabilidade de jurisdição (art. 5º,

---

[304] Não constitui pressuposto da ação anulatória do débito fiscal o depósito de que cuida o art. 38 da Lei nº 6830, de 1980.

XXXV, da CRFB/1988), declarou inconstitucional o art. 19, *caput*, da Lei 8.870/1994, que condicionava o ajuizamento de ações judiciais relativas a débitos para com o INSS ao "depósito preparatório do valor do mesmo, monetariamente corrigido até a data de efetivação, acrescido dos juros, multa de mora e demais encargos". O referido precedente é o único que ensejou a PSV 37, que resultou na edição da Súmula Vinculante 28, assim redigida: (...). 3. Por sua vez, a decisão reclamada possui o seguinte teor: "O §1º, III, do art. 16 da Lei 6.830/1980 condiciona a admissibilidade dos embargos do Executado à prévia garantia da execução. Assim, intime-se o embargante para, querendo, oferecer garantia à execução, no prazo de 10 (dez) dias. Decorrido o prazo assinalado sem manifestação profícua, voltem-me conclusos." 4. Assim, ao contrário do que sustenta a inicial, a decisão reclamada não está propriamente a exigir depósito, e sim garantia da execução, gênero do qual o depósito é apenas uma espécie, como se vê do art. 9º da Lei 6.830/1980 e do art. 655 do CPC/1973. Eventual rejeição de bens ofertados, por iliquidez, não pode ser equiparada à exigência de depósito prévio e pode ser objeto de questionamento na sede própria, valendo observar que reclamação não é sucedâneo recursal. 5. Nessas circunstâncias, mostra-se inviável a invocação da Súmula Vinculante 28 para afastar a exigência de garantia do juízo nos embargos à execução fiscal. Observe-se que adotar interpretação em sentido diverso implicaria o reconhecimento, em sede de reclamação constitucional, da não recepção do art. 16, §1º, da Lei 6.830/1980, entendimento nunca afirmado pelo Plenário desta Corte. 6. Assim, não há relação de estrita identidade entre o ato reclamado e a súmula vinculante cuja autoridade a parte reclamante alega ter sido violada, o que torna inviável a reclamação.
[Rcl 20.617 AgR, voto do Rel. Min. Roberto Barroso, Primeira Turma, julgamento em 2-2-2016, *DJE* 34 de 24-2-2016]

Nesta reclamação, de outra banda, o ora agravante se insurge contra decisão que determinou sua inclusão no polo passivo de execução fiscal. Questiona a exigência de garantia do juízo para o ajuizamento de embargos à execução, conforme previsão do art. 16, §1º, da Lei 6.830/1980, que é coisa diversa daquela versada na Súmula Vinculante 28. O art. 9º, do mesmo diploma legal, prevê as seguintes formas de garantia do juízo (...). O que pretende o reclamante, em última análise, é a declaração de inconstitucionalidade do art. 16, §1º, da Lei 6.830/1980, providência inviável na estreita via da reclamação.
[Rcl 19.724 AgR, voto do Rel. Min. Luiz Fux, Primeira Turma, julgamento em 17-3-2015, *DJE* 64 de 7-4-2015]

SÚMULA VINCULANTE Nº 29

A Súmula Vinculante nº 29 tem a seguinte redação:

É constitucional a adoção, no cálculo do valor da taxa, de um ou mais elementos da base de cálculo própria de determinado imposto, desde que não haja integral identidade entre uma base e outra.

Os precedentes declarados dessa súmula são os seguintes julgamentos: RE 576321 RG-QO, RE 232393, RE 177835, AI 441038 AgR, RE 346695 AgR, RE 241790, ADI 1926 MC, RE 491216 AgR e RE 220316. Além desses julgamentos foram mencionados outros, tanto no mesmo sentido da súmula (RE 121617,[305] RE 182737, RE 179177, RE 202533 e RE 203981)[306] quanto em sentido contrário (RE 110327, RE 120391, RE 120954,[307] RE 97807, RE 100729, RE 101477, RE 116119, RE 120811, RE 185050[308] e RE 204827),[309] que deviam assim ter sido relacionados no rol oficial.

A interpretação contida na súmula advém de vários casos nos quais as previsões normativas de taxas diferentes foram questionadas em sua constitucionalidade por suposta falta de vinculação entre o fato gerador e a base de cálculo ou por uso disfarçado de tributo como se taxa fosse. Por essa razão e por uma questão de método, os precedentes serão historiados de acordo com a taxa, inclusive para se identificar o *leading case*.

No 1º precedente, que também figura como 1º precedente da SV n. 19, a taxa em questão era a de limpeza pública e de coleta de lixo domiciliar, acusada de inconstitucionalidade diante do disposto no art. 145, II, §2º, da CF,[310] porque: a) diria respeito a um serviço público indivisível e, por tanto, *uti universi*; b) ao se usar como base de cálculo a metragem do imóvel estaria se valendo de pelo menos um item da

---

[305] Conf. voto do Min. Carlos Velloso no 2º precedente (p. 477).
[306] Conf. voto do Min. Ricardo Lewandowski no 9º precedente (p. 958).
[307] Conf. voto do Min. Marco Aurélio no 2º precedente (p. 489-490).
[308] Conf. voto do Min. Ilmar Galvão no 9º precedente (p. 951-953).
[309] Conf. voto do Min. Maurício Corrêa no 9º precedente (p. 964).
[310] Art. 145. A União, os Estados, o Distrito Federal e os Municípios poderão instituir os seguintes tributos:
II - taxas, em razão do exercício do poder de polícia ou pela utilização, efetiva ou potencial, de serviços públicos específicos e divisíveis, prestados ao contribuinte ou postos a sua disposição;
§2º As taxas não poderão ter base de cálculo própria de impostos.

mesma base de cálculo do IPTU, já que o valor venal do imóvel também leva em conta a sua metragem (art. 33 do CTN).[311]
A primeira questão envolve a matéria condensada na SV 19, sendo que, quanto à segunda, o tema já havia sido debatido nos 5º (RE 440992 AgR) e 9º (RE 532940 AgR) precedentes daquela súmula vinculante. No primeiro desses julgamentos se distinguiu a metragem (para a taxa) do valor venal (para o IPTU), reconhecendo-se que aquela era um dos elementos constitutivos da base de incidência do imposto, de modo que a coincidência seria apenas parcial e, portanto, constitucional. Já no segundo deles a base não seria propriamente a metragem, mas o custo do serviço, ainda que calculado com base nela (alíquota).

No voto do Ministro Relator, Ricardo Lewandowski, consta sua adesão tácita àquele 5º precedente (RE 440992 AgR) nesse tema, ao renovar a validade da coincidência parcial da base de cálculo da taxa em questão com a base de cálculo do IPTU, assim se manifestando:

> O que a Constituição reclama é a ausência de completa identidade com a base de cálculo própria dos impostos e que, em seu cálculo, se verifique uma equivalência razoável entre o valor pago pelo contribuinte e o custo individual do serviço que lhe é prestado (p. 982).

No debate que se seguiu, os Ministros Carlos Britto e Marco Aurélio questionaram a base de cálculo da taxa, até então estabelecida na metragem do imóvel, dizendo que esse parâmetro não corresponde à volumetria do lixo, ou seja, os moradores é que produzem lixo, e não o imóvel. A réplica do Ministro Relator se fundamentou nos argumentos contidos naquele 5º precedente (RE 440992 AgR): "...a melhor forma...para que haja o mínimo de isonomia, é tomar como base um dos elementos para o cálculo do IPTU, que é a grandeza do imóvel, porque, realmente, sugere que o imóvel maior produza mais lixo do que o menor". Olvidou-se da distinção feita no 9º precedente entre base imponível (custo do serviço) e alíquota (metragem), a propósito de acordo com o julgamento do Pleno no RE 232393 (2º precedente da SV ora comentada). Essa distinção salvaria o argumento daquele 5º precedente (RE 440992 AgR) do constrangimento teórico óbvio da falta de correspondência entre o valor do serviço de coleta de lixo e a metragem do imóvel, que apenas por ficção podia ser admitida.

---

[311] Art. 33. A base de cálculo do imposto é o valor venal do imóvel.

Na SV em comento os 2º, 4º, 5º e 6º precedentes giram em torno desse mesmo tipo de taxa e também das mesmas questões acima resumidas, sendo que no 2º precedente o Ministro Marco Aurélio invocou precedentes anteriores que consideravam inconstitucional o uso da metragem do imóvel como base de cálculo de taxa, no pressuposto de sua identidade ainda que parcial com a base de cálculo do IPTU (RE 110327, RE 120391 e RE 120954).

A mesma oposição supra surgiu no 9º precedente, no qual se discutia a constitucionalidade ou não da taxa de fiscalização, localização e funcionamento prevista numa lei municipal, calculada com base na área fiscalizada. Nesse julgamento, o Ministro Relator, Ilmar Galvão, lembrou daquele primeiro precedente supra e de mais outros (RE 97807, RE 100729, RE 101477, RE 116119, RE 120811 e RE 185050), propondo mudança da orientação da corte a respeito. Em seu voto, acompanhado pelos demais Ministros, com exceção do Ministro Marco Aurélio, que renovou o voto proferido no 2º precedente, constam os seguintes argumentos: 1) "...não basta a identidade num dos critérios de lançamento para que se tenha por verificada a coincidência de bases de cálculo dos dois tributos"; 2) porque "...a convicção da injuridicidade de tais exações decorre menos dessa pseudo-identidade de fatores ligados ao imóvel possuído ou ocupado pelo contribuinte do que da própria natureza do tributo exigido"; 3) o critério legitimador da taxa autêntica está em sua especificidade (caráter *uti singuli*) e divisibilidade, não bastando assim que se refira a uma atuação estatal, devendo antes ser referida ao sujeito passivo e a sua atuação direta; 4) valendo-se desse enquadramento, são inconstitucionais taxas como as de conservação de estradas (assim considerada pela S. STF n. 595),[312] de iluminação pública e de limpeza e conservação de vias e logradouros públicos, e constitucionais taxas como as de esgoto, de recolhimento de lixo caseiro, de prevenção a incêndio e de licença e localização; 5) nesse último caso, que era a hipótese em julgamento, porque além de específico e divisível o exercício do poder de polícia, a sua base de cálculo não se confundia com a base de cálculo do IPTU: "...no caso do IPTU, o fator que interfere na fixação da respectiva base de cálculo é a área do imóvel, ao passo que, relativamente à taxa, o dado decisivo para o mesmo fim é a área ocupada pelo estabelecimento, dados que não se confundem".

---

[312] É inconstitucional a taxa municipal de conservação de estradas de rodagem cuja base de cálculo seja idêntica a do imposto territorial rural.

Outra taxa questionada, objeto do 3º precedente, foi a de fiscalização dos mercados de títulos e valores imobiliários, instituída pela Lei n. 7940/89, que foi acusada de malferir o disposto no art. 145, II, §2º, da CF, porque calculada com base no patrimônio líquido da empresa fiscalizada pela CVM. Trata-se de taxa que tem como fato gerador declarado "o exercício do poder de polícia legalmente atribuído à Comissão de Valores Mobiliários - CVM", tal como dispõe o art. 2º daquela Lei. Alegava-se basicamente que o patrimônio líquido seria base de incidência de imposto, e não de taxa, porque sua base de cálculo (patrimônio líquido) não corresponderia ao exercício do poder de polícia, e sim a características da empresa fiscalizada.

O Ministro Relator, Carlos Velloso, sustentou a perfeita vinculação entre o fato gerador da taxa em questão e sua base de cálculo, dizendo que esta não era propriamente o patrimônio líquido da empresa, usado apenas numa escala progressiva de alíquotas tendente a realizar o princípio da capacidade contributiva, que, embora referente a impostos (§1º do art. 145 da CF),[313] também devia se aplicar às taxas, em especial quando, na espécie, o tributo custeia a atividade de fiscalização realizada pela CVM. A esse voto aderiram os Ministros Nelson Jobim, Maurício Corrêa e Ilmar Galvão, o mesmo não ocorrendo com o Ministro Marco Aurélio, que fixou as seguintes antíteses: 1) o que determina a base de cálculo é a natureza do tributo, estabelecida pela hipótese de incidência, e não o contrário, sendo que no caso das taxas o valor cobrado deve corresponder ao gasto realizado no exercício do poder de polícia ou na prestação do serviço público; 2) a taxa em questão não ostenta essa relação de reciprocidade, porque inexiste elo de ligação entre o poder de polícia e o patrimônio líquido da empresa, ou seja, o patrimônio líquido não dimensiona o gasto público; 3) circunstâncias inerentes ao contribuinte, como o patrimônio líquido, definem a base de cálculo dos impostos, e não a base das taxas, que deve ser definida pela atividade do poder público; 4) o uso de uma escala progressiva de alíquotas conforme o patrimônio líquido não altera as conclusões supra, como demonstram: a) *contrario sensu*, o próprio princípio da capacidade contributiva, porque ele se restringe aos impostos e leva em conta certas características pessoais do contribuinte, ao passo que a taxa deve ignorá-las e fixar-se no valor do gasto público; b) o parágrafo

---

[313] §1º Sempre que possível, os impostos terão caráter pessoal e serão graduados segundo a capacidade econômica do contribuinte, facultado à administração tributária, especialmente para conferir efetividade a esses objetivos, identificar, respeitados os direitos individuais e nos termos da lei, o patrimônio, os rendimentos e as atividades econômicas do contribuinte.

único do art. 77 do CTN, que exclui da base de cálculo das taxas o capital das empresas; 5) "em última análise, acabou o legislador, sem observância até mesmo do veículo próprio que seria a lei complementar, por introduzir...verdadeiro imposto e que...pode ser enquadrado na previsão do inciso VII do artigo 153 da Carta de 1988 relativa às grandes fortunas". A réplica, que acabou vitoriosa, veio nos complementos dos Ministros Nelson Jobim e Ilmar Galvão e no voto do Ministro Néri da Silveira, a saber e respectivamente: "é o patrimônio líquido...um critério pelo qual se possa aferir o tipo de serviço prestado, considerando a circunstância de que, quanto maior o patrimônio líquido, maior a atividade desenvolvida na Bolsa, porque é condição para essa atividade a garantia de seu patrimônio"; "se a CVM tem a função de fiscalizar a situação da empresa, parece óbvio que a sua atividade aumenta na ordem direta da dimensão da empresa fiscalizada, justificando-se, pois, a variação da taxa em razão do patrimônio"; "parto da presunção de que esse patrimônio traduza o volume de operações da empresa na Bolsa. Isso seria bastante a justificar progressividade nessa taxa".

Outra taxa em estudo é a taxa judiciária, objeto do 7º precedente, no qual se questionava a constitucionalidade de uma lei estadual que havia, entre outras coisas,[314] fixado o valor do tributo com base no valor da causa. Dizia-se que essa correlação feria a regra do art. 145, III, da CF, por desvincular o fato gerador (serviço judiciário) da base de cálculo (valor da causa), assim como a regra do §2º daquele mesmo dispositivo, porque se estaria atribuindo a uma taxa a base de cálculo de um imposto, "...uma vez que o valor da causa não mede nenhuma atividade estatal, seja a prestação de um serviço, seja o exercício do poder de polícia". Em outras palavras, o dispositivo impugnado teria eleito "...para base de cálculo circunstâncias inerentes ao demandante ou a seus bens, sem qualquer vinculação com o fato gerador".

O Ministro Relator, Sepúlveda Pertence, invocou vários precedentes sem sentido contrário,[315] ou melhor, no sentido de se admitir a constitucionalidade do uso do valor da causa como base de cálculo da taxa judiciária e das custas (ambas tidas como taxas), considerando inconstitucional apenas a inexistência de limite para a alíquota ou o uso de alíquota desproporcional ao serviço, no qual foi acompanhado

---

[314] A Autora da ADI (OAB) invocara outras inconstitucionalidades, mas que não têm relação direta com o tema sumulado.
[315] Novamente: ADI 948, ADI MC 1772, Rp 1077, Rp 1074, ADI MC 1378, ADI MC 1426 e ADI MC 1651.

à unanimidade pelos demais membros votantes da Corte. A última taxa em exame é a de classificação de produtos vegetais, instituída pelo DL n. 1899/81, objeto do 8º precedente. Também aqui se acusava a previsão legal da taxa de inconstitucionalidade, diante do mesmo ar. 145, II, §2º da CF, por não levar em conta o custo da atividade estatal exercida, e sim a quantidade do produto a ser classificado. Alegava-se que a classificação era feita por amostragem e, por conseguinte, de modo uniforme e invariável, independentemente do volume, quantidade e peso do lote classificado. Contra esse argumento o tribunal recorrido sustentou que a amostragem não era aleatória, mas feita com várias amostras conforme o volume do produto a ser classificado, de forma que "...quanto maior é o lote a ser classificado, maiores são os custos para a realização desta tarefa...". Logo, "o custo... diverge de lote para lote a ser classificado, o que justifica a base de cálculo adotada pela legislação em vigor". Em votação unânime, o Ministro Relator, Ricardo Lewandowski aceitou tais fundamentos, considerando então associados o fato gerador e a sua base de cálculo, que "...serve de parâmetro suficiente para quantificar o aspecto material da hipótese de incidência e não revela base de cálculo própria de imposto".

Embora vários precedentes sejam remissivos ao 2º (RE 232393), o 9º é que deve ser considerado o *leading case*,[316] porque nele é que a revisão dos precedentes anteriores foi proposta e nele é que estão presentes os parâmetros que dirigem o sentido da interpretação adotada na súmula vinculante. O principal item diferenciador da interpretação de outrora é que a legitimidade da taxa deixou de ser focada na relação entre o custo e o serviço ou o exercício do poder de polícia e passou ser focada na natureza do tributo em questão, ou melhor, a base de cálculo é mesmo determinada pela natureza do tributo, estabelecida pela hipótese de incidência, mas o critério legitimador da taxa autêntica está em sua especificidade (caráter *uti singuli*) e divisibilidade, não bastando que se refira a uma atuação estatal, devendo antes ser referida ao sujeito passivo e a sua atuação direta. Por isso, a eventual coincidência na base de cálculo da taxa de um ou mais elementos que componham a base de cálculo do tributo é legítima, sendo ilegítima, *contrario sensu*, a coincidência total.

---

[316] O julgamento do 2º precedente foi iniciado em 17.12.1998 e concluído em 12.08.1999, enquanto que o julgamento do 9º precedente teve início em 11.11.1998 e fim em 12.08.1999, o que significa dizer que as conclusões foram concomitantes do ponto de vista temporal.

Essa foi a tônica da discussão travada no PSV, no qual o Ministro Marco Aurélio renovou sua posição contrária ao texto proposto, porque restritivo da regra contida no §2º do art. 145 da CF, no qual não identificou modal deôntico "...a ponto de dizer-se que só é possível cogitar-se da identidade quando é absoluta", e por limitar também o direito do beneficiário dessa regra, que é o contribuinte. A mesma manifestação contrária foi apresentada pelos Ministros Carlos Britto e Eros Grau, mas, apesar desses ponderáveis registros, a edição da SV foi aprovada, com um dado curioso digno de nota.

A proposta inicial de texto era do Ministro Ricardo Lewandowski, mas o texto aprovado foi o proposto pela Ministra Ellen Gracie, tal como se encontra publicado, e seu sentido evidente foi o de admitir a constitucionalidade da taxa que tenha em sua base de cálculo um ou mais elementos da base de cálculo de um imposto, contanto que não haja identidade total entre as bases. Essa leitura coincidia, no resultado, ao texto proposto pelo Ministro Cezar Peluso, no sentido de ser inconstitucional "...a taxa que tenha base de cálculo integralmente idêntica à de imposto". A Ministra Ellen Gracie defendeu sua proposta, sustentando que "...ela é inclusive mais favorável ao contribuinte", porque "desde que algum dos elementos de formação da base de cálculo tenha uma marca de igualdade com aquele de tributo, afasta-se a constitucionalidade da taxa". Disso se conclui que ou a Ministra empregou a expressão "constitucionalidade" quando queria usar a expressão "inconstitucionalidade" (caso em que a sentença ficaria sem sentido, no contexto), ou mudou radicalmente o sentido interpretativo adotado pela SV e pelos precedentes, já que confundiu identidade de elementos constitutivos da base de cálculo com identidade de bases de cálculo.

Nessa interpretação "autêntica" supra referida, o que tornará a taxa inconstitucional é a identidade de qualquer dos elementos de sua base de cálculo que também seja elemento da base de cálculo de um imposto, ainda que parcial, e não a identidade total das bases de cálculo, com todos os seus elementos constitutivos. Essa distinção é assaz importante, porque esse não foi o significado interpretativo adotado nos precedentes.

Disso tudo podem ser extraídas as seguintes conclusões: 1) quanto à suficiência dos precedentes, eles justificam numericamente a exigência de "...reiteradas decisões sobre matéria constitucional..." (art. 103-A, *caput*, da CF), inclusive porque existentes outros julgamentos não incluídos no rol oficial que, coincidentes ou não com o sentido da SV, deviam ter sido relacionados; 2) quanto à fidelidade entre os julgamentos precedentes e o texto da súmula, ela somente será total se for lida no sentido de admitir a constitucionalidade da taxa que tenha em sua base de cálculo um ou mais elementos da base de cálculo de um imposto, contanto que não haja identidade total entre as bases, sendo outrossim totalmente infiel acaso lida no sentido de condicionar a constitucionalidade da taxa à não coincidência de qualquer um dos elementos que componham a sua base de cálculo com qualquer um dos elementos que componham a base de cálculo de um imposto.

Aplicação e interpretação pelo STF:

Taxa e elementos da base de cálculo própria de determinado imposto
Conforme assinalado na decisão agravada, o acórdão recorrido está em conformidade com a jurisprudência desta Corte, que, no julgamento do RE 576.321 QO-RG/SP, de minha relatoria, manteve o entendimento pela constitucionalidade de taxas que, na apuração do montante devido, adotem um ou mais dos elementos da base de cálculo própria de determinado imposto, desde que não se verifique identidade integral entre uma base e outra.
[RE 549.085 AgR, voto do Rel. Min. Ricardo Lewandowski, Segunda Turma, julgamento em 23-8-2011, *DJE* 171 de 6-9-2011]

As taxas que, na apuração do montante devido, adotem um ou mais elementos que compõem a base de cálculo própria de determinado imposto, desde que não se verifique identidade integral entre uma base e outra, são constitucionais (Súmula Vinculante 29 do STF).
[RE 613.287 AgR, Rel. Min. Luiz Fux, Primeira Turma, julgamento em 2-8-2011, *DJE* 159 de 19-8-2011]

Ilegitimidade de taxa cobrada em razão de número de empregados
1. A taxa é um tributo contraprestacional (vinculado) usado na remuneração de uma atividade específica, seja serviço ou exercício do poder de polícia e, por isso, não se atém a signos presuntivos de riqueza. As taxas comprometem-se tão somente com o custo do serviço específico e divisível que as motiva, ou com a atividade de polícia desenvolvida. 2. A base de cálculo proposta no art. 6º da Lei 9.670/1983 atinente à taxa de polícia se desvincula do maior ou menor trabalho ou atividade que o Poder Público se vê obrigado a desempenhar em decorrência da força econômica do contribuinte. O que se leva em conta, pois, não é a efetiva atividade do Poder Público, mas, simplesmente, um dado objetivo, meramente estimativo ou presuntivo de um ônus à Administração Pública. 3. No tocante à base de cálculo questionada nos autos, é de se

notar que, no RE 88.327/SP, Rel. Min. Décio Miranda (*DJ* 28-9-1979), o Tribunal Pleno já havia assentado a ilegitimidade de taxas cobradas em razão do número de empregados. Essa jurisprudência vem sendo mantida de forma mansa e pacífica.

[RE 554.951, Rel. Min. Dias Toffoli, Primeira Turma, julgamento em 15-10-2013, *DJE* 227 de 19-11-2013]

SÚMULA VINCULANTE Nº 30

A respeito dessa súmula, colhe-se a seguinte informação no *site* do c. STF:

Após uma questão de ordem levantada pelo ministro José Antonio Dias Toffoli no início da sessão plenária de hoje (4) [04.02.2010], os ministros do Supremo Tribunal Federal (STF) decidiram suspender a publicação da nova súmula vinculante (que receberia o número 30), decorrente da aprovação ontem (3) [03.02.2010] da Proposta de Súmula Vinculante (PSV 41), que trata da retenção, pelos estados, de parcela do Imposto sobre Circulação de Mercadorias (ICMS) destinado aos municípios. Foi suspensa a publicação da nova súmula vinculante para uma melhor análise.

Isso porque a proposta de redação aprovada ontem restringia a inconstitucionalidade à lei estadual que, a título de incentivo fiscal, retém parcela do ICMS que seria destinada aos municípios. Mas o ministro Dias Toffoli verificou que há precedentes envolvendo outra situação, que não especificamente o incentivo fiscal. Trata-se de uma lei estadual dispondo sobre processo administrativo fiscal de cobrança e compensação de crédito/débito do particular com estado. No caso em questão, houve uma dação em pagamento, em que foram dados bens que não foram repartidos com o município.

Com isso, fica prejudicado por ora o comentário dessa SV.

SÚMULA VINCULANTE Nº 31

A Súmula Vinculante nº 31 tem a seguinte redação:

É inconstitucional a incidência do Imposto sobre Serviços de Qualquer Natureza - ISS sobre operações de locação de bens móveis.

Os precedentes declarados dessa súmula são os seguintes julgamentos: RE 116121, RE 455613 AgR, RE 553223 AgR, RE 465456, RE 450120 AgR, RE 446003 AgR, AI 543317 AgR, AI 551336 AgR e AI 546588 AgR. Além desses julgamentos foram mencionados outros, tanto no mesmo sentido da súmula (RE 437903, RE 412223,[317] AI 485707 AgR, RE 425281,[318] AI 487120, AI 479571, AI 451737, RE 405578[319] e AI 546588 AgR)[320] quanto em sentido contrário (RE 112947, RE 115103, RE 113383, RE 106047 e RE 100799),[321] que deviam assim ter sido relacionados no rol oficial.

O precedente-guia foi o primeiro, no qual se afirmava a inconstitucionalidade de uma lei municipal que, com base no item 79 da Lista de Serviços anexa ao DL n. 406/68,[322] instituíra ISS sobre locação de bens

---

[317] Conf. voto do Min. Carlos Britto no 5º precedente (p. 1348).
[318] Conf. voto do Min. Celso Mello no 6º precedente (p. 1102).
[319] Conf. voto do Min. Eros Grau no 7º precedente (p. 1257).
[320] Conf. voto da Min. Ellen Gracie no 8º precedente (p. 1217).
[321] Conf. relatório e voto do Min. Octavio Gallotti no 1º precedente (pp. 674-677 e 679).
[322] Art 8º O impôsto, de competência dos Municípios, sôbre serviços de qualquer natureza, tem como fato gerador a prestação, por emprêsa ou profissional autônomo, com ou sem estabelecimento fixo, de serviço constante da lista anexa.
§1º Os serviços incluídos na lista ficam sujeitos apenas ao impôsto previsto neste artigo, ainda que sua prestação envolva fornecimento de mercadoria.
§2º Os serviços não especificados na lista e cuja prestação envolva o fornecimento de mercadorias ficam sujeitos ao impôsto de circulação de mercadorias.
§2º O fornecimento de mercadoria com prestação de serviços não especificados na lista fica sujeito ao impôsto sôbre circulação de mercadorias.
LISTA DE SERVIÇOS:
79. Locação de bens móveis, inclusive arrendamento mercantil.
Referido dispositivo foi revogado pela LC n. 116/2003, que passou a tratar do tema no seguinte enunciado:
Art. 1º O Imposto Sobre Serviços de Qualquer Natureza, de competência dos Municípios e do Distrito Federal, tem como fato gerador a prestação de serviços constantes da lista anexa, ainda que esses não se constituam como atividade preponderante do prestador.
§1º O imposto incide também sobre o serviço proveniente do exterior do País ou cuja prestação se tenha iniciado no exterior do País.
§2º Ressalvadas as exceções expressas na lista anexa, os serviços nela mencionados não ficam sujeitos ao Imposto Sobre Operações Relativas à Circulação de Mercadorias e Prestações de Serviços de Transporte Interestadual e Intermunicipal e de Comunicação – ICMS, ainda que sua prestação envolva fornecimento de mercadorias.
§3º O imposto de que trata esta Lei Complementar incide ainda sobre os serviços prestados mediante a utilização de bens e serviços públicos explorados economicamente mediante autorização, permissão ou concessão, com o pagamento de tarifa, preço ou pedágio pelo usuário final do serviço.
§4º A incidência do imposto não depende da denominação dada ao serviço prestado.
Lista de serviços anexa à Lei Complementar nº 116, de 31 de julho de 2003:
3 – Serviços prestados mediante locação, cessão de direito de uso e congêneres.
3.01 – (VETADO)
3.02 – Cessão de direito de uso de marcas e de sinais de propaganda.

móveis (guindastes), em alegada agressão ao disposto no art. 24, I e II, da EMC n. 01/69[323] c/c o art. 110 do CTN.[324]

A questão básica em discussão nesse caso, como de resto nos demais, era se o conceito de serviços empregado na CF estava restrito ao conceito desse instituto empregado no direito privado ou se podia ser ampliado para além dele, avançando sobre outros campos, como a economia, com base na expressão "de qualquer natureza".

Essa segunda leitura era a que predominava no STF antes do julgamento do 1º precedente e cujos argumentos foram descritos e defendidos pelo Ministro Relator, Octavio Gallotti, e pelos Ministros Carlos Velloso, Nelson Jobim, Ilmar Galvão e Maurício Corrêa: 1) a locação de coisa móvel representa a venda de um bem imaterial (= serviço, porque sem transferência de domínio), em contraposição à venda de bem material (= mercadoria, porque com transferência de domínio), que envolve a entrega de um bem a terceiro (*dare*), para uso mediante remuneração e com dever de restituir, e também a manutenção da coisa locada em bom estado (*facere*); 2) não obstante o direito privado distinga a locação (*locatio conductio rei*) do serviço (*locatio conductio operarum*) pela característica da restituição do bem, existente na primeira e inexistente no segundo, identifica-se na locação de bens móveis o uso e gozo da coisa por parte do locatário e um serviço por parte do locador, porque nesse último caso o que interessa é a atividade econômica explorada com o bem móvel; 3) ademais, como na locação não existe transferência de domínio, por exclusão

---

3.03 – Exploração de salões de festas, centro de convenções, escritórios virtuais, stands, quadras esportivas, estádios, ginásios, auditórios, casas de espetáculos, parques de diversões, canchas e congêneres, para realização de eventos ou negócios de qualquer natureza.
3.04 – Locação, sublocação, arrendamento, direito de passagem ou permissão de uso, compartilhado ou não, de ferrovia, rodovia, postes, cabos, dutos e condutos de qualquer natureza.
3.05 – Cessão de andaimes, palcos, coberturas e outras estruturas de uso temporário.

[323] Art. 24. Compete aos Municípios instituir impostos sobre:
II - serviços de qualquer natureza não compreendidos na competência tributária da União ou dos Estados, definidos em lei complementar.
O dispositivo correlato na CF de 1988 é o art. 156, II:
Art. 156. Compete aos Municípios instituir impostos sobre:
II - serviços de qualquer natureza, não compreendidos no art. 155, II [ICMS e serviços de transporte interestadual e intermunicipal e de comunicações], definidos em lei complementar.

[324] Art. 110. A lei tributária não poder alterar a definição, o conteúdo e o alcance de institutos, conceitos e formas de direito privado, utilizados, expressa ou implicitamente, pela Constituição Federal, pelas Constituições dos Estados, ou pelas Leis Orgânicas do Distrito Federal ou dos Municípios, para definir ou limitar competências tributárias.

não cabe a incidência de ICMS e por inclusão cabe a incidência de ISS; 4) a interpretação ampliativa do conceito de serviços está autorizada pela própria Constituição: a) do ponto de vista literal, na expressão complementar "de qualquer natureza", que não pode ser considerada ociosa; b) do ponto de vista histórico, porque a locação de bens móveis sempre esteve relacionada a serviços, desde a época do antigo imposto sobre profissões e indústrias e depois na redação original do art. 71, §1º, do CTN; c) do ponto de vista do direito comparado, porque na Comunidade Europeia aquele tipo de operação sofre incidência de imposto de idêntica natureza desde a segunda diretriz do Conselho da CEE, de 11.04.67, cujo art. 6º considerou como prestação de serviços "...toda operação que não constitua transferência de um bem"; 5) a interpretação do art. 110 do CTN deve ser condicionada aos elementos supra, de modo que o legislador infraconstitucional pode fixar conceito mais abrangente para serviços, para além das fronteiras jurídicas do direito privado.

A antítese a essa tese foi defendida pelos Ministros Marco Aurélio, Celso Mello, Sepúlveda Pertence, Sidney Sanches, Néri da Silveira e Moreira Alves, com base nos seguintes argumentos: 1) o núcleo da incidência do ISS são os serviços, assim definidos no direito privado, que não inclui entre eles a locação de bem móvel, conceito que não pode ser ampliado pelo legislador ordinário, por força da regra contida no art. 110 do CTN; 2) logo, o aspecto econômico da operação de locação de bens móveis não pode condicionar o conceito jurídico de serviços, já que é a própria Constituição que emprega a expressão "serviços" como parâmetro de tributação, sob pena de se malferir a reserva legal estrita que rege a matéria e também o princípio da tipicidade tributária; 3) assim, existem serviços apenas quando "... envolvido na via direta o esforço humano...", ou seja, quando presente uma obrigação de fazer, que não se encontra na locação de bens móveis, não podendo o legislador tributário transformar a *locatio conductio operarum* em *locatio conductio rerum*; 4) a obrigação de manter a coisa locada em condições de uso, que implica um *facere* correspondente à sua eventual manutenção, como indica o art. 1189, I e II, do CCB revogado,[325]

---

[325] Corresponde ao art. 566, I e II, do CCB em vigor, com idêntica redação:
Art. 1189. O locador é obrigado:
I - a entregar ao locatário a coisa alugada, com suas pertenças, em estado de servir ao uso a que se destina, e a mantê-la nesse estado, pelo tempo do contrato, salvo cláusula expressa em contrário;
II - a garantir-lhe, durante o tempo do contrato, o uso pacífico da coisa.

não passa de uma prestação acessória, a exemplo da obrigação de resguardar o locatário contra a turbação de terceiros, presente no art. 1191 daquele mesmo código.[326]

A vitória da antítese foi apertada, com diferença de apenas um voto, mas foi sendo ampliada nos precedentes seguintes, já que a mudança na composição da Corte trouxe novos Ministros que aderiram à interpretação vencedora, como demonstrou o Ministro Joaquim Barbosa no 3º precedente, ao relacionar a posição das duas Turmas em torno do tema. Essa leitura tornou-se assim não apenas predominante, como também unânime. Tanto assim que nos demais precedentes não houve reabertura de qualquer discussão a respeito.

A polêmica surgiu somente no PSV, quando o Ministro Cezar Peluso suscitou a hipótese de a locação de bem móvel implicar também a prestação de um serviço (p.ex., quando com a máquina seguir um operador do próprio locador), defendendo que nesse caso haveria incidência do ISS sobre a parte do serviço, e não sobre a parte da locação. Essa hipótese já havia sido suscitada no debate do *leadind case*, quando, a propósito da obrigação acessória referente à eventual manutenção, o Ministro Moreira Alves disse haver um contrato misto, com incidência do ISS sobre a parte do serviço de manutenção, afirmação que, a rigor, desmentia tal *facere* como uma prestação acessória da prestação principal de dar. A dúvida foi resolvida de um modo pouco consistente: decidiu-se aguardar a apresentação de reclamações de competência, para somente então resolver a dúvida.

Essa solução não atende às próprias premissas fixadas no *leading case*, porque nele se reconheceu o primado dos conceitos de institutos jurídicos de direito privado mencionados na CF, tal como prevê o art. 110 do CTN, mas o tribunal demonstrou dominar muito pouco esses conceitos.

Antes de tudo, olvidou-se que na locação de bens móveis a manutenção ordinária cabe de regra ao locatário, e não ao locador, de modo que ela não seria sequer uma prestação acessória deste último.[327] Depois, embora a Corte tenha estabelecido como ponto de

---

[326] Corresponde ao art. 568 do CCB em vigor, com idêntica redação:
Art. 1191. O locador resguardará o locatário dos embaraços e turbações de terceiros, que tenham, ou pretendam ter direito sobre a coisa alugada, e responderá pelos seus vícios, ou defeitos, anteriores à locação.

[327] Consoante Orlando Gomes, "a obrigação de manter a coisa no estado de servir ao uso prometido não incumbe à mesma parte na locação de imóveis e na de móveis. Nesta, as despesas de manutenção ordinária ficam a cargo do locatário, como estatuem os códigos

partida a natureza acessória da prestação contida no art. 1189, I e II, do CCB revogado (art. 566, I e II, do CCB em vigor), relativamente à prestação principal, a exemplo da prestação também acessória prevista no art. 1191 daquele mesmo código (art. 568 do CCB em vigor), acabou por aceitar tacitamente o enquadramento da manutenção eventual como parte de um contrato misto, capaz de ser isolado em seu *dare* e seu *facere*, olvidando agora a subordinação da prestação acessória à principal, quanto à sua natureza, e a índole global dos ônus que correspondem às partes, dados que definem o caráter único do contrato de locação. Por fim, olvidou-se também que o fator distintivo da real natureza dos contratos com prestações mistas é o critério do maior interesse do credor, pelo qual o contrato de "locação" de bens móveis que inclua o operador especializado, empregado do locador, contém predominantemente uma prestação de fazer e é por isso um contrato de prestação de serviço, e o contrato de locação que preveja a manutenção eventual contém predominantemente uma prestação de dar[328] e é por isso um autêntico contrato de locação.

Essas noções do direito privado explicam de forma satisfatória as dúvidas suscitadas e dispensam a necessidade de diferir para o futuro a solução do problema, de modo que cabe ISS somente na última hipótese supra, e não nas demais.

Disso tudo podem ser extraídas as seguintes conclusões: 1) quanto à suficiência dos precedentes, eles justificam numericamente a exigência de "...reiteradas decisões sobre matéria constitucional..." (art. 103-A, *caput*, da CF), inclusive porque existentes outros julgamentos não incluídos no rol oficial que, coincidentes ou não com o sentido da SV, deviam ter sido relacionados; 2) quanto à fidelidade entre os julgamentos precedentes e o texto da súmula, ela é total, porém incompleta, porque faltou definir a linha fronteiriça dos contratos de

---

modernos, por mais condizente com os fins da locação, mas, no particular, a vontade das partes é soberana. Os preceitos legais são de caráter supletivo, aplicando-se, apenas, no silêncio do contrato" (*Contratos*. Rio de Janeiro: Forense, 1987, p. 310).

[328] Novamente de acordo com Orlando Gomes: "Nem sempre as obrigações são exclusivamente de dar ou de fazer. Não raro, misturam-se prestações de coisas e de fatos, classificando-se a obrigação, nesses casos, pela predominância de uma sobre a outra...A distinção entre as obrigações de dar e as de fazer deve ser traçada em vista do interesse do credor, porquanto as prestações de coisas supõem certa atividade pessoal do devedor e muitas prestações de fatos exigem dação. Nas obrigações de dar, o que interessa ao credor é a coisa que lhe deve ser entregue, pouco lhe importando a atividade do devedor para realizar a entrega. Nas obrigações de fazer, ao contrário, o fim é o aproveitamento do serviço contratado. Se assim não fosse, toda obrigação de dar seria de fazer, e vice-versa" (*Obrigações*. Rio de Janeiro: Forense, 1990, pp. 46-47).

prestações mistas (de dar e de fazer) com base no critério do maior interesse do credor, existente no próprio direito privado, e que pode indicar precisamente em quais casos incidirá o ISS e em quais outros inexistirá a incidência.
Aplicação e interpretação pelo STF:

> *Não incidência de ISS sobre a locação de bens móveis*
> 2. Segundo entendimento desta Corte, o poder de tributar municipal não pode alterar o conceito de serviço consagrado pelo Direito Privado, consoante prevê o art. 110 do CTN/1966. Ademais, não há que se falar na superação do entendimento da Súmula Vinculante 31 pelo advento da edição da LC 116/2003. É certo que a LC 116/2003 revogou a lista de serviço da legislação anterior e estabeleceu um novo rol de materialidades para o imposto. Na lista atual, a locação de bens móveis seria o item 3.01 (Locação de bens móveis) da lista de serviços tributáveis. Entretanto, a intenção do legislador não se confirmou por força do veto presidencial, que foi motivado pela orientação jurisprudencial desta Corte (...). 3. Também não merece prosperar o argumento de que há fortes indícios da superação do entendimento deste Tribunal a respeito da matéria em exame, uma vez que a jurisprudência permanece afirmando que não incide ISS sobre locação de bens móveis e que a CF/1988 não concede aos entes municipais da Federação a competência para alterar a definição e o alcance de conceitos de Direito Privado para fins de instituição do tributo.
> [RE 602.295 AgR, voto do Rel. Min. Roberto Barroso, Primeira Turma, julgamento em 7-4-2015, *DJE* 75 de 23-4-2015]

> Na espécie, o imposto, conforme a própria nomenclatura, considerado o figurino constitucional, pressupõe a prestação de serviços e não o contrato de locação. Em face do texto da Carta Federal, não se tem como assentar a incidência do tributo na espécie, porque falta o núcleo dessa incidência, que são os serviços. Observem-se os institutos em vigor tal como se contêm na legislação de regência. As definições de locação de serviços e locação de móveis vêm-nos do Código Civil/2002. Em síntese, há de prevalecer a definição de cada instituto, e somente a prestação de serviços, envolvido na via direta o esforço humano, é fato gerador do tributo em comento. Prevalece a ordem natural das coisas cuja força surgeinsuplantável; prevalecem as balizas constitucionais, a conferirem segurança às relações Estado-contribuinte; prevalece, alfim, a organicidade do próprio Direito, sem a qual tudo será possível no agasalho de interesses do Estado, embora não enquadráveis como primários.
> [AI 623.226 AgR, voto do Rel. Min. Marco Aurélio, Primeira Turma, julgamento em 1º-2-2011, *DJE* 46 de 11-3-2011]

Locação de bens móveis concomitante com prestação de serviço e ISS

A Súmula Vinculante 31, que assenta a inconstitucionalidade da incidência do Imposto sobre Serviços de Qualquer Natureza — ISS nas operações de locação de bens móveis, somente pode ser aplicada em relações contratuais complexas se a locação de bens móveis estiver claramente segmentada da prestação de serviços, seja no que diz com o seu objeto, seja no que concerne ao valor específico da contrapartida financeira.

[Rcl 14.290 AgR, Rel. Min. Rosa Weber, Plenário, julgamento em 22-5-2014, *DJE* 118 de 20-6-2014]

1. A Súmula Vinculante 31 não exonera a prestação de serviços concomitante à locação de bens móveis do pagamento do ISS. 2. Se houver ao mesmo tempo locação de bem móvel e prestação de serviços, o ISS incide sobre o segundo fato, sem atingir o primeiro. 3. O que a agravante poderia ter discutido, mas não o fez, é a necessidade de adequação da base de cálculo do tributo para refletir o vulto econômico da prestação de serviço, sem a inclusão dos valores relacionados à locação. Agravo regimental ao qual se nega provimento.

[ARE 656.709 AgR, Rel. Min. Joaquim Barbosa, Segunda Turma, julgamento em 14-2-2012, *DJE* 48 de 8-3-2012]

Ocorre que a caracterização de parte da atividade como prestação de serviços não pode ser meramente pressuposta, dado que a constituição do crédito tributário é atividade administrativa plenamente vinculada, que não pode destoar do que permite a legislação (proibição do excesso da carga tributária) e o próprio quadro fático (motivação, contraditório e ampla defesa). (...) Assim, as autoridades fiscais não estão impedidas de exercer plenamente as faculdades que lhes confere a legislação para identificar precisamente quais receitas referem-se à prestação de serviços e quais receitas referem-se à isolada locação de bens móveis.

[AI 758.697 AgR, voto do Rel. Min. Joaquim Barbosa, Segunda Turma, julgamento em 6-4-2010, *DJE* 81 de 7-5-2010]

Sublocação ou cessão secundária de direito de uso de espaços publicitários e ISS

Em verdade, o Tribunal de origem entendeu que a sublocação de espaços para a veiculação de propaganda não poderia ser considerada agenciamento publicitário. (...) Conforme orientação consolidada da SV 31, é inconstitucional a incidência do ISS sobre operação de locação de bens móveis. Ainda que o fato em exame fosse interpretado como cessão de direito, a mesma orientação apontada na SV 31 seria aplicável. Portanto, o Tribunal de origem não afirmou pura e simplesmente que a lista de serviços não poderia ter interpretação extensiva. Tão somente examinou o quadro fático para lhe dar interpretação jurídica que não sofre a incidência do conceito de serviço de propaganda.

[AI 854.553 ED, voto do Rel. Min. Joaquim Barbosa, Segunda Turma, julgamento em 28-8-2012, *DJE* 197 de 8-10-2012]

Cessão do direito de uso de marca e ISS
Por fim, ressalte-se que há alterações significativas no contexto legal e prático acerca da exigência de ISS, sobretudo após a edição da LC 116/2003, que adota nova disciplina sobre o mencionado tributo, prevendo a cessão de direito de uso de marcas e sinais na lista de serviços tributados, no item 3.02 do Anexo. Essas circunstâncias afastam a incidência da Súmula Vinculante 31 sobre o caso, uma vez que a cessão do direito de uso de marca não pode ser considerada locação de bem móvel, mas serviço autônomo especificamente previsto na LC 116/2003.
[Rcl 8.623 AgR, voto do Rel. Min. Gilmar Mendes, Segunda Turma, julgamento em 22-2-2011, *DJE* 45 de 10-3-2011]

SÚMULA VINCULANTE Nº 32

A Súmula Vinculante nº 32 tem a seguinte redação:

O ICMS não incide sobre alienação de salvados de sinistro pelas seguradoras.

Os precedentes declarados dessa súmula são os seguintes julgamentos: ADI 1390 MC, ADI 1332 MC, ADI 1648 e RE 588149.
O precedente-guia é o segundo, ainda não julgado em caráter definitivo, fato comum também ao primeiro precedente, sendo que os dois últimos sequer foram publicados, o que recoloca os mesmos problemas inicialmente verificados com a SV nº 13.[329]
Nesse segundo precedente, assim como no primeiro, o Relator foi o Ministro Sidney Sanches e a Autora da ADI era a mesma (Confederação Nacional do Comércio), que questionava a constitucionalidade de duas leis estaduais (do Rio de Janeiro e de São Paulo, respectivamente), ao incluírem na categoria de contribuintes do ICMS as companhias de

---

[329] Os 1º e 3º precedentes também consistiam de decisões precárias, tomadas em sede liminar, que não deviam portanto fundamentar uma Súmula com carga definitiva e vinculante sem antes serem confirmados no mérito, enquanto que o acórdão do 4º precedente sequer havia sido publicado. Com a publicação do acórdão do 4º precedente, que consiste no julgamento de mérito do 3º, ambos os problemas desapareceram relativamente a tais precedentes, enquanto que o 1º precedente permaneceu como uma medida liminar.

seguro, especificamente nas operações de venda de salvados, ou seja, de bens sinistrados com perda total (acima de 75% do valor), tal como definidos nos itens 7 e 8 da Circular SUSEP n. 18/83.

Tal objeção era especialmente importante na época do julgamento (1995) porque pouco antes (1994) a 1ª Turma e a 1ª Seção do c. STJ haviam firmado entendimento no sentido do cabimento de tributação das operações de venda dos salvados pelas companhias de seguros, no pressuposto de que tal alienação não era eventual e que o produto voltava a circular, "...tal qual ocorre na circulação de mercadorias, quando desenvolvida atividade comercial".

A legitimidade da parte ativa foi afirmada com base no fato de que as companhias seguradoras operavam no comércio, já que se constituem de SA's, aplicando-se assim o disposto no §1º do art. 2º da Lei 6404/76, segundo o qual "qualquer que seja o objeto a companhia é mercantil e se rege pelas leis e uso do comércio". A propósito, registrou o Ministro Celso de Mello que tal qualidade já havia sido reconhecida no art. 19, §4º, do Regulamento 737/1850, e inclusive prevista no Projeto do Código de Obrigações de 1965.

O curioso desse argumento da atividade comercial é que depois ele será usado para negar à operação de venda de salvados precisamente a qualidade de ato de comércio ou, mais precisamente, a qualidade de um ato de comércio profissional. Essa é a principal contradição da jurisprudência do STJ, que considera a habitualidade da venda de salvados um dos elementos integrantes do fato gerador do ICMS, ao lado da circulação ou recirculação do produto, não obstante o art. 73 do DL 73/66 proíba expressamente as companhias de seguro de "... explorar qualquer outro ramo de comércio ou indústria". Em outras palavras, a questão era saber se as operações de seguro, de natureza reconhecidamente comercial, comunicam essa natureza (de seguro, não de comércio) às operações de venda de salvados, ou se estas são independentes o suficiente para não se categorizarem como meras consequentes das operações de seguro.

A primeira vertente era defendida pela própria SUSEP, no Parecer n. 9/93, citado na inicial, no qual, em resumo, restou definido que: 1) "o produto da venda dos salvados é contabilizado como recuperação de indenizações a segurados..." e, por isso, não pode ser considerado um lucro operacional; 2) "a alienação de salvados não representa uma atividade correlata da seguradora", constituindo apenas um "...elemento inerente à operação de seguros..."; 3) "os salvados não são produzidos nem comprados pelas seguradoras, pelo contrário, são adquiridos sub-rogatoriamente ato unilateral da vontade do segurado, portanto não são mercadorias, até porque não podem constituir objeto do comércio das seguradoras (Decreto-lei nº 73, de 1966, artigo 73)".

Em seu voto, o Ministro Relator citou o texto da S. STF n. 541, que veda a incidência do antigo imposto sobre vendas e consignações (atual ICMS) "...sobre a venda ocasional de veículos e equipamentos usados, que não se insere na atividade profissional do vendedor, e não é realizada com o fim de lucro, sem caráter, pois, de comercialidade", fazendo uma analogia entre essas operações e a venda de salvados, porque: 1) ambas não se inserem na atividade fim do alienante; 2) ambas não visam o lucro; 3) os bens envolvidos não são objeto de comércio profissional; 4) logo, inexiste "...uma operação de circulação de mercadoria, como tal considerada a que é objeto de um comércio...".

Seguiram-se os votos dos Ministros Celso de Mello e Sepúlveda Pertence, que se limitaram a reconhecer a legitimidade ativa da demandante, e depois o voto do Ministro Maurício Correa, que aderiu ao voto do Ministro Relator, voto idêntico, no resultado, aos dos Ministros Marco Aurélio, Carlos Velloso e Néri da Silveira.

O único voto dissonante foi proferido pelo Ministro Ilmar Galvão, que recordou sua passagem anterior pelo STJ, afirmando basicamente o seguinte: 1) as seguradoras exercem atividade mercantil, na qual se insere a venda de salvados, "...conquanto acessória e de âmbito restritivo"; 2) o que justifica a incidência do ICMS é a circulação de mercadorias, com ou sem alienação sob modalidade de compra e venda; 3) considerando que na operação de salvados o bem é posto em circulação, presente então o fato gerador do tributo.

Os argumentos supra, como se percebe, são coincidentes apenas em parte com aqueles antes esposados pelo c. STJ, porque se pode presumir que, para este tribunal, o caráter habitual de venda de salvados torna a operação profissional a ponto de destacá-la autonomamente da operação de seguro, além, é claro, de haver com ela uma circulação de mercadorias, enquanto para o Ministro Ilmar Galvão a simples circulação seria suficiente para a exação. De todo modo, tais fundamentos pecam em lógica quanto ao disposto no art. 73 do DL 73/66, porque se a venda de salvados é uma atividade comercial autônoma da operação de seguro, segue-se que ela seria ilícita e, portanto, a tributação ocorreria sobre um fato tributário antijurídico.[330]

---

[330] Não se ignora a existência do princípio do *non olet* (não cheira), pelo qual os tributos também devem incidir sobre atividades ilícitas ou imorais, em nome da igualdade e da

Disso tudo podem ser extraídas as seguintes conclusões: 1) quanto à suficiência dos precedentes, eles não justificam a exigência numérica de "...reiteradas decisões sobre matéria constitucional..." (art. 103-A, *caput*, da CF), porque: a) os dois primeiros são decisões precárias, tomadas em sede liminar, que não deviam portanto fundamentar uma Súmula com carga definitiva e vinculante sem antes serem confirmados no mérito; b) os dois últimos não foram sequer publicados antes da edição da própria súmula; c) sequer houve publicação dos "debates de aprovação" ou da PSV, do que se deduz que se trata de uma súmula "mandrake"; 2) quanto à fidelidade entre os julgamentos precedentes e o texto da súmula, ela é parcial, porque sem a publicação dos julgamentos dos dois últimos precedentes não há como estabelecer tal relação de conformidade.

Aplicação e interpretação pelo STF:

ICMS na operação de saída do bem sinistrado da seguradora anterior à edição da Súmula Vinculante 32

2. Como afirmado na decisão agravada, o que se pôs em foco nesta reclamação é se o Tribunal Administrativo de Recursos Fiscais do Estado do Rio Grande do Sul teria desrespeitado a Súmula Vinculante 32 do Supremo Tribunal Federal, ao inscrever a Agravante na dívida ativa em razão de sua condenação no Processo 76487-14.00/10-4, no qual se reconheceu a incidência do Imposto sobre Circulação de Mercadorias e Serviços — ICMS na operação de saída do bem sinistrado da seguradora. (...) Na espécie vertente, a decisão administrativa foi proferida pelo Tribunal Administrativo de Recursos Fiscais em 9-2-2011 (fl. 2, doc. 3) e a Súmula Vinculante 32 foi editada na Sessão Plenária de 16-2-2011, ou seja, posteriormente ao ato administrativo impugnado. Essa circunstância afasta a arguição de desrespeito a uma súmula vinculante até então inexistente. (...) Registre-se que a inscrição no cadastro da dívida ativa é ato jurídico que tem por objetivo legitimar a cobrança do crédito tributário pela Fazenda Pública, isto é, o crédito tributário é levado à inscrição como dívida ativa depois de definitivamente constituído. A dívida ativa tributária decorre de crédito tributário regularmente inscrito na repartição administrativa competente, depois de esgotado o prazo para pagamento fixado pela lei ou, como no caso dos autos, por decisão administrativa final proferida em processo regular, conforme dispõe o art. 201 do CTN/1966. A Súmula Vinculante

---

capacidade contributiva (TORRES, Ricardo Lobo. *Curso de Direito Financeiro e Tributário*. Rio de Janeiro: Renovar, 1996. p. 90-91), mas o que se põe em destaque é o fato de os defensores da segunda vertente não atentarem para as consequências lógicas de seus fundamentos.

32 do Supremo Tribunal Federal apenas dispõe que "o ICMS não incide sobre alienação de salvados de sinistro pelas seguradoras". Assim, não há identidade material entre a inscrição da Agravante no cadastro da dívida ativa e o disposto na Súmula Vinculante 32 deste Supremo Tribunal, apontada como paradigma, conforme exige a jurisprudência do Supremo Tribunal Federal.
[Rcl 11.667 AgR, voto da Rel. Min. Cármen Lúcia, Plenário, julgamento em 30-6-2011, *DJE* 151 de 8-8-2011]

SÚMULA VINCULANTE Nº 33

A Súmula Vinculante nº 33 tem a seguinte redação:

Aplicam-se ao servidor público, no que couber, as regras do regime geral da previdência social sobre aposentadoria especial de que trata o artigo 40, §4º, inciso III da Constituição Federal, até a edição de lei complementar específica.

Os precedentes declarados dessa súmula são os seguintes julgamentos: MI 721-7, MI 788-8, MI 795-1, MI 925, MI 1328, MI 1527, MI 2120, MI 1785, AgR.MI 3215, AgR.MI 1596 e AgR.MI 4158.

O precedente-guia é o primeiro, que em geral foi citado com remissão também ao julgamento do MI 758, da relatoria do mesmo Ministro (Marco Aurélio), não incluído nos precedentes oficiais, assim como outros tantos julgamentos citados.[331] A propósito, alguns desses precedentes oficiais são decisões monocráticas ou julgamentos de Agravos Regimentais interpostos de decisões monocráticas em sede de MI, porque na Sessão do dia 15.04.2009 o Plenário do STF, ao julgar o MI 795-1 e outros de mesmo conteúdo, resolveu autorizar tal expediente como forma de agilizar a resolução dos casos, mas ele não chega a

---

[331] MIs 425-1, 444-7 e 484-6 (citados nas p. 7-8 do voto do Ministro Marco Aurélio no voto do MI 721-7); 780, 781, 785, 786, 788, 791, 792, 793 e 796 (citados na p. 89 do voto da Ministra Cármen Lúcia no MI 795-1, mas que não haviam sido julgados no mérito naquela ocasião); 809 (citado na p. 2 da decisão monocrática do Ministro Joaquim Barbosa no MI 2120); 770, 800, 820, 866, 1099, 1157 e 1661 (citados na p. 3 da decisão monocrática da Ministra Ellen Gracie no MI 1785); 797, 808, 825, 828, 841, 850, 857, 879, 905, 927, 938, 962, 998 e 1967 (citados nas pp. 5 e 6 do voto do Ministro Teori Zavascki no AgR.MI 1596); 755, 824, 834, 874, 912, 914, 970, 1001, 1034, 1057, 1059, 1115, 1125, 1189, 1613, 1656, 1737 e 1967 (citados nas pp. 2 e 5 do relatório e nas pp. 4-7 e 15 do voto do Ministro Celso de Mello no AgR.MI 3215); 3322 e 4352 (citados no voto do Ministro Luiz Fux no AgR.MI 4158).

malferir a exigência de reiteradas decisões na matéria constitucional, dada a miríade de outras decisões colegiadas apenas não incluídas no rol oficial.

O pano de fundo da matéria é a regra contida no §4º do art. 40 da CF, que possui a seguinte redação:

> Art. 40. Aos servidores titulares de cargos efetivos da União, dos Estados, do Distrito Federal e dos Municípios, incluídas suas autarquias e fundações, é assegurado regime de previdência de caráter contributivo e solidário, mediante contribuição do respectivo ente público, dos servidores ativos e inativos e dos pensionistas, observados critérios que preservem o equilíbrio financeiro e atuarial e o disposto neste artigo. (Redação dada pela Emenda Constitucional nº 41, 19.12.2003)
>
> ....
>
> ......
>
> §4º É vedada a adoção de requisitos e critérios diferenciados para a concessão de aposentadoria aos abrangidos pelo regime de que trata este artigo, ressalvados, nos termos definidos em leis complementares, os casos de servidores:
>
> I - portadores de deficiência;
>
> II - que exerçam atividades de risco;
>
> III - cujas atividades sejam exercidas sob condições especiais que prejudiquem a saúde ou a integridade física.

Esse parágrafo foi alterado pela EMC nº 47/2005, e quando inserido no art. 40 pela EMC nº 20/98 tinha o seguinte texto:

> §4º É vedada a adoção de requisitos e critérios diferenciados para a concessão de aposentadoria aos abrangidos pelo regime de que trata este artigo, ressalvados os casos de atividades exercidas exclusivamente sob condições especiais que prejudiquem a saúde ou a integridade física, definidos em lei complementar.

Na redação original do art. 40 da CF, a matéria foi assim tratada:

> Art. 40. O servidor será aposentado:
>
> ....
>
> III - voluntariamente:
>
> a) aos trinta e cinco anos de serviço, se homem, e aos trinta, se mulher, com proventos integrais;
>
> ....

c) aos trinta anos de serviço, se homem, e aos vinte e cinco, se mulher, com proventos proporcionais ao tempo de serviço.

§1º Lei complementar poderá estabelecer exceções ao disposto no inciso III, "a" e "c", no caso de exercício de atividades consideradas penosas, insalubres ou perigosas.

A Lei Complementar referida desde o texto originário do art. 40 da CF nunca foi editada e a sua falta impedia que os servidores públicos obtivessem aposentadoria especial, configurando autêntica omissão normativa inconstitucional, por expressar uma renúncia tácita a competência constitucional e por mutilar a eficácia da Constituição, havendo na CF a previsão de dois instrumentos para colmatá-la: a ADI por Omissão, na hipótese de se pretender a edição *ex novo* no ordenamento e em caráter *erga omnes* da lei ou ato normativo infraconstitucional capaz de dotar a CF de total eficácia, e o Mandado de Injunção, na hipótese de se pretender a regulamentação em concreto do exercício do direito subjetivo constitucional, não obstante a omissão normativa genérica.

Nos precedentes acima citados não houve qualquer discordância quanto ao reconhecimento da omissão normativa em exame, ao cabimento do MI e à aplicação "analógica"[332] das regras do regime geral da previdência sobre a aposentadoria especial ao regime próprio da previdência dos servidores públicos.

Por outro lado, a redação restritiva da SV às hipóteses de aposentadoria especial decorrentes de atividades prejudiciais à saúde ou à integridade física também restringiu a *ratio decidendi* dos precedentes.

No histórico da redação do dispositivo constitucional acima citado pode-se notar que o direito a aposentadoria especial do servidor público desde a origem dizia respeito a atividades penosas,

---

[332] Aqui houve um erro de enquadramento, porque a *ratio legis* das aposentadorias especiais do regime geral da previdência é a mesma do regime próprio da previdência dos servidores públicos a serem ainda regulamentadas, ou seja, a razão determinante da aposentadoria é a mesma. Nessas condições, não se cria uma nova regra de direito, por conta da identidade ontológica entre os trabalhadores em geral e os servidores públicos quando expostos às mesmas causas da aposentadoria especial. Trata-se assim de interpretação extensiva, diversa da analogia *legis* e da analogia *iuris*. Na primeira, cria-se uma nova regra a partir de um caso singular cuja razão determinante ou *ratio legis* é adequada a um caso semelhante (por ex., dar ao comodato o mesmo tratamento da locação quanto ao dever de reparar o imóvel, quando este estiver tratado apenas na segunda hipótese, que é apenas semelhante à primeira). Na segunda, cria-se também uma nova regra, mas não a partir de um caso particular, mas de todo o sistema, como se passa com os princípios gerais de direito (BOBBIO, Norberto. *Teoria do ordenamento jurídico*, op. cit., p. 150-156).

insalubres e perigosas, depois chamadas genericamente de atividades prejudiciais à saúde ou à integridade física. Na última EMC, a atividade de risco e a deficiência física foram incluídas como causas autônomas da aposentadoria especial, não obstante em termos semânticos a primeira delas já pudesse estar contemplada na referência originária às atividades perigosas.

Essa observação é importante, porque na votação da Proposta de Súmula Vinculante o Ministro Presidente, Joaquim Barbosa (acompanhado neste particular pelo Ministros Ricardo Lewandowski, p. 16), sugeriu a restrição do texto aos casos de aposentadoria especial relativa a atividades que prejudiquem a saúde ou a integridade física, no pressuposto de que a questão da aposentadoria de servidores com deficiência física fora até então decidida apenas uma vez (AgR. MI 4428)[333] e de que as questões da aposentadoria decorrente de atividades de risco não tinham ainda sido julgadas no mérito (MIs 833 e 844),[334] faltando assim o requisito da reiteração de decisões na matéria constitucional.

A única objeção direta a tal proposta foi do Ministro Marco Aurélio, para quem a omissão normativa era notória e em todos os casos a premissa fora o tratamento igualitário entre beneficiários do regime geral da previdência e os beneficiários do regime próprio de previdência nas hipóteses de aposentadoria especial. Para ele, o tribunal assentou um princípio geral: "...enquanto não vier a lei de que trata o §4º do art. 40 da Constituição Federal, tomar-se-á de empréstimo para as aposentadorias especiais o que se contém na Lei nº 8.213/91, regedora da situação dos trabalhadores em geral".[335]

Com efeito, a conclusão supra é pertinente inclusive para a interpretação extensiva da LC nº 142/2013, que trata das aposentadorias especiais dos trabalhadores em geral portadores de deficiência física, e da LC nº 51/1985, que trata da aposentadoria especial dos servidores policiais decorrente de atividade de risco. Em outras palavras, a mesma

---

[333] Além disso, com a superveniência da LC n. 142/2013, versando sobre esse tipo de aposentadoria no regime geral da previdência, não pareceu razoável ao Ministro Presidente ser a edição de súmula vinculante para essa hipótese.

[334] O Ministro Presidente ressaltou ainda, em relação à atividade de risco, "...que a Corte firmou entendimento no sentido da recepção da LC 51/1985 para os servidores que exercem atividade policial".

[335] Na Proposta de sumulação, o Ministro Teori Zavascki ponderou sobre a maior abrangência da matéria, mas sugeriu em lugar da edição da SV o reconhecimento de eficácia expansiva aos julgamentos dos MI's (p. 14, 23 e 32), sugestão que acabou não acolhida por seus pares.

ratio decidendi relativa à interpretação extensiva da Lei nº 8213/19 aos servidores públicos na hipótese de aposentadoria especial decorrente de atividade prejudicial à saúde ou à integridade física se aplica às outras duas hipóteses de aposentadoria especial.

A rigor, se o argumento da redação restritiva estivesse correto, ao menos 4 (quatro) precedentes oficiais não deviam ter sido incluídos no rol respectivo, já que tratam precisamente de aposentadoria decorrente de atividade de risco (MI 795-1, impetrado por um policial civil do Estado de SP) e de deficiência física (AgR.MI 1596, AgR.MI 3215 e AgR. MI 4158). Ora, se esses precedentes foram incluídos no rol oficial isso decreto ocorreu por conta da coincidência de *ratio decidendi*, e não da diversidade das hipóteses de aposentadoria especial, o que reforça a incoerência argumentativa e teórica da redação restritiva.

Seja como for, a informação acerca da carência numérica de decisões a respeito estava errada na ocasião do julgamento da proposta de sumulação (09.04.2014), porque outros casos anteriormente julgados e expressamente citados trataram precisamente das hipóteses não abrigadas no texto da SV, a saber: 1) MI 828, no qual a Ministra Cármen Lúcia, em decisão monocrática publicada em 10.06.2008, reconheceu o direito à aposentadoria especial de um investigador de polícia do Estado de SP em decorrência do perigo da atividade; 2) MI 914, no qual a Ministra Cármen Lúcia, em decisão monocrática publicada em 28.04.2009, reconheceu o direito à aposentadoria especial de oficiais de justiça da Justiça Federal do MT em decorrência do risco da atividade; 3) MI 834, no qual o Ministro Ricardo Lewandowski, em decisão monocrática publicada em 13.05.2009, reconheceu o direito à aposentadoria especial dos oficiais de justiça da Justiça Federal do Estado de Goiás em decorrência do risco da atividade; 4) MI 912, na qual o Ministro Cézar Peluso, em decisão monocrática publicada em 20.05.2009, reconheceu o direito à aposentadoria especial de agentes de segurança da Justiça Federal do Paraná em decorrência do perigo da atividade; 5) MI 797, na qual o colegiado, acolhendo o voto da Relatora Ministra Cármen Lúcia, reconheceu o direito a aposentadoria especial de um investigador de polícia do Estado de SP em decorrência do perigo da atividade (Acórdão publicado em 22.05.2009); 6) MI 1057, no qual a Ministra Cármen Lúcia, em decisão monocrática publicada em 05.06.2009, reconheceu o direito à aposentadoria especial de oficiais de justiça, comissários da infância e da adolescência e assistentes sociais do Poder Judiciário do Estado de ES em decorrência do risco da atividade; 7) MI 1157, na qual o Ministro Eros Grau, em decisão monocrática publicada em 04.09.2009, reconheceu o direito à aposentadoria especial de um guarda de segurança do TJRS em decorrência do perigo da atividade; 8) MI 1967, na qual o Ministro Celso de Mello, em decisão monocrática publicada em 27.05.2011, reconheceu o direito à aposentadoria especial de um servidor público decorrente de deficiência física.

O fato de em alguns desses casos se ter feito alusão a atividade perigosa e não a atividade de risco não justifica seu enquadramento na hipótese genérica da aposentadoria especial decorrente de atividade prejudicial à saúde ou à integridade física, porque em todos eles os impetrantes ou substituídos processuais exerciam cargos que os expunham a riscos típicos das atribuições desempenhadas, como policiais, agentes de segurança, oficiais de justiça, comissários da infância e da adolescência e assistentes sociais. Ademais, como dito acima, em termos semânticos, a atividade de risco já estava contemplada na referência originária do art. 40 da CF às atividades perigosas.

Quanto ao fato de algumas dessas decisões serem monocráticas, isso tampouco impede que elas sirvam de precedentes numéricos da edição de SV, seja porque tal expediente foi autorizado pelo Pleno no julgamento do MI 925, seja porque outras decisões dessa natureza foram incluídas no rol oficial de precedentes.

Outra possível objeção à inclusão dos precedentes em exame servirem de número para edição de SV seria a superveniência da LC nº 142/2013, que trata das aposentadorias especiais dos trabalhadores em geral portadores de deficiência física, mas ela não foi óbice à decisão contida no precedente oficial AgR.MI 4148, porque sua solução foi a simples substituição da aplicação extensiva do art. 57 da Lei nº 8213/91 pelo novo regramento daquela LC. O mesmo raciocínio pode ser facilmente empregado à interpretação extensiva da LC nº 51/1985, que trata da aposentadoria especial dos servidores policiais decorrente de atividade de risco, a todos os demais casos de servidores públicos expostos a semelhante circunstâncias.

Em resumo, a limitação textual da SV a rigor não impede que sua *ratio decidendi* seja também usada para as outras hipóteses de aposentadoria especial do servidor público (atividade de risco e deficiência física), seja porque ela é comum a todas elas, seja porque a suposta inexistência de reiteradas decisões na matéria constitucional é inverídica.

Em outros pontos dos precedentes oficiais são encontrados *obiter dictum* relevantes, dignos de nota, a saber: 1) o MI apenas permite ao servidor impetrante ou ao servidor substituído processual formular o requerimento de aposentadoria especial, com base na interpretação extensiva de regras aplicáveis aos trabalhadores do regime geral da previdência, ficando a cargo da administração pública a análise em concreto do preenchimento ou não dos requisitos de concessão do benefício (MI 788, MI 1189, MI 1115-ED, MI 1125-ED, MI 1139-ED, MI 1282-ED, AgR.MI 3215, MI 1286-ED, MI 1312, MI 1316, MI 1451, MI 3718, AgR.MI 4158, MI 4352, MI 1328);[336] 2) tampouco se autoriza a conversão de períodos especiais em comuns, com base no §10 do art. 40 da CF, no pressuposto de que os primeiros são tempo ficto[337] ou "...à míngua de dever constitucional de legislar sobre a matéria..." (AgR.MI 1596, AgR. MI 1481, MI 1785 e AgR.MI 3875); 3) o custeio exigido no art. 195 da CF e previsto no inc. II do art. 22 da Lei nº 8212/91 c/c o §6º do art. 57 da Lei n. 8213/91 (contribuição social devida pelo empregador do trabalhador exposto) para os proventos da aposentadoria especial deve ser feito pelo ente público a cujo quadro funcional o servidor impetrante ou o servidor substituído processual pertencer, de acordo com o *caput* do art. 40 da CF (MI 925).

Disso tudo podem ser extraídas as seguintes conclusões: 1) quanto à suficiência dos precedentes, eles justificam numericamente a exigência de "...reiteradas decisões sobre matéria constitucional..." (art. 103-A, *caput*, da CF), inclusive porque existentes outros julgamentos não incluídos no rol oficial; 2) quanto à fidelidade entre os julgamentos precedentes e o texto da súmula, ela é parcial, porque a exclusão das hipóteses de aposentadoria especial decorrente de atividade de risco e de deficiência física violou não apenas a *ratio decidendi* comum à hipótese contemplada (atividade prejudicial à saúde e/ou à integridade

---

[336] Na Proposta de sumulação o Ministro Teori Zavascki disse que também não se pode discutir em sede de MI "...pretensões de servidores já aposentados, visando a promover o cancelamento do benefício ou a concessão de aposentadoria especial" (p. 12).
[337] Em seu voto no julgamento da Proposta de Súmula Vinculante, o Ministro Luís Roberto Barroso sustentou que esse tempo não seria fictício (p. 20), e mais adiante, nos debates, o Ministro Ricardo Lewandowski afirmou que "...em nenhum momento, nas nossas decisões, excluímos a possibilidade de a Administração contar o tempo especial" (no que foi acompanhado pelo Ministro Gilmar Mendes: "mas nós não decidimos isso"), porque "o que nós dissemos aqui é que isso não é objeto de mandado de injunção", no que foi retrucado pelo Ministro Luís Roberto Barroso, ao registrar que esse tema foi expressamente tratado nos MI's relatados pelos Ministros Teori Zavascki (AgR.MI 1596) e Rosa Weber (AgR.MI 1481), além, como visto acima, também em outros dois julgamentos (MI 1785 e AgR.MI 3875). O que não foi objeto de decisão expressa anterior foi a averbação dos atos de aposentadoria especial, quando concedido, matéria suscitada pelo Ministro Luís Roberto Barroso apenas na Proposta de sumulação.

física), como também o mesmo requisito numérico de reiteradas decisões na matéria constitucional, haja vista a existência de 4 (quatro) precedentes oficiais e de outros 8 (oito) precedentes não oficiais que trataram, antes da Proposta de sumulação, daquelas mesmas hipóteses de aposentadoria especial excluídas.

Aplicação e interpretação pelo STF:

Competência da autoridade administrativa para verificar requisitos da aposentadoria especial

I — A jurisprudência desta Corte, após o julgamento do MI 721/DF e do MI 758/DF, Rel. Min. Marco Aurélio, passou a adotar a tese de que o mandado de injunção destina-se à concretização, caso a caso, do direito constitucional não regulamentado, assentando, ainda, que com ele não se objetiva apenas declarar a omissão legislativa, dada a sua natureza nitidamente mandamental. II — A orientação do Supremo Tribunal Federal firmou-se no sentido de que compete à autoridade administrativa responsável pela apreciação do pedido de aposentadoria examinar as condições de fato e de direito previstas no ordenamento jurídico. III — A concessão do mandado de injunção não gera o direito da parte impetrante à aposentadoria especial. Remanesce o dever da autoridade competente para a concessão da aposentadoria especial de, no caso concreto, verificar o efetivo preenchimento dos requisitos legais para a percepção do benefício.
[MI 4.579 AgR, Rel. Min. Ricardo Lewandowski, Plenário, julgamento em 1º-8-2014, *DJE* 213 de 30-10-2014]

Servidor público portador de necessidades especiais e aposentadoria especial

A jurisprudência é pacífica no sentido de que "o cômputo do tempo de serviço e os seus efeitos jurídicos regem-se pela lei vigente quando da sua prestação" (...). Como visto, antes do advento da LC 142/2013, não havia no regime geral norma específica para aposentadoria especial de pessoas com deficiência, razão pela qual este Tribunal sempre aplicou, por analogia, o art. 57 da Lei nº 8.213/1991. Com a entrada em vigor da referida Lei Complementar, somente o tempo de serviço posterior pode ser por ela disciplinado, conforme a máxima *tempus regit actum*. Do contrário, a União estaria se beneficiando de sua própria inércia, ao aplicar retroativamente os parâmetros da LC 142/2013, notadamente menos benéficos que os previstos na Lei nº 8.213/1991 (...).
[MI 1.884 AgR, voto do Rel. Min. Roberto Barroso, Plenário, julgamento em 7-10-2015, *DJE* 214 de 27-10-2015]

Ainda que se possa afastar o reconhecimento da prejudicialidade, em razão da falta de pertinência do que se contém na Súmula Vinculante

33/STF, considerado o contexto ora em exame (pessoa portadora de deficiência), o fato irrecusável é que, com a superveniência da LC 142/2013, esta Corte — ao estender à situação de servidores portadores de deficiência (ou de necessidades especiais), por *analogia legis*, referido diploma legislativo — tem rejeitado pretensões recursais que buscam reformar decisões, como a proferida nesta causa, que reconheceu, em favor de agentes públicos nas condições do art. 40, §4º, I, da CF/1988, o direito à aposentadoria especial. Com efeito, o Supremo Tribunal Federal firmou entendimento no sentido de ser aplicável, por analogia, à aposentadoria especial do servidor público portador de deficiência, a da LC 142/2013, editada para disciplinar a aposentação de pessoa com deficiência (ou com necessidades especiais) segurada do Regime Geral de Previdência Social (CF/1988, art. 201, §1º), como se vê de inúmeros precedentes (...)."
[MI 3.322 AgR-segundo-ED-ED-AgR, voto do Rel. Min. Celso de Mello, Plenário, julgamento em 1º-8-2014, *DJE* 213 de 30-10-2014]

Servidores públicos militares e aposentadoria especial
1. A jurisprudência deste Supremo Tribunal firmou-se no sentido de que a LC 51/1985 — que trata da aposentadoria do servidor público policial — foi recepcionada pela CF/1988, de modo que ausente omissão legislativa a respeito da aposentadoria especial dos policiais militares estaduais. Precedentes do STF. 2. Ausente, nesse contexto, a violação dos preceitos legais e constitucionais apontada na inicial desta ação, inviável concluir pela procedência do pedido de corte rescisório.
[AR 2.420 AgR, Rel. Min. Rosa Weber, Plenário, julgamento em 17-3-2016, *DJE* 62 de 6-4-2016]

2. O Plenário desta Corte, de fato, reconheceu a aplicação da lei geral da previdência para os casos de aposentadoria especial de servidor público civil (MI 721, Rel. Min. Marco Aurélio). Ocorre que a referida conclusão não pode ser aplicada indistintamente aos servidores públicos militares, porquanto há para a categoria disciplina constitucional própria (ARE 722.381 AgR, Rel. Min. Gilmar Mendes). 3. Com efeito, nos termos do art. 42 da Carta, não são aplicáveis aos servidores militares dos Estados, do Distrito Federal e dos Territórios as regras relativas aos critérios diferenciados de aposentadoria de servidores civis que exerçam atividades de risco ou sob condições especiais que prejudiquem a saúde ou a integridade física. Isso porque, nesses casos, cabe à lei própria fixar o regime jurídico de aposentadoria dos servidores militares. E, existindo norma específica (LC 51/1985 ou DL estadual 260/1970), não há que se falar em omissão legislativa.
[ARE 775.070 AgR, voto do Rel. Min. Roberto Barroso, Primeira Turma, julgamento em 30-9-2014, *DJE* 208 de 22-10-2014]

Contagem diferenciada de tempo de serviço e ausência de previsão constitucional
Por fim, para evitar o ajuizamento de recursos futuros contra esta decisão do colegiado, anoto o entendimento sufragado na Corte acerca da impossibilidade de se conceder a ordem para autorizar a contagem diferenciada de tempo em exercício de atividade especial. Com efeito, não há omissão legislativa infraconstitucional no tocante à conversão de tempo de serviço especial em comum, pois não existe norma constitucional que reconheça esse direito para os servidores públicos e que necessite de regulamentação pelo Poder Legislativo. Ao contrário, esta Corte tem entendimento sedimentado no sentido de ser vedada a conversão de tempo de serviço especial em comum para fins de aposentadoria de servidor público, a teor do disposto no próprio §4º do art. 40 da CF/1988, ora discutido.
[MI 3.920 AgR, voto do Rel. Min. Edson Fachin, Plenário, julgamento em 26-11-2015, *DJE* 248 de 10-12-2015]

I — A orientação do Supremo Tribunal Federal firmou-se no sentido de que o art. 40, §4º, da CF/1988 não garante a contagem de tempo de serviço diferenciada ao servidor público, porém, tão somente, a aposentadoria especial.
[RE 788.025 AgR-segundo, Rel. Min. Ricardo Lewandowski, Segunda Turma, julgamento em 26-8-2014, *DJE* 171 de 4-9-2014]

Com efeito, a jurisprudência dessa Corte assentou o não cabimento de mandado de injunção que visa a contagem diferenciada e posterior averbação de tempo do serviço prestado em condições especiais, uma vez que não há previsão constitucional da referida contagem.
[MI 1.278 AgR, voto do Rel. Min. Gilmar Mendes, Plenário, julgamento em 30-4-2014, *DJE* 94 de 19-5-2014]

Ausência de interesse processual para impetrar mandado de injunção
Como se sabe, o Plenário do Supremo Tribunal Federal, ao formular a Súmula Vinculante 33/STF, firmou diretriz jurisprudencial cuja observância se impõe, em caráter obrigatório, aos órgãos e entes da Administração Pública Federal, Estadual, Distrital e/ou Municipal. (...) O conteúdo material da Súmula Vinculante 33/STF descaracteriza qualquer possível interesse processual da parte ora recorrente, pois, com sua superveniente formulação (e publicação), configurou-se típica hipótese de prejudicialidade, apta a legitimar a extinçãodo procedimento recursal (...). Cumpre ressaltar, finalmente, que o Plenário do Supremo Tribunal Federal, em diversos precedentes firmados sobre a matéria (...), salientou que, efetivada a integração normativa necessária ao exercício de direito pendente de disciplinação normativa, exaure-se a função

jurídico-constitucional para a qual foi concebido (e instituído) o remédio constitucional do mandado de injunção (...).
[MI 3.215 AgR-ED-AgR, voto do Rel. Min. Celso de Mello, Plenário, julgamento em 1º-8-2014, *DJE* 191 de 1º-10-2014]

Assim, embora subsista a omissão legislativa (uma vez que não foi editada a lei complementar correspondente), o vácuo normativo não mais representa inviabilidade do gozo do direito à aposentadoria em regime especial pelos servidores públicos cujas atividades sejam exercidas sob condições especiais que prejudiquem a sua saúde ou a sua integridade física. Nessa conformidade, entendo que a edição da Súmula Vinculante 33 esvaziou o objeto da presente ação injuncional, porquanto tornou insubsistente o obstáculo ao exercício pelo servidor do direito de aposentar-se nos termos do art. 57 da Lei 8.213/1991.
[MI 5.762, Rel. Min. Dias Toffoli, dec. monocrática, julgamento em 23-5-2014, *DJE* 101 de 28-5-2014]

4. No que diz respeito à aposentadoria especial de servidores públicos que exerçam atividades sob condições prejudiciais à saúde ou à integridade física (CRFB/1988, art. 40, §4º, III), a matéria já está pacificada por este Tribunal, tendo ficado caracterizada a omissão inconstitucional na hipótese. Nesse sentido, em 9-4-2014, o Plenário deste Tribunal aprovou a Súmula Vinculante 33 (...). 5. Nos termos do art. 103-A da CF/1988, a referida súmula tem efeito vinculante em relação aos demais órgãos do Poder Judiciário e à Administração Pública direta e indireta, nas esferas federal, estadual e municipal. Eventual contrariedade à súmula enseja a propositura de reclamação perante o STF (CRFB/1988, art. 103 A, §3º). 6. Assim, a parte autora não possui interesse processual para impetrar mandado de injunção, já que a autoridade administrativa não poderá alegar a ausência de lei específica para indeferir pedidos relativos à aposentadoria especial de servidores públicos que alegam exercer atividades sob condições prejudiciais à saúde ou à integridade física.
[MI 6.323, Rel. Min. Roberto Barroso, dec. monocrática, julgamento em 2-5-2014, *DJE* 88 de 12-5-2014]

Legitimidade para figurar no polo passivo de mandado de injunção sobre previdência dos servidores públicos
O Governador do Estado não possui legitimidade para figurar no polo passivo de mandado de injunção sobre previdência dos servidores públicos, ante a necessidade da edição de norma regulamentadora de caráter nacional, cuja competência é da União. O Plenário do Supremo Tribunal Federal assentou a legitimidade do Presidente da República para figurar no polo passivo de mandado de injunção sobre a matéria

(RE 797.905 RG/SE, Rel. Min. Gilmar Mendes, unânime, *DJE* de 29-5-2014).
[ARE 685.002 AgR-segundo, Rel. Min. Rosa Weber, Primeira Turma, julgamento em 25-6-2014, *DJE* 159 de 19-8-2014]

Definição normativa de atividade de risco e aposentadoria especial
1. Nos termos do MI 833 e do MI 844, ambos de relatoria para o acórdão do Ministro Roberto Barroso, a jurisprudência do STF firmou-se no sentido de que a expressão "atividade de risco" contida no art. 40, §4º, II, do Texto Constitucional, é aberta, de modo que os contornos de sua definição normativa comportam relativa liberdade de conformação por parte do Parlamento, desde que observado o procedimento das leis complementares. Logo, o estado de omissão inconstitucional ficaria restrito à indefinição das atividades em que o risco seja inerente, o que não se depreende da atividade dos oficiais de justiça. 2. A existência de gratificações ou adicionais de periculosidade para determinada categoria não garante o direito à aposentadoria especial, pois os vínculos funcional e previdenciário não se confundem.
[MI 1.629 AgR, Rel. Min. Edson Fachin, Plenário, julgamento em 7-10-2015, *DJE* 214 de 27-10-2015]

SÚMULA VINCULANTE Nº 34

A Súmula Vinculante nº 34 tem a seguinte redação:

A Gratificação de Desempenho de Atividade de Seguridade Social e do Trabalho-GDASST, instituída pela Lei nº 10.483/2002, deve ser estendida aos inativos no valor correspondente a 60 (sessenta) pontos, desde o advento da Medida Provisória 198/2004, convertida na Lei nº 10.971/2004, quando tais inativos façam jus à paridade constitucional (EC 20/1998, 41/2003 e 47/2005).

Os precedentes declarados dessa súmula são os seguintes julgamentos: AI 804478 AgR, ARE 742684, AI 819320, ARE 701006, ARE 707872, ARE 700898, RE 703209, AI 710317, ARE 703382, RE 695446, AI 803164, ARE 680791, AI 668446, RE 634742, AI 819286, ARE 637514, AI 836772, RE 626723, AI 803170, AI 803162, AI 800834, RE 597154 QO-RG e RE 572052.[338]

---

[338] Os *links* dos julgamentos ARE 680791 e RE 626723 remetem para outro julgamento diverso (AI 785173), que trata de outro tema. Também o julgamento do RE 631880 foi citado nos precedentes ARE 701006 e ARE 707872, mas não incluído no rol oficial.

O precedente-guia é o último, sendo que o penúltimo é também um dos precedentes declarados da SV nº 20, que trata, a rigor, da mesma matéria de fundo. Tal "identidade material" foi reconhecida expressamente no voto do Ministro Relator do precedente-guia, Ricardo Lewandowski, no qual inclusive estabeleceu as diferenças entre as gratificações em questão:

> A diferença entre ambas as gratificações reside apenas nas categorias de servidores beneficiados. Enquanto a GDATA configura uma gratificação de ampla abrangência, que atinge um grande número de servidores, pertencentes a diversos órgãos do Governo Federal, além de incluir os que trabalham nas autarquias e empresas públicas, a GDASST alcança apenas os servidores que integram a carreira da Seguridade Social e do Trabalho, composta, basicamente, pelo pessoal dos quadros dos Ministérios da Saúde, da Previdência e Assistência Social, do Trabalho e Emprego e, ainda, da Fundação Nacional de Saúde-FUNASA.

Com efeito, a GDATA, instituída pela Lei nº 10.404/2002 (com as alterações da Lei nº 10.971/2004), foi substituída pela GDASST pela Lei nº 10.483/2002, no âmbito da carreira acima referida, que, por sua vez, foi substituída pela Gratificação de Desempenho da Carreira da Previdência, da Saúde e do Trabalho (GDPST) pela MP nº 431/2008, convertida na Lei nº 11.784/2008, por fim alterada pela Lei nº 12.702/2012.

Assim como no GDATA, a GDASST/GDPST distinguiu os servidores da ativa e os inativos com base em pontuações mínimas superiores para os primeiros e inferiores para os últimos, sendo que o problema comum de ambas é que as pontuações foram atribuídas *a priori*, a despeito do desempenho, o que deu às gratificações caráter genérico equivalente a um reajuste que devia ser paritário entre subsídios da ativa e proventos da inatividade, nos termos do §8º do art. 40 da CF, na redação dada pela EMC n. 20/98. Assim, gratificações que deviam ostentar natureza *pro labore faciendo* passaram a escamotear reajustes desiguais entre ativos e inativos, violando o direito fundamental à isonomia, naquilo que o Ministro Gilmar Ferreira Mendes chamou várias vezes de fraude à Constituição.

Outras gratificações também padeceram do mesmo mal e foram objeto de outros julgamentos citados no precedente oficial ARE 703382, a saber: 1) RE 517387 (GDARA); 2) AI 715549 AgR (GDPGTAS); 3) AI 716896 AgR (GDATA e GDPGTAS); 4) AI 784339 (GDATA e GDASST); 5) RE 585230 AgR (GDATA e GDPGTAS); 6) RE 598363 (GDATA e

GDPGTAS); 7) AI 757526 AgR (GDASST, GDATA e GDPGTAS); 8) AI 717983 (GDATA e GDPGTAS); 9) AI 713969 (GDATA e GDPGTAS)[339]. Em todos esses julgamentos a distinção nominal das gratificações não alterou a *ratio decidendi*, porque elas foram consideradas genéricas e, na falta de índole *pro labore faciendo*, todas foram consideradas reajustes fraudadores da regra da paridade. As únicas exceções foram os julgamentos dos REs nºs 476279 e 476390, em torno da GDATA, citados no precedente ARE 742684, nos quais se estabeleceu que uma vez estabelecidos os critérios de desempenho a gratificação voltaria a ter caráter individual. Seja como for, essas exceções confirmam a regra fixada nos outros julgamentos e, portanto, deviam ter feito parte do rol de precedentes oficiais da SV nº 20.

Como se percebe, a edição de outra súmula vinculante sobre o mesmo tema de fundo sugere que o STF está sem rumo no manuseio desse mecanismo e, o que é pior, ao se particularizar a edição para cada gratificação, tudo indica que o chamado "estoque" de outras demandas com o mesmo pano de fundo reclamará no futuro a edição de mais duas súmulas, em torno das gratificações nominalmente não citadas (GDARA e GDPGTAS). Ao que tudo indica, o STF ficou ocupado em resolver o "estoque residual" de recursos sobre a mesma matéria, porém gratificação por gratificação, olvidando que na teoria dos precedentes o que mais importa não é o particularismo dos casos, mas a tese usada nos julgamentos.

Essa preocupação com o "estoque residual" foi externada no julgamento da Proposta de Súmula Vinculante, inicialmente pelo Ministro Teori Zavascki e depois pelos Ministros Ricardo Lewandowski, Cármen Lúcia e Luís Roberto Barroso, dizendo depois o Ministro Ricardo Lewandowski que "...aqui, nós estamos trabalhando em termos experimentais...", criticando em seguida a coerente colocação do Ministro Teori Zavascki, acerca da repetição da *ratio decidendi* da SV nº 20, ao afirmar que "...nós não estamos explorando as potencialidades" desse expediente. Ora, repetindo sumulações da mesma *ratio decidendi* é que o STF não explorará de modo correto as potencialidades do instituto e tão menos o fará valendo-se de experimentalismos.

Disso tudo podem ser extraídas as seguintes conclusões: 1) quanto à suficiência dos precedentes, eles justificam numericamente a exigência de "...reiteradas decisões sobre matéria constitucional..."

---

[339] Também foram citados no mesmo local os julgamentos dos AIs 710350 e 717134, mas seu conteúdo não está disponível no *site* do STF.

(art. 103-A, *caput*, da CF); 2) quanto à fidelidade entre os julgamentos precedentes e o texto da súmula, ela é parcial, porque se verifica quanto à interpretação *in concreto* da matéria e de forma particular acerca da GDASST, olvidando (i) que essa gratificação foi substituída pela GDPST, (ii) assim como outras gratificações incidentes no mesmo problema originário (GDARA e GDPGTAS), também objeto de decisões no mesmo sentido, e (iii) mormente que o tema *in abstracto* já estava sumulado na SV nº 20, já que também aqui se reconhece o direito dos servidores aposentados (empossados até a publicação da EMC n. 41/2003, nos termos de seu art. 7º e, depois, nos termos do art. 3º da EMC nº 47/2005) à extensão isonômica de qualquer vantagem ou gratificação conferida de forma linear aos servidores da ativa em detrimento da regra de paridade prevista no §8º do art. 40 da CF (como antes previa o texto originário do §4º), na redação dada pela EMC 20/98.

Aplicação e interpretação pelo STF:

Instituição de avaliação de desempenho e termo final do pagamento aos inativos
Registre-se, por fim, que a Súmula Vinculante 34 limita-se a determinar a extensão da GDASST aos inativos no valor correspondente a 60 pontos, mas em momento algum garante a manutenção desse percentual na hipótese de sobrevir avaliação de desempenho dos servidores ativos, fator que define o caráter *pro labore faciendo* da vantagem.
[RE 941.514, Rel. Min. Teori Zavascki, dec. monocrática, julgamento em 4-3-2016, *DJE* 45 de 10-3-2016]

SÚMULA VINCULANTE Nº 35

A Súmula Vinculante nº 35 tem a seguinte redação:

A homologação da transação penal prevista no artigo 76 da Lei nº 9.099/1995 não faz coisa julgada material e, descumpridas suas cláusulas, retoma-se a situação anterior, possibilitando-se ao Ministério Público a continuidade da persecução penal mediante oferecimento de denúncia ou requisição de inquérito policial.

Os precedentes declarados dessa súmula são os seguintes julgamentos: HC 86694, ARE 676341, RE 619224, AI 723622, AI 746484, RE 581201 AgR, RE 602072 QO-RG, AI 754933, HC 84976, HC 88785, HC 79572, HC 80802 e RE 268320. Além desses julgamentos, também foram citados em precedentes oficiais diversos os seguintes julgamentos não arrolados que versam sobre a mesma matéria: RE 473041, HC 86573, RE 268319, HC 80164 e HC 84775.

O precedente-guia eleito na Proposta de Súmula Vinculante é o RE 602072 QO-RG, ao que parece mais porque nele também se estabeleceu primeiro o regime da repercussão geral (como ocorreu com as primeiras sumulações, anteriores à regulamentação da Lei nº 11.417/2006), do que propriamente por nele conter todos os elementos teóricos da tese sumulada (inexistência de coisa julgada material da sentença penal homologatória de transação judicial em sede de juizado especial penal – art. 76 da Lei nº 9.099/95). Tanto assim que nesse julgamento o Ministro Relator, Cézar Peluso, gastou apenas duas páginas para se referir ao que chamou de jurisprudência "...velhíssima e há muito assentada", no pressuposto de que nada de novo havia a ser discutido.

Em verdade, todos os elementos teóricos da tese que compõe a verdadeira *ratio decidendi* da Súmula em comento estão presentes no julgamento do HC 79572, da relatoria do Ministro Marco Aurélio, citado nos precedentes imediatamente posteriores (RE 268320, HC 80802, HC 88785, HC 84976).[340]

Nesse julgamento foram apresentados os seguintes argumentos condutores da tese: 1) a aceitação do acordo por parte do acusado no juizado especial penal não implica assunção de culpa; 2) em caso de descumprimento do acordo, o Estado não está dispensado de provar a materialidade e a autoria, de acordo com o devido processo legal, ou seja, mediante apresentação de denúncia e regular processamento, sob pena de malferimento dos direitos fundamentais previstos nos incs. LIV e LVII do art. 5º da CF; 3) o art. 45 do CPB não se aplica ao procedimento dos juizados especiais penais pela via do art. 92 da Lei nº 9099/95, porque ali a conversão da pena restritiva de direitos em pena privativa de liberdade pressupõe condenação anterior, ao passo que naqueles juizados o procedimento tem início pelo termo de ocorrência e a proposta de acordo se faz na audiência preliminar, antes sequer de apresentação de denúncia, o que impede que a sentença homologatória tenha equivalência de sentença condenatória; 4) a sentença homologatória de transação no juizado especial penal faz coisa julgada material, porém sujeita a condição resolutiva, qual seja, o cumprimento do pactuado.

---

[340] A remissão ao RE 602072 começou apenas a partir do AI 754933.

O Ministro Relator do *leading case* se valeu do entendimento esposado no Enunciado nº 21 do 4º Encontro de Coordenadores de Juizados Especiais Cíveis e Criminais do Brasil, realizado em 1998,[341] e também no escólio conjunto de Ada Pellegrini Grinover, Antônio Magalhães Gomes Filho, Antônio Scarance Fernandes e Luiz Flávio Gomes.[342] Em ambas as passagens citadas não se refuta a ocorrência de coisa julgada material na sentença homologatória penal, atentando-se apenas para a natureza especial da homologação.

Há portanto uma notória diferença de abordagem entre a *ratio decidendi* contida no julgamento do HC 79572 e a *ratio decidendi* encontrada no julgamento do RE 602072 QO-RG, porque no primeiro se afirma que a sentença homologatória de transação no juizado especial penal faz coisa julgada material em caráter condicional, enquanto que na segunda se assevera que ela simplesmente não faz coisa julgada material. Essa é uma contradição que não podia passar despercebida na sumulação, porque uma coisa é a resolutividade de uma sentença trânsita em julgado e outra, bem diferente, é a inexistência de coisa julgada. Esse erro de abordagem somente pode ser corrigido se se entender que a sentença homologatória de transação no juizado especial penal faz coisa julgada material apenas quando cumprida, já que depois disso a persecução penal se esgota; quando descumprido o acordo, a coisa julgada é resolvida, retornando-se ao estado anterior.

Conceitualmente, a coisa julgada resolúvel não se confunde com a coisa julgada *rebus sic stantibus*. A primeira tem a sua eficácia comprometida por determinado ato ou fato processual posterior capaz de desconstitui-la. A segunda se mantém eficaz enquanto não se reconhecer que as premissas fáticas e/ou jurídicas sobre as quais foi proferida se modificaram após o trânsito. Na primeira, um ato é inteiramente substituído por outro em sua eficácia, enquanto que na segunda um ato é sucedido por outro, mantendo cada qual sua eficácia temporal.

A rigor, a tese adotada admite a validade de sentença homologatória de transação judicial condicional no juizado especial penal, coisa que não se passa no processo civil, mesmo do juizado especial: 1) no processo civil comum, porque o Juiz está proibido de decidir de

---

[341] "O inadimplemento do avençado na transação penal, pelo autor do fato, importa desconstituição do acordo e, após cientificação do interessado e seu defensor, determina a remessa dos autos ao Ministério Público".

[342] *Juizados Especiais Criminais*. São Paulo: RT, 1996, p. 134. Outros autores e trabalhos foram também citados pelo Ministro Celso de Mello na p. 6 de seu voto no HC 86694, na condição de Relator.

forma condicional quando a obrigação material não possuir tal índole (parágrafo único do art. 460 do CPC – parágrafo único do art. 492 do NCPC) e a sentença homologatória de transação extingue o processo com a resolução do mérito (art. 269, III, do CPC – art. 487, III, "b", do NCPC), com automático trânsito em julgado (art. 503 do CPC – art. 1000 do NCPC), valendo então como título executivo judicial (art. 475-N, III, do CPC – art. 515, II, do NCPC), que somente pode ser desconstituído por ação rescisória (at. 485, VIII, do CPC - §4º do art. 966 do NCPC tornou a matéria sujeita a ação anulatória); 2) no juizado especial cível, porque a sentença homologatória ostenta natureza de título executivo judicial (parágrafo único do art. 22 da Lei nº 9099/95), mesmo quando tiver por objeto transação extrajudicial (art. 57 do mesmo diploma).

Grosso modo, uma vez descumprido o acordo no juizado especial penal, o MP pode apresentar denúncia ou requerer a abertura de inquérito policial, retomando-se assim o rito normal da demanda, o que exclui do rol de precedentes o julgamento do HC 88785, porque nesse caso o MP apresentou denúncia após o descumprimento de acordo judicial e requereu a suspensão condicional do processo, nos termos do art. 89 da Lei nº 9099/95. Em outras palavras, o processo já havia saído do regime do art. 76 para o regime do art. 89, no qual a solução para o inadimplemento do período de prova é explícito: prosseguimento do processo em seus ulteriores termos (§7º). Trata-se de coisas diversas, porque não se propõe ao acusado um acordo antes mesmo da denúncia, mas sim uma suspensão do processo após a denúncia, diante de certas condições que, uma vez não cumpridas, não permitem a conversão da pena restritiva de direitos em pena privativa de liberdade.

Disso tudo podem ser extraídas as seguintes conclusões: 1) quanto à suficiência dos precedentes, eles justificam numericamente a exigência de "...reiteradas decisões sobre matéria constitucional..." (art. 103-A, *caput*, da CF), inclusive porque existentes outros julgamentos não incluídos no rol oficial; 2) quanto à fidelidade entre os julgamentos precedentes e o texto da súmula, ela é parcial, porque o entendimento contido entre o julgamento do HC 79572 e o do HC 84976 é o de que a coisa julgada material da sentença homologatória de transação judicial no juizado especial criminal é resolúvel, enquanto que o entendimento esposado a partir do julgamento do RE 602072 QO-RG é o de que inexiste coisa julgada material naquele tipo de sentença, sendo que a única forma de resolver essa contradição é se entender que a sentença homologatória de transação no juizado especial penal faz coisa julgada material apenas quando cumprida, já que depois disso

a persecução penal se esgota; quando descumprido o acordo, a coisa julgada é resolvida, retornando-se ao estado anterior.
Aplicação e interpretação pelo STF:

> *Consequências jurídicas da homologação de transação penal*
> As consequências jurídicas extrapenais, previstas no art. 91 do CP/1940, são decorrentes de sentença penal condenatória. Tal não ocorre, portanto, quando há transação penal, cuja sentença tem natureza meramente homologatória, sem qualquer juízo sobre a responsabilidade criminal do aceitante. As consequências geradas pela transação penal são essencialmente aquelas estipuladas por modo consensual no respectivo instrumento de acordo.
> [RE 795.567, Rel. Min. Teori Zavascki, Plenário, julgamento em 28-5-2015, *DJE* 177 de 9-9-2015]

SÚMULA VINCULANTE Nº 36

A Súmula Vinculante nº 36 tem a seguinte redação:

> Compete à Justiça Federal comum processar e julgar civil denunciado pelos crimes de falsificação e de uso de documento falso quando se tratar de falsificação da Caderneta de Inscrição e Registro (CIR) e de Carteira de Habilitação de Amador (CHA), ainda que expedidas pela Marinha do Brasil.

Os precedentes declarados dessa súmula são os seguintes julgamentos: HC 110237, HC 112142, HC 108744, HC 104837, HC 103318 e HC 90451. Além desses julgamentos, também foram citados em precedentes oficiais diversos os seguintes julgamentos não arrolados, mas que versam sobre a mesma matéria: HC 96083, HC 96561, HC 104617, HC 104619, HC 106171, HC 107731, HC 109544 e HC 113541.

Na Proposta de Súmula Vinculante foram indicados como precedentes-guia os julgamentos dos HCs 108744 e 110237. A escolha de um par de julgamentos não é a melhor metodologia para a fixação da *ratio decidendi*, a menos que sejam complementares, mas esse não é o caso da indicação em comento. O primeiro deles, inclusive, na matéria de fundo, é apenas remissivo de outros julgamentos. Já o último julgamento, da relatoria do Ministro Celso de Mello, contém a mais longa fundamentação, mas tampouco esse deve ser o critério definidor de um *leading case*. Se fosse o caso então de se adotar um par de julgamentos, o melhor seria conjugar o do HC 110237 com o do HC 90451, este último não apenas por ser o mais antigo, mas por conter exame detido da tese adotada pelo STF.

Nesse último julgamento, um civil foi denunciado perante a justiça militar pelo crime de falsidade de documento público (carteira de habilitação naval), com base no art. 311 do CPM, no pressuposto, portanto, de que se tratava de crime militar, e não de crime comum.

A definição dos crimes militares em tempo de paz é tratada no art. 9º do CPM, do seguinte modo: 1) no inc. I, quanto à sua especialidade, por exclusão dos tipos penais comuns; 2) no inc. II, quanto à autoria, especificamente de militares em atividade ou assemelhado; 3) no inc. III, quanto ao bem jurídico tutelado, em específico as instituições militares ali indicadas (patrimônio sujeito à administração militar, ordem administrativa militar e os militares em atividade militar ou assemelhado.

Considerando que o tipo penal em questão é o mesmo do art. 297 do CPB, entendeu o Relator excluída a hipótese do inc. I do art. 9º do CPM, o mesmo ocorrendo com a hipótese do inc. II, já que o acusado era civil. Quanto à hipótese do inc. III, o Ministro Relator citou dois julgamentos anteriores, considerando-os essenciais para a compreensão de seu voto, a saber: 1) o primeiro foi o HC 68928, no qual um civil foi acusado de crime de resistência e desacato contra um militar em exercício de policiamento naval, ocasião em que o STF considerou tal atividade não militar, por se inscrever na competência subsidiária da Marinha, em concurso com outras autoridades civis (decreto a Polícia Federal, tal como previsto no art. 144, §1º, III, da CF); 2) o segundo foi o CC 7030 (remissivo, por sua vez, aos seguintes precedentes: RC 1464, HC 68928, HC 69649, HC 68967 e RE 141021), no qual o STF entendeu que o policiamento naval não é função militar própria, mas administrativa e subsidiária, excludente portanto da hipótese da alínea "d" do inc. III do art. 9º do CPM. Em ambos os julgamentos, a conclusão óbvia foi a incompetência da justiça militar para processar e julgar o acusado, que somente podia ser processado e julgado então pela justiça federal comum, como concluiu também o Ministro Relator do precedente em comento, com base no art. 109, IV, da CF.

Em resumo, não é a natureza do documento falsificado (pública) e tampouco a autoridade que o emitiu (a Marinha) que definem o crime como militar, mas sim a natureza da atividade desempenhada pela autoridade militar, para os fins da alínea "d" do inc. III do art. 9º do CPM. E o policiamento naval não foi considerado uma atividade propriamente militar, mas sim uma função administrativa subsidiária de outras autoridades civis, em específico a Polícia Federal, tal como previsto no art. 144, §1º, III, da CF, o que atrai a competência da justiça federal comum (art. 109, IV, da CF) e exclui a competência da justiça militar.

A mesma premissa supra pode ser usada, inclusive, para tipos penais diversos da falsidade de documentos públicos, como os de resistência e desacato (HC 68928, citado no precedente HC 90451) e de lesões corporais culposas (HC 81963, citado no precedente HC 110237). Em outras palavras, um civil em tempo de paz somente pode ser processado e julgado por crime militar quando atentar contra uma instituição militar, tal como definida no inc. III do art. 9º do CPM. Essa devia então ser a *ratio decidendi* pronunciada na Súmula Vinculante, que se limitou a fixá-la para o crime de falsidade de dois documentos públicos específicos: a CIR e a CHA.

Quanto se vai ao julgamento do HC 110237, citado na proposta de sumulação como um dos *leading cases*, a *ratio decidendi* acima resumida é encontrada na remissão ao HC 81963[343] e quando, mais adiante, o Ministro Relator, Celso de Mello, sustenta o caráter excepcional do julgamento de civis por tribunais militares em tempo de paz e a necessidade de se ter afetado com a ação delituosa uma instituição militar. No mais, encontra-se menção à tendência da matéria no direito estrangeiro, de exclusão da competência de tribunais militares para o julgamento de civis em tempo de paz (com citação de um *leading case* do direito americano, de 1866: *Ex Parte Milligan*), e uma longa digressão em torno do princípio do juízo natural.

Disso tudo podem ser extraídas as seguintes conclusões: 1) quanto à suficiência dos precedentes, eles justificam numericamente a exigência de "...reiteradas decisões sobre matéria constitucional..." (art. 103-A, *caput*, da CF), inclusive porque existentes outros julgamentos não incluídos no rol oficial; 2) quanto à fidelidade entre os julgamentos precedentes e o texto da súmula, ela é parcial, porque não foi o crime de falsidade de documentos públicos específicos (CIR e CHA) que definiu a competência da justiça federal comum em detrimento da

---

[343] "Não se tem por configurada a competência penal da Justiça Militar da União, em tempo de paz, tratando-se de réus civis, se a ação delituosa, a eles atribuída, não afetar, ainda que potencialmente, a integridade, a dignidade, o funcionamento e a respeitabilidade das instituições militares, que constituem, em essência, nos delitos castrenses, os bens jurídicos penalmente tutelados".

justiça militar, mas sim a inexistência de crime militar praticado por civil em tempo de paz no contexto de policiamento naval realizado pela Marinha, porque essa não é uma atividade propriamente militar, mas sim uma função administrativa subsidiária de outras autoridades civis, em específico a Polícia Federal, tal como previsto no art. 144, §1º, III, da CF, ou por outra: um civil em tempo de paz somente pode ser processado e julgado por crime militar perante a justiça castrense quando atentar contra uma instituição militar, tal como definida no inc. III do art. 9º do CPM, coisa que não se verifica no policiamento naval realizado pela Marinha, por expressar uma função administrativa subsidiária de outras autoridades civis, em específico a Polícia Federal, tal como previsto no art. 144, §1º, III, da CF.

Aplicação e interpretação pelo STF:

> 8. Reconheço que a jurisprudência do Supremo Tribunal Federal é pacífica no sentido de que a "Justiça militar não detém competência para julgar civil denunciado pela prática do crime de uso de documento falso (Carteira de Inscrição e Registro CIR, expedida pela Marinha do Brasil) (...)". Essa jurisprudência deu ensejo à Súmula Vinculante 36 do STF (...). 9. No caso de que se trata, contudo, o acórdão impugnado evidencia que "o paciente era, na época da prática delituosa, e ainda é, militar, porque é da Reserva". Circunstância que atrai, em linha de princípio, a regra do art. 12 do CPM/1969, segundo a qual "o militar da reserva ou reformado, empregado na administração militar, equipara-se ao militar em situação de atividade, para o efeito da aplicação da lei penal militar". De modo que não vejo teratologia, ilegalidade flagrante ou abuso de poder que autorize a concessão da ordem de ofício.
> [HC 131.515, Rel. Min. Roberto Barroso, dec. monocrática, julgamento em 25-11-2015, *DJE* 240 de 27-11-2015]

SÚMULA VINCULANTE Nº 37

A Súmula Vinculante nº 37 tem a seguinte redação:

> Não cabe ao Poder Judiciário, que não tem função legislativa, aumentar vencimentos de servidores públicos sob o fundamento de isonomia.

Os precedentes declarados dessa súmula são os seguintes julgamentos: RE 592317, ARE 762806 AgR, RE 402467 AgR, RE 711344 AgR, RE 637136 AgR, RE 223452 AgR, RE 173252 e RMS 21662. Além desses julgados, foram citados em precedentes oficiais vários outros julgamentos sobre a mesma matéria: ADI 112, ADI 171, ADI 529, ADI 1064 MC, ADI 1776 MC, RE 160850, RE 165864, RE 179156, RE 185016, RE 192963, RE 194263, RE 196949, RE 202275, RE 228522, RE 235732, RE 255702, RE 286512 AgR-ED, RE 342802 AgR, RE 361341-ED, RE 378141 AgR, RE 402364 AgR, RE 411345, RE 413433 AgR, RE 467011 AgR, RE 475915 AgR, RE 513884 AgR, RE 524020 AgR, RE 575936 AgR, RE 575964 AgR, RE 577626 AgR, RE 597410, RE 599402 AgR, RE 599890 AgR, RE 609527 AgR, AI 363096 AgR, AI 387673 AgR-ED, AI 391086, AI 413974, AI 414123, AI 414699, AI 655605 AgR, AI 676370 AgR, AI 701472 AgR e AI 836790 AgR.

A súmula em comento é uma reprodução literal da Súmula nº 339, que possui outros precedentes anteriores, a saber: RMS 9611, RE 46948, RMS 9122, RE 47340, RE 41794 EI, RE 42186 e RE 40914.

A conversão de uma súmula ordinária do STF em súmula vinculante não é uma iniciativa nova e já havia ocorrido com a S. 648, convertida na SV n. 7, mas nesta última os precedentes da sumulação originária foram tomados de empréstimo para a conversão, coisa que não ocorreu no caso em exame, muito provavelmente porque sua edição ocorreu em período anterior à vigência da CF de 1988 (em 13.12.1963), embora os parâmetros constitucionais sejam os mesmos.

Na Proposta de Súmula Vinculante foram citados expressamente os julgamentos do RMS 21662, do RE 711344 AgR e do RE 592317 como referência para a sumulação. No último deles o tribunal decretou regime de repercussão geral, o que não o transforma automaticamente no *leading case*, mormente porque foi apenas remissivo de vários outros julgamentos, a maioria sequer relacionada no rol oficial, o mesmo ocorrendo com o RE 711344 AgR, ao contrário do que se passou no RMS 21662, que contém a maior parte da fundamentação da tese jurídica sumulada. Com isso, pode-se considerar que este é o *leading case* da SV.

Tratava-se de um *mandamus* no qual os impetrantes eram servidores civis ativos e inativos do Ministério da Aeronáutica que reclamavam a extensão de um reajuste da ordem de 42% concedido exclusivamente aos servidores militares pela Lei nº 8237/91, com base na regra do inc. X do art. 37 da CF, tendo por autoridade coatora o Ministro de Estado da Aeronáutica. O Ministro Relator, Celso de Mello, estabeleceu então duas premissas para negar provimento ao RO: 1) a autoridade coatora não tinha competência para atender a ordem requerida e, portanto, sem lei que outorgasse poder para tanto o MS era inadequado para a pretensão deduzida (inclusive porque nesse caso ele estaria a provocar reconhecimento de inconstitucionalidade por omissão, conforme apontou o PGR); 2) a extensão almejada esbarrava em matéria de reserva legal absoluta, que nem mesmo a pretexto da invocada igualdade (art. 37, X, da CF) podia ser atendida pelo Poder Judiciário, com base na S. 339. Ao fim, o Ministro Relator chamou esse último tema de inconstitucionalidade por omissão parcial (chamada de inconstitucionalidade por exclusão indevida de benefício na ADI 529, também citada no julgamento), resumindo então 3 (três) possíveis saídas para o problema do tratamento desigual, a saber: 1) extensão dos benefícios às categorias excluídas; 2) supressão dos benefícios concedidos às categorias favorecidas; 3) reconhecimento da "situação constitucional imperfeita", com assinalação de prazo ao Poder Legislativo para a edição de lei igualizadora, "...sob pena de progressiva inconstitucionalidade do ato estatal...". Na Ementa do Acórdão foram enumerados os princípios da legalidade, da reserva de lei formal e da separação de poderes como base para o descarte da primeira hipótese na espécie.

Em resumo, reconhece-se que o Poder Judiciário não tem competência para, por via judicial, reconhecer direito a tratamento isonômico caso ele represente aumento ou reajuste de subsídios ou proventos, tanto em sede de controle difuso quanto de controle concentrado.

Quanto à segunda solução, ela traz consigo o argumento do resultado oposto ao da pretensão (usado no RE 173252), que tem lógica apenas no controle concentrado, e não no controle difuso. No primeiro, o controle se faz em caráter abstrato e, portanto, a pretensão relativa à extensão de benefício pode ser taxada de extra normativa e subjetiva, mas no segundo o resultado do controle incidental é precisamente o de assegurar o exercício de um direito subjetivo, que evidentemente não coincide com o reconhecimento da inconstitucionalidade do texto normativo, mas do tratamento desigual nele contido. Seja como for, essa saída foi vedada pela terceira solução, acima resumida.

No que se refere à terceira solução, para além da ADI por omissão, indicada expressamente no RE 173252, ela sugere a possibilidade de decisões interpretativas de variados tipos,[344] que têm cabimento

---

[344] Que podem ser, na nomenclatura alemã: 1) de incompatibilidade ou declaratória de inconstitucionalidade sem pronúncia de "nulidade": a) proibitiva de aplicação da lei até a sua correção legislativa; b) permissiva, com ou sem medidas saneadoras; 2) de compatibilidade apelativa ou de apelo ao legislador, pela qual se reconhece a inconstitucionalidade hipotética ou potencial, em caso de não correção legislativa (JEVEAUX, op. cit., p. 322-325).

tanto na ADI como na ADC, supondo-se nesse último caso que interesse a um de seus legitimados precisamente o reconhecimento da constitucionalidade do tratamento distintivo. Não fosse a premissa restritiva acima estabelecida, em tese se poderia admitir o cabimento de mandado de injunção, caso o objetivo do demandante não fosse a edição de texto de lei, mas a correção do tratamento desigual.

Em termos de coerência, contudo, o STF pode ter incidido em um sério erro argumentativo, em particular quando, ao editar as SVs nºs 20, 34 e 51, reconheceu o direito dos servidores aposentados (empossados até a publicação da EMC nº 41/2003, nos termos de seu art. 7º e, depois, nos termos do art. 3º da EMC nº 47/2005) à extensão isonômica de qualquer vantagem ou gratificação conferida de forma linear aos servidores da ativa em detrimento da regra de paridade prevista no §8º do art. 40 da CF (como antes previa o texto originário do §4º), na redação dada pela EMC 20/98, e o direito dos servidores civis à extensão do reajuste de 28,86% concedido aos servidores militares pelas Leis nºs 8622/93 e 8627/93. Ora, também aqui a premissa da extensão isonômica é o reconhecimento tácito da inconstitucionalidade por omissão parcial, embora pela via eufemística de gratificações que escamoteavam reajustes não lineares e pela via de índices díspares de correção atribuídos a alguns cargos entre civis e entre civis e militares.

O único Ministro que pareceu ter percebido esse problema foi Luiz Fux, em seu voto no RE 592317, mas nele a referência a "...uma gratificação a camuflar uma paridade obrigatória..." foi usada para excluir essa hipótese do caso então em análise, olvidando também ele que a premissa a rigor era a mesma.

A propósito, outros precedentes oficiais apresentam situações materiais de desigualdade sobre as quais foram usadas as mesmas premissas.

A começar então pelo RE 592317, da relatoria do Ministro Gilmar Mendes, o pano de fundo era precisamente a concessão de uma gratificação (gratificação de gestão de sistemas) aos servidores do Município do Rio de Janeiro lotados na Secretaria Municipal de Administração (SMA), com exclusão de um servidor ocupante de cargo funcionalmente ligado à SMA, porém lotado na Secretaria Municipal de Governo (SMG). O interessado havia obtido sentença de procedência e acórdão que a confirmara, mas no RE se repetiu a cantilena da S. 339, com remissão a outros julgamentos com a mesma fundamentação.

O mesmo se verifica no RE 637136 AgR, da relatoria do Ministro Luiz Fux, no qual um servidor do Município de Fortaleza almejava a extensão de uma gratificação (Gratificação Especial de Exercício – GEE) a si, com base no princípio da igualdade, direito não reconhecido pelo STF também de acordo com a S. 339. Também no RE 173252, da relatoria do Ministro Moreira Alves, estava em questão o pretendido direito a diferenças de proventos de aposentadoria de servidor do Município São Bernardo do Campo, que na atividade exercera função de Diretor de Departamento e depois se disse lesado em sede de ação ordinária quando a Lei Municipal nº 2240/76 conferiu valor superior à gratificação de Diretor de Departamento da Área da Saúde em relação àquele praticado para as demais funções de Diretor de Departamento das outras áreas, sendo que a única exigência para a ocupação de referidas funções era a formação de nível superior. Da sentença de procedência o Município interpôs apelação, cujo acórdão confirmou o primeiro ato decisório no mérito, no pressuposto de ser "... injustificável que o Diretor de Departamento da área de Saúde possa perceber remuneração superior à dos demais diretores, mesmo os inativos que incorporaram tal vantagem em seus proventos". Desse acórdão se interpôs então o RE mencionado, tendo o Ministro Relator, Moreira Alves, fixado que a regra do §1º do art. 39 da CF (que previa isonomia de vencimentos entre servidores do mesmo Poder e entre servidores dos três Poderes, antes de sua alteração pela EMC n. 19/98) não é dirigida ao Poder Judiciário, mas ao Poder Legislativo.

Não se ignora que a criação por lei federal de gratificação favorável a servidores ativos em detrimento dos inativos, para burlar a regra da paridade entre subsídios e proventos, e que o tratamento distinto irrazoável entre servidores militares e civis e entre civis não são a mesma coisa da criação de gratificações por leis municipais com diferentes critérios de concessão (lotação, importância da função, etc..., como se viu acima), mas, assim como nos precedentes que animaram as SVs 20, 34 e 51, o que interessava em todos esses casos não era o tipo de gratificação ou a origem federativa da lei ou do ato distintivo, mas o fato de um benefício ser concedido a uma classe em detrimento de outra, em tese disposta sobre as mesmas bases fáticas e jurídicas.

Os outros precedentes oficiais bem demonstram a diversidade de situações materiais nas quais foi reclamado o mesmo tratamento paritário: 1) ARE 762806 AgR: equiparação com remuneração do cargo de analista legislativo/jornalista; 2) RE 402467 AgR: extensão dos benefícios da Lei do Estado do Piauí nº 5376/04, que disciplinou as carreiras e fixou a remuneração dos cargos do pessoal da polícia civil; 3) RE 223452 AgR: equiparação remuneratória das carreiras de assistente jurídico do Detran e de Procurador do Estado do Piauí; 4) RE 711344 AgR: extensão de vantagem pecuniária individual da Lei nº 10.698/2003 a servidores da Fundação Nacional de Saúde – FUNASA. Disso tudo podem ser extraídas as seguintes conclusões: 1) quanto à suficiência dos precedentes, eles justificam numericamente a exigência de "...reiteradas decisões sobre matéria constitucional..." (art. 103-A, *caput*, da CF), inclusive porque existentes outros vários julgamentos não incluídos no rol oficial; 2) quanto à fidelidade entre os julgamentos precedentes e o texto da súmula, ela é parcial, porque, embora seja uma reprodução literal de súmula pregressa (nº 339), não foram indicados os meios a serem usados para corrigir a desigualdade (ADI por omissão e decisões interpretativas) e mormente não foi explicada a forma como a *ratio decidendi* desta súmula pode conviver com a *ratio decidendi* das SVs 20, 34 e 51, já que elas admitem que o Poder Judiciário promova a extensão isonômica (i) aos inativos de gratificações concedidas aos ativos para disfarçar reajustes não lineares e (ii) aos servidores civis de índices díspares de correção atribuídos a alguns cargos entre civis e entre civis e militares, com base a rigor na mesma premissa da inconstitucionalidade por omissão parcial.

Aplicação e interpretação pelo STF:

Poder Judiciário e vedação de aumento de vencimentos com base no princípio da isonomia

Ao Poder Judiciário compete propor alterações dos respectivos cargos e funções ao Legislativo (art. 96 da Constituição da República), ao qual cabe, se tanto deliberar, segundo processo constitucionalmente estabelecido, criar a norma legal com as mudanças propostas. (...) Não pode o Poder Judiciário compelir o Legislativo a criar lei sobre equiparação de remuneração de servidor público, conduta constitucionalmente vedada. Tampouco cabe ao Judiciário a função de legislar, criando cargos ou equiparando remuneração de servidores públicos, para tanto se articulando com o princípio da isonomia.
[ARE 742.574 ED, voto da Rel. Min. Cármen Lúcia, Segunda Turma, julgamento em 3-3-2015, *DJE* 50 de 16-3-2015]

Reconhecimento do direito a férias e afastamento da Súmula Vinculante 37

In casu, não se revela qualquer violação à Súmula Vinculante 37, não cabendo confundir o reconhecimento do direito a férias com aumento de remuneração sob o fundamento de isonomia.
[Rcl 19.627 AgR, Rel. Min. Luiz Fux, Primeira Turma, julgamento em 23-2-2016, *DJE* 47 de 14-3-2016]

(...) o caso decorre de pretensão de recebimento de diferenças de gratificação natalina, férias acrescidas de terço constitucional (bem assim do reflexo dessas férias sobre a gratificação natalina), tendo a sentença, mantida pelo acórdão ora reclamado, julgado procedentes em parte os pedidos, reconhecendo o direito de professor temporário às férias proporcionais, uma vez que não houve fruição de férias nem o pagamento do correspondente terço. No ponto, levou-se em conta, sob o princípio da isonomia, o período especial de férias de 45 dias dos professores ocupantes de cargo efetivo. Como se vê, houve majoração apenas da verba devida a título de férias proporcionais. Nessas circunstâncias, em que não acolhido pedido de aumento de vencimentos, não há falar em aderência estrita entre o ato reclamado e a Súmula Vinculante 37.
[Rcl 19.720 AgR, voto do Rel. Min. Teori Zavascki, Segunda Turma, julgamento em 25-8-2015, DJE 177 de 9-9-2015]

Súmula Vinculante 37 e a aplicação isonômica de lei concessiva de revisão geral de reajuste

Diversamente do que sugere o reclamante, da leitura do acórdão reclamado não se verifica ofensa direta ao enunciado vinculante em questão, haja vista que não se fez presente a concessão de aumento salarial pelo Poder Judiciário, mas a determinação de aplicação da Lei 8.970/2009 de forma uniforme a todos os servidores, diante da impossibilidade de se conceder revisão geral com distinção de índices entre os servidores, o que torna impertinente a alegação de violação àquele verbete. Em outras palavras, *in casu*, o Poder Judiciário não atuou como legislador positivo, o que é vedado pela Súmula, mas, apenas e tão somente, determinou a aplicação da lei de forma isonômica. Situação diversa seria aquela em que, não existindo lei concessiva de revisão, o Judiciário estendesse o reajuste. Entendimento idêntico foi esposado pelo Ministro Celso de Mello no julgamento do AI 401.337 AgR/PE, ocasião em que se concluiu pela não incidência da Súmula 339 (que deu origem à Súmula Vinculante 37) (...).
[Rcl 20.864 AgR, voto do Rel. Min. Luiz Fux, Primeira Turma, julgamento em 15-12-2015, DJE 28 de 16-2-2016]

SÚMULA VINCULANTE Nº 38

A Súmula Vinculante nº 38 tem a seguinte redação:

É competente o Município para fixar o horário de funcionamento de estabelecimento comercial.

Os precedentes declarados dessa súmula são os seguintes julgamentos: AI 694033 AgR, AI 629125 AgR, ADI 3691, ADI 3731 MC, AI 565882 AgR, AI 622405 AgR, RE 441817 AgR, AI 481886 AgR, AI 413446 AgR, RE 189170, RE 321796 AgR, AI 297835 AgR, AI 330536 ED, AI 274969 AgR, RE 252344 AgR, AI 310633 AgR, RE 274028, RE 285449 AgR, RE 237965, RE 174645 e RE 203358 AgR. Além desses julgados, foram citados em precedentes oficiais outros julgamentos sobre a mesma matéria: RE 175901, AI 729307 ED, RE 408373 AgR, RE 274542, RE 191031, RE 199520, RE 311461 e RE 303764 AgR.

A súmula em comento é uma reprodução literal da Súmula nº 645, que possui outros precedentes anteriores, a saber: RE 203358 AgR, RE 167995, RE 174645, RE 182976, RE 218749, RE 169043 AgR, RE 199520, RE 194083 AgR e RE 237965. Como se percebe, há uma coincidência de 3 (três) precedentes, a saber: RE 237965, RE 174645 e RE 203358 AgR.

Essa última Súmula ordinária, por sua vez, é uma atualização da S. 419, que dispunha o seguinte, ao tempo de vigência da CF anterior:

Os municípios têm competência para regular o horário do comércio local, desde que não infrinjam leis estaduais ou federais válidas.

Trata-se de uma nova conversão de súmula ordinária em súmula vinculante, objeto a propósito do desmembramento da PSV 70 em outros PSVs correspondentes ao número de súmulas a converter (22 ao todo).

A Proposta de Súmula Vinculante faz remissão expressa a 3 (três) julgamentos redutores da tese adotada (ADI 3691, AI 694033 AgR e AI 622405 AgR), mas todos eles são remissivos da S. 645, de modo que se deve encontrar o *leading case* entre os precedentes dessa súmula ordinária, servindo de pista a coincidência de 3 (três) deles com aqueles do rol oficial da SV.

Desses 3 (três) coincidentes, o mais antigo é o RE 203358 AgR. Nesse julgamento, o Ministro Relator, Maurício Corrêa, citando a S. 419, sustentou que a competência do município para legislar sobre assuntos de interesse local, prevista no art. 30, I, da CF, inclui a fixação do horário de funcionamento do comércio local, a fim de proteger o consumidor de eventuais oligopólios e também como forma de ordenar a vida urbana, tal como também se insere entre as suas competências legislativas (inc. VIII daquele mesmo dispositivo). Assim, a lei local (do Município de São Paulo) que permitia o funcionamento de farmácias apenas nos dias de plantão obrigatório não atentava contra os princípios constitucionais da recorrente (isonomia, livre iniciativa, livre concorrência, livre comércio e defesa do consumidor), mas bem ao contrário. Essa preocupação com o oligopólio se repetiu no RE 174645, da relatoria do mesmo Ministro, com base nos mesmos fundamentos, e também no RE 237965, interposto de Acórdão que assim descreveu a recorrente:

> A Apelante, empresa de porte que mantém dezenas de estabelecimentos espalhados pelo Estado de São Paulo, o tempo todo joga com a duplicidade de causas, distintas mas que ela faz por confundir. Pois sua pretensão principal é de que o Judiciário lhe assegure o funcionamento diuturno de seu estabelecimento de Ribeirão Preto, 24 horas por dia e todos os dias do ano, fora do alcance da regulamentação legal do Município; a outra pretensão é de invalidar as multas que se repetem, aplicadas em salários mínimos.

Em seu voto, o Ministro Relator, Moreira Alves, manteve o Acórdão na parte que aqui interessa, com remissão aos REs 174645, 175901 e 199520, dando provimento ao recurso apenas quanto à fixação das multas com base no salário mínimo.

Em outros precedentes a preocupação não foi com o oligopólio, mas com a preservação da competência legislativa municipal relativa aos assuntos de interesse local. Na ADI 3691, por exemplo, o Ministro Relator, Gilmar Mendes, em remissão ao parecer ao PGR, disse que se deve "...entender como interesse local, no presente contexto, aquele inerente às necessidades imediatas do município, mesmo que possua reflexos no interesse regional ou geral", conceito parecido com aquele adotado pelo Ministro Maurício Corrêa em voto divergente e vencedor no RE 189170, com citação de Hely Lopes Meirelles.

Em outros precedentes, ainda, o tema central foi o princípio da livre concorrência, ou melhor, como ele em verdade não se antagoniza com a competência legislativa municipal. No AI 481886 AgR, por exemplo, com remissão ao RE 182976, da relatoria do mesmo Ministro (Carlos Velloso), consta que "haveria ofensa ao princípio da livre concorrência se a legislação proibisse para uns o funcionamento num certo horário e facultasse para outros".

Enfim, embora com abordagens diferentes, o resultado sempre foi o mesmo, sem divergência.

Disso tudo podem ser extraídas as seguintes conclusões: 1) quanto à suficiência dos precedentes, eles justificam numericamente

a exigência de "...reiteradas decisões sobre matéria constitucional..." (art. 103-A, *caput*, da CF), inclusive porque existentes outros vários julgamentos não incluídos no rol oficial; 2) quanto à fidelidade entre os julgamentos precedentes e o texto da súmula, ela é total.
Aplicação e interpretação pelo STF:

> *Competência do Município para disciplinar o horário de funcionamento de estabelecimentos comerciais*
> Com efeito, a controvérsia constitucional instaurada na presente causa já se acha dirimida pelo Supremo Tribunal Federal, (...) ao julgar a ADI 3.691/MA, Rel. Min. Gilmar Mendes (...). Esse entendimento tem sido observado pelo Supremo Tribunal Federal, cujas decisões, proferidas em sucessivos julgamentos sobre a matéria ora em exame, reafirmaram a tese segundo a qual compete ao Município— por tratar-se de matéria de interesse local (CF/1988, art. 30, I) — fixar o horário de funcionamento de estabelecimentos comerciais, sem que o exercício dessa prerrogativa institucional importe em ofensa aos postulados constitucionais da isonomia, da livre iniciativa, da livre concorrência, do direito à saúde ou da defesa do consumidor (...).
> [RE 926.993, Rel. Min. Celso de Mello, dec. monocrática, julgamento em 27-11-2015, *DJE* 245 de 4-12-2015]

SÚMULA VINCULANTE Nº 39

A Súmula Vinculante nº 39 tem a seguinte redação:

Compete privativamente à União legislar sobre vencimentos dos membros das polícias civil e militar e do corpo de bombeiros militar do Distrito Federal.

Os precedentes declarados dessa súmula são os seguintes julgamentos: RE 648946 AgR, ADI 3791, ADI 2102, ADI 3601, ADI 1045, ADI 3817, RE 549031 AgR, ADI 3756, AI 587045 AgR, ADI 1136, ADI 2752 MC, ADI 2881, ADI 2988, ADI 1291 MC, RE 241494, ADI 1359, ADI 1475, AI 206761 AgR, RE 207440, SS 1154 AgR, SS 846 AgR e ADI 1359 MC.

A súmula em comento é uma reprodução literal da Súmula nº 647, com acréscimo apenas do corpo de bombeiros militar entre os membros da polícia militar, complemento considerado pelos Ministros Luís Roberto Barroso e Marco Aurélio como indevido, na PSV, diante da falta de decisões reiteradas nessa matéria particular, mas que foi mantido ao fim pela maioria. Seus precedentes anteriores são os seguintes: SS 846 AgR, SS 1154 AgR, RE 207440, RE 207150, RE 215828, RE 218479, AI 206761 AgR, RE 207627 ED e RE 241494. Como se percebe, há uma coincidência de 5 (cinco) precedentes, a saber: RE 241494, AI 206761 AgR, RE 207440, SS 1154 AgR e SS 846 AgR.

Trata-se de uma nova conversão de súmula ordinária em súmula vinculante, objeto a propósito do desmembramento da PSV 70 em outros PSVs correspondentes ao número de súmulas a converter (22 ao todo).

A repetição de julgamentos entre os precedentes de ambas as súmulas é a melhor pista para identificar o ou os *leading cases* e, neles, a *ratio decidendi* correspondente.

Entre eles, o julgamento mais antigo é o da SS 846 AgR, em que funcionou como Relator o Ministro Sepúlveda Pertence. A demanda originária era um MS coletivo, no qual o Sindicato dos Delegados de Polícia do Distrito Federal almejava, com base nos arts. 39, §1º, 135 e 241 da CF, a equiparação de vencimentos entre os delegados de polícia e os procurados do DF. A medida liminar foi indeferida em sede singular, decisão da qual se interpôs agravo regimental, provido pelo Conselho Especial do TJDF, por acórdão objeto da suspensão de segurança. Em longo voto, o Ministro Relator sustentou o seguinte acerca do mérito, que considerou cabível em sede de suspensão de segurança: 1) "...embora organizados e mantidos pela União, a Polícia Civil, a Polícia Militar e o Corpo de Bombeiros Militar do Distrito Federal são organismos do Distrito Federal e, consequentemente, que os seus quadros se compõem de ser vidores civis ou militares distritais e não federais", por força do disposto nos arts. 42, §2º, e 144, §6º, da CF; 2) não obstante, "...a competência da União para organizar e manter a Polícia do Distrito Federal envolve a de dispor sobre o regime e os vencimentos do seu pessoal..."; 3) "...no sistema federal, a norma de isonomia pressupõe que se cuide de carreiras da mesma entidade federativa", inclusive por conta da vedação genérica de vencimentos prevista no art. 37, XIII, da CF; 4) logo, o Acórdão que se pretendia suspender "...ou impunha ao Distrito Federal despesa que cabe à União ou, se a imputa à União, emana de autoridade incompetente...". Tal conclusão foi referendada pela maioria, com exceção do Ministro Marco Aurélio, para quem em sede de suspensão de segurança não cabia examinar o mérito.

Esse entendimento foi integralmente renovado na SS 1154 AgR, em que o Relator foi o mesmo Ministro Sepúlveda Pertence.

Seguiram-se, nessa ordem, o RE 207440, o AI 206761 AgR e o RE 241494.

No primeiro deles, da relatoria do Ministro Sidney Sanches, estava em questão a extensão aos policiais militares do DF dos expurgos inflacionários previstos nos DL's 2302/86 e 2335/87, na Lei 7730/89, nas Leis 7730/89 e 7830/89 e na MP 32/89. Como todos esses atos normativos eram federais, decidiu-se no mérito pelo provimento parcial do recurso (já que o STF reconheceu direito adquirido apenas de parte dos expurgos: URP de abril/maio de 1988), no pressuposto de que "os Policiais Militares do Distrito Federal têm seus vencimentos regulados por lei federal, em face do que dispõe o art. 21, inc. XIV, da Constituição Federal".

A mesma matéria se renovou no AI 206761 AgR, em torno exclusivamente do IPC de março de 1990, com a mesma solução lastreada no art. 21, XIV, da CF.[345]

Por sua vez, o pano de fundo da SS 846 AgR voltou com força no RE 241494, que teve como Relator o Ministro Octavio Gallotti. Aqui também se discutia a paridade remuneratória entre delegados de polícia e procuradores de estado, com base nos arts. 135 e 241 da CF, já reconhecida como legítima pelo STF em outro julgamento (ADI 171), sem necessidade de edição legislativa complementar, ou seja, no pressuposto da eficácia plena daqueles dispositivos constitucionais. O problema, novamente, era a criação de despesas para a União sem lei de sua iniciativa, por conta do disposto no art. 21, XIV, da CF. Com remissão expressa às SSs 846 e 1154 e também ao RE 207440 (um dos precedentes da S. 647), o Ministro Relator votou contra o alegado direito, no que foi acompanhado pela maioria, mas o voto da minoria, capitaneado pelo Ministro Ilmar Galvão, merece menção e exame, porque, para ele, a competência material da União, prevista no art. 21, XIV, não pode ignorar a competência legislativa concorrente do DF, contida no art. 24, XVI, c/c o art. 32, §1º, da CF, o que significa dizer que a competência legislativa da União acerca da polícia civil do DF é de caráter geral, ficando com o DF a competência legislativa suplementar, incluindo, por exemplo, a disciplina e a realização de concurso público para delegado de polícia, tal como antes reconhecido no RE 154136.

---

[345] A mesma premissa foi utilizada em favor de servidores militares do DF no RE 549031 AgR, no qual se lhes foi reconhecido o direito à extensão do reajuste de 28,86% concedido pelas Leis Federais ns. 8662/93 e 8627/93 aos servidores do Ministério da Previdência Social e estendido a todos os servidores civis da União pelo STF no julgamento do RMS 22307 (a despeito, a propósito, da S. 339).

Seguiu-se então um debate bastante ilustrativo do mote final entre os Ministros Ilmar Galvão, Moreira Alves e Sepúlveda Pertence, quando estes dois últimos disseram, respectivamente, que "...quem custeia é que deve estabelecer os custos do que vai custear" e que "não entendo que, quando se diz que a União é que mantém, o Distrito Federal é que determine quanto a União vá pagar", reduzindo-se tudo a uma questão orçamentária. Ato contínuo, votaram os Ministros Marco Aurélio e Néri da Silveira. O primeiro identificou a falta de previsão expressa de competência legislativa da União, no art. 22, para a competência material do art. 21, XIV, ou de forma a negar ao DF a mesma competência legislativa reconhecida aos Estados e aos Municípios pelo §1º do art. 32 da CF. O segundo reafirmou a premissa da ADI 171, suscitando uma de duas soluções: se os procuradores do DF equivalem aos procuradores dos Estados e os delegados de polícia do DF forem distritais, eles têm o mesmo direito dos delegados de polícia dos Estados; na não forem distritais, mas federais, eles teriam equiparação aos advogados da união, questão última que reconheceu não ter sido suscitada pelas partes. O debate final foi infrutífero para esclarecer os pontos de vista dos votantes, inclusive porque se se adotasse a premissa do Ministro Sepúlveda Pertence na SS 846 AgR (os policiais civis e militares do DF são distritais, e não federais), ele teria que aderir ao voto do Ministro Néri da Silveira, no sentido de que "...os delegados têm direito à equiparação ao defensor da entidade pública".

E assim se formou o quadro final da matéria, apesar da enorme dificuldade de conjurar os díspares dispositivos em exame.

Com efeito, a competência da União para "organizar e manter a polícia civil, a polícia militar e o corpo de bombeiros militar do Distrito Federal...", prevista no art. 21, XIV, da CF, é de índole material e não encontra paralelo na competência legislativa privativa da União para editar "normas gerais de organização, efetivos, material bélico, garantias, convocação e mobilização das polícias militares e corpos de bombeiros militares", de que trata o art. 22, XXI, senão pelo fato de aí não se conter referência direta a despesas, no mínimo porque nesse último caso se constata a ausência de remissão à polícia civil.

Outrossim, se o art. 24, XVI, da CF, confere competência legislativa concorrente entre a União, os Estados e o DF sobre "organização, garantias, direitos e deveres das policiais civis", segue-se que a União tem competência legislativa apenas geral nessa matéria, na extensão dos parágrafos daquele dispositivo, não tendo todavia o DF qualquer competência legislativa acerca da polícia militar e do corpo de bombeiros militar.

De outra banda, o *caput* do art. 42 da CF diz que "os membros das Polícias Militares e Corpos de Bombeiros Militares, instituições organizadas com base na hierarquia e disciplina, são militares dos Estados, do Distrito Federal e dos Territórios" (de par com o §6º do art. 144),[346] mas, em relação aos militares do DF, sua utilização depende de lei federal (§4º do art. 32 da CF), havendo assim uma contradição entre esses dispositivos ou ao menos uma séria limitação da competência do DF acerca da polícia militar, que é sua (e, logo, tais servidores são distritais, e não federais), mas cujo uso depende de lei federal (já que a União custeia as despesas respectivas, não obstante sejam distritais, e não federais).

Uma tentativa assaz trabalhosa de sistematizar esses dispositivos foi feita pelo PGR no julgamento da ADI 1045, cujo parecer foi citado no voto do Ministro Relator, Marco Aurélio, mas o entendimento final foi novamente reducionista do art. 21, XIV, da CF, ou seja, toda matéria relativa às polícias civil e militar do DF que demandem despesas orçamentárias é de competência legislativa privativa da União e, portanto, de iniciativa exclusiva do Presidente da República (art. 63, I, da CF), tal como reconhecido agora pelo STF na ADI 1291.

O curioso é que o argumento orçamentário, presente nos julgamentos paradigmáticos antes referidos e também no texto das súmulas ordinária e agora vinculante, também acabou sendo aplicado mesmo para casos nos quais não havia despesa envolvida ou pelo menos despesa evidente, como, por exemplo: 1) na ADI 1359, que tinha por objeto a Lei Distrital n. 914/95, que tratava de escalas de serviço dos policiais militares e bombeiros militares do DF; 2) na ADI 2102, que tinha por objeto a Lei Distrital n. 1481/97, que tratava da carreira de policiais militares da administração, especialistas e músicos; 3) na ADI 3601, que tinha por objeto a Lei Distrital n. 3642/05, que tratava do processo disciplinar da polícia civil; 4) na ADI 2881, que tinha por objeto a Lei Distrital 2939/2002, que tratava da anistia de policiais civis. Assim, a menos que nesses objetos houvesse uma despesa indireta ou neles se veja o ato de "organizar" as polícias do DF, a tese aqui estaria contrariada.

É bem verdade que na maioria dos outros casos os atos sob controle criavam despesas para a União, a saber: 1) RE 648946 AgR, que

---

[346] §6º As polícias militares e corpos de bombeiros militares, forças auxiliares e reserva do Exército, subordinam-se, juntamente com as policias civis, aos Governadores dos Estados, do Distrito Federal e dos Territórios.

tinha objeto a Lei Distrital nº 815/95, que tratava da remuneração da polícia civil; 2) ADI 3791, que tinha por objeto a Lei Distrital nº 935/95, que tratava da gratificação de risco de vida dos policiais e bombeiros militares; 3) ADI 3817, que tinha por objeto a Lei Distrital nº 3556/05, que tratava da ampliação da aposentadoria especial de policiais civis cedidos; 4) AI 587045 AgR, que tinha por objeto a Lei Distrital n. 197/91, que tratava da extensão a policiais civis cedidos do direito à incorporação de função comissionada, reconhecido aos servidores da União; 5) ADI 1136, que tinha por objeto a Lei Distrital nº 709/94, que tratava da promoção de ex-componentes da polícia militar e do corpo de bombeiros militar; 6) ADI 2752 MC, que tinha por objeto a Lei Distrital nº 2763/2001, que criava serviço de vigilância prestado por particulares; 7) ADI 2988, que tinha por objeto a Lei Distrital nº 1406/97, que tratava de vantagens funcionais pecuniárias da polícia militar e do corpo de bombeiros militar; 8) ADI 1475, que tinha por objeto a Lei Distrital nº 1058/96, que tratava da instituição de vantagens a servidores militares; 9) ADI 1291, que tinha por objeto a Lei Distrital nº 851/95, que tratava da revisão anual da remuneração dos policiais civis.

Disso tudo podem ser extraídas as seguintes conclusões: 1) quanto à suficiência dos precedentes, eles justificam numericamente a exigência de "...reiteradas decisões sobre matéria constitucional..." (art. 103-A, *caput*, da CF), inclusive porque existentes outros precedentes não comuns da súmula ordinária convertida; 2) quanto à fidelidade entre os julgamentos precedentes e o texto da súmula, ela é parcial, porque a competência legislativa da União não se restringe aos vencimentos ou subsídios dos policiais civis e militares do DF, dizendo respeito a qualquer matéria que represente despesa orçamentária para a União, incluindo também outras matérias relativas à organização dessas polícias, como escalas de serviço, carreira, processo disciplinar e anistia.

Aplicação e interpretação pelo STF:

Inconstitucionalidade de equiparação de vencimentos entre militares das Forças Armadas e policiais e bombeiros militares do Distrito Federal

A presente demanda visa, em suma, ao pagamento dos soldos dos integrantes das Forças Armadas no mesmo patamar da remuneração devida aos militares do Distrito Federal. Os autores, ora recorrentes, fundamentam a pretensão no art. 24 do DL 667/1969: (...). Esse dispositivo, conforme bem apontado pela sentença, reproduzia vedação constante do art. 13, §4º, da Constituição de 1967, na redação da EC 1/1969, que proibia o pagamento, ao pessoal das Polícias Militares e Corpo de Bombeiros Militares dos Estados, do Distrito Federal e dos Territórios,

de remuneração superior à fixada para os postos e graduações correspondentes no Exército. Tal impedimento, entretanto, não foi reproduzido na Carta Magna de 1988. Na verdade, os arts. 42, §1º, e 142, §3º, X, da CF/1988 limitam-se a conferir aos Estados a competência para fixar, mediante lei estadual específica, a remuneração dos militares integrantes dos quadros das suas Polícias Militares e Corpo de Bombeiros Militares. É certo, todavia, que essas normas não se aplicam ao Distrito Federal, cujas Polícias Civil e Militar e Corpo de Bombeiros Militar, por disposição do art. 21, XIV, da CF/1988, são organizadas e mantidas pela União, a quem compete privativamente legislar sobre o vencimento dos integrantes de seus respectivos quadros.
[ARE 665.632 RG, voto do Rel. Min. Teori Zavascki, Plenário, julgamento em 16-4-2015, *DJE* 78 de 28-4-2015]

SÚMULA VINCULANTE Nº 40

A Súmula Vinculante nº 40 tem a seguinte redação:

A contribuição confederativa de que trata o art. 8º, IV, da Constituição Federal, só é exigível dos filiados ao sindicato respectivo.

Os precedentes declarados dessa súmula são os seguintes julgamentos: RE 495248 AgR, AI 731640 AgR, AI 706379 AgR, AI 654603 AgR, RE 176533 AgR, AI 672633 AgR, AI 657925 AgR, AI 612502 AgR, AI 609978 AgR, RE 461451 AgR, AI 476877 AgR, AI 499046 AgR, RE 224885 AgR, RE 175438 AgR, RE 302513 AgR, AI 351764 AgR, AI 339060 AgR, AI 313887 AgR, RE 193174, RE 195885, RE 196110, RE 222331, RE 171905 AgR, RE 173869 e RE 198092.

A súmula em comento é uma reprodução literal da Súmula nº 666, com acréscimo apenas da expressão "Federal" logo após referência à Constituição, por sugestão do Ministro Marco Aurélio na Proposta de Súmula de Vinculante, aditamento a rigor redundante, diante da expressa remissão ao art. 8º, IV. Os precedentes anteriores daquela súmula ordinária são os seguintes: RE 198092, RE 170439, RE 193972, RE 178927, RE 189443, RE 181087, RE 161547, RE 199019, RE 242078 e RE 194603. Como se percebe, há coincidência de apenas um precedente, a saber: RE 198092.

Trata-se de mais uma conversão de súmula ordinária em súmula vinculante, objeto a propósito do desmembramento da PSV 70 em outros PSVs correspondentes ao número de súmulas a converter (22 ao todo).

Embora a repetição de julgamentos entre os precedentes da súmula ordinária e os precedentes da súmula vinculante seja a melhor pista para identificar o *leading case*, na Proposta de Súmula Vinculante o Ministro Presidente, Ricardo Lewandowski, fez remissão a julgamento que sequer consta em qualquer uma das listas de precedentes, a saber: RE 192715. Se esse julgamento não consta nas listas oficiais de precedentes, por evidente ele não pode ser o *leading case* na matéria, mas apenas o precedente repetido (RE 198092).

Nesse último julgamento, da relatoria do Ministro Carlos Velloso, estava em questão o caráter compulsório ou facultativo da contribuição confederativa de que trata o art. 8º, IV, da CF, tendo o Relator apresentado os seguintes argumentos na matéria: 1) a contribuição sindical de que tratam os art. 578 e 610 da CLT é obrigatória e sua instituição pelo Estado a inscreve no conceito geral de tributo do art. 3º do CTN e no conceito particular de contribuição social do art. 149 da CF, possuindo assim natureza parafiscal ou especial; 2) já a contribuição confederativa, de que trata o art. 8º, IV, da CF, não é instituída pelo Estado, mas por vontade particular coletiva, sendo assim compulsória apenas para os associados, em razão dos princípios da liberdade sindical e da liberdade de associação (arts. 5º, XX, e 8º, V, da CF).

O único dissidente desse entendimento foi o Ministro Marco Aurélio, quando, em voto vencido no RE 171905 (renovado e igualmente vencido nos REs 195885 e 196110), estabeleceu os seguintes contra-argumentos: 1) a matriz da nova contribuição está na CF, e não o estatuto dos sindicados; 2) o preceito constitucional se refere à categoria, e não aos associados, abrangendo portanto todos os membros da categoria profissional, sindicalizados ou não; 3) a contribuição não serve apenas ao sindicato, mas a todo o sistema confederativo; 4) o sindicato defende interesses da categoria, nos termos do art. 8º, III, da CF; 5) o mote da contribuição é assim a solidariedade dos membros da categoria, filiados ou não aos sindicatos.

Com efeito, para que a contribuição confederativa do inc. IV do art. 8º da CF fosse excludente dos não filiados, em seu texto não poderia haver remissão à categoria profissional, composta de todos os empregados de uma determinada categoria econômica (salvo os de categoria diferenciada), aí incluídos os sindicalizados e os não sindicalizados ou associados, nos termos do art. 511 da CLT. Por essa razão é que a interpretação conjunta dos arts. 5º, XX, e 8º, V, da mesma CF é importante nesse caso, porque ao mesmo tempo em que a liberdade sindical exclui a intromissão estatal nos negócios sindicais, no sentido de que o estabelecimento da contribuição depende de deliberação em assembléia, a nova contribuição não deve ser usada como forma de coagir economicamente os não filiados a aderir aos quadros do sindicato.

Em outras palavras, o que se reconhece no *leading case* é não apenas o caráter não tributário da contribuição confederativa, mas também a impossibilidade dela ser usada como forma indireta de cooptação sindical, tal como já entendia o TST, no Precedente Normativo n. 119, *verbis*:

> A Constituição da República, em seus arts. 5º, XX e 8º, V, assegura o direito de livre associação e sindicalização. É ofensiva a essa modalidade de liberdade cláusula constante de acordo, convenção coletiva ou sentença normativa estabelecendo contribuição em favor de entidade sindical a título de taxa para custeio do sistema confederativo, assistencial, revigoramento ou fortalecimento sindical e outras da mesma espécie, obrigando trabalhadores não sindicalizados. Sendo nulas as estipulações que inobservem tal restrição, tornam-se passíveis de devolução os valores irregularmente descontados.

Na origem, o problema não estava tanto no fato de os não associados não estarem habilitados a participar da assembleia geral (art. 524 da CLT), já que no direito coletivo do trabalho é conhecida a eficácia ultracontraente dos instrumentos coletivos, autônomos (acordos e convenções coletivas) e heterônomos (sentenças normativas), como exceção ao princípio da relatividade dos contratos e diante do fenômeno da conscrição dos neutros,[347] mas na previsão de contribuição confederativa em acordos e convenções coletivas com percentuais distintos para associados e não associados, menor para os primeiros e maior para os últimos. Ao se prever nesses instrumentos coletivos cláusulas obrigacionais para os empregadores descontarem de seus empregados a contribuição confederativa, aproveitava-se para promover uma distinção econômica entre filiados e não filiados, com o fim indireto de obter a associação desses últimos.

---

[347] De acordo com Oliveira Vianna, a conscrição dos neutros expressa "...a tendência que os grupos majoritários de uma classe ou categoria têm para obrigar, por todos os meios de coerção material, economica e juridica, os que ficam de fóra, os que formam a minoria - os 'neutros', em summa - a entrarem na convenção geral, a submetterem-se à lei da maioria, à regulamentação commum e totalitaria da collectividade profissional" (*Problemas de Direito Corporativo*. Rio de Janeiro: Livraria José Olympio Editora, 1938, p. 163 e nota 150, *in fine*, da p. 164).

Disso tudo podem ser extraídas as seguintes conclusões: 1) quanto à suficiência dos precedentes, eles justificam numericamente a exigência de "...reiteradas decisões sobre matéria constitucional..." (art. 103-A, *caput*, da CF), inclusive porque existentes outros precedentes não comuns da súmula ordinária convertida; 2) quanto à fidelidade entre os julgamentos precedentes e o texto da súmula, ela é total, não obstante não declinadas literalmente as razões pelas quais as contribuições confederativas são obrigatórias apenas para os filiados dos sindicatos: seu caráter não tributário e a liberdade de associação sindical.

Aplicação e interpretação pelo STF:

Pedido de cancelamento da Súmula Vinculante 40
(...) deve-se destacar que os argumentos trazidos pela proponente são idênticos àqueles debatidos no julgamento do RE 194.603/SP, Relator o Ministro Marco Aurélio, e Redator para o acórdão Ministro Nelson Jobim, cujo resultado foi paradigma para a elaboração da Súmula 666 do Supremo Tribunal Federal, convertida, posteriormente, na Súmula Vinculante 40. Portanto, o mero descontentamento ou divergência quanto ao conteúdo de verbete vinculante não propicia a reabertura de debate sobre matéria devidamente sedimentada por esta Corte. Ademais, a proponente não se desincumbiu da exigência constitucional de apresentar decisões reiteradas do Supremo Tribunal Federal para suportar o seu pedido de cancelamento da Súmula Vinculante 40, com o que também não se verifica a necessária adequação formal da presente proposta.
[PSV 117, Rel. Presidente Min. Ricardo Lewandowski, dec. monocrática, julgamento em 2-9-2015, *DJE* 177 de 9-9-2015]

SÚMULA VINCULANTE N° 41

A Súmula Vinculante nº 41 tem a seguinte redação:

O serviço de iluminação pública não pode ser remunerado mediante taxa.

Os precedentes declarados dessa súmula são os seguintes julgamentos: AI 588248 AgR, AI 644088 AgR, AI 595728 AgR, AI 630498 AgR, RE 573675, AI 479587 AgR, AI 502557 AgR, AI 635933 AgR, AI 598021 AgR, AI 634030 AgR, RE 410954 AgR, RE 510336 AgR, AI 623838 AgR, AI 560359 AgR, AI 481619 AgR, AI 438366 AgR-AgR, AI 470575 AgR, AI

612075 AgR, AI 527854 AgR, AI 566965 AgR, AI 618121 AgR, AI 486301 AgR, RE 458933 AgR, AI 346772 AgR, AI 513465 AgR, AI 542380 AgR, AI 457657 AgR, AI 592861 AgR, RE 489428 AgR, AI 470434 AgR, AI 582280 AgR, AI 476262 ED, AI 463910 AgR, AI 542122 AgR, AI 417958 AgR, AI 579884 AgR, AI 583057 AgR, AI 516410 ED, RE 403613 AgR, AI 512729 AgR, AI 501679 AgR, AI 501706 AgR, AI 518827 AgR, RE 345416 AgR, AI 474335 AgR, AI 470599 AgR, AI 477132 AgR, AI 478398 AgR, AI 487088 AgR, AI 456186 AgR, RE 385955 AgR, AI 400658 AgR, AI 408014 AgR, RE 234605, AI 231132 AgR e RE 233332.

A súmula em comento é uma reprodução literal da Súmula nº 670, cujos precedentes são os seguintes: RE 233332, RE 231764 e AI 231132 AgR. Como se percebe, há coincidência formal de dois precedentes (RE 233332 e AI 231132 AgR), mas a rigor ela ocorre com todos aqueles da súmula ordinária, já que o RE 231764 foi julgado em conjunto com o RE 233332.

Trata-se de mais uma conversão de súmula ordinária em súmula vinculante, objeto a propósito do desmembramento da PSV 70 em outros PSVs correspondentes ao número de súmulas a converter (22 ao todo).

Na Proposta de Súmula Vinculante são feitas remissões a vários precedentes e citados textualmente apenas 4 (quatro) mais recentes (AI 588248 AgR, AI 595728 AgR, AI 630498 AgR e AI 479587 AgR), que se limitam a remeter a conclusão do julgamento ao disposto na S. STF 670, sem maiores fundamentações.

Mais uma vez, a falta de indicação precisa do *leading case* exige que se o procure no rol de precedentes coincidentes, ficando claro que o julgamento mais relevante é o do RE 233332, por abrigar a maior quantidade de fundamentos, que são os mesmos usados no RE 231764.

A súmula em exame contém o mesmo pano de fundo da SV nº 19, mas enquanto naquela a taxa foi considerada cabível quanto aos serviços públicos de coleta, remoção e tratamento ou destinação de lixo ou resíduos provenientes de imóveis, nesta a taxa foi refutada para o serviço público de iluminação pública, embora por conta do mesmo conceito.

Também aqui se discutia basicamente a constitucionalidade ou inconstitucionalidade de leis municipais que instituíram taxas de iluminação pública, cujos requisitos se encontram descritos no art. 145, II, e §2º, da CF, quais sejam: 1) exação decorrente de serviços públicos: a) de uso efetivo ou potencial; b) específicos; c) divisíveis; d) prestados ao contribuinte ou postos à sua disposição; 2) base de cálculo distinta da dos impostos. Os conceitos respectivos são encontrados no art. 79 CTN, a saber: 1) uso efetivo: quando o serviço for usufruído a qualquer título; 2) uso potencial: quando o serviço for de utilização compulsória e posto à disposição "...mediante atividade administrativa em efetivo funcionamento"; 3) especificidade: serviços que "...possam ser destacados em unidades autônomas de intervenção, de utilidade ou de necessidade públicas"; 4) divisibilidade: "quando suscetíveis de utilização, separadamente, por parte de cada um de seus usuários".

O Ministro Relator dos REs 233332 e 231764 foi Ilmar Galvão, para quem: 1) a iluminação pública é um serviço estatal prestado em caráter *uti universi*, porque destinado à população em geral, não sendo suscetível de ser destacado em unidades autônomas, com individualização de sua área de atuação e tampouco podendo ser separada por usuário; 2) se o fato gerador é a prestação de um serviço público inespecífico, não mensurável, indivisível e não individualizado ele só pode ser objeto de imposto.

No voto do Ministro Carlos Velloso, contudo, é que se encontram fundamentos mais extensos, a saber: 1) a taxa é um gênero de duas espécies: a) de serviço; b) de poder de polícia; 2) a taxa é um tributo vinculado, porque sua hipótese de incidência é uma atuação estatal; 3) serviços públicos gerais prestados em caráter *uti universi* (iluminação pública, segurança pública, diplomacia, defesa externa) são causa de impostos, enquanto que serviços públicos específicos, prestados em caráter *uti singuli* (telefonia, transporte coletivo, fornecimento de água potável, de gás, de energia elétrica), são causa de taxas; 4) "...serviço específico é o que pode ser destacado em unidades autônomas de intervenção, de utilidade ou de necessidade pública, não podendo ser genérico, vale dizer, deve ser destinado a determinados usuários e não prestado com caráter geral, ou para a coletividade toda"; 5) seguindo-se os conceitos do Ministro Moreira Alves, manifestados no julgamento do RE 89876, deve-se considerar: a) serviços públicos propriamente estatais: serviços indelegáveis, que expressam parcela da soberania estatal, podem ser usados ou não pelo particular (p. ex.: serviço judiciário) e são remunerados por taxas; b) serviços públicos essenciais ao interesse público: serviços estatais prestados no interesse da comunidade (p. ex.: distribuição de água, coleta de lixo, de esgoto, de speultamento) e remunerados por taxa diante de sua utilização efetiva ou potencial pelos particulares; c) serviços públicos não essenciais: serviços delegáveis, que não atendem a necessidade imperiosa da comunidade (p. e.x: correios, telefonia, serviços telegráficos, distribuição de energia elétrica e de gás) e são remunerados por preço público; 6) impostos e taxas decorrem do mesmo princípio constitucional da igualdade tributária (art. 150, II, da CF), mas enquanto nos impostos esse princípio é informado pela capacidade contributiva, nas taxas ele é informado pelo caráter retributivo da exação (diferentemente das contribuições, para a quais o mesmo princípio é informado pela proporcionalidade entre o custo da ação estatal e o proveito do contribuinte); 7) "...o serviço de iluminação pública é um serviço destinado à coletividade toda, não é um serviço que pode ser dividido em unidades autônomas para cada contribuinte. É, na verdade, um serviços prestado *uti universi* e não *uti singuli*.

Disso tudo podem ser extraídas as seguintes conclusões: 1) quanto à suficiência dos precedentes, eles justificam numericamente a exigência de "...reiteradas decisões sobre matéria constitucional..." (art. 103-A, *caput*, da CF), inclusive porque enumerados outros tantos precedentes na súmula vinculante que não foram incluídos no rol da súmula ordinária convertida; 2) quanto à fidelidade entre os julgamentos precedentes e o texto da súmula, ela é total, bem ao contrário do que sucedeu com a SV nº 19.

Aplicação e interpretação pelo STF:

Inconstitucionalidade da cobrança de taxa de segurança pública de instituição bancária

Consoante consignei na decisão atacada, o Supremo, no Verbete Vinculante 41 da Súmula, assentou a inconstitucionalidade da cobrança de taxa em razão da prestação de serviço de iluminação pública, considerada a natureza geral e indivisível da atividade estatal praticada. O Tribunal consolidou o entendimento quanto à violação ao art. 145, II, da Carta da República. Atua-se, em sede extraordinária, a partir das balizas assentadas na origem. O Tribunal de Justiça do Estado do Rio Grande do Sul consignou tratar-se de taxa exigida em virtude de potencial atividade de segurança pública, embora tenha concluído pelo caráter específico e divisível. Todavia, considerada a natureza da atividade, o benefício é dirigido a toda a coletividade, revelando serviço público geral e indivisível, a ser remunerado mediante impostos. No mais, quando exigida a obrigação em razão de contribuinte particular — instituição financeira —, decorrente de indevida solicitação do serviço, tem-se a descaracterização da figura da taxa, aproximando-se de sanção administrativa.

[RE 739.311 AgR, voto do Rel. Min. Marco Aurélio, Primeira Turma, julgamento em 22-9-2015, *DJE* 204 de 13-10-2015]

SÚMULA VINCULANTE Nº 42

A Súmula Vinculante nº 42 tem a seguinte redação:

É inconstitucional a vinculação do reajuste de vencimentos de servidores estaduais ou municipais a índices federais de correção monetária.

Os precedentes declarados dessa súmula são os seguintes julgamentos: ARE 675774 AgR, ADI 285, AO 366, AO 325, AO 253, RE 368650 AgR, ADI 303, ADI 1438, RE 168086 AgR, RE 251238, RE 269169, RE 170361, RE 174184, ADI 2050 MC, RE 219371, RE 220379, RE 213361, RE 166581, AO 299, AO 317, AO 288, AO 293, AO 280, AO 294, AO 303, AO 284, RE 145018 e ADI 287 MC.

A súmula em comento é uma reprodução literal da Súmula n. 681, cujos precedentes são os seguintes: ADI 285 MC, ADI 377 MC, ADI 691 MC, ADI 437 MC, ADI 287 MC, RE 145018, ADI 464, RE 179554, AO 293, RE 166581, ADI 1064, RE 229397, ADI 2050 MC e ADI 303 MC. Como se percebe, há coincidência de precedentes entre as súmulas em exame, a saber: ADI 285 (já julgada do mérito), ADI 303 (já julgada no mérito), ADI 2050 MC, RE 166581, AO 293, RE 145018 e ADI 287 MC.

Trata-se de mais uma conversão de súmula ordinária em súmula vinculante, objeto a propósito do desmembramento da PSV 70 em outros PSVs correspondentes ao número de súmulas a converter (22 ao todo).

Na Proposta de Súmula Vinculante são feitas remissões a vários precedentes de ambas as súmulas e citações literais de trechos de apenas dois precedentes, "à guisa de exemplo", um deles que faz parte apenas do rol da súmula ordinária (ADI 1064) e outro que é o mais recente do rol da súmula vinculante (ARE 675774 AgR), o que dificulta a identificação do *leading case*, já que não se pode tomar como tal um precedente fora do rol oficial e outro que é apenas remissivo da súmula ordinária.

Mais uma vez é necessário seguir a pista dos precedentes coincidentes, a começar pelo mais antigo, a ADI 287.

Nessa ação direta, o Governador do Estado de Rondônia questionava a constitucionalidade da Lei Estadual nº 255/89, proveniente de projeto de lei iniciado pelo Ministério Público, que estabelecia a correção dos vencimentos do cargo de procurador-geral de justiça com base na variação quadrimestral do IPC. Em seu voto, o Ministro Relator, Célio Borja, disse não encontrar na CF de 1988 qualquer simetria entre a iniciativa privativa do Presidente da República de projetos de lei sobre reajuste e/ou correção dos vencimentos dos servidores (art. 61, §1º, II, "a", da CF) e igual regra relativamente aos Estados, mas considerou, em remissão ao julgamento da ADI 285, que a adoção de indexador federal de correção monetária de vencimentos representava ofensa à autonomia dos Estados.

Na ADI 285, em que foi Relator o Ministro Sepúlveda Pertence, o argumento usado para fulminar a constitucionalidade de outra lei similar do Estado de Rondônia foi outro: a violação do princípio da reserva legal estadual para a fixação de vencimentos, o que expressava indiretamente o reconhecimento da simetria antes negada pelo Ministro Célio Borja.

Seja como for, no julgamento da ADI 287 (21.06.1990) o Ministro Sepúlveda Pertence repudiou seu entendimento anterior, em remissão a voto proferido na ADI 303 MC (13.06.1990), dizendo que meros indexadores federais da inflação não infirmam a autonomia dos Estados, mas sim a vinculação a decisões políticas da União, como a fixação do salário mínimo, distinção feita de modo mais claro em seu voto no julgamento do RE 145018, no qual também o Ministro Marco Aurélio divergiu da maioria.

No julgamento do mérito da ADI 303, o Ministro Sepúlveda Pertence acabou por se render à maioria, tendo o Ministro Relator, Gilmar Mendes, fixado a seguinte premissa, com base no parecer da PGR: lei estadual que vincule a correção dos vencimentos/subsídios dos servidores públicos a índice federal de correção (como o IPC) viola: a) a autonomia estadual, na fixação de política remuneratória de seu funcionalismo e também na previsibilidade da relação entre receitas e despesas; b) a regra que proíbe a vinculação ou a equiparação de vencimentos entre cargos e funções públicos (art. 37, XIII, da CF); c) o princípio federativo previsto nos arts. 18 e 25, *caput*, da CF.

Além desses fundamentos, o STF acrescentou mais os seguintes em outros julgamentos, a saber: 1) o princípio da separação de poderes, na AO 288; 2) a simetria do art. 61, §1º, II, "a" da CF em relação aos demais entes federativos e a proibição de vinculação da receita de impostos a despesas do art. 167, IV, nas AOs 280, 293, 299 e 317.

Disso tudo podem ser extraídas as seguintes conclusões: 1) quanto à suficiência dos precedentes, eles justificam numericamente a exigência de "...reiteradas decisões sobre matéria constitucional..." (art. 103-A, *caput*, da CF), inclusive porque existentes outros precedentes não comuns da súmula ordinária convertida; 2) quanto à fidelidade entre os julgamentos precedentes e o texto da súmula, ela é total, não obstante não declinados os fundamentos da apontada inconstitucionalidade.

Aplicação e interpretação pelo STF:

Inconstitucionalidade da vinculação do reajuste de vencimentos de servidores estaduais ou municipais a índices federais de correção monetária
O Plenário do Supremo Tribunal Federal, no julgamento do RE 251.238/RS, sob a relatoria do Ministro Marco Aurélio, assentou a inconstitucionalidade do art. 7º e parágrafos da Lei municipal 7.428/1994, com redação dada pela Lei municipal 7.539/1994. A Corte entendeu que a referida norma municipal vincula receita de impostos com despesas de pessoal, o que viola os termos do art. 167, IV, da CF/1988. (...) O Supremo Tribunal Federal editou a Súmula 681, atualmente consolidada na Súmula Vinculante 42, que pacifica o entendimento no sentido da inconstitucionalidade da vinculação do reajuste de vencimentos de servidores estaduais ou municipais a índices federais de correção monetária, exatamente o que pretendia fazer a Lei municipal 7.428/1994, declarada incompatível com a CF/1988 por esta Corte.
[RE 626.386, Rel. Min. Roberto Barroso, dec. monocrática, julgamento em 3-11-2015, *DJE* 224 de 3-11-2015]

SÚMULA VINCULANTE Nº 43

A Súmula Vinculante nº 43 tem a seguinte redação:

É inconstitucional toda modalidade de provimento que propicie ao servidor investir-se, sem prévia aprovação em concurso público destinado ao seu provimento, em cargo que não integra a carreira na qual anteriormente investido.

Os precedentes declarados dessa súmula são os seguintes julgamentos: RE 602264 AgR, ARE 680296 AgR, AI 528048 AgR, ADI 3342, ADI 3857, ADI 3819, ADI 3190, ADI 3061, ADI 2804, ADI 3030, ADI 1329, ADI 2186 MC, ADI 1345, AI 195022 AgR-AgR, MS 23670, ADI 2335 MC, ADI 242, ADI 837, RE 173357, ADI 1150, RE 150453, MS 22148, ADI 186, ADI 970 MC, ADI 248, RE 129943, ADI 308, RE 157538, ADI 266, MS 21420, ADI 837 MC, ADI 785 MC, ADI 231, ADI 245, ADI 368 MC e ADI 308 MC.
A súmula em comento é uma reprodução literal da Súmula nº 685, cujos precedentes são os seguintes: ADI 242, ADI 837, RE 173357, ADI 1150, RE 150453, MS 22148, ADI 186, ADI 970 MC, ADI 248, RE 129943, ADI 308, ADI 266, MS 21420, ADI 837 MC, ADI 785 MC, ADI 231, ADI 245, ADI 368 MC e ADI 308 MC. Como se percebe, a súmula

vinculante em comento reproduz todos os precedentes da súmula ordinária, acrescentando mais alguns.

Trata-se de mais uma conversão de súmula ordinária em súmula vinculante, objeto a propósito do desmembramento da PSV 70 em outros PSVs correspondentes ao número de súmulas a converter (22 ao todo).

Na Proposta de Súmula Vinculante são feitas remissões a vários precedentes de ambas as súmulas e citação literal de trecho de apenas um precedente, "à guisa de exemplo", em específico o julgamento da ADI 248.

A indicação de um precedente "à guisa de exemplo" não é o método mais recomendado de estabelecer o *leading case*, mas como todos os precedentes da súmula ordinária foram reproduzidos no rol da súmula vinculante, esse critério secundário tampouco pode ser usado nesse caso.

No julgamento citado expressamente na Proposta, os objetos do controle eram os arts. 69 e 75 do ADCT da Constituição do Estado do Rio de Janeiro, que previam a transformação de cargos dos servidores que tivessem formulado tal requerimento até o dia 05.10.1988 e a transformação ou a transferência de cargos dos estáveis excepcionais de que trata o art. 19 do ADCT da CF, mediante "...prova de títulos e concurso interno", enquanto que os parâmetros do controle eram os arts. 37, II, 61, §1º, II, "a", e 84, VI, da CF. Em seu voto vencedor, por unanimidade, o Ministro Relator, Celso de Mello, estabeleceu a seguinte linha de raciocínio: 1) a exigência de concurso público encontrada no art. 37, II, da CF diz respeito tanto aos provimentos originários quanto aos provimentos derivados, em homenagem ao princípio da isonomia, salvo, nesse último caso, as hipóteses constitucionalmente admitidas, como a promoção, que ocorre na mesma carreira, tal como já reconhecido na ADI 231; 2) a transformação expressa um novo provimento, "...por implicar inovação do título e alteração das atribuições funcionais do cargo...", tal como já reconhecido na ADI 266; 3) leis pré-constitucionais estaduais que tenham conferido direito a transformação de cargos não se consideram recepcionadas pela CF, já que as regras do art. 37 da CF se estendem a todos os entes federativos; 4) também a transferência ocorre fora da carreira e por isso expressa um provimento derivado igualmente vedado pela CF, lado a lado da ascensão funcional, tal como reconhecido no julgamento da ADI 231; 5) as regras da CF acerca da iniciativa privativa do Poder Executivo para a criação de cargos, funções e empregos públicos e fixação de suas remunerações (art. 61,

§1º, II, "a") e para organizar o funcionamento da administração pública (art. 84, VI) são aplicáveis simetricamente às Constituições dos Estados-Membros, vinculando não apenas a legislatura ordinária, como também a constituinte originária e derivada, tal como reconhecido novamente no julgamento da ADI 231.

Sucessivas remissões ao julgamento da ADI 231 induzem crer que ele seja então o *leading case* da súmula em exame, inclusive porque com ele houve o julgamento conjunto da ADI 245.

Nesses casos, os objetos do controle eram os arts. 77 e 80 do ADCT e o art. 185, §1º, da Constituição do Estado do Rio de Janeiro, que previam (i) a passagem de ocupantes dos cargos ou empregos públicos de encarregado de garagem e motorista, dos quadros da administração direta, para a classe de motorista policial do quadro da polícia civil, (ii) o aproveitamento de detetives-inspetores e escrivães de polícia, bacharéis em direito e detentores da garantia de emprego excepcional do art. 19 do ADCT da CF, na classe inicial de delegado de polícia, e (iii) a reserva de 50% das vagas do cargo de delegado de polícia para integrantes da carreira única da polícia civil mediante ascensão funcional. Os parâmetros do controle eram os mesmos da ADI 248: arts. 37, II, 61, §1º, II, "a", e 84, VI, da CF. O Ministro Relator, Moreira Alves, em voto vencedor por maioria, disse o seguinte: 1) o art. 61, §1º, da CF deve ser aplicado simetricamente às Constituições dos Estados-Membros, em homenagem ao princípio da separação de poderes, vinculando tanto a legislatura ordinária quanto a constituinte secundária; 2) as figuras citadas nos arts. 77 e 80 do ADCT da Constituição do Estado do Rio de Janeiro são formas derivadas de provimento que conflitam com a exigência de concurso público do art. 37, II, a exemplo do que se passa com a ascensão funcional e com a transferência; 3) ao não mais se referir a "primeira" investidura, como fazia o art. 97, §1º, da EMC 01/69, o art. 37, II, da CF só admite de regra provimentos originários, ressalvados apenas os casos expressamente admitidos, como os cargos em comissão, o aproveitamento dos servidores postos em disponibilidade (art. 41, §3º) e a promoção; 4) concursos internos não satisfazem a exigência de universalidade da oferta das vagas públicas, por serem "...de concorrência restrita e de aferição de mérito num universo limitado...".

No julgamento da ADI 266, também citada no voto vencedor do julgamento da ADI 248, os parâmetros de controle foram em parte os mesmos, mas nele se distinguiram as figuras da transposição da transformação, considerando-se apenas essa última uma hipótese de provimento derivado violador da exigência de concurso público contida no art. 37, II, da CF. De acordo com o Ministro Relator, Octavio Galloti, enquanto na transposição um cargo passa de um sistema de classificação para outro, sem alteração de sua natureza e de suas atribuições, na transformação um cargo sofre mudança substancial em sua titulação e em suas atribuições, caracterizando assim um novo provimento, a exigir então o concurso público, tal como decidido nas ADIs 231 e 245.

Com isso se fecha o círculo dos precedentes examinados no julgamento das ADIs 231 e 245.

Disso tudo podem ser extraídas as seguintes conclusões: 1) quanto à suficiência dos precedentes, eles justificam numericamente a exigência de "...reiteradas decisões sobre matéria constitucional..." (art. 103-A, *caput*, da CF), inclusive porque existentes outros precedentes não comuns da súmula ordinária convertida; 2) quanto à fidelidade entre os julgamentos precedentes e o texto da súmula, ela é total, não obstante não declinadas as hipóteses de provimento derivado vedadas (transformação, transferência, ascensão funcional, "aproveitamento") e as permitidas (cargos em comissão, aproveitamento dos servidores postos em disponibilidade, promoção e transposição).

Aplicação e interpretação pelo STF:

Inconstitucionalidade de investidura em cargo por meio de transferência de servidores

(...) as normas impugnadas autorizam a transposição de servidores do Sistema Financeiro BANDERN e do Banco de Desenvolvimento do Rio Grande do Norte S.A — BDRN para órgãos ou entidades da Administração Direta, autárquica e fundacional do mesmo Estado (...). 3. A jurisprudência desta Corte é firme no sentido da inconstitucionalidade das normas que permitem a investidura em cargos ou empregos públicos diversos daqueles para os quais se prestou concurso. (...) 5. Vale ressaltar que os dispositivos impugnados não se enquadram na exceção à regra do concurso público, visto que não tratam de provimento de cargos em comissão, nem contratação por tempo determinado para suprir necessidade temporária de excepcional interesse público. 6. Portanto, a transferência de servidores para cargos diferentes daqueles nos quais ingressaram através de concurso público demonstra clara afronta ao postulado constitucional do concurso público.

[ADI 3.552, voto do Rel. Min. Roberto Barroso, Plenário, julgamento em 17-3-2016, *DJE* 69 de 14-4-2016]

Inconstitucionalidade de investidura resultante da transformação de cargos e funções

(...) manifesta a inconstitucionalidade dos dispositivos impugnados, que permitem a ascensão funcional sem concurso público, na linha da jurisprudência deste Tribunal (...). Dessa forma, confirmo a medida cautelar e julgo procedente a ação direta para declarar a inconstitucionalidade do art. 18 e parágrafos da LC do estado de São Paulo 763/1994.

[ADI 1.342, voto do Rel. Min. Gilmar Mendes, Plenário, julgamento em 2-9-2015,*DJE* 239 de 26-11-2015, republicação no *DJE* 245 de 4-12-2015]

SÚMULA VINCULANTE Nº 44

A Súmula Vinculante nº 44 tem a seguinte redação:

Só por lei se pode sujeitar a exame psicotécnico a habilitação de candidato a cargo público.

Os precedentes declarados dessa súmula são os seguintes julgamentos: ARE 736416 AgR, AI 677718 AgR, ARE 760248 AgR, ARE 734234 AgR, AI 746537 AgR, MS 30822, RE 537795 AgR, AI 784485 AgR, AI 746763 AgR, AI 746742 AgR, RE 567859 AgR, RE 389879 AgR, AI 758533 QO-RG, AI 529219 AgR, AI 595541 AgR, AI 745942 AgR, AI 660815 AgR, AI 636384 AgR, RE 340413 AgR, RE 342405 AgR, RE 330546 AgR e AI 182487 AgR.

A súmula em comento é uma reprodução literal da Súmula n. 686, cujos precedentes são os seguintes: RE 93275, RMS 20997, MS 20966, MS 20973, MS 20972, RE 104395, ADI 1188 MC, AI 182487 AgR, RE 228356 e RE 230197. Como se percebe, há coincidência em apenas um dos precedentes de ambas as súmulas, a saber: AI 182487 AgR.

Trata-se de mais uma conversão de súmula ordinária em súmula vinculante, objeto a propósito do desmembramento da PSV 70 em outros PSVs correspondentes ao número de súmulas a converter (22 ao todo).

Na Proposta de Súmula Vinculante são feitas remissões a vários precedentes e citação literal de trechos de 7 (sete) precedentes do rol oficial, o primeiro deles por conta da adoção do regime da repercussão geral na matéria (AI 758533 QO-RG) e os demais "a título de exemplo".

Como dito anteriormente, essa técnica de indicação de precedentes a guisa ou a título de exemplo não é a mais indicada para matizar o *leading case*, com base no qual possa ser identificada a *ratio decidendi*, e tampouco a adoção do regime da repercussão geral, quando a matéria já está caindo de madura, tanto mais quando o Ministro Relator do julgamento em questão (AI 758533 QO-RG), Gilmar Mendes, reconheceu expressamente que

> Antiga é a jurisprudência desta Corte no sentido de que a exigência de avaliação psicológica ou teste psicotécnico, como requisito ou condição necessária ao acesso a determinados cargos públicos de carreira, somente é possível, nos termos da Constituição Federal, se houver lei em sentido material [formal] (ato emanado do Poder Legislativo) que expressamente a autorize, além de previsão no edital do certame. Ademais, o exame psicotécnico necessita de um grau mínimo de objetividade e de publicidade dos atos em que se procede.

Mais uma vez, portanto, será necessário recorrer à coincidência de precedentes entre a súmula ordinária e a súmula vinculante para se identificar o *leading case*, que nesse caso é única, porém insuficiente. É que no AI 182487 AgR o Ministro Relator, Carlos Velloso, se limita a dizer que "...somente a lei, ato normativo primário, pode estabelecer requisitos para o ingresso no serviço público". Nessas circunstância, então, o *leading case* deve ser buscado no rol da súmula ordinária.

O julgamento mais antigo da Súmula nº 686 é o do RE 93275, no qual se questionava a constitucionalidade da exigência editalícia de exame psicotécnico em concurso público para o provimento de cargos de policial civil no Estado do Rio de Janeiro, diante dos arts. 97, §1º, e 153, §2º, da CF de 1967, na redação dada pela EMC nº 01/1969. O objeto do controle incidental, então, parecia ser um ato administrativo, mas o TJ daquele Estado entendeu que a exigência estava de acordo com o art. 3º, VI e VII, §3º, do DL nº 218/75 do Estado do Rio de Janeiro, que reclamava boa saúde comprovada por inspeção médica e aptidão física e psíquica para o exercício da função de policial, atendendo-se assim à legalidade exigida no art. 97, §1º, da CF de 1967,[348] sem malferimento, portanto, ao direito previsto no art. 153, §2º, daquela mesma Constituição.[349] O Ministro Relator, Leitão de Abreu, seguiu

---
[348] Art. 97. Os cargos públicos serão acessíveis a todos os brasileiros que preencham os requisitos estabelecidos em lei.
§1º A primeira investidura em cargo público dependerá de aprovação prévia, em concurso público de provas ou de provas e títulos, salvo os casos indicados em lei.
[349] Art. 153. A Constituição assegura aos brasileiros e aos estrangeiros residentes no País a inviolabilidade dos direitos concernentes à vida, à liberdade, à segurança e à propriedade, nos têrmos seguintes:

literalmente o parecer da PGR, segundo o qual, "se o Dec.lei est. 218/75 prevê o exame, não se pode falar em inobservância do art. 97 da Constituição, que subordina o acesso aos cargos públicos aos que preencham os requisitos estabelecidos em lei".

Em resumo, a exigência de lei formal para a adoção do exame psicotécnico ou equivalente como um dos requisitos para aprovação em concurso público já era feita pelo STF no regime constitucional pretérito.

O primeiro julgamento no qual os parâmetros de controle foram dispositivos da CF de 1988 foi o MS 20972, em que um candidato ao cargo de Procurador da República, já ocupante do cargo de Procurador da Fazenda Nacional, questionou sua reprovação em teste psicotécnico, após aprovação nas provas escritas, alegando que a então Lei Orgânica do MP (Lei nº 1341/51) não previa tal critério de avaliação, limitando-se a requerer concurso de provas e títulos, e que mesmo sua remissão ao então Estatuto dos Servidores Públicos (Lei n. 1711/52) tampouco autorizava aquele teste, já que referido diploma também não o previa. Ainda que assim não fosse, sustentou o impetrante que tal exigência estaria em desacordo com o §3º do art. 129 da CF de 1988,[350] assim como com o princípio da publicidade contido no *caput* do art. 37 daquele mesmo diploma. Em seu voto, o Ministro Relator, Carlos Madeira, entendeu que o teste psicotécnico estava previsto no art. 21, VI, VII e IX, da Lei nº 1711/52, ao erigir para a ocupação de cargo público o gozo de boa saúde, aptidão para o exercício da função e condições especiais prescritas em lei ou regulamento (em sentido oposto à tese principal), mas no caso do impetrante, que já exercia o cargo de Procurador da Fazenda Nacional, essa aptidão já estava demonstrada, assim como o conhecimento técnico, porque após o deferimento de medida liminar fora aprovado na prova oral. Esse mesmo fundamento foi usado pelo Ministro Néri da Silveira para conceder a segurança, mas os Ministros Octavio Gallotti, Sydney Sanches e Aldir Passarinho a concederam por

---

§2º Ninguém será obrigado a fazer ou deixar de fazer alguma coisa senão em virtude de lei.

[350] Que na época tinha o seguinte texto: "§3º O ingresso na carreira far-se-á mediante concurso público de provas e títulos, assegurada participação da Ordem dos Advogados do Brasil em sua realização, e observada, nas nomeações, a ordem de classificação". Esse texto foi alterado pela EMC 45/2004, da seguinte forma: "§3º O ingresso na carreira do Ministério Público far-se-á mediante concurso público de provas e títulos, assegurada a participação da Ordem dos Advogados do Brasil em sua realização, exigindo-se do bacharel em direito, no mínimo, três anos de atividade jurídica e observando-se, nas nomeações, a ordem de classificação".

outros fundamentos: os dois primeiros pela falta de previsão legal a respeito (no mesmo sentido da tese principal) e o último ao asseverar que o MP não teria indicado a matriz legal do teste e que o exame de sanidade mental incluía o psicotécnico.

Chegar-se à mesma conclusão por fundamentos diversos e mesmo contrários não é o que mais impressiona, mas sim o fato de os argumentos usados para a dispensa do psicotécnico serem antagônicos daqueles usados no julgamento do RE 93275, primeiro precedente da súmula ordinária em exame, no qual os impetrantes já eram policiais e já haviam sido submetidos a exame psicotécnico anterior no qual foram bem sucedidos, mas, não obstante, o aproveitamento dessa aprovação em outro certame foi recusada, no pressuposto de ser "inadmissível estabelecer uma diferença na sua validade em virtude da época da sua realização". Esse entendimento já estava estampado na Súmula nº 127 do antigo TFR[351] e foi seguido no julgamento do RE 104395.

Seja como for, essa questão não interfere na *ratio decidendi* da súmula em exame, mas assume caráter de *obiter dictum* relevante nos casos em que o candidato já houver sido outrora aprovado em teste psicotécnico para cargo da mesma estrutura administrativa pretendida e em que o candidato já houver ocupado cargo cujas atribuições sejam equivalentes àquelas exigidas para o novo cargo almejado. A dificuldade será então saber qual das duas orientações será a mais adequada para o caso.

Até aqui, os precedentes contêm os argumentos da legalidade e da publicidade, mas o argumento da objetividade somente surgiu no julgamento do RE 104395, em que candidatos ao cargo de delegado de polícia do Estado de Mato Grosso do Sul sustentavam que a exigência de teste psicotécnico contida no art. 12, II, da LC Estadual nº 10/1982 se antagonizava com o art. 94, §3º, da Constituição Estadual, que previa para o cargo pretendido apenas a aprovação em concurso de provas e títulos (argumento parecido com o usado pelos impetrantes no RMS 20997). Tal tese não foi acolhida pelo Ministro Relator, Néri da Silveira, que em voto vencedor por unanimidade reafirmou a exigência de previsão em lei formal para o exame psicotécnico, tal como no caso em julgamento, dizendo ainda que ele atende a critérios objetivos quando (i) implica na realização de testes, (ii) constituídos de "...um método de

---

[351] É legítima a exigência de exame psicotécnico, em concurso público para o ingresso na Academia Nacional de Polícia, ou prova interna para acesso, mesmo que o candidato a ele se tenha submetido anteriormente, para o exercício de outro cargo policial".

análise das condições psíquicas dos candidatos...", (iii) passível assim de reapreciação e de aferição de seus resultados. Em outras palavras, não basta a previsão em lei do teste psicotécnico, se seus critérios não forem divulgados e de seus resultados não puderem ser conferidos.

Em resumo, todos os elementos interpretativos da *ratio decidendi* antes desenhados pelo Ministro Gilmar Mendes no julgamento do AI 758533 QO-RG se encontram presentes nos julgamentos dos RE 93275, do MS 20972 e do RE 104395, embora nenhum deles figure como precedente oficial da súmula vinculante.

Disso tudo podem ser extraídas as seguintes conclusões: 1) quanto à suficiência dos precedentes, eles justificam numericamente a exigência de "...reiteradas decisões sobre matéria constitucional..." (art. 103-A, *caput*, da CF), inclusive porque existentes outros precedentes não comuns da súmula ordinária convertida; 2) quanto à fidelidade entre os julgamentos precedentes e o texto da súmula, ela é parcial, porque não declinados os argumentos da publicidade e mormente da objetividade, com os critérios estabelecidos no julgamento do RE 104395, porque, afinal, não basta a previsão em lei do teste psicotécnico, se seus critérios não forem divulgados e de seus resultados não puderem ser conferidos.

Aplicação e interpretação pelo STF:

Legalidade de exame psicotécnico e suspensão de segurança

A questão contravertida refere-se à legalidade do exame psicotécnico realizado no processo seletivo interno para preenchimento de cadastro reserva de pilotos da Polícia Militar. Questiona-se a necessidade de edição de lei estadual específica com previsão do exame a ser realizado para o processo seletivo em questão ou se é suficiente a previsão do exame no Código Brasileiro de Aeronáutica, dada a especificidade do cargo, conforme consta do edital. Esta Corte já se pronunciou sobre a matéria reiteradamente e firmou entendimento unânime, no sentido de ser indispensável a previsão em lei do exame psicotécnico, conforme a Súmula Vinculante 44 (...). Contudo, a definição quanto à necessidade de edição de lei específica ou a possibilidade de remissão ao Código Brasileiro da Aeronáutica, que disciplina o exame psicotécnico para pilotos de aeronaves, é matéria de mérito que não pode ser apreciada em pedido de suspensão. Quanto à existência de risco de lesão, concluo que o custeio de curso de formação de pilotos de aeronaves, no valor R$ 333.025,25 (...) por aluno, a título precário, para policiais reprovados em exame psicotécnico, apresenta grave risco à economia pública. Assevero, finalmente, haver a possibilidade de dano à segurança da população, em virtude da dúvida existente sobre a capacidade

psicotécnica dos candidatos para o exercício da função de pilotos de aeronave.
[SS 5.021 AgR, voto do Rel. Presidente Min. Ricardo Lewandowski, Plenário, julgamento em 2-12-2015, *DJE* 254 de 17-12-2015]

SÚMULA VINCULANTE Nº 45

A Súmula Vinculante nº 45 tem a seguinte redação:

A competência constitucional do Tribunal do Júri prevalece sobre o foro por prerrogativa de função estabelecido exclusivamente pela constituição estadual.

Os precedentes declarados dessa súmula são os seguintes julgamentos: HC 78168, RHC 80477, HC 79212 e HC 69325.

A súmula em comento é uma reprodução literal da Súmula n. 721, cujos precedentes são os seguintes: HC 69325, HC 79212 e HC 78168. Como se percebe, todos os precedentes da súmula ordinária foram incluídos no rol dos precedentes da súmula vinculante, com acréscimo de apenas mais um.

Trata-se de mais uma conversão de súmula ordinária em súmula vinculante, objeto a propósito do desmembramento da PSV 70 em outros PSVs correspondentes ao número de súmulas a converter (22 ao todo).

Todos os precedentes oficiais foram referidos na Proposta de Súmula Vinculante, na qual houve citação literal da Ementa do HC 78168 e menção a outros dois precedentes não incluídos no rol (HC 95485 e RE 464935), mas sem indicação, uma vez mais, do *leading case*.

O precedente mais antigo é o julgamento do HC 69325, que, a rigor, não contém a matéria objeto da sumulação, já que o paciente não se espelhou em dispositivo da Constituição Estadual para reclamar seu processamento por foro especial, mas sim, diretamente, no direito fundamental previsto no art. 5º, XXXVIII, "d", da CF, porque, acusado pelo crime de homicídio doloso em concurso subjetivo com o pai, ocupante na época dos fatos do cargo de conselheiro do Tribunal de Contas dos Municípios do Estado de Goiás, fora submetido à competência do STJ, com base na regra do art. 105, I, "a", da CF c/c art. 78, III, do CPP. Colocava-se em questão, basicamente, o redução do art. 5º, XXXVIII, "d", da CF ao art. 78, III, do CPP, sob o pressuposto de que a competência maior do STJ para processar e julgar um dos acusados impunha o julgamento conjunto de ambos, tese a propósito seguida pelo Ministro Relator, Néri da Silveira, mas refutada pelo Ministro Marco Aurélio, em voto dissidente vencedor. Nesse último voto, algumas premissas usadas pelo Ministro Relator foram aceitas, a saber: 1) a competência do tribunal do júri não é absoluta, podendo ser excepcionada apenas pela própria CF, como nos casos do art. 29, VIII (atual inc. X),[352] do art. 96, III,[353] art. 102, I, "b" e "c",[354] art. 105, I, "a"[355] e art. 108, I, "a";[356] 2) conexão e continência são critérios de alteração

---

[352] Art. 29. O Município reger-se-á por lei orgânica, votada em dois turnos, com o interstício mínimo de dez dias, e aprovada por dois terços dos membros da Câmara Municipal, que a promulgará, atendidos os princípios estabelecidos nesta Constituição, na Constituição do respectivo Estado e os seguintes preceitos:

X - julgamento do Prefeito perante o Tribunal de Justiça; (renumerado do inciso VIII, pela Emenda Constitucional nº 1, de 1992).

[353] Art. 96. Compete privativamente:

III - aos Tribunais de Justiça julgar os juízes estaduais e do Distrito Federal e Territórios, bem como os membros do Ministério Público, nos crimes comuns e de responsabilidade, ressalvada a competência da Justiça Eleitoral.

[354] Art. 102. Compete ao Supremo Tribunal Federal, precipuamente, a guarda da Constituição, cabendo-lhe:
I - processar e julgar, originariamente:
93)

b) nas infrações penais comuns, o Presidente da República, o Vice-Presidente, os membros do Congresso Nacional, seus próprios Ministros e o Procurador-Geral da República;
c) nas infrações penais comuns e nos crimes de responsabilidade, os Ministros de Estado, ressalvado o disposto no art. 52, I, os membros dos Tribunais Superiores, os do Tribunal de Contas da União e os chefes de missão diplomática de caráter permanente;
Texto supra depois alterado pela EMC n. 23/99:
c) nas infrações penais comuns e nos crimes de responsabilidade, os Ministros de Estado e os Comandantes da Marinha, do Exército e da Aeronáutica, ressalvado o disposto no art. 52, I, os membros dos Tribunais Superiores, os do Tribunal de Contas da União e os chefes de missão diplomática de caráter permanente;

[355] Art. 105. Compete ao Superior Tribunal de Justiça:
I - processar e julgar, originariamente:
a) nos crimes comuns, os Governadores dos Estados e do Distrito Federal, e, nestes e nos de responsabilidade, os desembargadores dos Tribunais de Justiça dos Estados e do Distrito Federal, os membros dos Tribunais de Contas dos Estados e do Distrito Federal, os dos Tribunais Regionais Federais, dos Tribunais Regionais Eleitorais e do Trabalho, os membros dos Conselhos ou Tribunais de Contas dos Municípios e os do Ministério Público da União que oficiem perante tribunais;

[356] Art. 108. Compete aos Tribunais Regionais Federais:
I - processar e julgar, originariamente:

da competência, mas também comportam exceções (arts. 79 e 80 do CPP), até mesmo quanto ao tribunal do júri, tal como ocorre com um dos acusados, beneficiário da competência especial do art. 105, I, "a". Por outro lado: 1) a exceção do art. 105, I, "a", da CF somente favorece as pessoas ocupantes dos cargos ali mencionados; 2) se a própria lei ordinária (arts. 79 e 80 do CPP) excepciona a reunião de demandas por conexão ou continência, tanto o mais a regra da competência do tribunal do júri, que tem estatura constitucional; 3) tanto mais quando o próprio STF, no julgamento do RHC 58410, já havia reconhecido a competência do TJ do DF para processar e julgar o Secretário de Segurança do DF por crime doloso contra a vida e a competência do tribunal do júri para processar e julgar outros coautores.

Esse último caso, inclusive, fora citado no voto do Ministro Relator para se referir a uma das hipóteses de simetria entre as regras constitucionais federais e as de competência constitucional dos Estados na matéria em comento, a saber: 1) no HC 65132, o STF reconheceu que Secretário de Estado devia ser processado e julgado em crime doloso contra a vida pelo TJ, por equivalência aos Ministros de Estado, que no regime da CF de 1967 deviam ser processados e julgados pelo STF (art. 119, I, "a"),[357] assim como no regime atual (art. 102, I, "c"); 2) no HC 58410, o STF reconheceu que Deputado Estadual devia ser processado e julgado em crime doloso contra a vida pelo TJ, por equivalência aos Deputados Federais, que no regime da CF de 1967 deviam ser processados e julgados pelo STF (art. 119, I, "b")[358] assim como no regime atual (art. 102, I, "b").

---

a) os juízes federais da área de sua jurisdição, incluídos os da Justiça Militar e da Justiça do Trabalho, nos crimes comuns e de responsabilidade, e os membros do Ministério Público da União, ressalvada a competência da Justiça Eleitoral;

[357] Art. 119. Compete ao Supremo Tribunal Federal:
I - processar e julgar originariamente;
a) nos crimes comuns, o Presidente da República, o Vice-Presidente, os Deputados e Senadores, os Ministros de Estado e o Procurador-Geral da República;

[358] Art. 119. Compete ao Supremo Tribunal Federal:
I - processar e julgar originàriamente;

b) nos crimes comuns e de responsabilidade, os Ministros de Estado, ressalvado o disposto no item I do artigo 42, os membros dos Tribunais Superiores da União e dos Tribunais de Justiça dos Estados, dos Territórios e do Distrito Federal, os Ministros do Tribunal de Contas da União e os chefes de missão diplomática de caráter permanente;

Já no caso do HC 78168, um Procurador do Estado da Paraíba, acusado de homicídio doloso, havia sido processado originariamente pelo Juízo Criminal da Comarca de Taperoá e, ao ser pronunciado para julgamento pelo Tribunal do Júri, recorreu ao TJ reclamando a sua competência originária com base no art. 136, XII, da Constituição do Estado da Paraíba, que dava àquele órgão jurisdicional foro privilegiado para os ocupantes daquele cargo. Processado e julgado pelo TJ, o acusado foi condenado, reclamando então a competência do Tribunal do Júri, por malferimento do art. 5º, XXXVIII, "d", da CF. De fora parte a notória má fé do impetrante, o Ministro Relator, Néri da Silveira, asseverou o seguinte: 1) apenas a CF pode excepcionar a competência do Tribunal do Júri; 2) o caso não é de simetria (do art. 96, III, pela via do art. 125, §1º, da CF),[359] porque, de acordo com o parecer da PGR, em relação a "...Procurador de Estado não há cargo ou função correspondente, em nível federal, ao qual se tenha outorgado o foro especial por prerrogativa de função para crimes comuns";[360] 3) o mesmo dispositivo da Constituição Estadual era objeto da ADI 541, na qual, em sede liminar, o Ministro Marco Aurélio reconheceu a legitimidade do foro do TJ para os Procuradores do Estado, sem tratar da competência do tribunal do júri; 4) assim, o art. 136, XII, da Constituição Estadual da Paraíba é constitucional na parte em que atribui competência ao TJ para processar e julgar Procuradores daquele Estado por crimes comuns e de responsabilidade, ressalvada a competência do tribunal do júri para processá-los e julgá-los por crime doloso contra a vida.

Há uma clara distinção, portanto, entre o precedentes acima analisados, porque enquanto no primeiro a competência do tribunal do júri não foi questionada diante de um foro especial criado por Constituição Estadual e tampouco reduzida a uma questão de organização judiciária, diante de seu *status* de direito fundamental, no último se reconheceu que nos casos sem simetria as Constituições Estaduais podem criar foros especiais para processar e julgar certas autoridades por crimes comuns e de responsabilidade, excepcionada porém a competência do tribunal do júri.

---

[359] Art. 125. Os Estados organizarão sua Justiça, observados os princípios estabelecidos nesta Constituição.
§1º A competência dos tribunais será definida na Constituição do Estado, sendo a lei de organização judiciária de iniciativa do Tribunal de Justiça.

[360] A equivalência seria com o AGU, mas, como disse o Ministro Marco Aurélio, a CF não contempla prerrogativa de foro para esse cargo.

No HC 79212, o caso era de um membro do MP do Tribunal de Contas do Estado da Paraíba, acusado do crime de homicídio doloso, que após obter do STJ o reconhecimento da competência do TJ daquele Estado para processá-lo e julgá-lo, almejou diante do STF a competência do tribunal do júri, com base no julgamento do HC 78168, acima analisado. O Ministro Relator, Marco Aurélio, citando julgamento do STF no RHC 2226, reafirmou que o art. 105, I, "a", da CF se aplica por simetria às Constituições Estaduais, no sentido de reconhecer a competência do TJ para processar e julgar membros do MP dos Tribunais de Contas dos Estados, por equivalência aos membros do MPU que atuam perante Tribunais e são processados e julgados mesmo nos crimes dolosos contra a vida pelo STJ.

Por evidente que a *fattispecie* do HC 78168 não era a mesma do HC 79212, posto que no primeiro o cargo era de Procurador de Estado com prerrogativa de foro expressamente prevista na Constituição do Estado, enquanto que no segundo o cargo era de MP do Tribunal de Contas sem prerrogativa expressa, advinda apenas por via simétrica. Logo, as conclusões tampouco podiam coincidir: nas competências expressas nas Constituições Estaduais se excepciona o tribunal do júri, o mesmo não ocorrendo nas competências por simetria.

Por fim, no HC 80477 o caso era de um vereador do Município de Teresina-PI, acusado do crime de homicídio doloso, que almejou do STJ o reconhecimento da competência do TJ do Estado do Piauí para processá-lo e julgá-lo, em detrimento do tribunal do júri, diante da prerrogativa de foro dada para aquele cargo pelo art. 123, III, "d", da Constituição daquele Estado. O Ministro Relator, Néri da Silveira, reafirmou as mesmas premissas por ele lançadas no julgamento do HC 78168, do qual também foi o Relator, complementando o seguinte: 1) o art. 29, X, da CF não se aplica por simetria aos vereadores, por falta de equivalência com a figura do prefeito; 2) logo, nos crimes dolosos contra a vida os vereadores devem ser processados e julgados pelo tribunal do júri, nos termos do art. 5º, XXXVIII, "d", da CF.

Embora não se tenha ressalvado a competência do TJ do Piauí para processar e julgar os vereadores para os demais crimes comuns e de responsabilidade, a exemplo do que se passou no HC 78168, parece que essa omissão não alterou a conclusão anterior ali lançada.

Disso tudo podem ser extraídas as seguintes conclusões: 1) quanto à suficiência dos precedentes, eles justificam numericamente a exigência de "...reiteradas decisões sobre matéria constitucional..."

(art. 103-A, *caput*, da CF), inclusive porque existentes outros dois precedentes citados na Proposta de Súmula Vinculante que não foram incluídos no rol oficial; 2) quanto à fidelidade entre os julgamentos precedentes e o texto da súmula, ela é parcial, porque a matéria não se esgota no texto adotado, faltando menção ainda: a) à legitimidade das Constituições Estaduais, com base no art. 125, §1º, da CF, na atribuição de foro especial aos TJs para processar e julgar autoridades públicas estaduais e municipais, não favorecidas pelo argumento ou o princípio da simetria da CF, por crimes comuns e de responsabilidade, desde que ressalvada a competência do tribunal do júri; b) aos casos de competência dos TJ's por simetria de dispositivos da CF, caso em que a competência do tribunal do júri é que é excepcionada, a saber: b.1) Secretários de Estado, por equivalência aos Ministros de Estado (art. 102, I, "c", da CF); b.2) Deputados Estaduais, por equivalência aos Deputados Federais (art. 102, I, "b" da CF); b.3) membros do MP dos Tribunais de Contas dos Estados, por equivalência aos membros do MPU (art. 105, I, "a", da CF).

SÚMULA VINCULANTE Nº 46

A Súmula Vinculante nº 46 tem a seguinte redação:

A definição dos crimes de responsabilidade e o estabelecimento das respectivas normas de processo e julgamento são da competência legislativa privativa da União.

Os precedentes declarados dessa súmula são os seguintes julgamentos: ARE 810812 AgR, ADI 1440, AI 515894 AgR, ADI 2220, RE 367297 AgR e ADI 4190 MC.

A súmula em comento é uma reprodução da Súmula nº 722, com inversão da ordem da redação,[361] cujos precedentes são os seguintes: ADI 1628 MC, ADI 2050 MC, ADI 2220 MC, ADI 1879 MC, ADI 2592 e ADI 1901. Como se percebe, há coincidência de apenas um precedente, porém amadurecido pelo julgamento do mérito (ADI 2220 MC - ADI 2220).

---

[361] São da competência da União a definição dos crimes de responsabilidade e o estabelecimento das respectivas normas de processo e julgamento.

Trata-se de mais uma conversão de súmula ordinária em súmula vinculante, objeto a propósito do desmembramento da PSV 70 em outros PSVs correspondentes ao número de súmulas a converter (22 ao todo).

Na Proposta de Súmula Vinculante, as ementas dos precedentes oficiais foram reproduzidas textualmente, "...a título de exemplo...", com transcrição de trechos do julgamento do RE 367297, remissivo, por sua vez, à Súmula 722, o mesmo ocorrendo com o voto contido no único precedente coincidente.

Essa imprecisão dificulta sobremodo a identificação do *leading case*, mas tampouco se pode tomar como tal um precedente da súmula ordinária que não tenha sido considerado precedente oficial da súmula vinculante. Assim como outrora, então, adota-se o mesmo critério da coincidência de precedentes, que nesse caso remonta à decisão liminar da ADI 2220, fazendo-se assim uma ponte entre os precedentes da súmula ordinária e os precedentes da súmula vinculante.

O objeto de controle daquela ADI eram artigos da Constituição do Estado de São que definiam crimes de responsabilidade do Governador do Estado, nos mesmos moldes do art. 85 da CF, assim como o *iter* do julgamento perante a Assembléia Legislativa. O então Ministro Relator, Octavio Gallotti, citou as informações da AL, que sustentava a preservação da autonomia estadual na matéria pelo fato de o art. 105, I, da CF não imputar ao STJ o julgamento dos Governadores dos Estados por crime de responsabilidade, refutando tal tese com remissões aos julgamentos das ADIs 1628, 2050-MC e 2235-MC (na Ementa foram citadas a ADI 1620-MC, a ADI 2060-MC e a ADI 2235-MC), para por fim proclamar a inconstitucionalidade formal dos dispositivos questionados, assinalando ainda as divergências entre tais disposições e aquelas versadas na Lei Federal nº 1079/50, que define os crimes de responsabilidade.

Quando do julgamento do mérito, a relatoria já havia passado para a Ministra Cármen Lúcia, que renovou a mesma antítese antes expressada na medida liminar: a matéria é de reserva legal privativa da União, porque: 1) a lei especial a que se refere o parágrafo único do art. 85 da CF é a Lei Federal nº 1079/50, que foi recepcionada pelo texto constitucional em vigor; 2) crimes de responsabilidade não têm natureza administrativa, mas penal, o que os insere na dicção do art. 22, I, matéria portanto que somente pode ser votada junto ao Congresso Nacional (art. 48 da CF), tanto no aspecto material quanto no processual.

Desse entendimento não discrepam os demais julgamentos listados como precedentes, mas remanesce agora uma dúvida, especialmente após o exame da SV nº 45: a competência dos TJs para processar e julgar autoridades locais por foro funcional ou privilegiado, seja por competência legislativa própria (excluída portanto a competência dos tribunais do júri), seja por simetria (incluída a competência para o julgamento de crimes dolosos contra a vida), pode abranger, para além dos crimes comuns, também os crimes de responsabilidade?

Se se admitir que a competência é uma matéria processual, incluída portanto na reserva do art. 22, I, da CF, segue-se que em nenhuma das duas hipóteses supra mencionadas a resposta àquela pergunta será positiva. Se, ao contrário, se entender que a reserva legal é apenas para definição dos fatos delituosos e do *iter* de julgamento, então a resposta poderá ser positiva. Mas há, por fim, uma saída intermediária: supondo-se que na primeira afirmação supra se ressalve apenas a competência estabelecida pelo argumento da simetria, já que nele o que se aplica é o dispositivo da CF, a resposta seria negativa para a primeira hipótese e positiva para a segunda. Seja como for, essa é uma dúvida séria, que não foi enfrentada pelo STF.

Disso tudo podem ser extraídas as seguintes conclusões: 1) quanto à suficiência dos precedentes, eles justificam numericamente a exigência de "...reiteradas decisões sobre matéria constitucional..." (art. 103-A, *caput*, da CF), inclusive porque existentes outros precedentes da súmula ordinária que não foram incluídos no rol oficial; 2) quanto à fidelidade entre os julgamentos precedentes e o texto da súmula, ela é parcial, porque após a sumulação da matéria contida na SV 45, resta saber se a competência dos TJs para processar e julgar autoridades locais por foro funcional ou privilegiado, seja por competência legislativa própria (excluída portanto a competência dos tribunais do júri), seja por simetria (incluída a competência para o julgamento de crimes dolosos contra a vida), pode abranger, para além dos crimes comuns, também os crimes de responsabilidade.

Aplicação e interpretação pelo STF:

Normas de processo e julgamento dos crimes de responsabilidade previstas no Regimento Interno da Câmara dos Deputados

O Partido requerente, quanto aos arts. 19 a 23, *caput*, da Lei 1.079/1950, requer a declaração de recepção de tais dispositivos pela ordem Constitucional vigente, "a fim de afastar interpretação permissiva de que regras procedimentais ali previstas sejam substituídas pelas do art. 218 do Regimento Interno da Câmara dos Deputados (RICD)". Ora, hoje não paira mais dúvida de que somente a União detém competência

legislativa para estabelecer as normas de processo e julgamento dos crimes de responsabilidade. A jurisprudência da Corte está absolutamente consolidada a respeito do tema, consolidada na Súmula Vinculante 46 (...). Como já ressaltei acima, o Regimento Interno, nessa matéria, é norma infralegal, que deverá ater-se apenas à disciplina *interna corporis* das Casas Legislativas e, principalmente, observar com fidedignidade os preceitos legais e constitucionais correspondentes. Dessa forma, a exemplo dos demais atos infralegais, não pode inovar no mundo jurídico e criar normas processuais em matéria de crimes de responsabilidade, pois, se assim procederem, usurparão a competência do próprio Congresso Nacional no tocante à nobilíssima função de legislar, no sentido estrito da palavra.
[ADPF 378 MC, Rel. Min. Edson Fachin, Red. p/ ac. Min. Roberto Barroso, voto do Min. Ricardo Lewandowski, Plenário, julgamento em 17-12-2015, *DJE* 43 de 8-3-2016]

Crimes de responsabilidade previstos no Regimento Interno de Câmara Municipal

12. Conforme disposto na Súmula Vinculante 46, a definição dos crimes de responsabilidade e das respectivas normas de processo e julgamento é de competência legislativa privativa da União. No que concerne ao regime pertinente aos Prefeitos Municipais, a referida competência foi exercida com a edição do DL 201/1967. 13. No caso concreto, a decisão reclamada reconheceu que o diploma normativo adotado para o julgamento da parte reclamante foi o Regimento Interno da Câmara Municipal. A Câmara Municipal prestou informações no mesmo sentido. O parâmetro normativo utilizado, portanto, é incontroverso. 14. A Súmula Vinculante 46, originada da Súmula 722/STF (aprovada em 26-11-2003), não se presta a servir como fundamento para toda e qualquer alegação de ofensa às normas federais que definem os crimes de responsabilidade e as respectivas regras de processo e julgamento. No entanto, trata-se de caso em que expressamente se admite a utilização de parâmetro normativo diverso do DL 201/1967. A violação à Súmula vinculante, portanto, é clara.
[Rcl 22.034 MC, Rel. Min. Roberto Barroso, dec. monocrática, julgamento em 16-11-2015, *DJE* 236 de 24-11-2015]

SÚMULA VINCULANTE Nº 47

A Súmula Vinculante nº 47 tem a seguinte redação:

Os honorários advocatícios incluídos na condenação ou destacados do montante principal devido ao credor consubstanciam verba de natureza alimentar cuja satisfação ocorrerá com a expedição de precatório ou requisição de pequeno valor, observada ordem especial restrita aos créditos dessa natureza.

Os precedentes declarados dessa súmula são os seguintes julgamentos: RE 564132, RE 415950 AgR, AI 732358 AgR, RE 470407, RE 146318 e RE 141639. Outros precedentes foram também citados nos precedentes oficiais e na Proposta de Súmula Vinculante, a saber: RE 156341, RE 170220, RE 538810, RE 568215, SL 158 AgR, AI 585028 AgR, AI 691824 e AI 758435.

O *leading case* na matéria não pode ser o precedente oficial mais antigo (o RE 141639), porque nele o entendimento manifestado pela 1ª Turma do STF foi oposto: honorários advocatícios de sucumbência são parcela acessória do principal e, por isso, somente podem ostentar natureza alimentícia quando o crédito principal também possuir esse *status*, ou quando objeto de ação de cobrança específica em face do devedor. Mas tampouco se pode encontrá-lo no segundo precedente oficial mais antigo (RE 146318),[362] porque embora nele o entendimento da 2ª Turma do STF seja o mesmo da súmula em comento (honorários de profissões liberais são equivalentes a salários e por isso têm natureza alimentícia), nada foi dito acerca da divergência, não havendo sequer menção ao julgamento do RE 141639. No julgamento do terceiro precedente oficial (RE 470407)[363] a divergência foi mencionada de passagem no voto do Ministro Cézar Peluso, mas sem lembrança das razões de decidir do julgamento contrário e mormente sem resolução da divergência, razão pela qual também ele não deve ser considerado como *leading case*. A matéria não ganhou qualquer contorno novo nos julgamentos dos precedentes oficiais seguintes (AI 732358 AgR e RE 415950 AgR), vindo a ser examinada por completo apenas no precedente oficial mais recente (RE 564132), que deve então ser considerado o *leading case*.

O Relator do RE 564132 foi o Ministro Eros Grau, que em seu voto mencionou a divergência contida no julgamento do RE 146139,

---

[362] Que também incluí na mesma natureza alimentícia os honorários periciais.
[363] O Relator foi o Ministro Marco Aurélio, para quem, em voto vencedor por maioria: 1) o §1º-A (atual §1º, na redação da EMC 62/2009) do art. 100 da CF é meramente exemplificativo ao indicar as parcelas de natureza alimentar e por isso não exclui os honorários advocatícios, que têm natureza alimentar porque se referem a uma contraprestação de trabalho liberal (no mesmo sentido, portanto, do RE 146318); 2) os honorários advocatícios contratuais e de sucumbência pertencem aos advogados, de acordo com os arts. 22 e 23 da Lei nº 8906/94, e constituem direito autônomo mesmo quando objeto de sentença favorável ao cliente.

estabelecendo as seguintes premissas: 1) não obstante o entendimento contido no RE 146139, o STF já considerou em outros casos posteriores (REs 146318, 170220 e 470407) que os advogados são profissionais liberais e seus honorários têm natureza alimentar; 2) tal julgamento divergente se restringe aos precatórios expedidos até o momento daquela decisão, quando a CF não distinguia créditos alimentares de não alimentares; 3) os honorários advocatícios de sucumbência pertencem aos advogados e podem ser executados nos mesmos autos da sentença favorável a seus clientes ou por via autônoma, de acordo com os arts. 23 e 24, §1º, da Lei nº 8906/94; 4) a restrição contida no §4º (atual §8º, na redação da EMC nº 62/2009) do art. 100 da CF (fracionamento, repartição ou quebra do valor da execução) se aplica apenas ao mesmo titular, com o objetivo de evitar que sejam usados simultaneamente os dois sistemas de pagamento: precatório e condenações de pequeno valor. O voto foi seguido pelos Ministros Menezes Direito,[364] Cármen Lúcia, Ricardo Lewandowski e Carlos Britto,[365] mas foi em seguida refutado pelo Ministro Cézar Peluso, para quem: 1) os honorários advocatícios não são autônomos, porque decorrem da sucumbência, sendo, portanto, acessórios de um principal; 2) a regra constitucional que proíbe o fracionamento do crédito diz respeito tanto ao principal quanto ao acessório, pois do contrário: a) o advogado receberia seu crédito antes de seu cliente, credor principal, o que não seria justo; b) uma eventual cessão de crédito a terceiros poderia burlar a regra dos precatórios, caso os montantes individuais se enquadrem no conceito de pequeno valor; 3) a autonomia do direito do advogado à execução de seu crédito somente não se aplica quanto à fazenda pública. Seguiu-se um pedido de vista da Ministra Ellen Gracie, que se aposentou antes do voto, vindo a substituí-la a Ministra Rosa Weber, que seguiu o voto do Relator. Em seu voto, o Ministro Gilmar Mendes seguiu a divergência, sem qualquer acréscimo digno de nota. Ato contínuo, votou o Ministro Marco Aurélio, para quem "...a acessoriedade, considerado o principal discutido na ação, cessa a partir da condenação e se passa a ter, portanto, direito autônomo", seguindo então o voto do Ministro Relator, o mesmo fazendo, por fim, o Ministro Celso de Mello.

---

[364] Para quem a acessoriedade seria subjetiva, e não objetiva: "o argumento de que seria acessório [os honorários advocatícios de sucumbência] não vale, porque, na realidade, a assessoriedade [sic] só existiria se houvesse a mesma titularidade, e a titulação é diversa".

[365] Que registrou ter dificuldade para aceitar a natureza alimentar dos honorários advocatícios de sucumbência de grande monta, mas acabou por seguir a maioria.

O histórico supra assume papel importante, porque na Proposta de Súmula Vinculante o PGR sustentou que nos precedentes o STF não havia se manifestado especificamente sobre os honorários advocatícios contratuais e por isso, em seu entendimento, a proposta de redação do Conselho Federal da OAB não podia incluir a cisão dessa rubrica do crédito exequendo, observação com a qual concordaram o Ministro Dias Toffoli e o Ministro Presidente, Ricardo Lewandowski. Com isso, a redação inicialmente proposta, que incluía a passagem "...e/ou destacados do montante principal devido ao credor...", foi resumida para a seguinte:

> Os honorários advocatícios incluídos na condenação, na forma do §1º do art. 100 da Constituição Federal e do art. 23 da Lei nº 8.904/94, consubstanciam verba de natureza alimentar cuja satisfação ocorrerá com a expedição de precatório ou requisição de pequeno valor, observada a ordem especial restrita aos créditos dessa natureza.

Com efeito, os honorários advocatícios contratuais haviam sido citados expressamente apenas no julgamento do RE 470407, no mesmo conceito alimentar dos honorários de sucumbência e para os mesmos fins aqui analisados, mas o que impressiona não é o argumento do PGR, que podia ser facilmente refutado com a ideia de autonomia do direito do advogado, independentemente da fonte de seu crédito (se do provimento condenatório ou do contrato firmado com seu cliente, precisamente para obter provimento condenatório favorável), mas a desfaçatez com que o tema não foi debatido,[366] após o Ministro Marco Aurélio (coincidentemente o mesmo Relator do RE 470407) sugerir a mesma redação proposta pelo Conselho Federal da OAB, com a exclusão apenas da referência aos dispositivos constitucional e legal suscitados originariamente.

A propósito, os julgamentos foram pródigos em gerar perplexidade,[367] porque a ontologia foi jogada fora para se justificar uma

---

[366] A omissão propositiva acerca dos honorários advocatícios contratuais pode levar à incômoda indagação sobre por que também não se incluiu no mesmo balaio omissivo os honorários periciais, também considerados alimentares em apenas um precedente oficial (RE 146318).

[367] Assim, por exemplo, diferentes critérios foram usados para justificar a autonomia do direito aos honorários advocatícios relativamente ao crédito de seus clientes reconhecido em sentença ou acórdão condenatório: 1) para o Ministro Marco Aurélio esse critério é objetivo e temporal: a acessoriedade cessa a partir da condenação; 2) para o Ministro Menezes Direito esse critério é subjetivo e atemporal: a acessoriedade não existe porque os titulares são diversos.

exceção à regra do hoje §8º do art. 100 da CF, quando ela podia ter sido preservada.

Do ponto de vista ontológico, os honorários advocatícios são a remuneração devida aos advogados em decorrência de uma relação contratual (expressa ou tácita) firmada com seus clientes com o objetivo de obter a sucumbência alheia. Por conceito, então, os honorários são verba personalíssima cujos titulares são os advogados, não se confundindo, portanto, com o crédito de seus clientes assim reconhecido em provimento condenatório. Logo, os honorários advocatícios não têm de ser alimentares porque o crédito de seus clientes ostentam essa natureza, mas porque destinados à manutenção pessoal e da família. Daí porque a dúvida do Ministro Carlos Ayres Britto acerca dos honorários de grande monta faz sentido ontológico, porque nesse caso eles passam a ter características patrimoniais ou acumulativas, e não cotidianas ou correntes, mas esse aspecto passou ao largo dos debates.

Não se põem em questão, aqui, os honorários advocatícios contratuais pagos antes ou durante o processo pelos clientes independentemente do resultado da lide, porque esses não serão objeto de execução futura, mas apenas os honorários a serem fixados na sentença ou no acórdão e os honorários contratuais com cláusula de sucesso, já que eles comungam do mesmo pressuposto: o provimento favorável.

Segue-se assim, agora de acordo com a lógica deôntica, que os honorários aqui em questão possuem uma relação causal de inferência com uma condenação favorável, no sentido de que dela decorrem (antecedente/consequente), o que, na linguagem jurídica, assume a ideia imprecisa de algo acessório que segue a sorte de um principal, quando acessório não necessariamente é algo que decorre de um principal e tampouco é dependente e impassível de autonomia. Com efeito, não havendo condenação esse "azar" não gerará honorários, mas tais créditos potenciais continuam autônomos, porque não se confundem nem no objeto (relações jurídicas materiais distintas) e nem nos sujeitos (titulares distintos). Autônomo portanto não é aquilo que não decorre de algo, mas que com ele não se confunde, por não possuir as mesmas características.

Em outras palavras, a interpretação ampliativa do conceito de crédito alimentar e a interpretação teleológica da regra da não cisão do crédito exequendo podiam ser explicadas pela autonomia objetiva e subjetiva dos honorários advocatícios, cuja natureza alimentar foi por fim reconhecida no §14 do art. 85 do NCPC:

§14. Os honorários constituem direito do advogado e têm natureza alimentar, com os mesmos privilégios dos créditos oriundos da legislação do trabalho, sendo vedada a compensação em caso de sucumbência parcial.

Questão mais tormentosa, mas que não pode deixar de ser mencionada no contexto da interpretação da regra do §8º do art. 100 da CF, é a da execução de créditos em demandas plúrimas, citadas de passagem pelo Ministro Marco Aurélio em seu voto no RE 564132, e mormente de créditos em demandas coletivas. No primeiro caso, conforme disse o Ministro, nas ações plúrimas existem "...tantos conflitos de interesse quanto os titulares e os objetos da ação", já que o litisconsórcio ativo nesse caso é facultativo e, portanto, as pretensões podem ser consideradas autônomas entre si, embora decorrentes do mesmo fundamento fático e jurídico. Já no caso das demandas coletivas, os credores são substituídos processuais e o crédito, portanto, expressa a soma de uma massa de credores. Nesse caso, sabendo-se que esses substituídos têm em seu favor o transporte *in utilibus* da coisa julgada coletiva para o ajuizamento de ações individuais de liquidação, tanto mais legítimos serão para ingressar nos autos da própria ação coletiva, na qualidade de litisconsortes ativos facultativos ulteriores, uma vez que a substituição processual não é exclusiva, mas sim concorrente.

É certo que a matéria supra não foi objeto de discussão nos precedentes oficiais da súmula vinculante em comento, mas ela comunga da mesma premissa: créditos autônomos podem ser cindidos na execução por quantia certa contra a fazenda pública, no pressuposto de que a restrição contida no §8º do art. 100 da CF (fracionamento, repartição ou quebra do valor da execução) se aplica apenas ao mesmo titular, com o objetivo de evitar que sejam usados simultaneamente os dois sistemas de pagamento: precatório e condenações de pequeno valor.

Disso tudo podem ser extraídas as seguintes conclusões: 1) quanto à suficiência dos precedentes, eles justificam numericamente a exigência de "...reiteradas decisões sobre matéria constitucional..." (art. 103-A, *caput*, da CF), inclusive porque existentes outros precedentes citados na Proposta de Súmula Vinculante e também nos precedentes oficiais que não foram incluídos no rol; 2) quanto à fidelidade entre os julgamentos precedentes e o texto da súmula, ela é parcial, porque a falta de debate sobre a questão dos honorários advocatícios contratuais pode levar à conclusão de que eles não se encontram na *ratio decidendi*,

não obstante existam argumentos que contornem o fato desse tema ter sido objeto de apenas um dos precedentes oficiais.
Aplicação e interpretação pelo STF:

Execução autônoma de verba honorária advocatícia e crédito principal
Verifica-se, pois, que o juízo reclamado, ao afirmar que a execução autônoma da verba honorária implica fracionamento da execução, divergiu da orientação firmada por este Tribunal na linha de que assiste ao advogado o direito de requerer, em separado, a execução dos honorários — verba que lhe pertence e que possui natureza alimentar —, haja vista a inexistência de acessoriedade em relação ao crédito principal e, ainda, a circunstância de ser titularizado por credor diverso do titular da verba principal.
[Rcl 21.516, Rel. Min. Luiz Fux, dec. monocrática, julgamento em 27-8-2015, *DJE* 171 de 1o-9-2015]

Execução autônoma de créditos decorrentes de honorários advocatícios contratuais
8. O alcance dos honorários contratuais pela Súmula Vinculante 47 pode ser deduzido do seu próprio texto, que contempla "honorários advocatícios incluídos na condenação ou destacados do montante principal devido ao credor". A expressão em destaque claramente remete ao §4º do art. 22 da Lei 8.906/1994. Observe-se ainda que, nos debates para a aprovação da Súmula Vinculante, não foi acolhida a sugestão da Procuradoria-Geral da República, no sentido de manter no texto apenas os honorários advocatícios incluídos na condenação, com explícita remissão apenas ao art. 23 do Estatuto da OAB. 9. Dito isso, ofende a Súmula Vinculante 47 decisão que afasta sua incidência dos créditos decorrentesde honorários advocatícios contratuais.
[Rcl 21.299, Rel. Min. Roberto Barroso, dec. monocrática, julgamento em 10-9-2015, *DJE* 182 de 15-9-2015]

O acórdão recorrido não divergiu da jurisprudência firmada no âmbito deste Supremo Tribunal Federal, cristalizada na Súmula Vinculante 47/STF (...). Na esteira da jurisprudência desta Corte, não ofende o art. 100 da CF/1988 o fracionamento do valor da execução proposta contra a Fazenda Pública para pagamento de honorários advocatícios, os quais possuem natureza alimentar e caráter autônomo, não se confundindo com o débito principal. (...) Esse entendimento alcança os honorários contratuais (...).
[RE 917.665, Rel. Min. Rosa Weber, dec. monocrática, julgamento em 19-10-2015, *DJE* 214 de 27-10-2015]

Litisconsórcio ativo e fracionamento da execução para pagamento de honorários advocatícios por meio de RPV

O acórdão recorrido não divergiu da jurisprudência firmada no âmbito deste Supremo Tribunal Federal, cristalizada na Súmula Vinculante 47 (...). Na esteira da jurisprudência desta Corte, não ofende o art. 100 da CF/1988 o fracionamento do valor da execução proposta contra a Fazenda Pública para pagamento de honorários advocatícios, os quais possuem natureza alimentar e caráter autônomo, não se confundindo com o débito principal. (...) Na hipótese, pretende-se que o crédito relativo aos honorários advocatícios, já destacado do montante devido ao credor, pertencentes a um único titular, seja fracionado em tantos quantos forem as partes integrantes do litisconsórcio ativo formado na ação de conhecimento, a fim de que o pagamento se faça por requisição de pequeno valor. Ao exame da controvérsia, a Corte de origem indeferiu o pedido, possibilitando, no entanto, a execução autônoma do valor integral dos honorários de advogado. Nesse contexto, não diviso a apontada violação da Constituição da República.
[RE 918.672, Rel. Min. Rosa Weber, dec. monocrática, julgamento em 11-11-2015, *DJE* 231 de 18-11-2015]

SÚMULA VINCULANTE Nº 48

A Súmula Vinculante nº 48 tem a seguinte redação:

Na entrada de mercadoria importada do exterior, é legítima a cobrança do ICMS por ocasião do desembaraço aduaneiro.

Os precedentes declarados dessa súmula são os seguintes julgamentos: AI 816953 AgR, RE 585028 AgR, AI 830849 AgR, AI 741811 AgR, AI 540650 AgR, AI 299800 AgR, RE 216735, RE 193817, AI 317356 AgR, RE 208451 AgR, RE 208639, RE 220382, RE 230248, RE 210638, RE 205756, RE 207133, RE 207133, RE 200348, RE 208492, RE 209849, RE 192711 e RE 192630.

A súmula em comento é uma reprodução literal da Súmula nº 661, cujos precedentes são os seguintes: RE 193817, RE 230248, RE 205756, RE 207133, RE 200348, RE 208492, RE 209849, RE 192711 e RE 192630. Como se percebe, todos os precedentes da súmula ordinária foram incluídos no rol da súmula vinculante, que conta com outros precedentes posteriores.

Trata-se de mais uma conversão de súmula ordinária em súmula vinculante, objeto a propósito do desmembramento da PSV 70 em outros PSVs correspondentes ao número de súmulas a converter (22 ao todo).

Na Proposta de Súmula Vinculante foram citados outros dois precedentes não incluídos na lista (RE 144660 e RE 234368), fazendo o Ministro Dias Tóffoli expressa referência ao julgamento do RE 193817 e o Ministro Presidente, Ricardo Lewandowski, "à guisa de exemplo", ao julgamento do RE 232248.

No precedente relacionado como o mais antigo (RE 192630), julgado em 07.02.1997, o Ministro Relator, Carlos Velloso, reproduziu o voto vencido que proferiu no julgamento do RE 193817, registrando que a matéria foi nele debatida pelo Plenário, o que indica que o *leading case* é precisamente esse julgamento do colegiado maior, no qual as divergências interpretativas foram longamente debatidas.

O objeto do RE 193817 era o Convênio ICM 66/88, firmado com base no §8º do art. 34 do ADCT da CF, reputado inconstitucional diante do parâmetro do art. 155, §2º, IX, "a", da CF. A tese em exame era a alegada mudança de tratamento dada por esse último dispositivo constitucional em relação ao disposto no §11 do art. 23 da CF de 1967, na redação dada pela EMC 03/83. Esse último dispositivo tinha a seguinte redação:

> Art. 23. Compete aos Estados e ao Distrito Federal instituir impostos sobre:
>
> ....
>
> II - operações relativas à circulação de mercadorias realizadas por produtores, industriais e comerciantes, imposto que não será cumulativo e do qual se abaterá, nos termos do disposto em lei complementar, o montante cobrado nas anteriores pelo mesmo ou por outro Estado. A isenção ou não-incidência, salvo determinação em contrário da legislação, não implicará crédito de imposto para abatimento daquele incidente nas operações seguintes.
>
> ....
>
> §11 - O imposto a que se refere o item II incidirá, também, sobre a entrada, em estabelecimento comercial, industrial ou produtor, de mercadoria importada do exterior por seu titular, inclusive quando se tratar de bens destinados a consumo ou ativo fixo do estabelecimento.

Antes mesmo dessa redação, o DL nº 406/68, em seu art. 1º, II, assim dispunha sobre o assunto:

> Art 1º O imposto sobre operações relativas à circulação de mercadorias tem como fato gerador:

II - a entrada, em estabelecimento comercial, industrial ou produtor, de mercadoria importada do exterior pelo titular do estabelecimento;

....

A matéria já havia sido inclusive sumulada, no verbete nº 577, publicado em 03.01.1977:

> Na importação de mercadorias do exterior, o fato gerador do imposto de circulação de mercadorias ocorre no momento de sua entrada no estabelecimento do importador.

Já o inc. IX do §2º do art. 155 da CF de 1988 assim disciplinou o assunto:

> Art. 155. Compete aos Estados e ao Distrito Federal instituir impostos sobre:
>
> ....
>
> IX – incidirá também:
>
> a) sobre a entrada de bem ou mercadoria importados do exterior por pessoa física ou jurídica, aindaque não seja contribuinte habitual do imposto, qualquer que seja a sua finalidade, assim como sobre o serviço prestado no exterior, cabendo o imposto ao Estado onde estiver situado o domicílio ou o estabelecimento do destinatário da mercadoria, bem ou serviço;

A polêmica, então, era saber se esse último dispositivo constitucional havia ou não inovado sobre o momento do fato gerador do ICMS, relativamente aos produtos importados do exterior: do ingresso do produto importado no estabelecimento do importador para o desembaraço aduaneiro, quando o produto importado se tem por inserido no país.

A tese foi sustentada pelo Ministro Relator, Ilmar Galvão, com base na seguinte ordem de ideias: 1) a menção ao Estado arrecadador no novo texto constitucional matiza a mudança do elemento temporal do fato gerador do ICMS, porque de outro modo não seria necessário dizer sobre o local da arrecadação se ele ainda fosse o mesmo do fato gerador; 2) no regime anterior havia coincidência entre o momento do fato gerador (o ingresso da mercadoria importada no estabelecimento do importador) e o local da arrecadação: situação do estabelecimento;

3) o objetivo da mudança é "reduzir praticamente a zero a sonegação, com simultânea redução do esforço de fiscalização, sem gravame maior para o contribuinte"; 4) o inc. II do art. 1º do DL 406/68 não foi, assim, recepcionado pela CF de 1988, podendo então os Estados e o DF, com base no art. 155, *caput*, e no art. 34, §8º, do ADCT, estabelecer o fato gerador do ICMS e seu elemento temporal.

Já a antítese foi capitaneada pelo Ministro Marco Aurélio, que primeiro resistiu em conhecer o RE, porque o STJ teria se omitido em examinar a matéria constitucional em sede de embargos de declaração, mas depois fixou o seguinte, com esteio em voto anterior proferido no julgamento do RE 144660: 1) o convênio mencionado no §8º do art. 34 do ADCT da CF restringe-se ao tributo criado no art. 155, I, "b" (ICMS sobre serviços de transporte interestadual e intermunicipal e de comunicação), visando apenas suprimir lacuna legislativa enquanto existente; 2) por isso, o inc. IX, "a", do art. 155 da CF não inovou o ICMS incidente sobre mercadorias importadas do exterior, que antes era tratado do mesmo modo no §11 do art. 23 da CF de 1967; 3) logo, o convênio em exame teria invadido matéria de reserva legal, com a consequente derrogação do disposto no art. 1º, II, do DL 406/68.

Tese e antítese passaram a ganhar o reforço dos votos sucessivos. Assim,: I - em favor da antítese votaram os Ministros: 1) Maurício Correa, para quem: a) o convênio mencionado no art. 34, §8º, do ADCT da CF tem seu objeto limitado a cobrir as lacunas da legislação federal já existente (com base no mesmo princípio contido no art. 24, §§3º e 4º, da CF) e, portanto, não pode substituir o DL nº 406/68 em matéria nele tratada; b) tal princípio decorre da aplicação sistemática do §5º do mesmo art. 34 do ADCT, segundo o qual "vigente o novo sistema tributário nacional, fica assegurada a aplicação da legislação anterior, no que não seja incompatível com ele"; c) o inc. IX, "a", do art. 155 da CF traduz o princípio do destino, tal como era antes enunciado pelo DL 406/68, que "...traduz a taxação das importações quando da entrada no território nacional, no estabelecimento do importador"; d) "é o princípio do destino que fixa o fato gerador", e "o fato gerador do ICMS não é a entrada de mercadoria no País, porém no estabelecimento do destino", tal como entende a renomada doutrina de Pinto Ferreira, de J. Cretella Júnior e de Celso Ribeiro Bastos e Ives Gandra Martins; e) não haveria necessidade de o art. 155, XII, "d" da CF remeter para a lei complementar a definição do estabelecimento responsável pelo ICMS se o art. 155, IX, "a", o tivesse feito por si mesmo; f) a lei complementar mencionada no art. 155, XII, "d" da CF deverá tratar não apenas do sujeito passivo do tributo, como também seus aspectos material, espacial e temporal; 2) Carlos Velloso, para quem: a) a previsão do art. 146, III, "a", da CF, no sentido de caber à lei complementar a definição dos tributos, suas espécies e seus respectivos fatos geradores, inibe que se veja no art. 155, IX, "a", uma mudança do fato gerador do ICMS, em relação àquele antes definido no DL 406/68, porque "a Constituição que, expressamente, estabeleceu que, no tocante aos impostos nela discriminados – e o ICMS é um imposto nela – a lei complementar definiria os respectivos fatos geradores, não iria, num passo seguinte, relativamente a um fato gerador do imposto, defini-lo, ela mesma, assim ficando em contradição com ela própria"; b) o convênio de que trata o §8º do art. 34 do ADCT da CF somente podia inovar a legislação preexistente em relação ao imposto sobre serviços versado no art. 155, I, "b" (art. 155, II, com a EMC 03/93); c) o texto do art. 155, §2º, IV, "a", não indicou o local de ingresso da mercadoria, nem mesmo no território nacional, de modo que essa lacuna somente pode ser colmatada pela legislação existente (DL 406/68); 3) Néri da Silveira, para quem: a) a Constituição atual não define o momento em que o ICMS sobre mercadorias importadas do exterior deve ser recolhido, diferentemente da Constituição anterior, que era clara a respeito; b) o que o texto do art. 155, §2º, IX, "a", da CF diz então é que incide ICMS na importação de mercadorias, *tout court*, sem qualquer alteração do regime passado; II – em favor da tese votaram os Ministros: 1) Celso de Mello, para quem: a) o art. 155, §2º, II, "a", da CF alterou o momento do fato gerador do ICMS sobre mercadorias importadas do exterior do ingresso no estabelecimento do importador para o ingresso no território nacional; b) isso permitiu, assim, que o convênio questionado pudesse agir como sucedâneo constitucional da lei complementar, equiparando "...o despacho aduaneiro ao ato de recebimento, pelo importador, das mercadorias por este importadas do exterior"; 2) Sidney Sanches, para quem: a) o art. 155, IX, "a" da CF alterou o fato gerado do ICMS sobre mercadorias importadas do exterior, para o momento da entrada no país, porque o momento antes definido no §11 do art. 23 da CF de 1967, na redação da EMC 23/83, permitia a sonegação do tributo, porque "...nem sempre a mercadoria importada chegava ao estabelecimento importador"; b) o fato de o art. 146, III, "a", da CF prever que a definição dos fatos geradores de tributos será objeto de lei complementar não impede que a própria Constituição os defina; 3) Moreira Alves, para quem: a) a mudança da redação do antigo §11 do art. 23 da CF de 1967, na redação da EMC 23/83 para o texto que se encontra no art. 155, IX, "a" da CF não foi gratuita e tem significado normativo, em específico que o fato gerador do ICMS sobre mercadorias importadas do exterior pode ocorrer em Estado diverso daquele da situação do estabelecimento do importador; b) a mudança em questão favorece a arrecadação Estadual, porque "... no trajeto até a entrada da mercadoria no estabelecimento de destino, que pode ficar muito distante do local de entrada no território nacional, pode a mercadoria vir a sumir total ou parcialmente"; c) a menção expressa ao Estado de destino da mercadoria importada foi feita precisamente porque o momento da tributação foi alterado da entrada no estabelecimento do importador para a entrada no território nacional, pois do contrário o texto seria pleonástico; 4) Sepúlveda Pertence, para quem: a) a Constituição define o "...mínimo necessário à identificação do objeto de cada competência tributária que outorgou à União, aos Estados e aos Municípios", mas nem por isso está impedida de definir fatos geradores, como ocorre, por exemplo, com o IPTU, cujo núcleo (propriedade territorial urbana) está previsto na Constituição; b) no caso do IPTU não foi necessário mencionar expressamente o titular do crédito tributário, porque o local do imóvel já o indica, o mesmo não ocorrendo, por exemplo, com o imposto de transmissão *causa mortis*, porque o credor depende da hipótese de incidência, e não como mandaria a lógica: o local da morte (art. 155, §1º, da CF); c) por isso, quando a parte final do inc. IX do §2º do art. 155 da CF indica o Estado credor do ICMS sobre mercadorias importadas do exterior, isso ocorre porque o momento de ocorrência do fato gerador não coincide mais necessariamente com o destino da mercadoria, como ocorria no regime de 1967, quando a situação do estabelecimento do importador coincidia com o Estado credor.

A tese saiu vitoriosa, assim, com apenas um voto de frente, mas três constatações são evidentes, a saber: 1) a mudança de texto do regime atual do ICMS sobre mercadorias importadas do exterior em relação ao regime anterior tem um significado normativo lógico, decorrente da expressa menção do Estado credor, que seria desnecessária se o fato gerador ainda coincidisse com a situação do estabelecimento do importador; 2) nada muda o fato de que o convênio mencionado no §8º do art. 34 do ADCT da CF diz respeito a outra hipótese de incidência do ICMS (sobre serviços de transporte interestadual e intermunicipal e de comunicação) e, portanto, a rigor não podia tratar da hipótese em exame; 3) o fato de o art. 146, III, "a", da CF prever que a definição dos fatos geradores de tributos será objeto de lei complementar não impede que a própria Constituição os defina, como o fazia a CF de 1967, precisamente no §11 do art. 23, na redação da EMC 23/83.

Disso tudo podem ser extraídas as seguintes conclusões: 1) quanto à suficiência dos precedentes, eles justificam numericamente a exigência de "...reiteradas decisões sobre matéria constitucional..." (art. 103-A, *caput*, da CF), inclusive porque existentes outros precedentes incluídos no rol oficial, além de todos os da súmula ordinária; 2) quanto à fidelidade entre os julgamentos precedentes e o texto da súmula, ela é total, não obstante a pequena margem da tese vitoriosa no *leading case*, cuja divergência acabou amainada nos precedentes posteriores.

SÚMULA VINCULANTE Nº 49

A Súmula Vinculante nº 49 tem a seguinte redação:

> Ofende o princípio da livre concorrência lei municipal que impede a instalação de estabelecimentos comerciais do mesmo ramo em determinada área.

Os precedentes declarados dessa súmula são os seguintes julgamentos: RE 438485, AI 764788, AC 1440, RE 193749, RE 202832, RE 198107, RE 200572, RE 207506, AI 239299, RE 199517, RE 217029 e RE 203909.

A súmula em comento é uma reprodução literal da Súmula nº 646, cujos precedentes são os seguintes: RE 199517, RE 213482, RE 198107 e RE 193749. Como se percebe, apenas um dos precedentes da súmula ordinária (RE 213482) deixou de ser incluído no rol dos precedentes da súmula vinculante, no qual constam vários outros sucessivos.

Trata-se de mais uma conversão de súmula ordinária em súmula vinculante, objeto a propósito do desmembramento da PSV 70 em outros PSVs correspondentes ao número de súmulas a converter (22 ao todo).

Mais uma vez, a pista para encontrar o *leading case* está nos precedentes coincidentes, já que no PSV ele não foi indicado especificamente. Entre eles, o mais recente é o julgamento do RE 198107, que é remissivo do julgamento do RE 193749, julgado em conjunto com o RE 198107, que também remete ao RE 193749, sendo ele, portanto, o *leading case*, inclusive porque nele a matéria foi afetada ao Plenário e nele a divergência foi debatida.

O objeto do RE 193749 era a Lei nº 10991/91, do Município de São Paulo, que estipulava um distância mínima de 25 (vinte e cinco) metros para a instalação de farmácias. Uma sociedade que explorava tal ramo comercial demandou outra, em sede cautelar, pedindo o seu fechamento por haver agredido aquele espaço mínimo de distância entre os estabelecimentos, obtendo sentença de procedência, da qual se apelou, tendo o TJSP mantido a sentença e fixado o seguinte: 1) referida lei não cria reserva de mercado e, portanto, não malfere o art. 170 da CF, limitando-se a disciplinar o uso do solo urbano, "...distribuindo as farmácias de forma tal que atenda todas as camadas da população, evitando a concentração delas em determinado local, com evidentes prejuízos ao povo..."; 2) trata-se de manifestação de competência legislativa municipal, tendente a disciplinar assunto de interesse local, nos termos do art. 30, I, da CF. A sociedade derrotada interpôs recurso extraordinário sustentando justamente o contrário: malferimento dos princípios da liberdade do comércio, da proteção à livre iniciativa, da busca do pleno emprego e da proteção do consumidor.

Em seu voto, o Ministro Relator, Carlos Velloso, renovou os mesmos argumentos do acórdão recorrido, sendo confrontado então pelo Ministro Nelson Jobim, em cujo voto fixou o seguinte: 1) embora a lei municipal em questão já estivesse revogada, o julgamento do RE se justificava para "...assegurar eventuais direitos regressivos indenizatórios..."; 2) as regras relativas ao planejamento e uso do solo urbano (art. 182 da CF) têm por objetivo estabelecer uma programação dos serviços públicos municipais que serão necessários a esse uso, coisa que não se encontra na lei impugnada, que regula em verdade o comércio de farmácias dentro do município; 3) o zoneamento para o exercício de atividades comerciais é possível quando se trata de impedir prejuízos às zonas residenciais, como se passa com a instalação de bares que possam causar transtornos aos habitantes locais, coisa que tampouco se passa na espécie; 4) a concorrência desleal está tratada na Lei Federal nº 8884, em seus arts. 20 e 21, e, portanto, a lei municipal em questão não pode ser um instrumento de vedação à concorrência desleal, como se passaria na hipótese de uma grande farmácia instalar-se depois de uma pequena, dentro da área vedada, para quebrá-la e assim dominar o mercado; 5) o que a lei questionada faz é precisamente inviabilizar a livre concorrência dentro da área por ela estipulada, não se tratando propriamente de reserva de mercado, já que não proíbe o consumidor de acorrer a outro estabelecimento fora de sua área, causando sim "...a redução dos espaços da concorrência, para que ela chegue ao consumidor e não o consumidor vá a ela"; 6) em resumo, "...a livre concorrência é assegurada sem a reserva de espaços públicos...", a fim de evitar a formação de oligopólios e cartéis.

Após afetado o julgamento ao Plenário, votou o Ministro Maurício Correa, para quem: 1) o livre exercício da atividade econômica, previsto no art. 170 da CF, somente permite limitação por lei para a autorização ou permissão de funcionamento de determinados tipos de atividade, coisa que não se passa na espécie, já que a lei municipal não exige permissão ou autorização prévia para a instalação de farmácias dentro da área por ela reservada; 2) a permissão ou autorização tacitamente não proibida, com simples limitação de área, ofende os princípios constitucionais da livre concorrência e da liberdade de iniciativa econômica privada (art. 173, §4º, da CF); 3) a limitação geográfica induz à concentração econômica e, com ela, a reserva dos lucros ao estabelecimento já instalado e a restrição ao acesso do consumidor aos melhores preços.

Embora o voto do Ministro Nelson Jobim tenha sido mais veemente, foi o voto do Ministro Maurício Correa aquele considerado o voto condutor, acompanhado pelos demais Ministros.

Repete-se aqui, por razões distintas, a preocupação com o oligopólio e com os cartéis em matéria de disciplina do comércio local por leis municipais, a pretexto do exercício de competência legislativa para tratamento de assuntos de interesse local, antes manifestado na SV nº 38. Em uma frase: a competência legislativa municipal sobre assuntos de interesse local não ofende a livre concorrência na fixação de horários uniformes do comércio, mas ofende na fixação de áreas de instalação, já que não visa programar a prestação de serviços municipais e seu resultado implica em concentração econômica, preservação de lucros privados e prejuízo ao consumidor.

Pode-se dizer que o argumento da fixação de áreas protege a pequena empresa da grande, porque esta última está mais preparada economicamente para reduzir suas margens de lucro e com isso sufocar a primeira até a sua ruína, o que geraria de qualquer modo um oligopólio ou cartel, mas isso pressupõe que a primeira esteja sempre instalada antes da segunda, circunstância que nem sempre acontece. Inclusive, quando sucede de uma grande empresa já estar instalada a abertura de uma empresa menor na mesma área deve ser creditada ao livre comércio e à assunção dos riscos típica da exploração econômica, que estimula precisamente a livre concorrência e os consequentes ganhos do consumidor com melhores preços e produtos. Além disso, e principalmente, a inibição aos oligopólios e cartéis cabe às agências de controle da atividade econômica, não sendo demais lembrar que o canibalismo empresarial é uma prática de toda economia capitalista, na qual as sociedades econômicas sempre visam a hegemonia.

A memória da *ratio decidendi* presente no *leading case* é de extrema importância e foi capaz de evitar o erro de perspectiva do Ministro Dias Toffoli, que ainda no contexto da Comissão de Jurisprudência do STF não recomendou a edição da SV, entendendo que "...eventuais riscos à saúde, à segurança e ao meio ambiente..." deviam ser aquilatados caso a caso, como outrora fizera o STF "...nos casos de leis municipais que, por motivos de segurança, fixaram um distanciamento mínimo entre postos de combustíveis e entre esses e outros locais com grande densidade de pessoas, tais como escolas, hospitais, centros comerciais etc.". Em correta resposta, o Ministro Presidente, Ricardo Lewandowski, disse que os precedentes da PSV tratavam de outra matéria, porque neles se buscou "...evitar que legislações municipais criassem nichos de proteção à entrada de novos estabelecimentos de determinado ramo empresarial num dado território, em detrimento dos consumidores, da livre concorrência e da liberdade do exercício da atividade econômica".

Disso tudo podem ser extraídas as seguintes conclusões: 1) quanto à suficiência dos precedentes, eles justificam numericamente a exigência de "...reiteradas decisões sobre matéria constitucional..." (art. 103-A, *caput*, da CF), inclusive porque existentes outros precedentes listados no rol oficial para além daqueles constantes no rol da súmula ordinária convertida; 2) quanto à fidelidade entre os julgamentos precedentes e o texto da súmula, ela é total, porque os julgamentos posteriores ao *leading case* não contrariaram as premissas nele fixadas.

SÚMULA VINCULANTE Nº 50

A Súmula Vinculante nº 50 tem a seguinte redação:

Norma legal que altera o prazo de recolhimento de obrigação tributária não se sujeita ao princípio da anterioridade.

Os precedentes declarados dessa súmula são os seguintes julgamentos: RE 295992 AgR, RE 356476 AgR-ED, RE 354406 AgR, RE 248854 AgR-ED, RE 356368 AgR, RE 232287 AgR, RE 222323 AgR, RE 195218, RE 275791 AgR-ED, RE 180224 AgR, RE 192730 AgR, RE 230115,

RE 294543 AgR, RE 278557 AgR, RE 270341 AgR, RE 258789 AgR, RE 219878, RE 228796, RE 240266, RE 205686, RE 209386, RE 203684 e RE 181832.

A súmula em comento é uma reprodução literal da Súmula nº 669, cujos precedentes são os seguintes: RE 181832, RE 222460, RE 205686, AI 224046 AgR, RE 228796 e RE 240266. Como se percebe, apenas 4 (quatro) precedentes da súmula ordinária foram incluídos no rol da súmula vinculante (RE 181832, RE 205686, RE 228796 e RE 240266), que conta com outros precedentes posteriores.

Trata-se de mais uma conversão de súmula ordinária em súmula vinculante, objeto a propósito do desmembramento da PSV 70 em outros PSVs correspondentes ao número de súmulas a converter (22 ao todo).

O pano de fundo dos precedentes são, em sua maioria, leis federais (Leis nºs 8212/91, 8218/91, 8128/91, 8981/95 e 9715/98) que alteraram o prazo de recolhimento de contribuições sociais (PIS, FINSOCIAL e contribuições previdenciária e sobre o lucro) sem observância do prazo de que trata o §6º do art. 195 da CF, assim redigido:

> Art. 195. A seguridade social ser, financiada por toda a sociedade, de forma direta e indireta, nos termos da lei, mediante recursos provenientes dos orçamentos da União, dos Estados, do Distrito Federal e dos Municípios, e das seguintes contribuições sociais:
>
> ....
>
> §6º As contribuições sociais de que trata este artigo só poderão ser exigidas após decorridos noventa dias da data da publicação da lei que as houver instituído ou modificado, não se lhes aplicando o disposto no art. 150, III, "b".
>
> ....

O precedente mais antigo do rol oficial de ambas as súmulas é o julgamento do RE 181832, e nele o Ministro Relator, Ilmar Galvão, sem qualquer divergência, sustentou que: 1) nem todas as alterações legislativas expressam modificação no sentido do dispositivo em exame; 2) a lei impugnada (8218/91) não teria instituído ou modificado a contribuição social em questão (PIS), extinto ou modificado suas alíquotas; 3) "somente nos casos de lei que cria ou modifica tributos a anterioridade é absoluta. O princípio da anterioridade diz respeito à criação e ao aumento do tributo, não à mudança de prazo de recolhimento".

Tratava-se de julgamento de Turma, assim como ocorreu com os julgamentos imediatamente posteriores (REs 205686, 209386 e

203684), até que a matéria foi afetada ao Plenário, com o julgamento conjunto dos REs 228796 e 240266, que deve assim ser considerado o *leading case*, tal como sugerido tacitamente pelo Ministro Presidente, Ricardo Lewandowski, depois de citar o julgamento do último RE na apresentação da PSV e nos debates (pp. 3 e 7).

Naquele julgamento conjunto, o Ministro Relator, Marco Aurélio, com remissão ao julgamento do RE 195333, estabeleceu a seguinte ordem de raciocínio: 1) o §6º do art. 195 da CF abrange qualquer hipótese de modificação do tributo, inclusive a temporal, porque o dispositivo se limita a aludir "...à simples modificação sem especificá-la"; 2) "...a anterioridade tem como razão de ser evitar surpresas para o contribuinte".

Tal entendimento foi contrariado no voto do Ministro Maurício Correa, para quem "...a questão posta não envolve criação ou aumento de tributo, e, sim, deslocamento do prazo de recolhimento da respectiva taxação", matéria que já teria sido antes decidida pelo STF, em julgamentos porém não citados (os julgamentos citados estabelecem apenas o termo *a quo* da anterioridade mitigada do §6º do art. 195 da CF).

Em acréscimo a seu voto, o Ministro Relator reforçou a ideia de que a mudança de data de recolhimento implica em alteração *in pejus* para o contribuinte, mormente em época de inflação, e, por isso, merece o abrigo do princípio da anterioridade.

Ato contínuo, votou o Ministro Ilmar Galvão, fazendo correlação entre o art. 97 do CTN e o art. 150 da CF acerca do princípio da legalidade, que não estava em discussão, e concluindo que, "quanto à data de vencimento, inexiste exigência constitucional, ou legal, de sua submissão ao referido princípio".

Em seu voto, o Ministro Celso de Mello apresentou os seguintes argumentos em favor da dissidência: 1) o princípio da anterioridade (comum, do art. 150, III, "b", e especial ou mitigada, do art. 195, §6º, da CF) tem o fim de garantir ao contribuinte que se programe com antecedência quanto às exações fiscais, novas ou majoradas; 2) por essa razão é que ele não incide na hipótese de leis que tornem a tributação menos onerosa para o contribuinte (RE 67046); 3) a mudança do prazo de recolhimento "...sem qualquer outra repercussão..." (RE 209386) não viola tal princípio, que se projeta, "...unicamente, sobre as hipóteses de instituição e de majoração de tributos".

Por fim, também aderiram à dissidência os Ministros Carlos Velloso, com simples remissão ao voto do Ministro Maurício Correa, e Sepúlveda Pertence, para quem "o prazo de recolhimento claramente se insere na disciplina da arrecadação do tributo que, no entanto, é matéria de administração financeira e não tributária, instituição ou alteração de tributo, onde se aplica o art. 195, §6º, que diz respeito aos elementos do tipo gerador da obrigação tributária".

Apenas 5 (cinco) precedentes (RE 195218, RE 180224 AgR, RE 192730 AgR, RE 294543 AgR e RE 278557 AgR) trataram de mudança de data de recolhimento de tributo *stricto sensu* (ICMS), instituída em geral por Decreto Estadual (MG e SP), portanto com aporte no princípio da anterioridade comum do art. 150, III, "b", da CF, mas essa distinção se mostrou irrelevante, porque comum ou especial/mitigada a anterioridade foi considerada inaplicável às alterações infraconstitucionais de data de recolhimento, seja de tributo *stricto sensu*, seja de contribuições sociais, às quais o STF já havia reconhecido caráter tributário *lato sensu* (RTJ ns. 143/313-314, 143/684 e 149/654).

Disso tudo podem ser extraídas as seguintes conclusões: 1) quanto à suficiência dos precedentes, eles justificam numericamente a exigência de "...reiteradas decisões sobre matéria constitucional..." (art. 103-A, *caput*, da CF), inclusive porque foram agregados ao rol oficial vários precedentes que não figuraram no rol da súmula ordinária, do qual 2 (dois) sequer foram aproveitados; 2) quanto à fidelidade entre os julgamentos precedentes e o texto da súmula, ela é total.

SÚMULA VINCULANTE Nº 51

A Súmula Vinculante nº 51 tem a seguinte redação:

O reajuste de 28,86%, concedido aos servidores militares pelas Leis 8622/1993 e 8627/1993, estende-se aos servidores civis do poder executivo, observadas as eventuais compensações decorrentes dos reajustes diferenciados concedidos pelos mesmos diplomas legais.

Os precedentes declarados dessa súmula são os seguintes julgamentos: RE 584313 QO-RG, RE 433818 AgR, RE 479456 AgR, AI 573962 AgR, RE 436427 AgR, RE 419075, RE 445961 AgR, RE 432362 AgR, RE 424577 AgR, RE 419680 AgR, RE 436210 AgR, RE 448905 AgR, RE 445018 AgR, RE 437219 AgR, RE 440074 AgR, RE 435607 AgR, RE 436200 AgR, RE 436221 AgR, RE 444950 AgR, RE 247271 AgR, RE 445636 AgR, RE 443058 AgR, RE 440779 AgR, RE 442863 AgR, RE 439340 AgR, RE 438644 AgR, RE 427010 AgR, RE 405081 AgR, RE 233711 AgR, AI 446829 AgR,

AI 249297 AgR, AI 314497 AgR, RE 291701 AgR, AI 263772 AgR, AI 288025 AgR, RMS 22297, RE 234742, RE 246606 AgR, RE 219711 AgR, AI 235549 AgR, RE 211552, AI 232233 AgR, RE 201331 AgR, AI 228523 AgR, RE 236968, RE 229162, RE 217785, RE 226086 e RMS 22307 ED.

A súmula em comento é uma reprodução literal da Súmula nº 672, cujos precedentes são os seguintes: RMS 22307, RE 217779, RMS 22307 ED, RE 229162, RE 236968, AI 232233 AgR, RE 211552, RE 224326, RE 246606 AgR e RE 234957. Como se percebe, apenas 5 (cinco) precedentes da súmula ordinária foram incluídos no rol da súmula vinculante (RMS 22307 ED, RE 229162, RE 236968, AI 232233 AgR, RE 211552 e RE 246606 AgR), que conta com outros precedentes posteriores.

Trata-se de mais uma conversão de súmula ordinária em súmula vinculante, objeto a propósito do desmembramento da PSV 70 em outros PSVs correspondentes ao número de súmulas a converter (22 ao todo).

O precedente mais antigo, julgado pelo Pleno e citado em todos os demais precedentes posteriores, é o julgamento do RMS 22307, que inexplicavelmente não foi incluído no rol dos precedentes oficiais (embora citado no encaminhamento da PSV pelo Ministro Presidente, Ricardo Lewandowski), no qual consta apenas o julgamento dos EDs interpostos, que cuidou da matéria da compensação de reajustes sucessivos. Trata-se de cisão incompreensível para qualquer teoria coerente dos precedentes judiciais, mormente quando naquele primeiro julgamento são encontrados os debates mais latentes sobre a interpretação do inc. X do art. 37 da CF. Como resultado, o *leading case* da presente SV é um julgamento que não consta em seu rol oficial, por mais esdrúxulo que isso possa parecer.

No precedente-guia, estava em questão o alegado direito de servidores públicos civis federais do Poder Executivo ao mesmo tratamento dispensado ao maior soldo dos servidores públicos militares pelo art. 6º da Lei n. 8622/93, porque, na prática, além do reajuste de 100% concedido aos servidores civis e militares pelo art. 1º daquela Lei, as tabelas mencionadas no art. 4º da mesma Lei (que também favoreceram alguns grupos de servidores civis, com reajuste superior a 100%) exigiam adequações (art. 7º) tendentes a corrigir as diferenças de remuneração decorrentes da aplicação daquele diploma, tal como reconheceu expressamente o art. 5º da Lei nº 8627/93. Em outras palavras, as Leis em questão já reconheciam disparidades entre os índices de correção atribuídos a alguns cargos entre civis e entre civis e militares, que no fim resultavam em uma diferença de reajuste da ordem de 28,86%.

Em seu voto, o Ministro Relator, Marco Aurélio, apresentou os seguintes argumentos em favor da tese autoral: 1) as Leis nºs 8622/93 e 8627/93 contêm revisão geral de remuneração dos servidores públicos, tanto quanto à data-base (mês de janeiro, de acordo com o art. 1º da Lei nº 7706/88) quanto à recomposição do poder aquisitivo, estando pois sujeitas à garantia do inc. X do art. 37 da CF; 2) referido dispositivo constitucional fora considerado auto-aplicável pelo próprio STF, ao estender a seus servidores civis a diferença de 28,86% decorrente daquelas Leis em sede administrativa (Proc. nº 19.426-3), a exemplo do que fez a Câmara dos Deputados em relação aos seus servidores civis, pelo Ato da Mesa nº 60/93; 3) naquela decisão administrativa também se considerou dispensável a edição de lei específica a respeito, porque, "...em se tratando de revisão geral, não seria pertinente tal legislação, sob pena de colocar-se em risco a almejada isonomia".

Desse voto dissentiu o Ministro Celso de Mello, para quem: 1) a extensão de reajuste parcial somente se pode fazer por lei formal, em nome dos princípios da reserva legal (conforme decidido na ADI 766) e da separação de poderes, a propósito como consta na S. STF n. 339 (atual SV n. 37), que não reconhece competência ao Poder Judiciário para recompor por decisão os vencimentos do funcionalismo público e se aplica também às pretensões fundadas no inc. X do art. 37 da CF; 2) ademais, a correção de inconstitucionalidade por omissão parcial de lei não é apropriada para o mandado de segurança, porque implica em arguição em tese, e não em concreto, tal como outrora decidiu o STF no MS 21400.

A dissidência foi depois acompanhada, com base nos mesmos fundamentos, pelos Ministros Octavio Gallotti, Sydney Sanches e Moreira Alves.

Logo após o Relator, votou o Ministro Maurício Correa, também em favor da tese autoral, com base nos seguintes argumentos: 1) o inc. X do art. 37 da CF "...exige igualdade geral e uniforme de índice do reajuste para os diversos estamentos do quadro de servidores da União"; 2) o caso não é propriamente de declaração de inconstitucionalidade por omissão parcial de lei, porque (i) a provocação do Presidente da República tem se mostrado ineficaz, (ii) as Leis em questão não são inconstitucionais em relação àqueles por elas favorecidos, (iii) o fundamento adequado não é o princípio da isonomia, contido no §1º do art. 39 da CF, mas a garantia de paridade de reajuste entre civis e militares, contida no inc. X do art. 37 da CF, o que exclui de incidência a S. STF nº 339 (atual SV nº 37); 3) assim como o STF e a Câmara dos

Deputados, também o Senado Federal (Ato 42/93), o TCU (Res. Adm. 014/93), o STJ (PA-233/93), o CJF (PA 2897/93), o TSE (Proc. 13.713), o MPU e a própria Secretaria da Administração Federal concederam a mesma extensão a seus servidores civis por via administrativa; 4) a correção de tal tratamento discriminatório não depende de lei formal, diante da eficácia plena do inc. X do art. 37 da CF.

Vencido no processo administrativo, o Ministro Ilmar Galvão aderiu ao voto do Ministro Maurício Correa, fazendo a mesma distinção supra em torno da auto eficácia do inc. X do art. 37 da CF, para excluir de incidência a S. STF nº 339 (atual SV nº 37), inclusive porque de outro modo o STF "...não teria aplicado a lei a seus servidores, posto que a mencionada súmula veda aumentos salariais que não tenham sido concedidos por meio de lei".

A idêntico raciocínio chegou o Ministro Carlos Velloso, para quem "a lei, no caso, é a própria Constituição", anotando ainda que nos modelos de controle misto a correção da inconstitucionalidade por omissão parcial não deve ser feita pela estreita via da ADI por omissão.

Outro Ministro vencido no julgamento administrativo, Néri da Silveira acabou por acompanhar o voto do Relator, rendendo-se ao entendimento majoritário da Corte no sentido de que, "...em se cuidando de revisão geral de remuneração, a teor do art. 37, X, da Constituição, o reajuste, definido em determinada lei, com essa qualificação, beneficia todos os servidores civis e militares, no mesmo índice e a partir da mesma data". O mesmo fez, por fim, o Ministro Sepúlveda Pertence.

Em resumo, o Tribunal: 1) estendeu a servidores públicos civis (indicando em tese a mesma solução em favor dos militares, nas mesmas circunstâncias), por via judicial, correção de vencimentos/subsídios preterida por lei de reajuste ou revisão geral de vencimentos/subsídios que, de forma explícita ou tácita, concedeu percentuais distintos a servidores militares (e alguns civis) contra a regra de paridade do inc. X do art. 37 da CF; 2) reconheceu a autoeficácia ou a eficácia plena desse dispositivo constitucional, com o objetivo de contornar os argumentos da reserva legal e da separação de poderes, nas situações antes descritas; 3) excepcionou a S. STF nº 339 (atual SV nº 37), com base na distinção entre tratamento igualitário do §1º do art. 39 e regra da paridade de reajustes do inc. X do art. 37 da CF.

Começando do fim para o começo, não é coerente encontrar na redação originária do inc. X ("a revisão geral da remuneração dos servidores públicos, sem distinção de índices entre servidores públicos civis e militares, far-se-á sempre na mesma data") do art. 37 regra distinta daquela genericamente tratada no texto originário do §1º ("a lei assegurará, aos servidores da administração direta, isonomia de vencimentos para cargos de atribuições iguais ou assemelhados do mesmo Poder ou entre servidores dos Poderes dos Poderes Executivo, Legislativo e Judiciário, ressalvadas as vantagens de caráter individual e as relativas à natureza ou ao local de trabalho") do art. 39 da CF, a não ser no plano da eficácia. Dito de outro modo: é coerente dizer que o texto originário inc. X do art. 37 era autoeficaz, enquanto que o texto originário do §1º do art. 39 da CF era dependente de integração infraconstitucional, mas não que apenas o segundo deles abrigava o princípio da isonomia. Afinal, revisão paritária de vencimentos/subsídios entre servidores públicos civis e militares e vencimentos/subsídios iguais para cargos de atribuições equivalentes dos Poderes da República partem da mesma premissa isonômica do tratamento não discriminatório. Com isso se pode aceitar que a equiparação pela via do então inc. X do art. 37 não dependia de lei ou contornava os princípios da legalidade e da separação de poderes, para efeito de *distinguish* da S. STF nº 339 (atual SV nº 37), mas não que essa saída ocorresse fora do contexto do princípio da igualdade.

De qualquer forma, esse *distinguish* não se amolda perfeitamente às hipóteses tratadas nas SVs nºs 20 e 34, que continuam em potencial conflito teórico com a *ratio decidendi* da SV 37.

A propósito, a Súmula em comento tampouco foi clara em sua *ratio decidendi*, mormente no plano temporal, porque a redação dos dispositivos constitucionais objeto do *leading case*, julgado em 19.02.1997, foi alterada logo depois pela EMC 19/98, sem ter sido afetada pela ADI 2135, *verbis*:

> Art. 37. A administração pública direta e indireta de qualquer dos Poderes da União, dos Estados, do Distrito Federal e dos Municípios obedecerá aos princípios de legalidade, impessoalidade, moralidade, publicidade e eficiência e, também, ao seguinte: (Redação dada pela EMC 19/98)
>
> ....
>
> X - a remuneração dos servidores públicos e o subsídio de que trata o §4º do art. 39 somente poderão ser fixados ou alterados por lei específica, observada a iniciativa privativa em cada caso, assegurada revisão geral anual, sempre na mesma data e sem distinção de índices; (Redação dada pela EMC 19/98)
>
> §1º A fixação dos padrões de vencimento e dos demais componentes do sistema remuneratório observará: (Redação dada pela EMC 19/98)

I – a natureza, o grau de responsabilidade e a complexidade dos cargos componentes de cada carreira;
II – os requisitos para a investidura;
III – as peculiaridades dos cargos.

A rigor, a nova redação parece reconduzir a regra do inc. X do art. 37 para a *ratio decidendi* da SV 37, ao exigir agora uma integração legislativa infraconstitucional, mas ela se limita, em verdade, à iniciativa do projeto de lei de reajuste. Já a hipótese do §1º do art. 39 da CF, que já dependia de lei formal, agora pressupõe o cumprimento de outros elementos diferenciadores. Em resumo, a nova redação não alterou substancialmente a *ratio decidendi*.

Disso tudo podem ser extraídas as seguintes conclusões: 1) quanto à suficiência dos precedentes, eles justificam numericamente a exigência de "...reiteradas decisões sobre matéria constitucional..." (art. 103-A, *caput*, da CF), inclusive porque foram agregados ao rol oficial vários precedentes que não figuraram no rol da súmula ordinária, do qual 4 (quatro) sequer foram aproveitados, incluindo o principal deles e, a rigor, o *leading case* da SV (RMS 22307); 2) quanto à fidelidade entre os julgamentos precedentes e o texto da súmula, ela é parcial, porque faltou generalizar a *ratio decidendi* e definir a sua permanência ou atualidade mesmo após a mudança da redação do inc. X do art. 37 e do §1º do art. 39 da CF pela EMC 19/98.

SÚMULA VINCULANTE Nº 52

A Súmula Vinculante nº 52 tem a seguinte redação:

Ainda quando alugado a terceiros, permanece imune ao IPTU o imóvel pertencente a qualquer das entidades referidas pelo art. 150, VI, "c", da Constituição Federal, desde que o valor dos aluguéis seja aplicado nas atividades para as quais tais entidades foram constituídas.

Os precedentes declarados dessa súmula são os seguintes julgamentos: ARE 760876 AgR, ARE 792079, ARE 779623, ARE 773692, AI 763087, AI 856541, AI 739944, AI 848281 AgR, AI 727684, AI 816389, AI 691149, AI 667883, RE 357824 AgR e AI 501686 AgR.

A súmula em comento é uma reprodução da Súmula nº 724, com duas pequenas alterações textuais: acréscimo de Federal ao termo

Constituição e troca da parte final, de "...essenciais de tais entidades" para "...para as quais tais entidades foram constituídas". Os precedentes dessa Súmula ordinária são os seguintes: RE 286692, RE 237718, RE 217233, RE 231928, RE 235737 e RE 203248 AgR.

Trata-se de mais uma conversão de súmula ordinária em súmula vinculante, objeto a propósito do desmembramento da PSV 70 em outros PSVs correspondentes ao número de súmulas a converter (22 ao todo).

Além dos novos precedentes listados na SV, sem aproveitamento daqueles listados no rol da Súmula ordinária, foram citados os seguintes precedentes oficialmente não aproveitados em ambas as listas: RE 212370, RE 325822, RE 357824 AgR, RE 407633 AgR, RE 470520, RE 471844, RE 578562, ARE 658080 AgR, ARE 694453 AgR, AI 438889 AgR, AI 447855, AI 501942, AI 560467, AI 644047, AI 655266, AI 690712 AgR, AI 738804 AgR e AI 782139 AgR.

Assim como ocorreu com a SV nº 37, nenhum precedente da Súmula ordinária foi listado no rol da Súmula Vinculante, mas aqui, diferentemente daquela outra conversão, o texto da Súmula ordinária não foi editado sob a égide da CF de 1967, mas da CF de 1988. Trata-se de falha assaz grave, que implica em inevitável perda da sequência lógica de julgamentos e dificulta a identificação do *leading case* e, por conseguinte, da *ratio decidendi*, questões que não foram todavia debatidas na PSV.

Dos precedentes da Súmula ordinária, apenas 2 (dois) são citados em precedentes da SV, a saber: RE 237718 (citado nos AI 501686 AgR, AI 727684 e ARE 773692) e RE 235737 (citado no AI 727684).

Considerando que nos precedentes oficiais da SV não se explora a tese que anima a sumulação, já que se limitam a remeter ou à S. 724 ou a precedentes dela, o *leading case* deve ser encontrado em um daqueles precedentes da Súmula ordinária. O último é um julgamento de Turma (1ª) e é remissivo ao primeiro, que é um julgamento do Pleno. Logo, o *leading case* é o julgamento do RE 237718 e nele deve ser encontrada a *ratio decidendi*.

Em seu voto, o Ministro Relator, Sepúlveda Pertence, anotou o seguinte: 1) desde o julgamento do RE 97708, ainda sob a égide da CF de 1967, o STF reconheceu a extensão da imunidade do IPTU a imóveis locados a terceiros por instituição de assistência social, no pressuposto da diferença entre patrimônio e renda patrimonial; 2) imunidades tributárias reclamam interpretação teleológica, "...de modo a maximizar-lhes o potencial de efetividade, como garantia ou estímulo à concretização dos valores constitucionais que inspiram limitações ao poder de tributar", a propósito como o STF já reconhecera em relação a livros, jornais e periódicos e ao papel destinado à sua impressão, inclusive como limite ao poder de reforma constitucional (ADI 939); 3) a conexão entre a renda e as finalidades essenciais das entidades (§4º) mencionadas na alínea "c" do inc. VI do art. 150 da CF ocorre no plano de sua destinação, e não de sua natureza ou, dito de outro modo, o que se associa com o objeto social dessas entidades são as despesas, e não as receitas, pois do contrário a única fonte de recursos imune seria a contribuição dos usuários de seus serviços, e se isso ocorre com as rendas, o mesmo deve se passar com o patrimônio gerador de receita; 4) seria incoerente e contrário à interpretação teleológica das imunidades desvincular automaticamente a exploração econômica de imóveis das entidades sem fins lucrativos de seus fins essenciais, mormente quando o papel da imunidade, nesse caso (e diferentemente dos templos de qualquer culto, já que o Estado é laico), é a promoção de "...atividades privadas de interesse publico que suprem as impotências do Estado".

Referido voto foi seguido pela maioria dos demais Ministros (Ellen Gracie, Néri da Silveira, Sydney Sanches, Sepúlveda Pertence, Celso de Mello, Maurício Correa e Nelson Jobim), com dissenso apenas do Ministro Carlos Velloso, para quem o aluguel de imóveis de entidades sem fins lucrativos não corresponde a seus fins essenciais.

Como se percebe, a chave para a questão jurídica resolvida estava em saber se a renda patrimonial de entidades sem fins lucrativos contaminava ou não suas finalidades essenciais. Em uma leitura restritiva, apenas as rendas também sem fins lucrativos gozariam de imunidade, enquanto que em uma leitura ampliativa toda e qualquer renda destinada às finalidades essenciais daquelas entidades mereceria a imunidade. Na primeira, toda renda patrimonial seria lucrativa, enquanto que na segunda apenas a renda patrimonial desvinculada dos fins essenciais das entidades mencionadas ostentaria tal caráter. Por coerência, e por maioria, venceu a leitura ampliativa.

Disso tudo podem ser extraídas as seguintes conclusões: 1) quanto à suficiência dos precedentes, eles justificam numericamente a exigência de "...reiteradas decisões sobre matéria constitucional..." (art. 103-A, *caput*, da CF), inclusive porque todos os precedentes do rol da Súmula ordinária não foram sequer incluídos, além de outros tantos não incluídos em ambas as listas, porém citados nos precedentes oficiais; 2) quanto à fidelidade entre os julgamentos precedentes e o texto da súmula, ela é total, porque se limitam a remeter ou à S. 724 ou a precedentes dela.

Aplicação e interpretação pelo STF:

Imóvel destinado à residência de ministro religioso
O fato de os imóveis estarem sendo utilizados como escritório e residência de membros da entidade não afasta a imunidade prevista no art. 150, VI, c, §4º, da CF/1988.
[ARE 895.972 AgR, Rel. Min. Roberto Barroso, Primeira Turma, julgamento em 2-2-2016, *DJE* 34 de 24-2-2016]

Recursos relativos aos aluguéis do imóvel destinados à manutenção do objetivo social da fundação e imunidade de IPTU
(...) o acórdão recorrido encontra-se em consonância com a pacífica jurisprudência do Supremo Tribunal Federal, consubstanciada na Súmula Vinculante 52: (...) No caso dos autos, o Tribunal de origem consignou que a recorrida aplica os recursos relativos aos aluguéis do imóvel tributado tão somente na manutenção de seu objetivo social.
[ARE 891.596, Rel. Min. Teori Zavascki, dec. monocrática, julgamento em 16-9-2015, *DJE* 188 de 22-9-2015]

SÚMULA VINCULANTE Nº 53

A Súmula Vinculante nº 53 tem a seguinte redação:

A competência da Justiça do Trabalho prevista no art. 114, VIII, da Constituição Federal alcança a execução de ofício das contribuições previdenciárias relativas ao objeto da condenação constante das sentenças que proferir e acordos por ela homologados.

Referida Súmula tem como único precedente declarado o julgamento do RE 569056, no qual o Ministro Relator, Menezes Direito, fez remissão à decisão monocrática da Ministra Cármen Lúcia no AI 643209 em torno da mesma matéria (na qual se limitou a destrancar o RE), quantidade de julgamentos porém insuficiente para atender o requisito quantitativo do *caput* do art. 103-A da CF, a menos, mais uma vez, que no expediente da repercussão geral se anteveja a repetição potencial de um número considerável de recursos a serem ainda julgados ou que se adote o mesmo entendimento contido no julgamento do 1º precedente da SV nº 5 (RE 434.059), segundo o qual a exigência em questão seria dispensável quando o julgamento fosse do Pleno,[368] como no caso. Na PSV, todavia, nenhuma dessas questões foi debatida, ficando ainda evidente em sua apresentação que a proposta de sumulação ocorreu muito tempo antes (2009) do próprio trânsito em julgado do julgamento do RE (2015), motivando assim a suspensão da PSV até a ocorrência desse último fato processual, por ordem da então Ministra Presidente, Ellen Gracie.

Ocorre aqui um problema recorrente mesmo depois da edição da Lei nº 11.417/2006, que trata do procedimento de edição das SVs: o uso indevido da repercussão geral como meio de emissão de súmulas vinculantes. Isso porque esses institutos têm distintos objetivos: enquanto o primeiro visa replicar a mesma decisão uniforme para vários recursos repetidos ainda pendentes, o segundo visa a unificar interpretação na matéria constitucional não apenas para recursos pendentes, como também para lides pendentes de julgamento e mesmo para as relações jurídicas materiais não judicializadas.

A matéria tratada na presente SV é a interpretação do inc. VIII do art. 114 da CF em cotejo com a leitura a ele empregada no item I da S. TST nº 368. Tais dispositivos encontram-se assim redigidos, respectivamente:

Art. 114. Compete à Justiça do Trabalho processar e julgar:

....

VIII a execução, de ofício, das contribuições sociais previstas no art. 195, I, a, e II, e seus acréscimos legais, decorrentes das sentenças que proferir;

....

SÚMULA Nº 368

DESCONTOS PREVIDENCIÁRIOS E FISCAIS. COMPETÊNCIA. RESPONSABILIDADE PELO PAGAMENTO. FORMA DE CÁLCULO (redação do item II alterada na sessão do Tribunal Pleno realizada em 16.04.2012)

I - A Justiça do Trabalho é competente para determinar o recolhimento das contribuições fiscais. A competência da Justiça do Trabalho, quanto

---

[368] Na ocasião, os Ministros também consideram como exceção à exigência quantitativa o fato de: a) haver unanimidade na interpretação constitucional submetida ao STF; b) a matéria a sumular contrariar súmula do STJ ou de outro tribunal.

à execução das contribuições previdenciárias, limita-se às sentenças condenatórias em pecúnia que proferir e aos valores, objeto de acordo homologado, que integrem o salário-de-contribuição. (ex-OJ nº 141 da SBDI-1 - inserida em 27.11.1998)

A controvérsia teve origem em demanda trabalhista na qual o Juízo declarou a existência de vínculo de emprego, não reconhecido espontaneamente durante a vigência da relação jurídica material, e condenou a parte passiva ao pagamento de verbas salariais, aparentemente sem mencionar as contribuições previdenciárias incidentes. O INSS requereu então a execução das contribuições previdenciárias incidentes não apenas sobre o objeto da condenação, como também daquelas que incidiriam caso o vínculo de emprego tivesse sido desde o início reconhecido, nesse último caso independentemente de condenação, no pressuposto de que o fato gerador da contribuição é o trabalho subordinado, e não o pagamento da remuneração, nos termos do art. 195, I, "a", da CF:

> Art. 195. A seguridade social será financiada por toda a sociedade, de forma direta e indireta, nos termos da lei, mediante recursos provenientes dos orçamentos da União, dos Estados, do Distrito Federal e dos Municípios, e das seguintes contribuições sociais:
> I - do empregador, da empresa e da entidade a ela equiparada na forma da lei, incidentes sobre:
> a) a folha de salários e demais rendimentos do trabalho pagos ou creditados, a qualquer título, à pessoa física que lhe preste serviço, mesmo sem vínculo empregatício;

O entendimento do INSS acerca do fato gerador da contribuição previdenciária coincidia com o entendimento do STJ (REsp 503453, AgRg 550961 Ag, AgRg 618570 Ag, REsp 633807 e REsp 419667), mas a surpresa era a pretensão executória mês a mês sobre os pagamentos efetuados durante a vigência da relação jurídica material, que não estava amparada no título exequendo. Tanto assim que o TRT de origem acenou para a incidência das contribuições a serem calculadas sobre o objeto da condenação, após a homologação de que trata o art. 879 da CLT, excluindo a execução retroativa mês a mês.

Em seu voto, o Ministro Relator estabeleceu o seguinte raciocínio: 1) a redação original da S. TST 368 dava margem a uma interpretação ampliativa da execução das contribuições previdenciárias, ao prever não apenas as hipóteses de sentença condenatória e homologatória de acordo de reconhecimento de vínculo, como também os pagamentos ocorridos "...em virtude de contrato...", mas a redação determinada pela Res. TST 125/2005 limitou a execução às hipóteses de sentença condenatória e homologatória de acordo de reconhecimento de vínculo; 2) a Lei nº 11.457/2007 inseriu no art. 876 da CLT um parágrafo único, cuja redação sugere o retorno à interpretação primaz do TST nessa matéria, mas o inc. VIII do art. 114 da CF, com a mesma redação antes presente no §3º, então inserido pela EMC nº 20/98, permite inferir por sua vez uma mudança no procedimento de cobrança do crédito fiscal, que antes era levado a efeito pelo INSS após a sentença condenatória ou homologatória de transação, com o lançamento, a inscrição na dívida ativa e o posterior ajuizamento de ação de execução, agora no sentido de se atribuir à própria JT a competência para "...iniciar e conduzir a execução das contribuições sociais, sem lançamento, sem inscrição em dívida ativa e sem ajuizamento de ação de execução"; 3) a supressão daquele procedimento administrativo fiscal "...está respaldada na Constituição da República, tendo se convertido no devido processo legal ora vigente"; 4) não se deve confundir, portanto, contribuições previdenciárias passíveis de execução porque presentes em título executivo com contribuições previdenciárias nele não previstas, mormente quando o inc. VIII do art. 114 da CF suprimiu o procedimento administrativo fiscal anterior, que sobrevive apenas nos casos de sentenças meramente declaratórias de vínculo de emprego, sem qualquer provimento condenatório, porque elas não geram título executivo; 5) a redação do art. 195, I, "a", da CF determina que o fato gerador da contribuição previdenciária é o pagamento ou o creditamento do salário, leitura que se aplica à redação do art. 3º da Lei nº 7787/89 e do art. 22 da Lei nº 8212/91.

Os demais Ministros aderiram ao voto do Ministro Relator sem qualquer ressalva.

Na PSV, o Ministro Dias Toffoli votou contra a edição, sustentando que o texto sumulado não estaria de acordo com a tese adotada no julgamento do RE, no qual a parte final do art. 876 da CLT ("...inclusive sobre os salários pagos durante o período contratual reconhecido") não foi proclamada inconstitucional, o que exigiria a aplicação literal do entendimento contido em tal passagem, que teria sido apenas "lembrada" no voto do Ministro Menezes Direito.

A Ministra Rosa Weber endossou por sua vez as conclusões do Ministro Dias Toffoli, enfatizando que "...o grande debate que se estabeleceu é se a Justiça do Trabalho poderia executar as contribuições previdenciárias também incidentes sobre parcelas que não tinham sido objeto da condenação, mas que estavam inseridas na eficácia do contrato de trabalho eventualmente reconhecido na sentença trabalhista" e vinham sendo executadas junto à Justiça Federal, com o risco, assim, de duplicidade de execuções.

Ato contínuo, o Ministro Luiz Fux resumiu a tese vencedora: "...a preocupação do Supremo foi exatamente a de autorizar a Justiça do Trabalho a executar aquilo que ela definira como de direito do empregado. Afora isso, tem que executar fora da Justiça do Trabalho". No que foi seguido pelo Ministro Ricardo Lewandowski, ao dizer que "tem que ir para o executivo fiscal da Justiça do Trabalho" (?), e pelo Ministro Gilmar Mendes, ao dizer que "foi esse o debate".

Novamente, a perda de memória da *ratio decidendi* se revela algo no mínimo preocupante em sede de sumulação vinculante, porque: 1) o voto vencedor sem ressalvas contido no *leading case* não se limitou a "lembrar" o novo texto dado ao art. 876 da CLT pela Lei nº 11.457/2007, já que excluiu taxativamente a competência da JT para executar contribuições previdenciárias incidentes sobre os pagamentos efetuados durante a vigência da relação jurídica material ainda desprovida do signo trabalhista, ao mesmo tempo em que eliminou o procedimento administrativo fiscal posterior à sentença condenatória de reconhecimento de vínculo de emprego quanto às contribuições previdenciárias a serem calculadas sobre o objeto condenatório; 2) ao se estabelecer também no *leading case* que o fato gerador da contribuição não é o trabalho subordinado, mas sim o pagamento da remuneração, a parte final do art. 876 da CLT, na redação dada pela Lei nº 11.457/2007, não pode ser mais interpretada ao modo do INSS, como quis o Ministro Dias Toffoli, pois do contrário haverá uma clara inconstitucionalidade diante do art. 195, I, "a", da CF; 3) com isso, o problema da duplicidade de execuções permanece, mas para que não haja o risco de *bis in idem* será imperioso seguir a lógica da *ratio decidendi*: a) reconhecida na sentença condenatória a preexistência de vínculo de emprego, as contribuições previdenciárias incidentes sobre o objeto da condenação serão executadas junto com o crédito trabalhista principal; b) as contribuições previdenciárias históricas, mês a mês da vigência do vínculo de emprego somente então reconhecido, devem ser objeto de procedimento administrativo fiscal, cuja base de cálculo serão os valores efetivamente pagos pelo contratante ao contratado (caso não tenha havido recolhimento das contribuições na categoria de trabalhador autônomo); c) ultimado esse procedimento administrativo fiscal e não pagas as contribuições, a execução não pode ser ajuizada na Justiça do Trabalho, mas sim na Justiça Federal; 4) o procedimento administrativo fiscal subsequente remanesce ainda nos casos de sentenças meramente declaratórias de vínculo de emprego, sem qualquer provimento condenatório, porque elas não geram título executivo, e a eventual execução futura também deve ser levada a efeito junto à Justiça Federal, e não perante a JT.

De resto, o problema da perda de memória da *ratio decidendi* poderia ter sido evitado se a redação da súmula deixasse de repetir o texto do inc. VIII do art. 114 da CF, com a inclusão redundante das sentenças homologatórias de transações judiciais, para se concentrar nas hipóteses de exclusão da competência da JT para a execução de contribuições previdenciárias, matéria que foi o objeto central do julgamento do *leading case*.

Disso tudo podem ser extraídas as seguintes conclusões: 1) quanto à suficiência dos precedentes, eles não justificam numericamente a exigência de "...reiteradas decisões sobre matéria constitucional..." (art. 103-A, *caput*, da CF), a menos que no expediente da repercussão geral se anteveja a repetição potencial de um número considerável de recursos a serem ainda julgados ou que se adote o mesmo entendimento contido no julgamento do 1º precedente da SV nº 5 (RE 434.059), segundo o qual a exigência em questão seria dispensável quando o julgamento fosse do Pleno, como no caso; 2) quanto à fidelidade entre os julgamentos precedentes e o texto da súmula, ela é parcial, porque a redação não excluiu da competência da JT a execução das contribuições previdenciárias incidentes sobre os pagamentos efetuados mês a mês durante a vigência de relação de emprego reconhecida apenas em sentença condenatória ou em sentença meramente declaratória, hipóteses em que o inc. VIII do art. 114 da CF não suprimiu o procedimento administrativo fiscal do lançamento e da inscrição na dívida ativa, para posterior ajuizamento de ação de execução perante a Justiça Federal.

Aplicação e interpretação pelo STF:

> *Impossibilidade de execução de ofício de título executivo que prevê apenas pagamento de verbas indenizatórias e reconhecimento de vínculo empregatício*
> Consoante fundamenta o magistrado no despacho cuja revogação se requer, o indeferimento da execução das contribuições previdenciárias não se deu pelo reconhecimento da incompetência do juízo, mas, sim, pela inexistência de título executivo. Consta da decisão que o acordo firmado entre as partes não previu verbas remuneratórias, sobre as quais

incidiria contribuição previdenciária, mas somente reconhecimento de vínculo e verbas indenizatórias, cuja incidência de contribuição é vedada pela legislação pertinente. (...) Nesse contexto, tratando-se de título executivo que prevê apenas pagamento de verbas indenizatórias e reconhecimento de vínculo, não há crédito de contribuições previdenciárias a serem executadas de ofício pelo Juiz e, portanto, inexiste a alegada desobediência à Súmula Vinculante 53.

[Rcl 21.860 MC, Rel. Min. Edson Fachin, dec. monocrática, julgamento em 3-11-2015, *DJE* 220 de 5-11-2015]

Comissão reconhecida em sentença trabalhista e recolhimento de encargos previdenciários

O acórdão reclamado, que ratificou a sentença, reconheceu que o empregado recebia comissão — que tem natureza de verba salarial e, justamente porque já recebia, não houve condenação a pagamento de tal verba. Registre-se, entretanto, que a sentença condenou o empregador ao recolhimento de todos os encargos previdenciários, inclusive aqueles incidentes sobre as comissões (e-doc 6). A Súmula Vinculante 53, por sua vez, repele a execução de contribuições previdenciárias relativas a rubricas que não foram objeto de discussão em sentenças proferidas ou em acordos homologados pela Justiça do Trabalho. No presente caso, como já mencionado, as comissões pagas ao empregado foram reconhecidas como verbas salariais a ele devidas e houve condenação ao pagamento das contribuições previdenciárias. Portanto, a matéria que deu origem à Súmula Vinculante 53 é estranha àquela objeto do julgamento que ora se impugna, devendo, pois, ser mantida a decisão agravada.

[Rcl 21.987 AgR, voto do Rel. Min. Edson Fachin, Primeira Turma, julgamento em 23-2-2016, *DJE* 47 de 14-3-2016]

SÚMULA VINCULANTE Nº 54

A Súmula Vinculante nº 54 tem a seguinte redação:

A medida provisória não apreciada pelo congresso nacional podia, até a Emenda Constitucional 32/2001, ser reeditada dentro do seu prazo de eficácia de trinta dias, mantidos os efeitos de lei desde a primeira edição.

Os precedentes declarados dessa súmula são os seguintes julgamentos: ADI 2150, ADI 1617, RE 232896, ADI 1612, ADI 1647, RE 592315 AgR, AI 321629 AgR, AI 452837 AgR, RE 227464, RE 231630 AgR, RE 239287 AgR e RE 593002.

A súmula em comento é uma reprodução da Súmula nº 651, cujos precedentes são: RE 239287 AgR, ADI 1614, ADI 1612, ADI 1610, ADI 1647, ADI 1533-MC, ADI 295-MC, ADI 1617-MC e ADI 1397-MC. Trata-se de mais uma conversão de súmula ordinária em súmula vinculante, objeto a propósito do desmembramento da PSV 70 em outros PSVs correspondentes ao número de súmulas a converter (22 ao todo).

Além dos novos precedentes listados na SV, sem aproveitamento daqueles listados no rol da Súmula ordinária, foram citados os seguintes precedentes oficialmente não aproveitados em ambas as listas: RE 221856, ADI 1603 e ADI 1727

Dos precedentes da Súmula ordinária, apenas 3 (três) são citados em precedentes da SV, a saber: ADI 1612, ADI 1647 e RE 239287 AgR. Quanto à ADI 1617, o julgamento de sua medida liminar está listado no rol da Súmula ordinária e o julgamento do mérito no rol da SV.

Os julgamentos revelam que há vários outros precedentes, porém em temas correlatos, todos relativos ao regime anterior ao da EMC nº 32/2001, a saber: 1) validade de reedições sucessivas de MP's (desde que não rejeitadas expressamente pelo CN) e perda de eficácia de MP não convertida em lei formal no prazo do então parágrafo único do art. 62: ADI 295, ADI 1397, ADI 1516, ADI 1602 e ADI 1135; 2) *self restraint* do STF no controle dos requisitos de relevância e urgência, por se tratar de juízo político e discricionário (oportunidade e conveniência) do Presidente da República, a não ser em caso de excesso do poder de legislar (ADI 162, RE 62739); 3) convalidação de MP não convertida em lei: "...não sendo apreciada a medida provisória no trintídio constitucional, tal fato não pode se entendido como equivalente à rejeição do ato normativo, mas como precária aceitação da norma que o Poder Executivo deseja ver convertida em lei" (ADI 1533, ADI 1558); 4) admissibilidade de MP em matéria tributária em geral, diante de sua natureza materialmente legislativa (ADI 1005, RE 197790, RE 181664).

Desses temas correlatos, interessa mais de perto o primeiro, que é na verdade um antecedente lógico da tese sumulada e presente no *leading case* tanto da SV (ADI 1617) quanto da Súmula ordinária (ADI 1610): MPs mantêm sua eficácia originária nas reedições sucessivas dentro do prazo de 30 (trinta) dias porque a reedição não é vedada pelo texto constitucional; ou por outra: uma vez não rejeitadas expressamente pelo CN, MP's podem ser reeditadas, mantendo sua eficácia em caráter *ex tunc*. Disso decorre que: 1) nos casos de MPs que majoram contribuições sociais, o termo *a quo* de contagem do prazo nonagesimal de que trata o art. 195, §6º, da CF (princípio da anterioridade nonagesimal) é a data de vigência da primeira MP (PIS/PASEP: RE 232896, RE 592315 AgR, RE 239287 AgR, RE 231630 AgR e AI 452837 AgR; contribuição previdenciária: ADI 1647 e ADI 1617); 2) nos casos de MPs que alteram direitos subjetivos, as condições de exercício têm de ter sido adquiridas antes da mudança da primeira MP, e não até a data da última reedição (ADI 1612 e AI 321629 AgR).

Na prática, a tese enunciada é a de que, no regime anterior ao da EMC nº 32/2001, as MPs tinham vigência e eficácia temporárias de 30 (trinta) dias e, uma vez revogadas por outras com o mesmo conteúdo, perdiam vigência mas mantinham a eficácia. Ora, na revogação a eficácia é *ex nunc* e, portanto, vigência e eficácia teriam em tese que andar lado a lado, conforme a *later in time rule*. Com a tese sumulada, portanto, ocorre um ato de revogação excepcional, que afeta apenas a vigência, e não a eficácia.

Tal fenômeno (perda de vigência com manutenção de eficácia) é o caso típico da eficácia ultrativa, reservada nos julgamentos aos casos de rejeição expressa da MP ou de simples perda de vigência por falta de reedição (sem reedição posterior), que devia antes ser tratada por ato do CN (parágrafo único) e com a EMC nº 32/2001 passou a ser admitida autonomamente em caso de não manifestação do CN (§11).

Já o instituto da convalidação foi reservado à hipótese de MP não convertida em lei e depois objeto de nova MP, mas também nesse caso o conceito é excepcional, já que o simples decurso de prazo não expressa por si mesmo a existência de invalidades sanáveis.

Como se percebe, há um certo desconforto com institutos caros à teoria do direito que não foram debatidos ou teorizados suficientemente nos precedentes.

Disso tudo podem ser extraídas as seguintes conclusões: 1) quanto à suficiência dos precedentes, eles não justificam numericamente a exigência de "...reiteradas decisões sobre matéria constitucional..." (art. 103-A, *caput*, da CF), inclusive porque outros julgamentos na mesma matéria foram citados e não incluídos; 2) quanto à fidelidade entre os julgamentos precedentes e o texto da súmula, ela é total, não obstante a falta de teorização sobre os conceitos excepcionais de revogação e de convalidação.

SÚMULA VINCULANTE Nº 55

A Súmula Vinculante nº 55 tem a seguinte redação:

O direito ao auxílio-alimentação não se estende aos servidores inativos.

Os precedentes declarados dessa súmula são os seguintes julgamentos: ARE 757614, RE 633746, ARE 762911, AI 747734, AI 738881, RE 563271, RE 332445, RE 318684, RE 301347, RE 263204 AgR, RE 231326, RE 229652, RE 231216, RE 236199, RE 227331, RE 236449, RE 228083, RE 231389, RE 220713 e RE 220048. Os 6 (seis) primeiros são julgamentos singulares e, por isso, não deviam fazer parte do rol de precedentes, pelas razões antes explanadas.

A súmula em comento é uma reprodução da Súmula n. 680, cujos precedentes são: RE 236449, RE 228083, RE 231389, RE 220713 e RE 220048.

Trata-se de mais uma conversão de súmula ordinária em súmula vinculante, objeto a propósito do desmembramento da PSV 70 em outros PSVs correspondentes ao número de súmulas a converter (22 ao todo).

Além dos novos precedentes listados na SV, foram citados os seguintes precedentes oficialmente não aproveitados em ambas as listas: RE 228083, RE 237362, RE 227036 e ADI 778.

Como se percebe, todos os precedentes do rol da Súmula ordinária foram incluídos no rol da SV, de modo que o *leading case* deve ser encontrado entre eles. De tais julgamentos, todavia, nenhum é do Pleno (todos os demais do rol da SV são também decisões de Turma). Pelo critério temporal, no precedente mais antigo (RE 220048) a conclusão sobre a matéria é lacônica, porque na parte final do voto do Ministro Relator (Sydney Sanches) consta apenas que "...a pretensão relativa ao vale-refeição é descabida". No segundo precedente mais antigo, da mesma relatoria (RE 220713), à mesma conclusão supra se acrescentou que o "...benefício foi criado posteriormente ao óbito do servidor, além de ser devido apenas aos funcionários da ativa". Apenas no terceiro precedente mais antigo, da relatoria do Ministro Moreira Alves (RE 231389), foi dada uma justificativa para a impossibilidade de se incluir o auxílio-alimentação na regra de paridade do texto originário do §4º[369] do art. 40 da CF: a verba ostenta natureza indenizatória, tendente

---

[369] §4º Os proventos da aposentadoria serão revistos, na mesma proporção e na mesma data, sempre que se modificar a remuneração dos servidores em atividade, sendo também

"...a cobrir os custos de refeição devida exclusivamente ao servidor que se encontrar no exercício de suas funções, não se incorporando à remuneração nem aos proventos de aposentadoria". A mesma dicção foi renovada no RE 228083, da relatoria do Ministro Ilmar Galvão, até que no julgamento do RE 236449, da relatoria do Ministro Maurício Corrêa, outras parcelas foram citadas como contra exemplo do regime da inatividade e da regra de paridade: férias anuais, gratificações devidas por efetivo exercício (de acordo com a ADI 778) e licenças legais.

Embora subentendido, o entendimento sumulado somente se aplica aos servidores públicos estatutários, beneficiários da regra de paridade entre subsídios e proventos e sujeitos a regime próprio de previdência, excluídos assim os servidores públicos celetistas e os estatutários ingressantes após a EMC nº 41/2003 (fora das previsões de seus arts. 3º e 7º), sujeitos ao regime geral da previdência.

Disso tudo podem ser extraídas as seguintes conclusões: 1) quanto à suficiência dos precedentes, eles não justificam numericamente a exigência de "...reiteradas decisões sobre matéria constitucional..." (art. 103-A, *caput*, da CF), inclusive porque outros julgamentos na mesma matéria foram citados e não incluídos; 2) quanto à fidelidade entre os julgamentos precedentes e o texto da súmula, ela é total, não obstante a falta de menção às outras hipóteses de incompatibilidade com a regra de paridade entre subsídios e proventos (férias anuais e gratificações devidas por efetivo exercício).

SÚMULA VINCULANTE Nº 56

A Súmula Vinculante nº 56 tem a seguinte redação:

A falta de estabelecimento penal adequado não autoriza a manutenção do condenado em regime prisional mais gravoso, devendo-se observar, nessa hipótese, os parâmetros fixados no RE 641.320/RS

Os precedentes declarados dessa súmula são os seguintes julgamentos: RE 641320, HC 123267, HC 110892, HC 110772, HC 93596, HC 94829 e HC 77399.

---

estendidos aos inativos quaisquer benefícios ou vantagens posteriormente concedidos aos servidores em atividade, inclusive quando decorrentes da transformação ou reclassificação do cargo ou função em que se deu a aposentadoria, na forma da lei.

Além dos precedentes listados, foram citados vários outros, tanto em sentido contrário, indicativos do entendimento anterior da Corte, quanto no mesmo sentido (alguns inclusive contemporâneos), a saber: 1) em sentido contrário: HC 71971, HC 72499, HC 72643, HC 75299, HC 75693, HC 82329; 2) no mesmo sentido: HC 66593, HC 67072, HC 68310, HC 74732, HC 76930, HC 87985, HC 94526, HC 94810, HC 100695, HC 109244, RHC 65127, RHC 108585.

Nos precedentes anteriores em sentido contrário, um dos fundamentos para as decisões foi a falta de previsão no art. 117 da LEP (Lei nº 7210/84)[370] de progressão do regime fechado para o semiaberto na ausência de vaga nesse último regime (p.ex., nos HCs 72643 e 75693), ou seja, exigia-se tacitamente ou reserva legal estrita para uma solução menos gravosa para o preso ou a incidência do princípio da legalidade *stricto sensu*. Nesse último caso, o fundamento acabou invertendo, porque um dos fundamentos contidos no *leading case* (RE 641320) foi precisamente a violação do princípio da legalidade penal (art. 5º, XXXIX, da CF).

A propósito, nesta SV a identificação do *leading case* foi facilitada pela expressa remissão feita no próprio dispositivo ou enunciado da súmula ao julgamento do RE 641320, em regime de repercussão geral, em mais um caso de sobreposição da SV àquele regime, porque na época daquele julgamento já pendia de exame a Proposta de Súmula Vinculante nº 57, que tinha a seguinte redação:

> O princípio constitucional da individualização da pena impõe seja esta cumprida pelo condenado, em regime mais benéfico, aberto ou domiciliar, inexistindo vaga em estabelecimento adequado, no local da execução.

Embora a rigor houvesse evidente relação de prejudicialidade entre o julgamento em regime de repercussão geral daquele RE e a decisão da PSV (que acabaram ocorrendo em datas próximas: 11.05.2016 e 29.06.2016, respectivamente), o STF prosseguiu no julgamento do primeiro, propondo, "...a despeito das limitações impostas pelo regime

---

[370] Art. 117. Somente se admitirá o recolhimento do beneficiário de regime aberto em residência particular quando se tratar de:
I - condenado maior de 70 (setenta) anos;
II - condenado acometido de doença grave;
III - condenada com filho menor ou deficiente físico ou mental;
IV - condenada gestante.

do recurso extraordinário...", tal como reconhecido pelo Ministro Relator, Gilmar Ferreira Mendes, uma decisão manipulativa aditiva não apenas de correção de uma omissão legal, mas também de "medidas transformativas", dentro da "técnica do *complex enforcement*", capazes de conjurar as deficiências materiais do sistema de execução penal, como o cadastro nacional de presos, as centrais de monitoração eletrônica e penas alternativas e o trabalho e estudo. Ao que parece, o STF sinalizou primeiro para a eficácia vinculante interna do novel art. 1039, *caput*, *in fine*, do NCPC,[371] a fim de atingir o estoque de REs pendentes, e para a eficácia transcendente ou expansiva, relativamente a todos os processos criminais em curso desde a primeira instância na mesma matéria (já que contém interpretação favorável aos acusados e denunciados), para depois estender essas eficácias em caráter *erga omnes* com a edição da SV. Essa é a única explicação lógica para a concomitância desses dois procedimentos decisórios.

A evolução das decisões que acabaram por modificar o entendimento anterior mostra que os fundamento foram sendo ampliados, a começar pelo reconhecimento do constrangimento ilegal decorrente da não progressão do regime fechado para o semiaberto, na ausência de vagas nesse último regime, no pressuposto de que a manutenção do condenado no primeiro regime implicaria em hipótese não prevista no art. 118 da LEP[372] para a regressão (HC 77399), invertendo-se assim o argumento anterior da reserva legal ou da legalidade acerca do art. 117 daquele mesmo diploma. Numa frase: se o art. 117 da LEP não previa hipótese de progressão *per saltum*, do regime fechado para o aberto ou similar, tampouco o art. 118 daquela mesma lei previa hipótese de regressão, no pressuposto de que era isso que ocorreria ao se manter o regime mais gravoso.

---

[371] Art. 1.039. Decididos os recursos afetados, os órgãos colegiados declararão prejudicados os demais recursos versando sobre idêntica controvérsia ou os decidirão aplicando a tese firmada.

[372] Art. 118. A execução da pena privativa de liberdade ficará sujeita à forma regressiva, com a transferência para qualquer dos regimes mais rigorosos, quando o condenado:
I - praticar fato definido como crime doloso ou falta grave;
II - sofrer condenação, por crime anterior, cuja pena, somada ao restante da pena em execução, torne incabível o regime (artigo 111).
§1º O condenado será transferido do regime aberto se, além das hipóteses referidas nos incisos anteriores, frustrar os fins da execução ou não pagar, podendo, a multa cumulativamente imposta.
§2º Nas hipóteses do inciso I e do parágrafo anterior, deverá ser ouvido previamente o condenado.

Ao argumento supra foi acrescentado em seguida o excesso de execução previsto no art. 185 da LEP[373] no julgamento do HC 93596 (e depois no HC 110772), porque, nos termos do voto vencedor do Ministro Relator, Celso de Mello, "...a incapacidade do Poder Público de adotar as providências necessárias ao cumprimento da legislação (de que é, no ponto, o exclusivo destinatário) impõe, ao sentenciado em questão, injusto constrangimento ao seu *status libertatis*, por efeito de um inaceitável desvio de finalidade no processo de execução da pena". Afinal, a sentença condenatória havia cominado pena a ser cumprida inicialmente em regime semiaberto e a ordem do juízo de primeiro grau de recolhimento do paciente a qualquer unidade prisional podia levá-lo potencialmente ao cumprimento da pena em regime fechado. De modo subjacente, o Ministro Relator tangenciou o argumento do respeito à coisa julgada, ao afirmar que o sentenciado tinha o direito subjetivo "...de iniciar, desde logo, quando assim ordenado na sentença (como sucede no caso), o cumprimento da pena em regime semi-aberto", argumento que também foi tratado de forma subliminar no julgamento do HC 94829, tal como consta no item 2 de sua Ementa: "o regime consignado no Título Executivo Judicial para o cumprimento da pena é o semi-aberto. A falta de local adequado não tem o condão de admitir o regime mais gravoso para o seu cumprimento".

No HC 123267, por sua vez, o paciente havia sido condenado a pena a ser cumprida em regime semiaberto, mas na sentença o juízo de piso manteve a prisão preventiva antes decretada, em conversão da prisão em flagrante, alegando necessidade de preservar a ordem pública (art. 312 do CPP), vindo então a Ministra Relatora, Rosa Weber, a asseverar que, "manter o condenado segregado em regime fechado, na espécie, representaria impor-lhe um gravame, só pelo fato de estar ele exercendo seu direito de defesa", inclusive porque haveria execução provisória em regime mais gravoso do que aquele fixado na própria sentença. Em outras palavras, manter a prisão cautelar preventiva se revela incompatível com a sentença condenatória imposiva do cumprimento da pena em regime semiaberto, tanto mais quando em pleno exercício do direito de defesa.

Já no HC 110892, o Ministro Relator, Gilmar Ferreira Mendes, acrescentou-se o argumento do princípio da humanidade, dizendo "... não ser lícito ao Estado determinar, diante da inexistência de vagas

---

[373] Art. 185. Haverá excesso ou desvio de execução sempre que algum ato for praticado além dos limites fixados na sentença, em normas legais ou regulamentares.

no regime semiaberto, que o apenado cumpra pena em regime mais gravoso do que fixado na sentença condenatória". Afinal, a pena deve "... assumir o caráter de prevenção e retribuição ao mal causado. Todavia, não se pode olvidar, também, o seu necessário caráter ressocializador, devendo o Estado preocupar-se, portanto, em recuperar o apenado, nos estritos termos da pena que lhe foi imposta".

Quando do julgamento do *leading case*, então, havia já pelo menos 5 (cinco) fundamentos estabelecidos pela Corte (ilegalidade da não progressão, excesso de execução, respeito à coisa julgada, direito de defesa e princípio da humanidade) para se negar (i) a manutenção do regime fechado na ausência de vagas para a progressão ao regime semiaberto ou (ii) regime mais gravoso do que o semiaberto quando este tivesse sido o regime inicial estabelecido na sentença condenatória.

Em um longo voto no *leading case*, o Ministro Relator, Gilmar Ferreira Mendes, estabeleceu a seguinte ordem de raciocínio, sem tratar da hipótese (ii) supra: 1) com base nos dados disponíveis do MJ e do CNJ, constatou-se que havia um déficit de cerca de 210.000 vagas no regime semiaberto, sendo que pelo menos 17 (dezessete) Estados sequer adotam o regime aberto, o que significa dizer que "...os presos dos regimes semiaberto e aberto estão sendo mantidos nos mesmos estabelecimentos que os presos em regime fechado e provisório"; 2) a manutenção de presos nessas circunstâncias viola os direitos fundamentais da individualização da pena e da legalidade (art. 5º, XXXIX e XLVI, da CF), no primeiro caso porque os 3 (três) regimes de cumprimento da pena previstos no art. 33 do CPB concretizam aquele direito no plano infraconstitucional, em suas fases de aplicação e de execução, permitindo ao apenado a expectativa de, após cumprir uma fração da pena a ele cominada, passar a um regime menos gravoso, e no segundo caso porque as penas devem ser cominadas de acordo com a lei, ela prevê uma progressão decrescente, e não uma estagnação ou uma regressão; 3) além disso, constata-se também a agressão aos direitos fundamentais da dignidade humana (art. 1º, III, da CF) e da integridade física e moral dos presos (art. 5º, XLIX, da CF), não sendo porém o caso de ponderar qualquer um deles com o interesse da segurança pública, porque "...não será a ponderação de princípios que autorizará o Estado a deixar de cumprir a lei que confere direitos aos condenados durante a execução das penas"; 4) a melhor alternativa à manutenção do regime fechado, na falta de vagas no regime semiaberto, tem sido a prisão domiciliar, mas ela é de difícil fiscalização e de pouca eficácia, razão pela qual se propõem "...medidas que, muito embora não sejam gravosas como o encarceramento, não estejam tão aquém do necessário e suficiente para reprovação e prevenção do crime (art. 59 do CP)", como: a) a saída antecipada: de outros sentenciados que estejam cumprindo a pena no regime semiaberto, mas estejam próximos de progredir ao regime aberto, uma vez cumpridos os requisitos subjetivos para tanto (art. 112 da Lei n. 7210/84) e vedada aos "...casos em que a progressão de regime é vedada legalmente, como no inadimplemento voluntário da multa (art. 36, §2º, CP) ou da obrigação de reparação do dano e de devolução do produto do ilícito nos crimes contra a administração pública (art. 33, §4º, CP)"; b) a liberdade eletronicamente monitorada: já prevista no art. 146-B, II e IV, da Lei nº 7210/84 e que exorciza as dificuldades da prisão domiciliar; c) pena restritiva de direito e/ou estudo: a primeira, embora aplicada de forma autônoma (art. 44 do CPB), poderia substituir com vantagem a prisão domiciliar, por permitir, p.ex., a prestação de serviços à comunidade, enquanto a segunda seria também uma alternativa ao regime aberto, permitindo que o sentenciado seja mais produtivo; 5) em resumo, essas medidas são recomendadas em escala: "o sentenciado do regime semiaberto que tem a saída antecipada pode ser colocado em liberdade eletronicamente monitorada; o sentenciado do aberto, ter a pena substituída por penas alternativas ou estudo"; 6) para corrigir essas lacunas, propõe-se uma decisão manipulativa, ou seja, uma "...decisão que modifica o conteúdo do ordenamento jurídico", do tipo aditivo, capaz de alargar "...o texto da lei ou seu âmbito de incidência", no sentido de, com o apoio do Conselho Nacional do MP e do Conselho Nacional de Justiça, adotar as seguintes "medidas transformativas", consoante a "técnica do *complex enforcement*" (ordens de fazer e/ou de não fazer, tendentes a corrigir uma ofensa a direito): a) criação do cadastro nacional de presos, a fim de otimizar não apenas a progressão de regime, como também as propostas do item 4, supra; b) aumento do número de vagas nos regimes semiaberto e aberto, mediante o aproveitamento da mão de obra carcerária na construção e reforma de presídios, seja com a administração da obra pelo Departamento de Engenharia do Exército, seja com a adoção de parcerias público/privado, seja com a adoção de modelos baseados na autodisciplina, p.ex.; 7) em resumo, fixou-se o seguinte em relação à matéria examinada: "a) a falta de estabelecimento penal adequado não autoriza a manutenção do condenado em regime prisional mais gravoso; b) os juízes da execução penal poderão avaliar os estabelecimentos destinados aos regimes semiaberto e aberto, para qualificação como adequados a tais regimes. São aceitáveis estabelecimentos que não se qualifiquem como "colônia agrícola, industrial" (regime semiaberto) ou "casa de albergado ou estabelecimento adequado" (regime aberto) (art. 33, §1º, alíneas "b" e "c"); c) havendo déficit de vagas, deverá determinar-se: (i) a saída antecipada de sentenciado no regime com falta de vagas; (ii) a liberdade eletronicamente monitorada ao sentenciado que sai antecipadamente ou é posto em prisão domiciliar por falta de vagas; (iii) o cumprimento de penas restritivas de direito e/ou estudo ao sentenciado que progride ao regime aberto. Até que sejam estruturadas as medidas alternativas propostas, poderá ser deferida a prisão domiciliar ao sentenciado"; 8) quanto às "medidas transformativas", constaram várias determinações ao CNJ.

Essa última parte do voto do Ministro Relator foi objeto de acalorada disputa verbal com o Ministro Ricardo Lewandowski, então Presidente do STF e do CNJ, porque discordava do caráter impositivo da decisão, no pressuposto da autonomia daquele órgão, mas ao fim prevaleceu a decisão do Relator, por maioria de votos.

Disso tudo podem ser extraídas as seguintes conclusões: 1) quanto à suficiência dos precedentes, eles justificam numericamente a exigência de "...reiteradas decisões sobre matéria constitucional..." (art. 103-A, *caput*, da CF), inclusive porque outros julgamentos na mesma matéria foram citados e não incluídos; 2) quanto à fidelidade entre os julgamentos precedentes e o texto da súmula, ela é parcial, porque não foi mencionada a hipótese de recusa à manutenção de regime mais gravoso do que o semiaberto quando este tiver sido o regime inicial estabelecido na sentença condenatória.

CONCLUSÕES

Em conclusão, pontua-se o seguinte:
1) o mecanismo da Súmula Vinculante tem referência nacional direta com o expediente da Suspensão, pelo Senado, das leis proclamadas inconstitucionais pelo STF, por meio da via difusa (art. 52, X, da CF), e referência internacional indireta ao instituto da tripla pronúncia de inconstitucionalidade do Tribunal Constitucional Português (item 3 do art. 281 da Constituição portuguesa) e direta no *stare decisis* do direito anglo-saxão;
2) a finalidade principal das SVs é a de unificar a interpretação de preceitos constitucionais controvertidos nos tribunais ordinários, evitando assim a proliferação de demandas (mais do que apenas de recursos extraordinários) baseadas no mesmo desacordo exegético, não se confundindo, todavia, com: a) o expediente da repercussão geral, porque esse mecanismo tem funções distintas: de ordem formal, enquanto pressuposto de admissibilidade dos REs, já que somente são conhecidos quando presente a preliminar de repercussão geral; e de ordem material, porque o recurso conhecido e provido pelo STF estabelecerá uma decisão capaz de ser reproduzida nos casos múltiplos com idêntico fundamento (art. 328 do RISTF, na redação dada pela Emenda Regimental nº 21/2007). Contudo, essa decisão não era propriamente vinculante dos tribunais inferiores, aos quais era dada oportunidade de declarar prejudicados os REs até então suspensos ou até mesmo de se retratarem (§3º do art. 543-B do CPC/73). Caso contrário, ou seja, quando os tribunais inferiores decidiam pela manutenção de seu entendimento e uma vez admitido o RE

para julgamento pelo STF, podia este "...cassar ou reformar, liminarmente, o acórdão contrário à orientação firmada" (§4º do art. 543-B do CPC/73). No NCPC, a decisão de mérito sobre a matéria submetida ao regime de repercussão geral passou a ser vinculante, porque, "decididos os recursos afetados, os órgãos colegiados declaração prejudicados os demais recursos versando sobre idêntica controvérsia ou os decidirão aplicando a tese firmada" (*caput* do art. 1039); b) a ADPF, porque esta visa obter uniformidade interpretativa de preceito fundamental controvertido nos tribunais, ainda que a controvérsia não tenha sido examinada reiteradas vezes antes pelo STF. Em resumo, o espectro das SVs é assaz superior ao da ADPF e, precisamente pela especificidade do objeto dessa ação de controle, ela é que deve ser usada para resolver impasses interpretativos de preceitos fundamentais. Tal conclusão se vê reforçada, inclusive, pela cláusula de subsidiariedade versada no §1º do art. 4º da Lei nº 9882/99, segundo a qual a ADPF deve ser extinta "...quando houver qualquer outro meio eficaz de sanar a lesividade". Como a controvérsia em torno de preceito fundamental não precisa ter sido examinada reiteradas vezes antes pelo STF para os fins da ADPF, esta exsurge como meio mais eficaz de sanar a lesividade causada pela incerteza interpretativa do que a SV, que depende de maior tempo de maturação sobre o exame da matéria controvertida;

3) o expediente da repercussão geral acabou por limitar a edição de súmulas vinculantes, ao restringir a repetição e inibir a precedência de julgamentos, como demonstrou Édila Lima Serra Ribeiro em dissertação de mestrado sob minha orientação *(Súmula Vinculante e Repercussão Geral. Uma coexistência (des) necessária?.* 2014. 106 pp. Dissertação de Mestrado (Direito Processual) – Universidade Federal do Espírito Santo, 2014): a) entre 2008 e 2013 houve uma redução de 58% no registro, de 79% na distribuição e de 78% no julgamento de REs junto ao STF, com aumento por outro lado de agravos de instrumento, da ordem de 60%, até a adoção do agravo nos autos pela Lei nº 12.322/2010; b) no mesmo período o percentual de REs com preliminar de repercussão geral subiu de 43,4% em 2008 para 96,7% em 2013 (com impacto neste último ano sobre 54.891 REs, número expressivo quando comparado com o total de

casos julgados pelo STF no mesmo ano: 78.441), com uma proporcional redução do número de SVs, que sequer foram editadas entre 2012 e 2013. Esse efeito tende a se agravar no NCPC, que substituiu aquele regime pelo incidente de julgamento de recursos repetitivos, no qual a decisão impõe vinculativamente a tese vencedora.

4) os requisitos de validade das SVs são: a) formais: a.1) *quorum* mínimo qualificado de 2/3 do total de membros do STF; a.2) iniciativa: a.2.1) *ex officio*, por qualquer Ministro do STF; a.2.2) provocada: mesmos legitimados para a ADI (art. 103 da CF), além do defensor público-geral da União, dos tribunais superiores, Tribunais de Justiça dos Estados, Tribunais Regionais Federais, Tribunais Regionais do Trabalho, Tribunais Regionais Eleitorais e tribunais militares (art. 3º da Lei 11.417/2006); e b) materiais: b.1) controvérsia atual entre órgãos judiciários ou entre estes e a administração pública; b.2) grave insegurança jurídica e relevante multiplicação de processos sobre questão idêntica decorrentes daquela controvérsia; b.3) reiteradas decisões anteriores do STF sobre a matéria constitucional envolvida, ordinariamente em sede de controle difuso de constitucionalidade;

5) dos requisitos materiais podem ser extraídas pelo menos três consequências importantes, a saber: a) a matéria constitucional não é exclusiva como pano de fundo das SVs, pois a experiência mostra que a multiplicação de processos com a mesma base constitucional ocorre via de regra em torno da aplicação do direito infra-constitucional diante da Constituição; b) como decorrência, as SVs estão condicionadas pelas decisões dos tribunais inferiores em sede de controle difuso e concreto de constitucionalidade; c) o STF não pode editar SVs "mandrake", ou seja, súmulas repentinas sem prévio amadurecimento da interpretação da própria corte sobre a base constitucional controvertida ou súmulas que tenham precedentes insuficientes para firmar uma interpretação sólida dessa base constitucional, muito embora tenha flexibilizado a exigência quantitativa ao estabelecer no 1º precedente da SV nº 5 (RE 434.059) que ela será dispensável quando: c.1) o julgamento for do Pleno; c.2) houver unanimidade na interpretação constitucional submetida ao STF; c.3) a matéria a sumular contrariar súmula do STJ ou de outro tribunal.

6) a pesquisa dos votos lançados nos precedentes de cada uma das SVs em vigor permite as seguintes afirmações, relativamente à hipótese inicial do presente trabalho: a) em geral, as SVs (com exceção das SVs nºs 01, 28 e 53) contam com precedentes em número suficiente em relação à exigência de "...reiteradas decisões sobre matéria constitucional..." (art. 103-A, *caput*, da CF); b) em muitas SVs, inclusive, deixou-se de fazer referência expressa a outros precedentes que, não obstante não tenham sido indicados no rol respectivo, foram mencionados nos votos dos Ministros; c) em algumas SVs, o problema da fidelidade entre o texto e os precedentes não reside tanto na tese principal, mas no esquecimento de exceções expressamente admitidas durante os julgamentos; d) as edições até a SV nº 13 foram precedidas de debates cujo conteúdo somente foi disponibilizado no *site* do STF após a publicação das SVs 17 a 31; e) o procedimento interno específico, por meio da Comissão de Jurisprudência, passou a ocorrer somente após a publicação da Lei n. 11.417/2006, já na SV nº 14 ou nas SVs nºs 15 e 16, por meio de questão de ordem; f) esses últimos expedientes otimizaram a edição das SVs e se mostram muito mais eficientes do que os expedientes anteriores, nos quais às vezes sequer foi discutida a sumulação vinculante ou ela acabou surgindo do incidente de repercussão geral que, como se viu, não se confunde com a SV; g) mesmo assim, outros problemas sérios ocorreram, como: g.1) depois da edição das SVs nºs 3 e 4 o STF promoveu a inclusão de uma glosa às normas sumuladas (coisa distinta do *distinguishing* promovido posteriormente pelo STF em relação à incidência das SVs nºs 5 e 13), em ambos os casos fora do procedimento previsto na Lei nº 11.417/2006, no primeiro deles por via de MS (MS 25.116) e no segundo por via de ADPF (ADPF nº 151), somente podendo ser considerado legítimo este último, porque naquela sede o acréscimo normativo ocorre diretamente sobre o preceito fundamental interpretado (inc. IV do art. 7º da CF), e não sobre o texto sumulado, ao contrário do que se passou com o julgamento do MS; g.2) a repetição da mesma *ratio decidendi* nas SVs 20 e 34, com mudança apenas do nome de uma gratificação, prática que definitivamente não se compraz com o mecanismo da sumulação vinculante, mormente quando na mesma matéria

remanesce contingente de demandas com base em outras duas gratificações de nomes diferentes mas com o mesmo pano de fundo; g.3) a SV nº 37 contém *ratio decidendi* potencialmente divergente da *ratio decidendi* das SVs 20, 34 e 51, contradição que foi enfrentada apenas nos precedentes da SV 51, ainda assim de forma não satisfatória; g.4) o PSV da SV nº 36 contém a indicação de dois precedentes como *leading cases*, técnica que seria aceitável apenas se fossem complementares, não sendo porém o caso, mormente quando a tese foi exposta em outro precedente anterior; h) nas novas sumulações, entre a SV 33 e a SV 53: h.1) na maioria das vezes as PSVs citam os precedentes "a título de exemplo", sem sequer uma tentativa de indicar o *leading case* no qual a *ratio decidendi* possa ser identificada; h.2) houve nada menos do que 17 (dezessete) conversões de súmulas ordinárias em SVs (37 X 339; 38 X 419; 39 X 647; 40 X 666; 41 X 670; 42 X 681; 43 X 685; 44 X 686; 45 X 721; 46 X 722; 48 X 661; 49 X 646; 50 X 669; 51 X 672; 52 X 724; 54 X 651; 55 X 680), coisa que já havia acontecido com a SV nº 7 (conversão da S. 648) e que demonstra que o caráter vinculante das súmulas ordinárias não poderá ser deduzido nem mesmo do novo CPC; i) o saldo geral é o de um instituto que deixou de ser adotado de forma amadora e se profissionalizou, por assim dizer, após a publicação da Lei nº 11.417/2006, confirmando-se assim, apenas em parte, as hipóteses iniciais propostas no trabalho.

REFERÊNCIAS

ADEODATO, João Maurício. As fontes primárias do Direito: o debate europeu cerca de 1850 a 1950. *Revista de Direitos e Garantias Fundamentais*, Vitória, n. 02, p. 99-127, jan./dez. 2007.

ALEXY, Robert. Justicia como corrección. *Cuadernos de Filosofía del Derecho*, n. 26, 2003.

ALEXY, Robert. *Teoría de los derechos fundamentales*. Madrid: Centro de Estudios Políticos y Constitucionales, 2001.

ALTOÉ, Marcelo Martins. *Direito versus dever tributário:* colisão de direitos fundamentais. São Paulo: RT, 2009.

ATAÍDE JÚNIOR, Jaldemiro Rodrigues de. *Precedentes vinculantes e irretroatividade do direito no sistema processual brasileiro*: os precedentes dos tribunais superiores e sua eficácia temporal. Curitiba: Juruá, 2012.

BACIGALUPO, Mariano. *La justicia comunitária:* estudio sistemático y textos normativos básicos. Madrid: Marcial Pons, 1995.

BOBBIO, Norberto. *Teoria do ordenamento jurídico*. Brasília: Polis, 1990.

BOBBIO, Norberto. *O conceito de sociedade civil*. Rio de Janeiro: Graal, 1994.

BRADLEY, A.W.; EWING, K. D. *Constitutional and administrative law*. Londres: Longman, 1997.

CAMBI, Eduardo. Jurisprudência lotérica. *Revista dos Tribunais*, São Paulo, n. 786, abr. 2001;

CANAS, Vitalino. O princípio da proibição de excesso na Constituição: arqueologia e aplicações. *Perspectivas constitucionais: nos 20 anos da Constituição de 1976*. Coimbra: Coimbra Editora, 1997. v. II

CASTRO, Carlos Roberto de Siqueira. *O devido processo legal e a razoabilidade das leis na nova Constituição do Brasil*. Rio de Janeiro: Forense, 1989.

DAVID, René. *O direito inglês*. São Paulo: Martins Fontes, 1997.

DINAMARCO, Cândido Rangel. *Litisconsórcio*. São Paulo: Malheiros, 1996.

DURANT, Gilbert. *A imaginação simbólica*. São Paulo: Cultrix, 1988.

ESCOREL, Lauro. Guia de Estudo. *Curso de introdução à ciência política*: introdução ao pensamento político de Maquiavel. Brasília: UNB, 1994.

FOWLER, James H.; SANGICK, Jeon. The authority of supreme court precedent: *Social Networks*, Elsevier, n. 30, 2008.

GARCÍA, Enrique Alonso. *La interpretacion de la Constitucion*. Madrid: CEC, 1984.

GERA, Renata Coelho Padilha. *A natureza e os efeitos da inconstitucionalidade*. Porto Alegre: SAFe, 2007.

GIFIS, Steven H. *Law dictionary*. New York: Barron's, 2003.

GIUSSANI, Andrea. *Studi Sulle "Class Action"*. Padova: Cedam, 1996.

GOMES, Orlando. *Contratos*. Rio de Janeiro: Forense, 1987.

GOMES, Orlando. *Obrigações*. Rio de Janeiro: Forense, 1990.

GRINOVER, Ada Pellegrini; GOMES FILHO, Antônio Magalhães; FERNANDES, Antônio Scarance; GOMES, Luiz Flávio. *Juizados especiais criminais*. São Paulo: RT, 1996.

HART, Herbert L. A. *O conceito de Direito*. Lisboa: Fundação Calouste Gulbenkian, 1986.

JEVEAUX, Geovany Cardoso. *Teorias do Estado e da Constituição*. Rio de Janeiro: GZ, 2015.

LEITE, Glauco Salomão. Súmulas vinculantes, os assentos do Direito português e a doutrina do *Stare Decisis*: os limites de uma comparação. In: GARCIA, Maria; AMORIM, José Roberto Neves (Org.). *Estudos de Direito Constitucional comparado*. Rio de Janeiro: Elsevier, 2007.

MACHIAVELLI, Niccolò. *Il Principe*. Roma: Tascabili Economici Newton, 1995.

MOREIRA, José Carlos Barbosa. *Litisconsórcio unitário*. Rio de Janeiro: Forense, 1972.

MOREIRA, Marcílio Marques. O pensamento político de Maquiavel. *Curso de Introdução à ciência política*: estudo de caso – o príncipe. Brasília: UNB, 1984.

MOUSSALEM, Tárek Moysés. *Fontes do Direito Tributário*. São Paulo: Noeses, 2006.

NEVES, António Castanheira. *O Instituto dos "Assentos" e a função jurídica dos Supremos Tribunais*. Coimbra: Coimbra Editora, 2014.

ÓDAY, Rosemary. Guia de Estudo. In: *Curso de introdução à ciência política*: estudo de caso: o príncipe. Brasília: UNB, 1984.

PEPINO, Elsa Maria Lopes Seco Ferreira. In: JEVEAUX, Geovany Cardoso (Coord.). *Suspensão, pelo Senado, de leis proclamadas inconstitucionais pelo STF*. Vitória: FDV, 2005.

PIRES, Francisco Lucas. *Introdução ao Direito Constitucional europeu*. Coimbra: Almedina, 1997.

PIZZORUSSO, Alessandro. Pluralità Degli Ordinamenti Giuridico e Sistema Delle Fonti del Diritto. *Revista Latino-Americana de Estudos Constitucionais*, n. 6, p. 21-48, jul./ dez. 2005.

QUINTAS, Paula. *Da problemática do efeito directo nas directivas comunitárias*. Porto: Dixit, 2000.

RAWLS, John. *Uma teoria da justiça*. São Paulo: 2000;

RIBEIRO, Édila Lima Serra. *Súmula vinculante e repercussão geral:* uma coexistência (des) necessária?. 2014. 106 p. Dissertação (Mestrado em Direito Processual) – Universidade Federal do Espírito Santo, 2014.

SANDULLI, Aldo. Eccesso di Potere e Controllo di Proporzionalità. Profili Comparati. *Rivista Trimestrale di Diritto Publico*, n. 2, 1995

SÈROUSSI, Roland. *Introdução ao Direito inglês e norte-americano*. São Paulo: Landy, 2001.

SILVA, Nuno J. Espinosa Gomes da. *História do Direito português*. Lisboa: Fundação Calouste Gulbenkian, 2006;

SMITH, Stanley de; BRAZIER, Rodney. *Constitutional and administrative law*. Londres: Penguin, 1998.

SOUZA, Marcelo Alves Dias de. *Do precedente judicial à súmula vinculante*. Curitiba: Juruá, 2011;

SUPREMO TRIBUNAL FEDERAL. *Súmulas vinculantes:* aplicação e interpretação pelo STF. Brasília, 2016. Disponível em: <http://www.stf.jus.br/sumulasvinculantes>.

TORRES, Ricardo Lobo. *Curso de Direito Financeiro e Tributário*. Rio de Janeiro: Renovar, 1996.

TUCCI, José Rogério Cruz e. *Precedente judicial como fonte do Direito*. São Paulo: RT, 2004.

TUCCI, José Rogério Cruz e. *A causa Petendi no processo civil*. São Paulo: RT, 2001.

VIANNA, Francisco José de Oliveira. *Problemas de Direito Corporativo*. Rio de Janeiro: Livraria José Olympio, 1938.

ZANETI JÚNIOR, Hermes. A fragilização do sistema codificado e a jurisprudência como fonte primária do Direito. In: MADUREIRA, Cláudio Penedo (Org.). *Temas de Direito Público*. Salvador: Juspodivm, 2009. p. 81-106;

ZANETI JÚNIOR, Hermes. *O valor vinculante dos precedentes*. Salvador: Juspodivm, 2015.

Esta obra foi composta em fonte Palatino Linotype, corpo 10
e impressa em papel Offset 75g (miolo) e Supremo 250g (capa)
pela Gráfica e Editora Laser Plus, em Belo Horizonte/MG.